中国文化通义

李中华 著

世界图书出版公司
北京 · 广州 · 上海 · 西安

图书在版编目（CIP）数据

中国文化通义 / 李中华著. —北京：世界图书出版有限公司北京分公司，2020.3
ISBN 978-7-5192-7131-2

Ⅰ. ①中… Ⅱ. ①李… Ⅲ. ①中华文化–通俗读物 Ⅳ. ①K203-49

中国版本图书馆CIP数据核字（2019）第275195号

书　　名　中国文化通义
　　　　　ZHONGGUO WENHUA TONGYI

著　　者　李中华
责任编辑　王思惠
封面设计　蔡　彬

出版发行　世界图书出版有限公司北京分公司
地　　址　北京市东城区朝内大街137号
邮　　编　100010
电　　话　010-64038355（发行）　64033507（总编室）
网　　址　http://www.wpcbj.com.cn
邮　　箱　wpcbjst@vip.163.com
销　　售　新华书店
印　　刷　北京中科印刷有限公司
开　　本　880mm × 1230mm　1/32
印　　张　15.125
字　　数　337千字
版　　次　2020年3月第1版
印　　次　2020年3月第1次印刷
国际书号　ISBN 978-7-5192-7131-2
定　　价　59.00元

自序

中国文化是人类文明的一颗璀璨的明珠。自她产生至现在的上下五千年的漫长岁月里，虽然经历了人类文明的多次蜕变，但始终保持着自己完整的面貌，独特的风采，充满了内在的顽强生命力。

人类文明的演进同任何事物的发展一样，并不是一条直线；同样，中国文化在她延续发展的几千年里，也曾遭受过多次挑战。一是汉末佛教的东传；二是近代西学的输入；三是“五四”前后东西文化的猛烈撞击；四是现代科学技术的发展。这四次巨大的历史变迁，都在不同程度上引起中国人对自己文化的自我反省，试图在人类发展的关键时期，寻找自身生存的动因，以使我们这个古老的民族跟上历史发展的步伐。这种自我反省显示了中国文化对人类文明发展的适应能力，显示了中国文化自身的智慧和聪明。

公元一世纪印度佛教的东传，曾对中国历史发展产生过深远影响。但由于当时的中国封建社会正处于鼎盛时期，外来文化的影响，主要是通过封建社会自身所具有的调整能力，雍容吸纳，故异质文化的相互冲突未能造成对中国社会本身的冲击，它最多是在精神层面引起不同反响，从而造成对原有文化信仰的歧异。但不久也就趋于同一。经过五六百年的时间，佛教文化才融入中土，成为中国文化的一部分。

近世的西学东渐，却是在更广阔的范围内展开的。由于西方文化含有近代的内容，同时又是伴随着武力冲进中国大门的，而此时中国封建社会正值衰落时期，因此无论在时间上，还是在空间上，西方文化的输入及其对中国社会的震撼，远非汉末佛教文化输入之可比。它对于当时羸弱的中国，比佛教的输入更具有挑战性。它的影响及对中国社会的冲击，使中国封建社会自身所具有的调整能力完全失去了主动性，致使“五四”前后，中西文化的论争异常激烈，并越出了以往精神层面的界限。随同中国社会的新旧交替，中国文化迎接了一次火与血的考验。

在近代风云变幻的世界大潮中，中国传统社会发生了根本性的动摇，而作为反映这种社会变化的中国文化，则处在更为艰难的历史环境中，试图调整自己以适应新的形势。从“五四”至新中国诞生的三十年间，中国文化经历了自身发展历史中最艰难的岁月。她步履维艰地承受着各种失败所归咎给她的历史罪责，甚至遭受“全盘西化”这一历史幽灵所强加给她的“打倒孔家店”“扔进茅厕”“废除汉字”一类的种种羞辱。然而，这一切似乎都从反面更加激励了中国文化自身的调整与更新。同时，人们在社会生活实践中也开始认识到：无论爹娘怎样丑陋，毕竟还是自己的爹娘。抛弃爹娘，就等于抛弃了自己。问题的关键不在于抛弃，而在于改造。因为文化作为一个民族的生活样式和心理积淀，并非想抛弃就抛弃得了的。那种“自虐”式的文化立场和一切不如人的想法以及“全盘西化”思想，即是想抛弃祖传的家业，重蹈文化虚无主义和民族虚无主义的历史覆辙。的确，要想抛弃自己民族的传统文化，就如同揪着自己的头发离开地球一样，是不可能的。

中国文化是中华民族历代创造的文化总和。它代表或反映了创造者的心灵和智慧。因此，对于中国人来说，中国文化有如明珠和彩虹，她楚楚动人，何丑陋之有？当然，这样说也并非为自己的文化护短。因为任何民族的文化都是毫无例外地在特定的历史、地理、经济、政治、人文等环境中生成并发育的，因此它们必然带有生成发育过程中各种特定条件的历史局限和历史烙印，因而也就不可能是至善至美的。中国文化自然有自己的缺点和不足，她是在长期的封建社会浸润下生成并发育起来的，她的最大缺点和不足是与封建社会的历史特征相联系的。因此，那种以为中国文化一切都好，现代的一切都是“古已有之”，从而拒绝接受外来先进文化的关门主义、复古主义，也是中国文化现代化的巨大障碍。

实际上，迄今为止，中国文化在自己的发展历程中所遇到的最大挑战，还是现代科学技术的迅猛发展给人类带来的一系列巨变。从二十世纪四十年代末世界上出现第一台电子计算机起，仅半个世纪的时间，人类便实现了用机器代替一部分人脑功能的奇迹；生物技术的发展，人类已经能够通过人工重组基因的方法引导生命体的遗传方向，这将预示着人类自身生命的高级嬗变；试管婴儿的出现则突破了人类传统的生育功能及由此带来的传统道德观念的失范；新能源技术及空间技术的发展，预示着人类向宇宙深处发展的可能性与现实性以及由此带来的地球文明向宇宙文明的演进。特别是近二十年来的科技发展，纳米技术、基因工程、人工智能、大数据、云计算等等，诸如此类的所谓科学革命、技术革命及产业革命，为人类的发展提供了历史上从未有过的广阔空间，这才是真正的“三千年未有之大变局”。这些发展是人类文明的必经阶段，而且，人类对客观世界的认识，不仅仅限于自然界，它的发展总是和文化深层的现代化，包括思维方式、价值观念、文化心理、道德法律等人文领域的文化发展相结合、相联系的。在这些方面，传统文化中不适应现代化的部分就需要调整、改造、提高，以融进新的内容和新的形式。因此，中国文化所面临的任务，不是向后看，去留恋昔日的乡土田园诗情；而是要向前看，去认识和解决现代化所带来的新的矛盾和新的问题。如果一个民族的文化不能解决这个民族在前进的道路上所遇到的新矛盾、新问题，那么这个文化也只能成为博物馆中的古董或陈列品，也就失去了它的生命力。

中国封建社会解体至今刚走过一个世纪，而欧洲的封建社会解体如果从英国资产阶级革命算起，至今已有三百多年。也就是说，中国所经历的近、现代历史进程比西方发达国家要晚得多。因此，它的文化的近、现代程度也就自然比西方文化的近、现代程度弱得多。这就如同经济技术的发展一样，文化的现代化总需要有一个过程。慢了不行，急了也不行。慢了就会贻误时机，急了就会多走弯路。文化的发展与科学技术和经济的发展是孪生兄弟，它们往往是在一个水平上同步进行的。因此，任何超前或滞后的想法都会给文化的发展带来某种病痛。而文化发展中的急躁和痴呆，都是基于超前或滞后的文化心态，也都是对我们这个民族的文化本身缺乏全面的了解。认为我们的文化这也不好，那也不行，就是不识中国文化为何物。反之，读了几本中国书，就以为了解了中国文化的全貌，认为自己的文化一切都好，甚至拒绝接受外来的新鲜事物和先进思想，这即是患了文化的痴呆症。

我们主张对中国文化做全面的了解，对她的优点、缺点，短处、长处，过去、现在，形式、内容，等等，都有一个客观、全面的认识和评价，这样就不至于在文化讨论中人云亦云或哗众取宠。因此，无论是倡导中国文化的复兴，推动中国文化的现代化建设；还是进行中西文化的比较研究，促进中外文化的交流与融合或是发扬爱国主义传统，培养和教育下一代人的民族文化意识；等等，都与全面了解中国文化有密切关系。

然而中国传统文化涉及面极广，材料也极其丰富。自

“五四”以来，讨论中国文化的文章、专著亦有汗牛充栋之势。进入二十世纪八十年代，随着改革开放政策的实施和现代化步伐的加快，文化热潮复起，文化讨论的文章如雨后春笋，文章之多，亦可数以百万计。进入九十年代以来，文化讨论虽趋于平静，但由于亚洲经济的崛起、世界政治格局的变化，特别是中国经济持续稳定的发展，以及由此带来的社会结构、文化心理、人际关系、价值取向、道德风俗、人文导向等诸多方面的巨大变化，人们又开始关注中国传统文化在当代社会所扮演的角色。这是在八十年代“文化热”的基础上，对传统文化再一次新的认识。可以预见，在不久的将来，新的文化热潮必将兴起。

为此，我们为读者献上《中国文化通义》这部小书，以企盼中国建成小康社会并早日实现中华民族伟大复兴；同时也期待中国文化接受现代化的洗礼，早日在神州大地上复兴。

李中华

二〇一九年十二月

目录

第一章 中国文化的起源

中国文化经历了几千年的历史，在中国这块古老、广袤的土地上萌芽、成长、繁衍、承传。它有如蜿蜒奔腾的长江和黄河，源于亘古高山，流向万里平野，气势磅礴而雄浑，内涵深远而博大。虽然它随着时代的演进而不断发生变化，但始终保持着中国传统的稳定因素，深藏着异于其他民族文化的基本特点与个性。这些特点与个性都是从深厚的民族生活的土壤里生长发育出来的，不了解它赖以生存的基础，它产生的根源与环境，就不能更好地理解它的过去、现在和未来。

一、中国古代文明的源头：多种文化源头的汇合

中国古代文明的源头起于何地，始于何时？这是史学界长期争论不休的问题。从十八世纪至二十世纪二十年代初，一些西方学者论中国文化的起源，多以“中国文化西来说”立论。法国著名历史考古学家拉克伯里专门著有《中国古代文化西源说》（*West Origin of the*

Early Chinese Civilization）一书，认为中国文化起源于西亚细亚，从而断定汉族为巴克族（Bak）。他认为上古的汉族即巴克族，经过中国的西北，渐次侵入中国。所谓Nakhunte即Nai Hun Ti（黄帝）是巴克族的一个酋长，率其族人，经中亚入中国西北地区，至黄河南折，建立部落，并死于甘陕交界之地。拉克伯里把黄帝、神农氏、庖牺氏等均说成是巴比伦人，其目的在于论证中国古代文明源于西方。1920年至1921年，中国地质调查所聘请瑞典人安特生对华北地区进行考古发掘。他根据所获得的资料，系统地提出黄河流域的彩陶文化是由中亚和南俄罗斯移入的欧罗巴文化。在其所谓的根据里，仰韶村出土的陶器，与欧洲新石器时代后期的陶器相一致，并且与中亚的安诺、北部希腊，以及加里西亚、特里波里等地区的彩陶分布相一致，由此得出中国的仰韶文化乃是欧洲经中亚传入中国的。此外还有美国学者亨廷顿、苏联学者列·谢·瓦西里耶夫、日本学者秋泽修二等，也都在同一个意义上鼓吹“中国文化西来说”。

与此同时，“五四”时期出现了与封建“泥古派”相对立的近代疑古思潮。胡适认为，研究中国古代文化思想，应以《诗经》为最早文献，主张对中国古代文明的起源“宁疑古而失之，不可信古而失之”①，“宁可疑而错，不可信而错”②，“东周以前的历史，是没有一个字可以信的”③。在他的《中国哲学史大纲》中，即是把西周末年（公元前八世纪）作为“中国哲学结胎的时代”，并宣称应该首先

① 胡适：《自述古史观书》，载顾颉刚等主编：《古史辨》第一册，海南出版社2005年版，第29页。

② 胡适：《研究国故的方法》，载《胡适文集》第十二册，北京大学出版社1998年版，第92页。

③ 同上。

“把古史缩短二三千年，从《诗》三百篇做起”[①]。在胡适影响下，以顾颉刚、钱玄同、罗根泽、吕思勉、童书业等人为代表在学术界掀起具有重要影响的疑古思潮。在历史文化的起源上，他们断定殷周前的古史都是春秋战国时的学者为了论证其政治主张而凭空编造出来的。因此中国古代文明中的人物，如“三皇”“五帝”等均属神话，甚至连夏朝的存在也都予以否定。这样，司马迁在其《史记·五帝本纪》中，对先秦以来关于中华民族源头的种种看法所作的记述，不过是以讹传讹罢了。中华民族的文明史向后推迟了两三千年。因此“炎黄子孙”“五千年中华史”等传统的说法发生根本动摇，而中国古代文明的源头问题更陷入鸿蒙迷离之中。

随着新中国的建立，尤其二十世纪五十年代到八十年代期间中国考古事业突飞猛进的发展，猛烈地冲刷着“欧洲中心”论所鼓吹的“中国文化西来说”，同时，疑古思潮所断定的中国古史上限也逐渐被否定或重新修订。

中国悠久而古老的文明，是从原始社会中缓慢地孕育出来的。然而，原始社会的许多因素，又以这样或那样改变了的形式，掺杂在文明社会中，因此造成了二者在时间上难以断析的复杂而困难的局面。司马迁在其《史记·五帝本纪》中也因这种困难而对他那个时代就流传着的远古传说持一种犹豫的态度。他说：“学者多称五帝，尚矣。然《尚书》独载尧以来；而百家言黄帝，其文不雅训，荐绅先生难言之。”尽管如此，他还是为“五帝”作了本纪，并且认为“其所见皆

① 胡适：《自述古史观书》，载顾颉刚等主编：《古史辨》第一册，海南出版社2005年版，第29页。

不虚，《书》缺有间矣，其轶乃时时见于他说”。司马迁的这些说法，向我们表明了这样的事实：即以儒家典籍《尚书》为代表，主张中华古史始于尧舜；而儒家之外的诸子百家以及与孔子同时或稍晚的许多学者，包括孔子门下的左丘明、汉初经师等，不赞成孔子断自尧舜的说法，而是认定中华古史应从炎黄开始。在《管子》《墨子》《商君书》《庄子》《左传》《国语》《韩非子》《世本》《竹书纪年》《吕氏春秋》《淮南子》等中国古代文献中，都有如此记载。这即是司马迁说的“百家言黄帝”。但由于在这些文献中，对“五帝”的记载其说不一，世系上又有许多矛盾，遂使后世学者增加了对它的怀疑，如宋代的郑樵、王柏，清代的姚际恒、崔述以及近世顾颉刚等人，都对“三皇”“五帝”的传说进行了批判，从而认为“东周以上无史”，因此更无所谓“三皇”“五帝”。现在看来，随着地下考古的新发现，“疑古派”对古史的怀疑本身也遭到越来越多的怀疑。因为从文化史的角度看，虽然“三皇”“五帝”没有直接的文字记载，并且不能排除有些是后世的引申或增益，如帝、皇等称号显然为后世所加，但这些称号却是有其历史背景的。在远古的中国大地上存在着许多氏族部落，所谓“三皇”“五帝”多是部落神或部落称号。它们所以被记载下来，是因为这些氏族部落的一部或全部通过较长时期的相互融合而产生了共同的部落和共同的文明，它们因而也就成了华夏族的共同祖先和华夏文明的开拓者。①

根据考古学所发现的地下资料，从旧石器时期的“元谋猿人”遗

① 参见田昌五：《关于尧舜的传说和中国文明的起源》，载深圳大学国学研究所主编：《中国文化与中国哲学》，东方出版社1986年版。

址到新石器时期的“龙山文化”遗址，考古学的成果向我们展示了中华民族的祖先经历从猿到人、从原始群落到阶级社会循序演进的历史过程；同时证明了我们的祖先在亚洲东部广阔平原上创造我们民族文化，开始是多源、多方位、多根系的。

就地质发掘，可追溯到中国旧石器时代。中国最早的古人类化石是元谋猿人，活动在云南地区，距今约一百七十万年。此后有陕西蓝田人、湖北长阳人、山西丁村人、广东马坝人、宁夏河套人，以及北京人等。其中蓝田人和北京人距今有五六十万年，长阳人、丁村人、马坝人、河套人距今有一二十万年。考古发现表明，在旧石器时代，我们的祖先经历了“猿人”和“古人”阶段后，又进入了“新人”阶段。距今约五万年的广西柳江人、四川资阳人、北京西南郊的山顶洞人便是“新人”阶段的代表，其中尤以山顶洞人为典型，他们的体质、体形与现代中国人基本相同。从以上地质发掘中出土的尖石、圆石、骨针以及人工取火技术等判断，那时我们的祖先已进入旧石器时代晚期，以血缘关系为纽带的氏族组织开始形成。①

旧石器时期的人类终年累月恓恓惶惶地与大自然搏斗，昏昏闷闷地渡过了数百万年的漫长岁月，由于时代遥远，加之资料的贫乏，还不足以说明中国古代文明的详情。只有历史发展到新石器时代，中国古老文明的曙光才开始展现在中国大地上。它通过先民胼手胝足地奋斗，使这一文明在距今一万年内得到突飞猛进的发展。新中国成立至今，我国新石器时代遗址的发现遍布全国各地，据考古学的统计已超过七千处之多，有些是比较典型的遗址和墓地，其中以仰韶文化

---

① 参见萧萐父：《古史祛疑》，载《吹沙集》，巴蜀书社2007年版。

的半坡、姜寨遗址最为典型，距今约七千年。

仰韶文化的年代与分布，是中国古代河洛地区古羌人的文化遗存。特别是陕西半坡遗址是一个集体居住的村落。村中有很多贮存粮食的地窖，宽2.7米，高1.8米，在这些地窖中发现成堆的小米，这是目前所知人类最早的谷物栽培纪录。有小米贮存的现象，反映出当时原始农业水平的提高与剩余生产品的存在。此外还有复合工具、弓箭、各种陶器以及陶器上的刻画符号。据有些学者的考证，这些刻画符号乃是具有原始文字意义的重要表征，它是中国古代文明发端的重要标志。在仰韶文化晚期的姜寨遗址中，发现大批墓葬。从已挖掘的这些墓葬的随葬品来看，当时已产生了极大的贫富差别。有的随葬品极其丰富，有的则一无所有，这说明当时个体家庭私有制的存在。特别是大批陶文的发现，表明距今五千年前河洛地区已进入中国早期农业文明。与此相适应，浙江余姚河姆渡遗址的发掘，也发现大批人工栽培的籼稻，经碳-14测定，距今约有七千年，是世界已发现的人类最早水稻栽培纪录。同时还有骨刺和木制的水稻种植工具、原始纺织工具、榫卯结构的建筑以及作为艺术欣赏品的小陶猪等。这些重大发现，证明仰韶的“小米文化”并非中国新石器时代农业文明的唯一代表，较河洛地区湿热的江浙地域也已孕育出不同于仰韶“小米文化”的“稻谷文化”，这也证明了中国古代文明的多源性。

在仰韶文化之后或与仰韶后期相重叠的大汶口文化是中国古代文明发端的又一明显标志。大汶口文化遗址分布在山东和苏北广大地区，距今约六千年。目前已经发掘的遗址有两百多个，墓群两千多座。从发掘的这些遗址看，大汶口文化也是典型的农业文明。在出土文物中有大量的石玉工具，如石铲、石斧、石刀、石锄及玉铲等，反映了新石器时代农业文明的进一步发展。在遗址中还发现有成套的酒器，说明当时酿酒工艺的出现以及剩余粮食的增多。出土文物中还有象牙雕刻、硬质白陶、薄胎磨光黑陶以及镶嵌精美的用具和装饰品等。这些出土文物说明，当时除农业外，还产生了手工业。

从大汶口文化遗址的随葬品看，贫富差别较仰韶文化更为鲜明。有的墓葬狭小简陋，随葬品极少；有的则比小墓大几十倍，随葬品达一百八十多件。[①]这些墓葬的差别，正反映出当时财富的差别，说明当时财产开始集中于氏族内部分化出来的少数贵族手中。这种私有制的出现和财产集中的现象促使中国古代文明向前发展，终于导致恩格斯称之为“激进的革命之一”的家长制的兴起。

父权家长制的明显标志是男尊女卑。在大汶口墓葬中，有的墓中一男子仰卧而女子则跪在旁边，有的墓中两女子屈肢面向中间一男子。在大汶口发现的八座男女合葬墓中，经过鉴定的四座均为男左女右，随葬品也是男方多于女方。显然男子处于主人地位，而女子处于屈从地位。这种男主女从的墓葬形式，说明大汶口文化已处于父权家长制阶段，其家庭形式至少已处于由对偶婚向一夫一妻制的过渡，而且明显表现出贫富的差别甚至奴隶的存在。大汶口文化贫富分化的现象是中国文明开始的征兆，它预示着中国文明社会即将到来。这是一个伟大的历史进步。而随着父权家长制的出现，“我们便进入

① 参见田昌五：《关于尧舜禹的传说和中国文明的起源》，载深圳大学国学研究所主编：《中国文化与中国哲学》，东方出版社1986年版。

了成文历史的领域”[①]。值得注意的是，在大汶口文化晚期陶尊上已发现特有的符号，古文字学家考释的结果，大都认为是文字。实际上在比这更早的半坡遗址中，就曾发现不少陶文。在江西、山东、青海等地也发现了大量陶文。大汶口的陶文，“既不是符号，更不是图画与纹饰，而是很进步的文字，是殷周时代文字的远祖”[②]。它虽不如半坡遗址陶文的数目多，但形状结构已有一定形式，与殷周文字有较多的联系，这表明了中国古代文明的继承关系。据唐兰先生的说法，“从大汶口陶器文字可以看到中国古代文化的黎明”[③]。大汶口文化基本分布在黄河下游的南岸和淮河北岸之间十几万平方公里的广袤土地上，时间延续两千年之久。其早期遗存，经碳-14测定，距今5785±105年[④]；在公元前三千多年进入中期，明显地出现贫富分化、男尊女卑等社会现象。公元前一千三百年左右，大汶口文化完成了向典型的龙山文化的过渡。从其活动的历史时代和地域空间以及发展状况看来，恰与古文献中东方夷人诸部由太昊经少昊、蚩尤到挚的记载相吻合。[⑤]

大汶口文化的进一步发展，则是黄河流域龙山文化的各种类型。目前较一致的估计，它存在于公元前三千年到两千年之间，延续了

---

① 参见恩格斯：《家庭、私有制和国家的起源》，《马克思恩格斯选集》第四卷，人民出版社1995年版，第50、57页。

② 唐兰：《再论大汶口文化的社会性质和大汶口陶器文字》，载山东大学历史系考古研究室主编：《大汶口文化讨论文集》，齐鲁书社1979年版。

③ 唐兰：《中国奴隶社会的上限远在五六千年前》，载山东大学历史系考古研究室主编：《大汶口文化讨论文集》，齐鲁书社1979年版。

④ 《放射性碳素测定年代报告》（三），《考古》1963年7期。

⑤ 参见萧萐父：《古史祛疑》，载《吹沙集》，巴蜀书社2007年版。

一千年左右，这和《竹书纪年》所记“自黄帝至禹三十世”正好相当，距今约五千年。[①]其中的中原龙山文化反映出中原地区多种文化的相互融合，因此它是既具有共同性，又具有不同类型的文化，是史前大融合后出现的繁荣景象，标志华夏文化共同体的形成，并以此为中轴繁衍出整个中华民族的文化。中原龙山文化遗址的发掘，使我们更加清楚地看到中国文化的源流。它的最大特点，在于向我们揭示了这一时期社会经济结构的变化及其所导致的社会关系的改变。从发掘的大量的耜、锄、铲、蚌刀、蚌镰等农具看，这一时期农业生产力有了普遍的提高。农业的发展带来畜牧业的繁荣，在龙山文化的墓葬中随葬的猪头有的多达六十八个，家畜的繁殖成为积累财富和发展私人占有的重要手段。龙山文化中除原始瓷器、玉器、编织品、纺织品都较前大有发展外，突出的是冶铜术的普遍使用。山东胶县出土的铜锥，碳-14测定为距今四千三百年，而同期的齐家文化墓葬中已有铜斧、铜刀、铜凿等工具及环形片状的铜制装饰品，这说明冶铜技术的普遍化，并且多为青铜器，说明经大汶口文化到龙山文化、齐家文化，已从红铜、黄铜进入青铜时代。由于生产工具的改进和生产力的提高，促进了原始农业、畜牧业及手工业的发展，从而导致社会生产关系的改变。在龙山遗址的墓葬中杀殉奴隶的现象随处可见。如属中原龙山文化的邯郸涧沟遗址中有两个葬人的圆坑，其中一个叠放着十具尸骨，均为男性青年和五至十岁的儿童，有的头骨上有被砍伤的痕迹。另一个圆坑中放着五具尸骨，有男有女，有老有

① 参见田昌五：《关于尧舜禹的传说和中国文明的起源》，载深圳大学国学研究所主编：《中国文化与中国哲学》，东方出版社1986年版。

少，有的身首异处，有的呈挣扎状。还有人兽合葬、无首、腰斩、猪头祭祀葬等，这些非正常的死者作为一种显影剂，标志奴隶社会已经来临。[①]

二十世纪七十年代发现的辽西红山文化的遗存，包括五千多年前的大型祭坛、女神庙、积石塚群地、类似城堡或方形广场的石砌围墙遗址以及大批珍贵文物等，向我们揭示了我国“早在五千年前，已经产生了植基于公社，又凌驾于公社之上的高一级的社会组织形式”[②]。由此推断该处五千年前已存在过一个具有国家雏形的原始文明社会。

根据以上考古学的发掘，中国古代文明的起源可以追溯到距今五千至七千年前，这与我国古文献中记载的从炎黄到尧、舜、禹时代史迹大体相符，有力地证明了“中国文化西来说”是一种荒谬无实的说法。中华远古文化是本地起源的，而且就中华本土说，它又是多源、多根系，而非一源单根系的。也就是说，中国古代文明的出现，乃是在中国广袤土地上多种文化源头的汇合，随着历史的发展和先民的创造，共同融合成丰富多彩的华夏文化。

---

① 参见田昌五：《关于尧舜禹的传说和中国文明的起源》，载深圳大学国学研究所主编：《中国文化与中国哲学》，东方出版社1986年版。

② 《从辽西考古新发现访问考古学家苏秉琦》，《人民日报》（海外版）1986年8月4日。

二、国家的形成及其发展阶段：作为国家的“中国”

国家的起源和构成问题与奴隶制形成有密切关系。考古发现已基本证明，我国古代的史前三大文化区（海岱文化区、河洛文化区、江汉文化区）早在距今五千至七千年前即已确立了父权制，产生了私有制，走到了阶级社会的门槛。但从原始社会瓦解到奴隶制国家的形成，是一个曲折发展的复杂过程。改革开放以来，随着我国考古事业的发展，历史学家们对我国史前史的研究有了许多新的突破。其中对我国奴隶制社会的分期问题有许多新的看法，这对研究国家的形成具有重要意义。

不少学者认为，我国的奴隶制社会至少有三千年的历史，其延续的时间要比封建社会长得多，因此要弄清它的形成、发展和消亡的全过程，必须划分几个阶段。就上述三大文化区内私有制发展的情况看，中国奴隶制国家的产生，正是部落与部落联盟之间矛盾消长、斗争融合的过程。据一些学者的研究，我国的奴隶制时间很长，可划分为前、后两期或初、中、晚三期。[①]据已故唐兰先生的意见，初期由奴隶制的开始，经过奴隶制国家的建成和昌盛，即太昊、少昊、炎帝、黄帝时期；中期是由黄帝发展到帝颛顼、帝喾、帝尧、帝舜时期；晚期是夏、商、周三代，即奴隶制社会由极盛到衰颓、没落乃至

① 参见唐兰：《中园奴隶制社会的上限远在五六千年前》，载山东大学历史系考古研究室主编：《大汶口文化讨论文集》，齐鲁书社1979年版；萧箑父：《古史祛疑》，载《吹沙集》，巴蜀书社2007年版。

崩溃的时期。[①]我国奴隶制形成初期，黄河流域两大文化区（海岱文化区、河洛文化区）内的各主要氏族同时跨入奴隶制，并通过各氏族部落之间的冲突、联盟、兼并、融合而逐步形成了国家。许多学者认为，揭开这一历史序幕的是黄帝、炎帝、蚩尤之间的连环战争。经过三次较大的战争，最后黄帝统一了黄河流域的各部落。因此围绕以炎帝、黄帝、蚩尤三个部落集团间的征战为轴心，展开了中国奴隶制形成的前期阶段。

第一次战争，据《世本》《史记正义》和《史记》司马贞补《三皇本纪》，以及《淮南子》等文献记载，发生在蚩尤和炎帝部落的共工之间。共工氏当时为了发展农业，大力治水。“振滔洪水，以薄空桑”（《淮南子·本经训》，高诱注：“空桑，地名，在鲁。”），这是说，共工氏把水放到黄河下游，危及下游地区利益，于是代表黄河下游利益的蚩尤便率军与共工大战。由于蚩尤首先发明冶铜技术，“以金作兵器”，“造立兵仗、刀、戟、大弩”，所以打败了共工。共工“不胜而怒，乃头触不周山崩，天柱折，地维绝”，表明战况激烈。炎帝部落失败，乃求助于黄帝，于是发生了第二次战争——黄帝与蚩尤之间的战争——“涿鹿之战”。

据《逸周书·尝麦解》记载：“昔天之初，诞作二后，乃设建典，命赤帝分正二卿，命蚩尤宇于少昊，以临四方。司□□上天未成之庆。蚩尤乃逐帝，争于涿鹿之河，九隅无遗。赤帝大慑，乃说于黄帝，执蚩尤，杀之于中冀，以甲兵释怒。”黄帝战胜蚩尤后，“乃命

① 唐兰：《中国奴隶制社会的上限远在五六千年前》，载山东大学历史系考古研究室主编：《大汶口文化讨论文集》，齐鲁书社1979年版。

少昊请司马乌师，以正五帝之官，故名曰质”。少昊，又名质，即《左传》郯子所说的“少皞挚”。他受黄帝之命，代替蚩尤继续统治少昊这个部落，一直到颛顼兴起以后才逐渐衰落下去。

“涿鹿之战”的胜利，加强了黄帝的实力，黄帝一跃而为盟主。但争夺盟主地位的斗争并没有结束。由于“炎帝欲侵凌诸侯”，直接威胁到黄帝的盟主地位，于是黄帝又与炎帝展开了“阪泉之战”。黄帝经过“修德振兵，治五气，艺五种，抚万民，度四方”的认真准备，终于“三战而得其志”，“五十二战而天下服”（《史记·五帝本纪》）。黄帝统一了黄河流域的各部落。

氏族部落的征服战争，导致了国家的出现。因为“对被征服者的统治，是和氏族制度不相容的……因此氏族制度的机关便必须转化为国家机关，并且为时势所迫，这种转化还得非常迅速地进行”[①]。因为战争是一种通过暴力而进行的强迫性手段，这是“从私有财产和有阶级以来就开始了的，用以解决阶级和阶级、民族和民族、国家和国家、政治集团和政治集团之间，在一定发展阶段上的矛盾的一种最高的斗争形式”[②]。再加上战争的空间十分广阔，以“涿鹿之战”为例，蚩尤统治的地区在今山东曲阜一带，而“涿鹿之野”却在北京西郊，在这样广阔的空间进行战争，其复杂和激烈程度远非氏族部落之间的械斗可比，“因此要赢得战争的胜利就不能利用旧的氏族制度的

---

① 恩格斯：《家庭、私有制和国家的起源》，《马克思恩格斯选集》第四卷，人民出版社1995年版，第139页。

② 毛泽东：《中国革命战争的战略问题》，《毛泽东选集》第一卷，人民出版社1991年第2版，第171页。

工具来管理”[1]。奴隶制国家正是在这种战争时势逼迫下，由氏族制度的机关转化为国家机关的。黄帝时代正是实现这种转变的时代。《商君书》曾区别“伏羲、神农，教而不诛”，而“黄帝、尧舜诛而不怒”，《史记·五帝本纪》亦称黄帝“以师兵为营卫，官名皆以云命”“置左右大监，监于万国”“举风后、力牧、常先、大鸿以治民”。这里的左右大监、风后、力牧、常先、大鸿等都是黄帝时的官名，并存在以云名官的制度。这表明，黄帝时期，已初步具备了国家形式，标志着氏族机关已转化为国家机器，“军事首长的权力变为王权的时机便来到了”[2]。

中国奴隶制中期是从颛顼到尧、舜、禹时代。颛顼即高阳氏，属东夷部落集团的一支。随着势力的不断扩大，代黄帝而为部落联盟首领。“及少昊之衰也，九黎乱德，民神杂糅，不可方物。夫人作享，家为巫史，无有要质。……颛顼受之，乃命南正重司天以属神，命火正黎司地以属民，使复旧常，无相侵渎，是谓绝地天通。”（《国语·楚语下》）。颛顼以政权为力量，企图统一各部落的宗教信仰，建立了“司天”“司地”的职官，并且“履时以象天，依鬼神以制义，治气以为民，洁诚以祭祀”（《大戴礼·五帝德》）。把自然宗教转化为人为宗教，在战争手段之上又增加了宗教教化的手段，健全并发展了黄帝以来比较原始而简单的国家形式。

从颛顼到尧、舜、禹，中间经过更加艰苦的征战和复杂的权力争夺，最终形成了比较完备的奴隶制国家。《尚书·尧典》和《淮南

---

① 恩格斯：《家庭、私有制和国家的起源》，《马克思恩格斯选集》第四卷，人民出版社1995年版，第140页。

② 同上书，第139页。

子·本经训》记载，帝尧在艰苦的征战过程中，“流共工于幽州，放欢兜于崇山，窜三苗于三危，殛鲧于羽山”。并先后征服了以凿齿、九婴、凤鸟、太阳、长蛇、野猪等为图腾的部落。随着奴隶制国家权力的集中与增强，统治阶级内部也展开了激烈的争夺权力的斗争，这一点一直被儒家所隐讳。根据文献的记载，在尧和舜、舜和禹之间都曾展开过激烈的政治斗争，绝不像后世所宣传的“禅让”那样轻松美好。《竹书纪年》称：“尧之末年，德衰，为舜所囚”，“舜囚尧于平阳，取之帝位”。《韩非子·说疑》也说：“舜偪（逼）尧而得天下。”禹治水九年成功，形成了自己的强大势力，于是逼舜出走，舜死于苍梧之野。禹即位后，发动了大规模的征伐三苗的战争。同时进一步完善了奴隶制王国的经济、政治、礼乐、刑律、文教等各项组织制度，强化了奴隶制国家，实现了从黄河流域到长江流域的政治统一，与此相适应，也形成了统一的华夏文化。

由颛顼、尧、舜三代所惨淡经营的奴隶制国家，至此进入了发展时期。禹治水成功，征服三苗后，两次大会诸侯于塗山。后来又“致群神于会稽之山，防风氏后至，禹杀而戮之”（《国语·鲁语》）。已显示出奴隶制王权的专制权威。同时，“芒芒禹迹，画为九州”（《左传》）、“敷下土方”（《诗经》）、“任土作贡”（《尚书·禹贡》）、“颁夏时于邦国”（《竹书纪年》）、“而作禹刑”（《左传》）。即同时开始规划区域、制定贡赋、颁布历法、创立法度。其统治区域已“东渐于海，西被于流沙，朔南暨声教，讫于四海”（《尚书·禹贡》）。从此开始了夏、商、周相继的统一奴隶制王朝的繁荣发展时期。

综上所述，从炎、黄之际到夏王朝的建立，是我国奴隶制的产生、形成和发展时期，其年代约在公元前三十至前二十二世纪。直到公元前七至前四世纪的春秋战国时期，奴隶制才开始瓦解，封建制逐步形成。从我国奴隶制的产生、形成到衰亡，大约经过了三千年，是一个自本自根、多源汇合、独立发展的完整过程。中国奴隶制社会的完善，为后来封建制的秦汉帝国的建立奠定了坚实的基础，在以后两千余年的历史发展中为中华民族文化的繁荣与滋长提供了广阔空间。

三、中国文化的地理环境：得天独厚

中国文化和世界其他民族文化一样，在其产生和发展过程中都受到自然条件与社会条件的影响。就其自然条件来说，各民族都有不同的地理环境和气候环境，这些自然环境完全是客观的，它为塑造不同文化类型和不同的文化特性提供了内在的物质基础。它的作用如此明显，甚至在同一民族的文化圈内，也由于这些自然条件的不同而多多少少造成文化表征的差异。因此，当我们全面审视和考察中国文化的发生、发展及其演变的历史过程时，也必须了解和把握我们的民族文化所赖以生存的自然条件。我们不是地理环境决定论者，我们不主张把一个民族的文化产生的动因、文化特征、民族性格以及文化的移动等完全归之于地理环境，我们是在充分肯定物质生产方式、生产力的水平以及由此决定的各种各样的生产关系、经济关系的前提下来认识和理解这一问题的。这就是说，一种文化类型的塑造要受到多种因素的影响和决定，如果片面地夸大其中某一因素，甚至把它提升到绝对化的程度，就必然走向荒谬。但是，地理环境毕竟给人类文化的创造提供了某种特定的历史舞台。舞台设计的不同，直接影响戏剧的内容、类型和效果。地理环境、气候环境等自然条件也正像舞台道具一样，在一定程度上影响着人类文化创造的发展趋向，而且人类社会越接近原始阶段，这种影响力也越大。

中国的新石器时期在中华文明发展史上所以占有重要地位，是因为开始了农业活动。中国早期的农业生产，充分反映了人类对自然环境的适应性。在仰韶文化区的西安半坡村地窖中，发现成堆的小米；其他遗址如陕西宝鸡市斗鸡台、华县柳枝镇泉护村以及山西万泉乡荆村等地，也陆续发现小米痕迹。这说明，在仰韶文化区内，小米似乎是当时的主要食物。谷类作物耐旱性较强，至今在我国北方的广大耕作区内仍是主要作物。仰韶文化分布区主要是黄土高原。据地质学家的研究，黄土高原的形成多半是由数十万年来从戈壁吹来的黄沙覆盖而成，其土质结构松软多孔，有较强的渗水性，遇到雨水可以像海绵一样对水起保存的作用。水分渗入深处，蒸发缓慢，不仅能长期保存，而且能在干旱的季节由地下经毛细管作用渐渐上升，供给作物根部水分的需要。再加上黄土的风化程度较弱，颗粒中所含矿物质不易流失，具有较强的肥力。因此，早期人类能够利用这些特点，在干旱环境下以耐旱的谷物为食粮，反映了我们先民的聪明和智慧。

和黄土高原仰韶“小米文化”的产生一样，在华东沿海的河姆渡文化遗址、江汉流域新石器文化遗址均发现人工栽培的水稻。河姆渡文化区分布在浙江余姚市周围，它的自然条件与江汉流域相似，都有低洼湿热的特点，与这种地理、气候条件相适应，产生了“水稻文化”。这就是说，中国古代农业文明的起源，是与黄土区域和江汉流域两种各异的气候地理状况相适应，而分别产生了以小米与水稻为主的不同文化，从而奠定了中国几千年农业文明的基础。这也是中国历代均重视农业发展的历史原因。

中国文明与世界其他文明一样，均发源于温带，然而农业起源的特征却与两河流域、尼罗河流域及印度河流域利用大河泛滥后留下的沃土，再加灌溉、栽培小麦的农业特征不同，这完全是由于气候、地理环境的相异而导致的差别。黄河冲击的黄土，肥沃度高，原始植被是繁茂的草原，焚烧后用简单农具稍事松土即可耕作，而黄河中下游地区的年降雨量一般在500～750毫升，虽不丰裕，却正好集中于植物生长的季节（夏季），故不灌溉也可靠自然降雨而发展农业。至于雨量更少的黄土高原，虽然年降雨量在500毫升以下，但由于泾、渭、汾、洛等诸多河流的冲积，土地肥沃，也可在夏秋两季耕作。但中国农业文化的起源也有与其他民族的古代文明相通之处，即都是从事于粮食的生产，不像热带地区的农业，最初皆建立在芋、薯等根块植物的果实上。这些富有淀粉的根块植物及果实的营养远不及谷物提供的营养丰富和全面，并且前者的播种、耕耘、收获受气候和地理环境的影响较小，而粮食的生产却必须遵守一定的节气，所以人们不得不留心生活规律、四季更替、气候变化以及日、月、星、辰的位置与移动等等，这就促使天文、历法、算术、符号、文字、工具等等得到发明和进步，而产生较高的文化。

中国是一个素称“以农业立国”的国家，从新石器时代起一直到夏、商、周三代，统治者都高度重视农业的发展。究其原因，地理、气候环境是一个极为重要的因素。这在很大程度上决定了中国古代文化是典型的农业社会文化，①并由此带来了中国文化的一系列有别于游牧文化和商业文化的基本特征。

从整体地理环境说，按地理环境的差异人类可以粗略划分为大陆民族与海洋民族。②典型的海洋民族国家，人们生活的空间相对比较狭小，利用海洋漕运之便，往往商业比较发达，人员交往和流动也比较方便。又由于内地活动空间有限，回旋余地不大，故容易造成向外拓展的动机。中国整体地理环境的格局恰与海洋民族所处的地理环境相反。其主要区别是：

第一，中国有极为广袤的疆土，其内部平原广阔，特别是黄河、长江两流域平原毗连，没有明显的天然屏障可以阻隔，因此在政治、经济、文化以及军事上都较海洋诸岛易于统一，所以历史上强悍的游牧民族南侵，中国纵使丧失了首当其冲的黄河流域，仍有广大退路可供回旋。其他古文明地区沦亡于外族的入侵，即一蹶不振，独中国能对边族潜移默化，始终保持着自己文化的独特风格和完整系统，并使之绵延不绝。

第二，中国有较易于隔离的地理环境。东面临海，西北横贯漫漫沙漠，西南有世界上海拔最高的高原——青藏高原，平均海拔四千米以上。在生产技术不发达的古代，这些都可以说是地理上的阻绝地带，给予农业民族无法突破的限制。这种一面临海，其他三面陆路交

① 参见冯天瑜：《中国古代文化的类型》，载深圳大学国学研究所主编：《中国文化与中国哲学》，东方出版社1986年版。

② 同上。

通极不便利，而内部回旋余地又相当开阔的环境，形成一种与外部世界半隔绝的状态，使中国没有向外部世界拓展的野心，养成了独自经营、和平温顺的国民性格。所以中国文化大体上是在本土独自酝酿成长，虽偶有外来文化成分由西域或海上传入，皆能雍容消纳，使中国文化的发展稳定而富于自信。

第三，中国的气候，也影响文明拓展的方向。古代巴比伦、埃及、罗马、印度等文明都发源于暖温带而逐渐向寒冷地带发展，中国则相反。由于季风气候的影响，我国雨量由东南至西北递减，而地势由东南至西北逐渐增高，多数河流由西向东或由北向南注入大海，这种自然条件，往往决定收获的丰歉，再加上南暖北寒的气温，造成南长北短的农作物生长季节，这些条件对农民的垦殖发生吸引，所以形成人口南移、文化南进的趋势。

第四，中国人口众多，早在秦汉时期就拥有六千万人口（参见《汉书·地理志》），而耕地面积却远远不足。再加上封建地主阶级的土地兼并，这样不得不使农民在所分得的狭小的土地上精耕细作，对土地做最经济的利用。在生产力十分落后的条件下，虽然忙碌辛苦，也仅能糊口，这便养成了安土重迁、乐天知命、安分守己的民族性格。对他们来说，土地就是生命，离开或失去土地就意味着贫穷与死亡。这种经济上对土地的依赖，反映到民族心理上则表现为对乡土的无限眷恋和对故国的深厚情怀。这种文化特色，形成中华民族最大的凝聚力。

四、中华民族的构成与融合：多民族融合的民族共同体

中国是一个多民族国家，在长期的历史发展中，随着时代的演进和各民族的共同努力，它已逐渐融合为现代意义上的民族——一个内部包含有众多民族的大家庭——中华民族。因此，本节所讨论的问题，是作为国内各民族融合体的中华民族的构成与融合问题。

民族是一个历史的范畴。它的发展经历了漫长的过程。人类早期出现的氏族，是在原始公社的经济基础上以血缘关系为纽带而联结起来的从事社会生产的共同体。由于生产力的发展，作为社会生产共同体的原始氏族逐渐扩大，结成氏族联盟，形成比单一氏族更强大的部落。私有制和阶级的产生，使原始公社制崩溃，不同氏族和部落的人们混合居住在同一块土地上，于是又产生了地域性的部落。随着国家的出现，这种地域性的部落便失去了自己的独立性，转由国家来管理。这时，它已不是按照人们的血缘关系，而是按照人们居住的地域来实行管理。几乎在部落转向国家的过程的同时，血缘关系群体和语言相近而又居住在同一地域的各个部落实行联盟，形成了部族。这个部族即是古代意义上的氏族。再经过封建社会的长期发展，到了资本主义时代，古代民族（部族）遂逐渐演变为现代民族。

因此，“中华民族”乃是现代意义上反映中国境内多部族融合体的“共相”概念，它已不再是国内任何一族的扩大或代称。

现代学者在解释“民族”的意义时，越来越倾向于从文化角度来分析。英国学者巴克认为，种族是一种血统的、体质上的现象，而民族却是一种传袭的、文化上的现象。前者是体质上的共同类型，后者

是文化上的共同模式。这就是说，在我们探讨中华民族的历史成因时，要看到“种族”的因素，同时更重要的是要看到“民族”的因素，即在历史过程中经过各部族的长期努力所共同造成基本相类的思想、情感、意志和心理等文化模式（当然，不排除少数民族自己独特的文化心理传统，但这只是同中之异）。从这个意义上说，中华民族乃是经过几千年的时间，融合了许多种族及其思想、情感、习俗、心理和意志而形成的民族。

就种族的因素来说，虽然还不能直接追溯至四五十万年前的“北京人”，但两三万年前的周口店山顶洞人的人骨遗存，可以说代表了一个由现代的黄种人的祖先组成的“家庭”则是没有疑义的。早在二十世纪二三十年代，加拿大解剖学教授步达生曾就周口店附近发现的一具完整的头盖骨进行研究，其结果表明，与爪哇、英国、德国所发现的人类遗骸同为世界上最古老的人类。他又把辽宁沙锅屯和河南仰韶村发现的遗骸与现代华北人骨及亚洲以外人骨进行比较，发现“沙锅屯与仰韶村的人骨，具有相同性质”，并且“与现代华北居民体质也完全相同”。[①]此后，他受中国地质调查所的委托，将甘肃新石器各文化期所得的人类遗骨做进一步研究，又发现其与沙锅屯、仰韶村的遗骨也完全相似，并且“三组人之体质均似现代华北人，即所谓亚洲嫡派人种”[②]。这就是说，中华民族的祖先，至少在新石器时代就已扎根于中国，成为中国土地上的主人。

种族和民族虽然有密切关系，但二者又不能相混。前者是体质的

① 参见李长付：《中国文化起源与世界文化移动之研究》，《东方杂志》第34卷1期，1937年1月。

② 步达生：《甘肃史前人种说略》，载《甘肃考古记》附录，中国地质调查所印行，1925年。

类似而由于血统的遗传，后者是文化的融合而由于社群的结合；前者是人种学或体质人类学重点研究的对象，后者是民族学或文化学重点研究的对象。从文化学的角度看，中国民族构成和融合的历史，主要是中国民族文化的形成史，因此种族成分在这段历史上，并不扮演重大角色。

从地下出土的大量文物和中国古史文献的记载看，新石器时代及稍晚时期的中国民族，可以说氏族林立，族类繁多，随着活动范围的扩大与势力扩张，各族之间互相模仿，互相通婚，互相战斗，陆续兼并，不断融合，终于产生了一个强大氏族，领导周围的小氏族，并通过建立原始的国家形式，从而奠定了中华民族的民族基础。就传说史料而言，中国民族的构成远在炎、黄、蚩尤时代就已初具规模。二十世纪三十年代初，蒙文通先生著《古史甄微》一书，提出中国上古民族的三集团说。他认为中国古代有三大民族集团：（一）海岱民族，处京汉铁路以东，又称泰族；（二）河洛民族，位京汉路以西，又称黄族；（三）江汉民族，位长江、汉水流域，又称炎族。徐旭生先生在《中国古史的传说时代》一书中，也提出与此相近的三集团说：（一）炎黄集团（华夏集团），以炎帝、黄帝为代表，出于西方陕甘黄土高原，后来沿黄河东进，而分布于华北一带，亦即后来华夏族的本源；（二）风偃集团（东夷集团），即太皞（风姓）、少皞（嬴姓，嬴同偃）的后裔。分布于淮、泗、河、洛的东方平原，即后来东夷诸族的所在；（三）苗蛮集团，为南方民族，主要分布在洞庭湖、鄱阳湖之间。蒙、徐二先生的三集团说，虽然存在着一定矛盾和差异，并有待进一步研究，但其共同点是都把上古期中国民族的构成与分布，勾画出一个比较可信的基本轮廓，故被多数学者所接受。

如果对上述三个氏族集团再稍加详解，我们就会发现，它正是按着“氏族—氏族联盟—部落—部落联盟—部族”这样一个进化顺序发展和融合的。

海岱民族或风偃集团，位于黄河下游、黄淮之间的广大区域内。它是由九个以上氏族部落组成的联盟，即所谓“九夷”。《后汉书·东夷传》说：“夷有九种，曰：畎夷、于夷、方夷、黄夷、白夷、赤夷、玄夷、风夷、阳夷。”九夷之中以“风夷”为首。“风”即“凤”，是对鸟的图腾崇拜。东夷民族首先发展起来的是太昊（又称太皞，亦称伏羲氏、包牺氏），散居于今山东、苏北一带。太昊衰落后，少昊（少皞）代兴，仍以鸟为图腾崇拜，并以鸟名官。有凤鸟氏、玄鸟氏、青鸟氏、丹鸟氏等五鸟和五鸠、五雉、九扈共二十四个氏族，活动在今山东曲阜、临淄以及安徽凤阳、泗县等地，建立了具有一定分工的部落联盟组织。

据《国语·晋语》和《史记·五帝本纪》记载，河洛民族或炎黄集团原位于黄河上游，炎帝（亦称神农氏）下有四大氏族，其中以共工氏最为强盛。炎帝沿黄河东走，陆续来到今河南及河南、河北、山东交界之处。黄帝族亦从西北方沿黄河北岸东走，逐渐分布于炎帝族北界，即今山西、河北一带。古戎狄各部皆属黄帝胞族。黄帝号有熊氏，以兽为图腾崇拜，有二十五个氏族、十二个胞族。后来，黄帝族与炎帝族联盟，产生了族外婚的婚姻形式。炎帝部落中有姜姓，黄帝是姬姓，所以部落的联姻，加速了二者的融合，遂繁衍出世代延续的“炎黄子孙”。当炎帝族东至，遇到黄河下游风偃集团的遏制，双方展开长期的斗争。炎帝在黄帝族的帮助下，与蚩尤（东夷集团的英雄）激战于涿鹿，蚩尤被杀，而东西两系的民族融合也从此大为展开。

江汉民族分布在南方长江流域，是古苗蛮族各部落居住地。因江南湿热多水，故奉帝鸿（即帝江）为祖先，崇拜江神。可能又因湿热之地盛产虫蛇，因此又被称为“修蛇”，即以蛇为图腾。“三苗之居，在彭蠡之波。古有洞庭之水，文山在其南，而衡山在其北。”（《战国策·魏策》）即活动在洞庭与鄱阳两湖周围，直到江汉平原的丹江。向东可能达到江西、浙江；北疆则以大别山与风偃集团为邻；西入伏牛山、外方山与炎黄集团毗连。由于地处偏微，故与东、西二系民族的接触较晚。直到尧、舜、禹时代，方有接触与融合。但融合的速度缓慢，一直到西周仍有许多风俗习惯与中土大异。到了春秋乃至战国中期，南北文化始进一步沟通，出现了如屈原《楚辞》那样的以南方文化为主，同时吸收北方文化的伟大作品。

中国远古氏族的融合，主要是以上述三大集团为主轴，不断向外辐射，形成了后来所说的华夏民族。其间历经唐、虞、夏、商、周两千多年，所谓三苗、九黎、鬼方、昆吾、嵎、莱、淮、彭、蜀、羌、髳、吴、越等族不断的相与融合，迄至秦、汉，乃初步形成为一个统一强大的中国民族。华夏民族基础的建构，终于完成，而“华夏”或“中国”则变成名副其实的民族表征。其后又经历了两汉、三国到两晋南北朝的南北对峙，通过战争、通商、通婚等活动，与北方的匈奴、羯、鲜卑、氐、羌诸族加强了联系，加快了融合的步伐，使原营游牧生活的北方塞外部落改营农耕，崇尚汉化。及至隋、唐的统一，又加强了同吐蕃、回纥、突厥、契丹、靺鞨、龟兹、于阗、焉耆、疏勒等北部、西部、西南部诸族的交往。唐蕃两次通婚，文成、金城两公主出嫁到吐蕃，是汉文化输入的标志，也是民族大融合的象征。至于同回纥的交往联系更具有深远意义，它使广大西部地区的居民，从此参加了中华民族的历史活动。隋唐以后，宋、元、明、清历朝近十个世纪之久，而各民族间的融合却一直没有停止。

经过几千年的酝酿与融合，现在的中华民族，已是一个由国内诸多民族组成的整体的民族共同体。这是中国各民族长期共同努力的结果。因此，从历史的眼光看，由汉族及各少数民族相互融合而成的中华民族，历来是中国这块古老土地上的主人，它不同于世界其他一些国家内的民族，有土著与外来民族的区别。中华民族自古便是一个融合的整体，而它所创造的灿烂文化则犹如一条巨流，华夏族的中原文化是它的主干，东北白山黑水间亦渔亦猎亦农的“女真满洲文化”，北方大漠草原区的匈奴、突厥、回纥、契丹、蒙古的“游猎民族的畜牧文化”，西部与西南高原区的西夏、吐蕃、南诏、西藏等“羌藏山岳文化”，是这条主干的三大支流。它们汇合着千千万万潺潺流动的文化小溪，构成一条无限深邃浩渺的文化大流，永不休止地奔腾向前。

五、中国的语言与文字：民族智慧的载体

语言和文字是人类经过悠久岁月而发展成的社会成员之间交流的工具。它是一个民族文化得以发展延续和传承的直接载体，同时也是民族共同体（不是种族的，也不是部落的）的重要标志之一。由于它是伴随着人类实践活动而产生的，因此在一个民族的语言文字中凝聚

着这个民族的心血与智慧，我们可以从中窥见其民族发生发展的历史以及这个民族文化的基本特征。

语言产生在文字之前，它是人类利用发音器官发出来的自成体系、约定俗成的语言符号。构成一种语言，必须具备三个基本要素：语音、词汇和语法。其中语法构造和基本词汇决定着语言的巨大稳定性。上述三种要素的逐渐发展，形成一种语言系统，人们以此来表达意志、传播感情、交流思想、沟通观念。由于语言是一种语音符号，发出即逝，因此在人类还没有学会语音存储和传递技术以前，它一直受着时间和空间的限制，即“声不能传于异地，留于异时”（《东塾读书记》卷一），因此人类在语言的基础上，又创造了文字，用来记录语言。有了文字，人类的语言便得到储存与传递，人类的知识、经验、发明、创造等精神文化与物质文化才得以传播和推广。因此，我们可以说，语言和文字是人类合作的基础，是人类文明发展的两大柱石。

（一）汉语的特质

根据语言学家们的意见，汉语在世界语言中属于汉藏语系的一支，它是我国汉族使用的语言，故称之为“汉语”。[①]汉语虽然是中国的主要语言，但在中国境内，汉语之外仍有许多别的语言的存在。中国语言种类之多，正如他所包含的民族之多一样。但归结起来有五

① 汉语因汉族得名，汉族因汉朝得名，因此严格说研究中国秦汉以前的语言不可称汉语。但它已成为现代学者的习惯称谓，故我们通称汉语。参见王力：《汉语史稿》，中华书局1980年版。

大语系：汉藏语系、阿尔泰语系、南亚语系、南岛语系、印欧语系。因为在中国境内，绝大多数人口操汉语，因此汉语不仅是汉藏语系中最大的一支，也是世界上使用人数最多的一种语言，这也是通常汉语得称“中国语”的缘故。汉语的特质主要表现在四个方面：

第一，在语音方面，汉语是单音节性的语言。所谓“单音节”，是指汉语中有意义的“语位”绝大多数是单音词，即由一个字形构成的词（如天、地、山、水、人、马等），但不是说汉语中所有的词都是如此。无论在现代汉语还是在古代汉语中，还有许多复音词或多音词。在古汉语中，这种复音词往往是作为联系词而出现，它是由两个有音声重叠关系的字组成，但只具有单一意义的语位。以其声、音关系来划分，又可分为三种情况：重音联系词，如“翩翩”“悠悠”“滔滔”等；双音联系词，如“淋漓”“参差”“邂逅”等；叠韵联系词，如“逍遥”“窈窕”“婆娑”等。这些复音词在数量上和单音词相比，所占的比例不大。因此基本上说，汉语是一种单音节性的语言。

第二，表现在语法上，具有所谓“孤立语”的特征。所谓“孤立语”，是指汉语中很少有构词上的形态变化。在印欧语系中，词语的形态变化比较丰富，可以根据一个词有哪些形态变化或没有哪些形态变化来决定它所属的词类，如性、数、格、位、时态等等。汉语则不同，它的形态变化较少，对于词性、格位、数量、时间等的处理，既不增添附加语，也不表现在语形变化上，而是用一种有系统的“词序”来解决。也就是说，词在句中的功用主要取决于它们在句子中的次序，如“北京”与“京北”、“特别快车”与“车特别快”、“好人”与“人好”等等。由于词在句中的次序不同，从而引起整个含义的差异。西方人初学中国语言，由于不掌握词序的规则，常常引起笑话即是这个缘故。通常的词序，都是主语在谓语之前或之中，动词在宾语之前，附加的区别词总在它的主词之前，等等。这种大体上固定的造句法，在汉语中主语或宾语往往可以省略而不致引起误解，并且从古至今很少改变，[①]所以后人也比较容易阅读古书。

第三，汉语对词性的辨别，采用一套特有的方法，就是声调。[②]声调是指一个音节有高低升降的不同，有时亦与音节的长短有关。因此，汉语常常以这些声调的高低升降来显示词性的变化。

第四，汉语在意义方面有较强的承继性。在汉语中，常常使用一些古代流传下来的成语和典故，这些成语和典故使语言精练浓缩，而且更为形象化。如：当我们看到像“煮豆燃萁”“画蛇添足”“守株待兔”“拔苗助长”“刻舟求剑”等成语时，所得到的不仅是其字面意义，而且会引起我们丰富的联想，体悟它背后所隐含的深刻意义。这些成语、典故的运用，使汉语变得更经济、典雅、生动、含蓄，这是世界其他语言很难达到的。[③]

（二）汉语的演变及其在世界语言中的地位

汉语的历史与其创造者的历史一样，源远流长。有史以来，汉语不曾分化为多种语言，这在世界其他语言中也是绝无仅有的。当然汉

① 参见王力：《汉语史稿》，中华书局1980年版，第357页。

② 参见周祖谟：《四声别义释例》，辅仁大学1946年印行，第92页。

③ 参见王力：《汉语史稿》，中华书局1980年版，第586页。

语也曾分化为若干方言，但它一直未受方言的限制。

语言虽然有稳固性的特性，但又不是一成不变的，只要它被使用，就会发生演变。在较原始的社会中，人们要沟通和表达的意念比较单纯，所需要和使用的语言自然也就比较简单。但随着文化的积累和社会的演进，人类的思想也渐趋复杂，原有的词汇及语法已不敷应用，于是语言跟着演变。

首先是语音的演变：由于汉字与语音的关系不够密切，我们从一般古书中不容易发现其变化。事实上，汉语语音是不断发展的，因此古音与今音有很大差别。汉语各方言本来是同源的，后来各自独立发展，它们的语音也就循着自己的方向发展下去，时间越长，彼此距离也就越远。从另一方面说，即使在同一方言中，随着时间的流逝和时代的发展，语音的发展逐渐趋向简化。据现代语言学家的研究，汉语语音的简化，主要表现在复声母的失落、辅音韵尾的失落和合并、浊声母的清化等等。

其次是语汇的演变：在汉语言的发展演变中，语汇的演变较语音的演变显著。这种演变的主要标志是语汇大量复音节化。在汉语中，由于一音多义或同音多义的特点，在使用时往往产生误解，所以需要发展为复合词来加以区别，如“朋”字，有“朋贝”“朋党”“朋友”等多种含义，如“马”字，有“马形”“马体”“马性”等含义。正因单音节一词多义的缘故，使公孙龙“白马非马”这一命题的含义成为几千年来哲学家们争论不休的话题。此外，又因汉语是单音语，念起来常有节奏过于急促跳动之感，有时为了调整音节，使音调舒缓，也会造成语汇的复音节化。

再次是词汇的演变：词汇的演变主要表现为“借词”和“译词”

的大量增加，它是语言发展中最显著的。社会不断发展，必须不断产生新词才能适应社会的需要，尤其当外来文化传入时，这种变化更加明显。例如汉代时葡萄从西域传入中国，于是汉语有了“葡萄”这个词。到了近代和现代，随着中外文化接触日密，借词也就越来越多，如“咖啡”“沙发”“迪斯科”之类都是现代的借词，即根据外来语的语音用汉语表达的词。但汉语词汇发展上有一特点，就是用“译词”来代替“借词”，如“火车”“轮船”“飞机”“电视”之类便是译词。在一个民族的语言中，借词与译词的数量多少，既表明这个民族语言的发达程度，又表明这个民族文化的开放程度和对外来文化的吸收程度。同时，若译词多于借词，则表明这个民族文化的同化力强。“五四”以后，汉语新词的产生数量超过了以往任何时代，这是东西文化碰撞的结果。

汉语历史悠久，操汉语的人口众多，在中国十几亿人口中说汉语的约占百分之九十，世界上没有任何语言占这样多的人口。因此，汉语不可避免地将对世界文化产生巨大的影响。

（三）中国文字的起源

关于中国文字的起源，据先秦典籍的记载，都认为是仓颉造的。《吕氏春秋·君守》说“仓颉作书”；《韩非子·五蠹》说“仓颉之作书也，自环为厶，背厶为公”；《广韵》引《世本·作》说“沮涌仓颉作书”；《荀子·解蔽》说“作书者众矣，而仓颉独传者，一也”。仓颉的时代，汉初人都说是“黄帝史”。班固作《汉书·古今人表》也说“仓颉，黄帝史”。许慎的《说文解字·序》说：“古者庖牺氏之王天下也，仰则观象于天，俯则观法于地，观鸟兽之文，与地之宜，近取诸身，远取诸物，于是始作八卦，以垂宪象。及神农氏结绳为治，而统其事，庶业其繁，饰伪萌生，黄帝之史仓颉，见鸟兽蹄迒之迹，知分理之可相别异也，初造书契。”这段话说明了造字之源为八卦与结绳，至黄帝时，始由仓颉创具规模。

其实，最初的文字绝不可能出于一时一人之手，它是在漫长的岁月里由为数众多的人通过劳动和生活实践共同创造的。荀子所说“作书者众”，最有见地。仓颉不过是总结前人经验，把大家发明的字系统化而已。因此可以说，在仓颉以前，应该已经有文字了。

随着地下考古文物的发掘，上述推论逐渐得到证实。现在已经发现的大汶口陶器文字，尽管数量不多（仅有六个），但反映了很多事实。在这些陶文中，有的像自然物体，如“”字像花朵形，“斤”字像短柄的锛；“戌”字像长柄的大斧。其中三个是原始的象形文字。此外还有“”“”等会意字，其中有三个“炅”（即热）字。另外三个是会意字，其中两个是繁体，上面画一个太阳，中间是火，下面是山。它们当中的一个出土于陵阳河，另一个出土于前寨。虽处异地，但它们的笔画结构基本相同。另一个是简体，就是日下火，与《说文》相同，也出土于陵阳河，说明那时的文字已经有繁有简了。

大汶口陶器文字的发现，证明了我国文字的起源至少在五千五百年以前，它是甲骨金文的前驱，与殷周时代的象形文字是一脉相承的。所以说，在仓颉以前，在新石器时代的农业社会里，中国已有了原始图画文字在发生滋长着，到了仓颉的时代，才使之整齐划一。因此“我们可以说，在孔子诞生三千年以前，我国就有了文字。这种较古的图画文字，一直到殷周之际才逐渐衰落，而形声文字代兴”[①]。这种结论和考古学的发掘及文字学所得是一致的。

（四）中国文字的构造

关于中国文字的构成及其方法，在中国文字学的研究上有各种不同看法。但基本上都是以汉代提出的所谓“六书”为基础，不断地加以发挥并给予新的解释。

班固在《汉书·艺文志》中说：“古者八岁入小学，故《周官》保氏掌养国子，教之六书，谓象形、象事、象意、象声、转注、假借，造字之本也。”许慎《说文解字·序》谈“六书”说：“一曰指事：指事者，视而可识，察而见意，二 二是也。二曰象形：象形者，画成其物，随体诘诎，日月是也。三曰形声：形声者，以事为名，取譬相成，江河是也。四曰会意：会意者，比类合宜，以见指㧑，武信是也。五曰转注：转注者，建类一首，同意相受，考老是也。六曰假借：假借者，本无其字，依声注字，令长是也。”班固和许慎对“六书”的说法，在名称和次序上都有不同，但基本上都是把汉字的结构归纳为六种。

1.象形。象形字是中国文字的基础，从起源上说，它应该是最早的。它是在图画基础上发展起来的。它是透过实物的具体形象来表达语言中的某一“语位”，因此像实物之形，与图画相近。后来简化成

① 参见唐兰：《中国奴隶社会的上限远在五六千年前》，载山东大学历史系考古研究室主编：《大汶口文化讨论文集》，齐鲁书社1979年版。

用线条表示，略存其形，用作符号，就成了文字。

2.指事。指事字一部分是记号，一部分是在象形字上加以符号，如“上”“下”二字，古文作“𠄞”“𠄟”，篆文作“丄”“丅”。象形字是图画形，指事字是做标识，也就是用记号以表示出一件事物。

3.会意。会意字的形和义，都是合并两个或两个以上独立的字形，组成一个新字，表示一个新的意思。如“武”字为“止”“戈”二字合成，新的意思是制止兵戈。因此“武”字的最初含意是制止战争和兵戈纠纷。“信”字为“人”“言”二字合成，新的意思是人言必须有“信”，否则与鸡鸣狗吠无异。会意字和象形字的不同，在于组成它的各部分都可各自独立。

4.形声。形声字多属两体相合，一半表形，一半表声，合“形”与“声”而造成新字。如“江”“河”二字，用水确定江河之形，用工、可谐江河之声。文字发展到现代，形声仍占大多数，它是中国文字构成的重要部分。

5.转注。转注字是文字学家异说最多的一环，至今没有定论。多数学者认为“转注”的主要功能在二字“互训”。“建首一类”，是二字同部；“同义相受”则是二字互训。如“考”“老”二字既属同一部首又可以互训。

6.假借。假借字是以不造字为造字方法，即不造新字而借用已有的同音字。如“道德”之道，借为“道路”之道，“道德”之德借为“取得”之得，“县令”之令借为“发号施令”之令，“县长”之长，借为“久远”之长（“长”字本意是“久远”），等等。

前四者是造字的基本方法，也是中国文字的四种基本结构。后二者是文字构造的条例。转注可以解释“一义多字”现象；假借可以解释“一字多义”现象。我国文字在数量上以形声字为最多。据统计，形声字占《说文解字》九千三百五十三字的百分之八十以上。

（五）中国文字的特点

文字是记录语言的符号，它的音、义是语言所赋予的，字形则是表达音、义的符号，因此从特点上说，中国文字同世界上其他文字比较，在形、音、义三方面都有自己的特性。

1.就字形来说，世界上其他的原始绘画文字，都已发展为拼音的音符文字了，只有我国文字还保存着比较原始的状态，每一个图画变成一个方块字。尽管经陶文和甲骨金文的演变以及所谓“真、草、隶、篆”的发展，但在字形上却仍保持着方块化的特点，表现出一种超稳定的固定结构。这种固定结构使中国几千年的文化发挥出“同文”的功能并保持强大的传统力量，因为它可以离开读音，无论古今方言、声韵如何转变，它的含义都保持不变或变化极小。这一特点对中国文化的发展、承传起着十分重要的作用。正因为在字形上保持方块的体形和结构上的平衡，使字形布局均匀，格调圆满，每个字都像一个建筑物一样，有平衡、对称、和谐的特征，所以具有较高的审美价值。中国文字的书法、雕刻艺术在世界各种文字中是独一无二的。专门研究字形的文字学，也是世界其他文字所没有的。

2.就字音来说，中国文字是注音字而非拼音字。欧美各国的语言多是复音节，是通过字母拼合而成，这种复音节语，一个字不能同时代表多音。而中国字因为是单音节关系，故有一字多音或一音多字的特点。因此要把握中国文字，光靠听觉是远远不够的，必须同时用眼睛看，否则会造成许多误解。为了解决这个矛盾和缺点，促使中国文字向声调方面发展，在同音字中，又分去、入、阴阳等声，甚至有七声、八声之异。因此在文字学外，又有音韵学的专门研究（例如宋代的《广韵》，有韵部二百零六）。用发音的声调来区别文字，这也是中国特有的，但音韵学的发展还不能完全解决这个矛盾，因为同音而又同声的字有许多，所以必须同时用“目治”，这也是中国文字没有能改用字母拼音的主要原因。同音字之多是中国文字非常突出的一个特点。以前，语言学家赵元任先生曾用同音字做了一个游戏，他作《施氏食狮史》一文，让他的美国弟子读释。此文是：“石室诗士施氏嗜狮，誓食十狮。施氏时时适市视狮。十时，适十狮适市，是时适施氏适市。施氏视是十狮，恃矢势，使是十狮逝世。氏拾是十狮尸，适石室。石室湿，氏使侍拭石室。石室拭，氏始试食是十狮尸。食时始识是十狮尸，实十石狮。试释是事。”这九十四个字，若不靠“目治”而只靠耳闻，可能很难明白是什么意思。大家都很熟悉的北戴河孟姜女庙的一副对联，是利用一字多音的特点组成。其上联是“海水朝朝朝朝朝朝朝落”，下联是“浮云长长长长长长长消”。这副对联虽然字数不多，但没有一定中国文化修养的人也是难于读释出来的。

3.就字义说，由于汉语的“语位”未必全部都是单音节，所以语、文之间，往往不能相应。就是在单音节中，也还是存在着一字多义或一义多字的情况，这就造成了中国文字寓意深刻的特点。特别是转注与假借两种“造字”原则，使汉字具有引申、譬喻的多析性。一个字通过引申，可以增加它的含蓄性，并使内涵深远。这种情况往往增加读释的困难，特别是在释的方面。如“道”字，本意为“道路”，但它同时可引申为法则、规律、原则、道理、道义、道术、道德、学说及思想体系等等。在这种情况下，就需要通过上下文义来了解和把握字义，而不能望文生义。这种以字形标义的文字与西方的字形标音的文字相比，具有长期的稳定性。

4.从中国文字的形、音、义三方面综合考察，我们可以从中窥见中国古代社会的制度、观念及生活等，甚至在文字中渗透着深奥的哲理。如前面提到的“武”字，为“止”“戈”二字合体而成，反映了我们的祖先在造字时对战争的基本看法。他们认为勇武的表现，不是侵略与征服，而恰恰相反，是对战争的制止，这表明了中国古人对和平的追求以及在武力勇敢等方面的价值标准。又如“怒”字，是“奴”“心”二字的合体，人失去理智，就会变成内心感情的奴隶，这种造字的动机，亦可反映对心、性、情、理的基本看法，表明中国古人对内心平和的追求以及在伦理、修养等方面的价值标准，而所有这些都是与中国传统文化的特点相协调和同步的。

第二章 中国文化的基本要素

每个民族都拥有自己的文化，而每个民族的文化在长期的历史发展中都各自形成了自己独特的文化系统。这个文化系统又包含若干要素，其中包括规范的、知识的、艺术的、器物的、精神的等各方面。它就像一座参天大厦是由各种各样的材料构成一样，每种材料在这座大厦中都各自起着特殊的作用。我们不了解这些具体材料的性能、作用、属性、特点以及它们相互之间的关系，就不能了解这座大厦的构成、规模、质量，甚至不能了解它与其他建筑物有什么差别和共同点。实际上，文化要比任何大厦都复杂得多。要想真正了解一个民族的文化系统，首先要了解它的各个部分，它的基本要素。本章的任务就是简要描述与分析中国文化的几个主要部分，以便使我们更好地了解它们之间的关系及其在整个中国文化系统中所占的地位。

一、宗教：人间性的多神宗教

在中国文化中，宗教所占的地位并不像西方那样显著，宗教情绪也不如西方那样强烈。但这并不等于说宗教在中国没有广泛影响。从文化的角度看，中国文化中的宗教内容有较高的复杂性。在我国历史上，曾经流行过佛教、道教、基督教、回教、袄教等等。但这些宗教都没有独占鳌头，没有在较长的历史时期内提升到国教的地位，这种情况在世界各国也是少见的。出现这种情况的原因是多方面的，但中国文化中的早期宗教的影响是其中一个重要原因。

（一）中国文化中的早期宗教

一般谈中国的宗教，多以儒、释、道三教为主，而忽略了这三种宗教（从严格意义上说，儒教的提法是极不准确的。佛、道二教的“教”，是典型宗教的“教”；而儒教的“教”，是教化的“教”，而非宗教的“教”）在历史上出现以前，中国文化中早就有了崇拜祖先和天神的宗教。它是与中国文化的萌芽发展同步进行的，因此它对中国的民族文化、民族心理以及民族生活的影响要比其他宗教的影响大得多。就儒、释、道三教而言，它们各自拥有众多的信徒。但每一教的信徒，没有例外地在其心灵深处都保留着对祖先和天神的崇拜。

从宗教的自身发展看，上古时期，中国的原始宗教信仰呈现出多元的倾向，这是与当时社会发展阶段以及人们的直观思维方式相适应的。在这一时期中，原始的宗教信仰多以拜物教的形式度过其早期萌芽阶段，如对动物、植物、太阳、星辰、江河乃至硕大可怖的自然现象等所产生的崇拜。随着人类对自然界及自身的了解，又对死亡现象及死者产生了怀念、眷顾及恐惧心理，遂产生了鬼神崇拜。由于相应的社会条件，特别是氏族首领在尘世中所居高位，影响到同族的人在他死后对待他的态度，这样，从前产生出来的对死者的宗教态度，就逐渐演化为祖先崇拜。①

根据甲骨文和古文献记载，殷人对祖先抱持一种“事死如事生，事亡如事存”的认真态度，在大量出土的甲骨文和卜辞中，存留了殷人祭祀祖先的记载。他们称自己的祖先神为“帝”或“上帝”。“帝”前加一个“上”字，表示他们的祖先居高临下，统治世界。据卜辞说，上帝经常发布命令，以超自然的力量支配天上和人间、自然和社会的一切活动，如“帝令雨足年，帝令雨弗其足年”“王封邑，帝诺”等等。

周代的宗教，继承了殷代的祖先崇拜，但形式上却与殷代不同。他们把殷人崇拜的“上帝”发展为对“天”的崇拜，称至上神为“皇天上帝”或简称为“天”。

殷周时期的祖先崇拜与天神崇拜构成这一时期中国早期宗教的主要内容。它对中国文化的发展起了重要影响。从祖先崇拜来说，据现代许多学者的考证研究，认为它是起源于生殖崇拜或性器崇拜。根据古文字及地下出土的许多实物证明，“祖”字乃男性性器的象征。②生殖崇拜或性器崇拜对中国文化产生了深远影响，其中尤其影响了作为文化核心部分的古代哲学。作为中国哲学重要来源的《周易》即是以两个基本符号“—”“－－”为核心而推衍出来的，并且在其宇宙论的图式和哲学语言中还隐含着这一点，如《系辞》说：“夫乾，其静也专，其动也直，是以大生焉；夫坤，其静也翕，其动也辟，是

① 参见克雷维列夫：《宗教史》上卷第一章，中国社会科学出版社1984年版。

② 参见何新：《诸神的起源》第七章，三联书店1986年版。

以广生焉”，“是故阖户谓之坤，辟户谓之乾，一阖一辟谓之变”，“天地絪缊，万物化醇，男女构精，万物化生”，等等。因此中国的易学哲学系统和阴阳哲学系统，都是在上古生殖崇拜观念的启发下诞生并发展的。另一方面它又影响了中国古代的伦理、政治乃至家庭。因为祖先崇拜是与单系亲族群相联系的，带有浓厚的血缘家族关系的性质，这一信仰凝固了中国旧家族制度，特别是在此基础上提出的“孝”的观念，形成秦汉以来中国文化的最大特色。后来经过儒家的发挥和润色，使之成为维系家庭、家族乃至国家的重要支柱。如《礼记·祭统》说：“夫祭，教之本也：外则教之以尊其君，内则教之以孝其亲。”这就是说，祖先崇拜的功能一在孝亲，二在尊君，于是忠孝二字成为中国伦理道德的核心。

天神崇拜的信仰经由孔孟的改造发挥，也沿着几个方向发生演变：一个方向是顺着孔子以前就有的天道观念，演变出以天人关系为基本架构的宇宙论；一个方向是顺着周人的“天命”观念，演变出统治中国几千年的命定论思想；还有一个方向是仍保留着上帝性格，而普遍保存在民间的信仰中。

作为中国早期宗教的祖先崇拜与天神崇拜，以不同的方式灌注到中国人的心灵中，并在某些方面与后来的佛、道二教相融合，形成中国文化中特有的宗教系统。佛教的灵魂不死，道教的肉体成仙，都能或多或少地在中国早期宗教中找到它们的胚胎。

（二）佛教

佛教起源于印度，公元一世纪时传入中国。传入中国后，在中国封建社会及其文化的土壤上，经过“嫁接”、发展，产生了自己独特的结构，形成了具有中国民族特色的宗教体系，成为中国古代思想文化的重要组成部分。

佛教在中国的传播过程，即是不断向中国文化认同的过程，亦即不断中国化的过程。尽管佛教在各个不同的历史发展阶段上，有不同的内容和特点，尤其在各个宗派之间也都存在着较大差别，但其基本精神却始终表现在对现实生活的否定上。在佛教看来，整个客观世界就是一个无边的苦海；处在“三世因果”“六道轮回”中的芸芸众生，承受着怨、憎、离、别、生、老、病、死的种种苦难，因此对于众生来说“一切皆苦”“一切皆空”。作为佛教教义总纲的“四谛：苦、集、灭、道”，就是以“苦谛”为先。由此出发，按照佛教教义的指示，现实世界中的一切苦难及其产生的根源和条件，全都是虚幻的，只有顺着佛教的指引，用“戒、定、慧”来克服自己的“贪爱”和“无明”，彻底洞察这种虚幻性，才能跳出“苦海”，得到“解脱”，进入“涅槃”而成佛。

为了论证这条成佛道路的可能性，佛教充分发挥了自己富于思辨性的哲学想象，利用中国社会的各种传统，其中包括社会的、伦理的、哲学的、原有宗教的、政治的和心理的等各个方面的现成材料，经过多番磨难和苦心经营，终于在中国赢得了比其他任何宗教都多得多的广大信徒。

从东汉到隋唐，七八个世纪的漫长时期，本来是外来文化的佛教为什么能在中土扎根？概括地讲，可以有以下几个原因：

第一，佛教教义与封建礼教的结合。慧远在《沙门不敬王者论》中说：“因亲以教爱，使民知其有自然之恩；因严以教敬，使民知其有自然之重。……此皆即其影响之报而明于教，以因顺为通而不革其自然也。”这是说，孝亲与尊君是合乎因果报应的，后来的禅宗也讲忠君孝父。

第二，佛教教义与中国固有宗教信仰的结合。印度佛教在灵魂观念方面是含混的、矛盾的。但其传入中国后，很快吸取了中国早期宗教关于灵魂不灭的观念。如《牟子理惑论》在肯定鬼神观念时说：“魂神固不灭矣，但身自朽烂耳。”慧远专门著有“神不灭论”的论文，利用中国固有的传统宗教信仰论证人死精神不灭。佛教的“三世因果”也是利用了中国古老的报应说而在群众中产生影响。

第三，佛教哲理与中国儒家思想的结合。特别是后来的禅宗，鼓吹“顿悟成佛”，其理论基础便是吸取了儒家的性善论，提出“本性是佛”“佛向性中作，莫向身外求”的内省修行的理论和方法。这种肯定佛性就是人性的说法，实际上是脱化于儒家人性论的理论，所以柳宗元在给禅宗六祖所写的碑文中，说慧能“始以性善，终以性善，不假耕锄”（《柳河东集·曹溪第六祖赐谥大鉴禅师碑》）。柳宗元的见解与慧能的思想是相符的。再如竺道生的成佛在于悟“理”的思想，也被后来的禅宗所继承，他们所谓“一切众生皆有佛性”的说法，也正是受儒家“穷理尽性”和“人皆可以为尧舜”思想启发的结果。①

第四，佛教不仅竭力向儒家及中国传统思想做理论上、伦理上的认同，而且竭力笼络和依附中国的王权政治。佛教的传播者在切身

① 参见方立天：《试论中国佛教之特点》，载深圳大学国学研究所主编：《中国文化与中国哲学》，东方出版社1986年版。

的经历中认识到，“不依国主，则法事难立”（《高僧传·释道安传》），因而极力依附世俗王权。如北魏和尚法果深得朝廷器重，他亦吹捧北魏皇帝“是当今如来”，号召沙门对之“宜应尽礼”（《魏书·释老志》）。再如唐代武则天当政时，许多和尚为讨好武则天，竟伪造经文，吹捧武则天是“菩萨”转生，“即以女身，当王国土，得转轮王……得大自在。……汝于尔时，实是菩萨，现受女身……”（《大方等无想经·大云初分如来涅槃健度》）等等，武则天随后即自封为“金轮圣神皇帝”（《新唐书·则天武皇后传》）。

以上几点只是从佛教对中国传统作认同方面说的，反过来，中国传统对佛教亦给予多方面的认同，两个方面加在一起，致使佛教在中国扎根，变成中国自己的宗教。

（三）道教

道教是中国本民族的宗教，因此它更具有本民族的特色。它产生于汉魏两晋时期，到隋唐得到充分发展并至鼎盛，明代中叶以后走向衰落。它在长期发展过程中，与中国传统思想文化有着千丝万缕的联系，特别是与佛教、儒学互相排斥、互相吸收、互相融合，形成自己独立的宗教体系，对中国的哲学思想、文学艺术、自然科学技术乃至民族心理、风俗习惯等都发生了深刻的影响。

道教的基本教义是追求长生不死，肉体成仙。其宗教神学的基本理论则是在中国传统方技和方术的基础上，把道家老庄思想和儒家的某些学说结合起来，并吸收了佛教的一些内容。其教规有“五戒”“十善”之说。据《云笈七签》所载，其“五戒”大略为：不杀生、不饮酒、不口是心非、不偷盗、不淫色。“十善”大略为：孝顺父母；忠事君师；慈心万物；忍性容非；谏诤蠲恶；损己救穷；放生养物，种植果林；道边舍井，种树立桥；兴利除害，教化未悟；读三宝经律，恒奉香花供养之。从道教的这些戒律中，可以看到儒、释、道相互融合的痕迹。

道教的经典集为《道藏》，其内容驳杂，科目繁多。包括《汉书·艺文志》所列道家及方技的书以及《太平经》《抱朴子·遐览》等都囊括在内。《隋书·经籍志》称，道书有经戒三百零一部九百零八卷，饵服四十六部一百六十七卷，房中十三部三十八卷，符箓十七部一百零三卷，共三百七十七部一千二百一十六卷。至宋朝郑樵《通志·艺文略》又增至一千三百二十三部三千七百零六卷。

道教作为我国土生土长的传统宗教，它与佛教及其他教派在宗教神学理论乃至教术上有较大的不同，这些不同构成了道教的特点。

第一，在生死问题上，佛教以有生为空幻，认为即使能够延年益寿，最终仍不免一死，故主张“无生”，而追求超脱生死轮回，进入涅槃境界。道教则以生为真实，故主张“无死”，追求养生延年，肉体成仙。

第二，在形神问题上，佛教及其他宗教派别大都主张“灵魂不死”，而道教吸收了中国传统哲学中的元气说，认为人的生命由元气构成。人的肉体是精神的住宅，因此要长生不死，必须形神并养，性命双修，即所谓的“内修”与“外养”或“拘魂制魄”的功夫（《抱朴子·内篇·至理》）。

第三，在“出世”和“入世”的问题上，各宗教派别都主张“出世”，尤其印度佛教更为明显，而道教作为中华民族土生土长的宗教却深深打上了“入世”的烙印。[1]他们有强烈干预政治的愿望。如道教大师葛洪就提出“佐时治国”的主张，认为修道不能脱离人世，“内宝养生之道，外则和光于世”（《抱朴子·内篇·释滞》），“若委弃妻子，独处山泽，邈然断绝人理，块然与木石为邻，不足多也”（《抱朴子·内篇·对俗》）。他认为，真正有才能、有道行的人，对于学道与治国应“兼而修之”（《抱朴子·内篇·释滞》）。

道教与佛教一样，对中国文化有深刻的影响。

第一，在哲学上，道教以其宗教神学立场继承了先秦两汉以来道家关于“道”“气”“玄”“一”等哲学范畴，建立起一套神秘主义的宇宙本体论、形神观、生死观及修养方法。这对宋明以后的哲学发生了较大影响，特别是道教中有关“虚心”“主静”“去欲”等思想为宋明理学所吸收。有关“肉身成仙”“房中术”等对佛教亦有影响。

第二，在文学上，道教中的神仙观念，直接促使魏晋时代游仙文学的产生与盛行，尤其葛洪《抱朴子》中关于德行与文章并重、以今胜古的文学发展观等对后世文学均有较大影响。

第三，在自然科学方面，道教的长生不老之方、烧炼黄白之术等，虽然在许多方面充斥着迷信与荒谬，但其“服食金丹”“导引吐纳”等却直接刺激了中国的医学、药学、原始化学等自然科学的发展。

第四，在日常生活及民俗方面，由于“长生不死”的吸引，许多人服食丹药成癖，在中国上层社会形成特殊的名士风度，其中尤以魏晋南北朝为盛，许多名人学者均与道教产生了不解之缘，并渗入到日

① 参见汤一介：《论道教的产生和它的特点》，载深圳大学国学研究所主编：《中国文化与中国哲学》，东方出版社1986年版。

常生活中的各个方面。“八仙过海，各显神通”“一人得道，鸡犬升天”“脱胎换骨”等等，已经成为人们常用的口头语。道教中“祛邪扶正”“助人为乐”的神仙人物及神仙故事在中国民间得到广泛流传。这些对民族心理、风俗习惯等各个方面都产生了潜移默化的影响。

以上简述了中国三种宗教的基本内容和基本特征，从文化现象上看，虽然中国文化中的宗教生活比较复杂，但它们对中国人所产生的影响却是不能忽视的。从总的方面说，作为中国文化重要组成部分的佛、道二教以及所谓的“儒教”，其共同特点是：

第一，多神信仰。各宗教的排他性不强烈，融合大于纷争；

第二，世俗王权的力量始终高于宗教力量，因此始终表现为“政指导教”；

第三，超越与现实并重，均有干预政治的愿望；

第四，宗教情绪不强烈，其中由祖先崇拜所演化出来的“孝”的观念和忠君报国意识远远超过祈求的意识，因此培养了一种较为平和的情绪；

第五，“人而神”而不是西方的“神而人”。人的伟大出于人本身，其终极目的是为了人。中国历史上关公、岳飞等人的形象是“人而神”的典型，他们是由人而被尊崇为神的。西方的宗教往往认为人的伟大来自神，因此终极目的还是为了神。“神而人”的宗教特点决定了基督教文化的超越性；“人而神”的宗教特点决定了中国文化的人间性。[①]

① 参见韦政通：《中国文化概论》，台湾水牛出版社1972年版。

二、哲学：重人生智慧

中国哲学是中华民族智慧的集中体现，代表了中华民族理论思维的最高水平，因此可以说它是中国文化的核心部分，它在整个中国文化系统中起着主导作用。文学、艺术、伦理、教育、科学等等莫不受它的引导和影响。

从历史的发展看，中国哲学源远流长。从孔子到孙中山的两千多年历史中，中国出现了许多哲学家和哲学流派。他们各自体现了时代的精神面貌，并不同程度地代表了中华民族的抽象能力和认识世界的理论思维水平。

（一）中国哲学的发展与流变

从历史发生学的角度说，先秦时代的哲学思想主要有六家：儒、墨、名、法、道、阴阳。其中最重要的是儒、道两家，但其他各家也对中国文化产生了深远的影响。

儒家发端于孔子，之后分化为八派，其中子思、孟子一派与荀子一派比较发达。儒家哲学的共同特点是强调“礼”与“仁”。由“礼”推衍出一整套社会政治学说；由“仁”推衍出一整套伦理道德学说。孔子仁学思想经过孟子的发挥，至汉代构成一个颇具特色的思想模式和文化心理结构。[1]构成这个模式结构的四个要素是血缘基

① 参见李泽厚：《孔子再评价》，载《中国古代史思想史论》，人民出版社1986年版。

础、心理原则、人道主义和个体人格，而表现其整体特征的则是实践理性。儒家的这一思想模式和文化心理结构奠定了中国政治哲学、道德哲学和历史哲学的基础。

墨家的基本观念是功利。他们提出的“兼爱”“非攻”“非命”“尚贤”等十大主张都是围绕功利进行辩论的。因为强调功利，故引出“尚力”“节用”，反对儒家的“天命”论。墨家的许多观点都是针对儒家的，故儒、墨并称“显学”。墨家学派比较重视语言中名词及概念的分析，特别是后期墨家对“同”“异”之辩以及对不同之“同”和不同之“异”的分辨是中国逻辑分析的先驱。

道家以老子、庄子为代表，其哲学的最大特点是崇尚自然。它开启了中国哲学中的自然主义先河，对中国哲学中的本体论、辩证法有较大贡献。它与阴阳五行思想一起，奠定了中国自然哲学的基础。道家的人生哲学别具一格，与儒家相反，道家极力否定等级、宗法、专制的社会体制，甚至取消人的感情、知识，否定个人对封建宗法社会的义务。提倡“守柔”“守雌”“谦下”“致虚”“守静”“不争”和“不敢为天下先”等，对中国知识分子的心理有较大影响，成为中国文化深层结构的一部分。

除上述三家外，名家在哲学上的主要贡献是通过考察名实关系，提出一套逻辑思维的理论，为中国古代逻辑学奠定了初步基础。法家主要提倡社会政治思想及君主统治术，主张建立绝对专制主义的中央集权制，对中国政治制度的发生演变奠定了理论基础。阴阳家以邹衍为代表，其学说表现在“深观阴阳消息而作怪迂之变……称引天地剖判以来，五德转移，治各有宜，而符应若兹”（《史记·孟子荀卿列传》）。阴阳家的思想对中国传统文化的影响不可低估。

汉代实行“罢黜百家，独尊儒术”的文化政策，故其哲学流变由先秦诸子之学转入两汉经学。两汉经学是以先秦儒家思想为经典发展起来的经院哲学体系，它是中国文化在先秦学术大发展的基础上以儒家为主所进行的第一次综合，为以后中国封建社会的文化及其哲学的发展奠定了基础。东汉末期，经学没落，代之而起的是以道家思想为经典的魏晋玄学。魏晋玄学有较强的思辨性，由于它脱胎于道家，因此在宇宙论、本体论、人生论、社会政治理论等各方面都深深打上了道家思想的烙印。它是在封建王权几经更迭后，企图寻找一种更适合封建统治理论的新的尝试。因此它虽然在思想上属于道家的“近亲”，但实质上仍与儒家有着千丝万缕的联系。它是在新的历史条件下，更自觉地把儒道两家联合和沟通起来，创造了儒、道互补的新方式。因此，从学术思想发展的角度说，它是中国文化在魏晋时期的特殊表现，是以道家思想为主所进行的第二次综合。

佛教的传入，对中国哲学的发展产生了深远影响。从东晋南北朝至隋唐时期，中国哲学的表现形态主要是佛教哲学。这一时期，儒、道两家的哲学处于停滞状态，而具有较高抽象思维能力的哲学家及其著作大都出现在佛教领域。如僧肇及其《肇论》、法藏及其《华严金狮子章》以及禅宗《六祖坛经》和《五灯会元》等等。中国佛教哲学的崛起，曾一度在理论上有取代儒、道的趋势。但由于佛教哲学以宗教的形式出现，中国王权的绝对性不容许宗教超越它，故采取儒、释、道（道家与道教）三教并行的政策，这样为中国哲学的融合创造了政治上的保证，出现了以佛教哲学为主的第三次综合。

至此，中国哲学的发展已分别呈现出儒、道（道家与道教）、佛三家轮流坐庄的发展圆圈。到宋代，理学再次弘扬儒家思想，宣扬孔孟学说，吸收道家和佛教哲学的某些思想，完成了中国哲学的第四次综合。这次综合标志中国古代哲学已发展到高峰，再往前发展就是中国古典哲学的终结。

（二）中国哲学的范畴体系及其特点

中国哲学同其他每一门独立学科一样，也有表现其基本内容的范畴体系。这一范畴体系经过漫长的发生和演变，表现出具有中国民族特色的哲学智慧，反映出中华民族对外部世界及人类自身思维水平逐渐深化的过程。中国哲学的主要范畴和概念在先秦时代业已基本提出。两汉至明清之际，中国哲学的发展主要体现在不同时代的哲学家根据自己时代的特点对这些范畴概念的诠释与发挥。因此，中国哲学的发展，更多地体现为不是创造新的范畴和新的概念，而是对已有的范畴概念的内涵不断扩充和综合，最后趋于简化。

中国哲学范畴概念体系基本由五个方面构成：

第一，属于宇宙论方面的范畴有：天、道、理、气、阴阳、太极、五行等；

第二，属于本体论方面的范畴有：有无、体用、一多、本末、动静等；

第三，属于知识论方面的范畴有：知行、能所、言意等；

第四，属于历史哲学范畴的有：古今、王霸、义利、理势等；

第五，属于人生论（或道德哲学）范畴的有：仁、义、礼、智、诚、心、性、命、情、欲等。

这五个方面的范畴概念又互相交叉，形成中国哲学的范畴网络。它们之间的关系可见下图：

中国哲学概念范畴网络

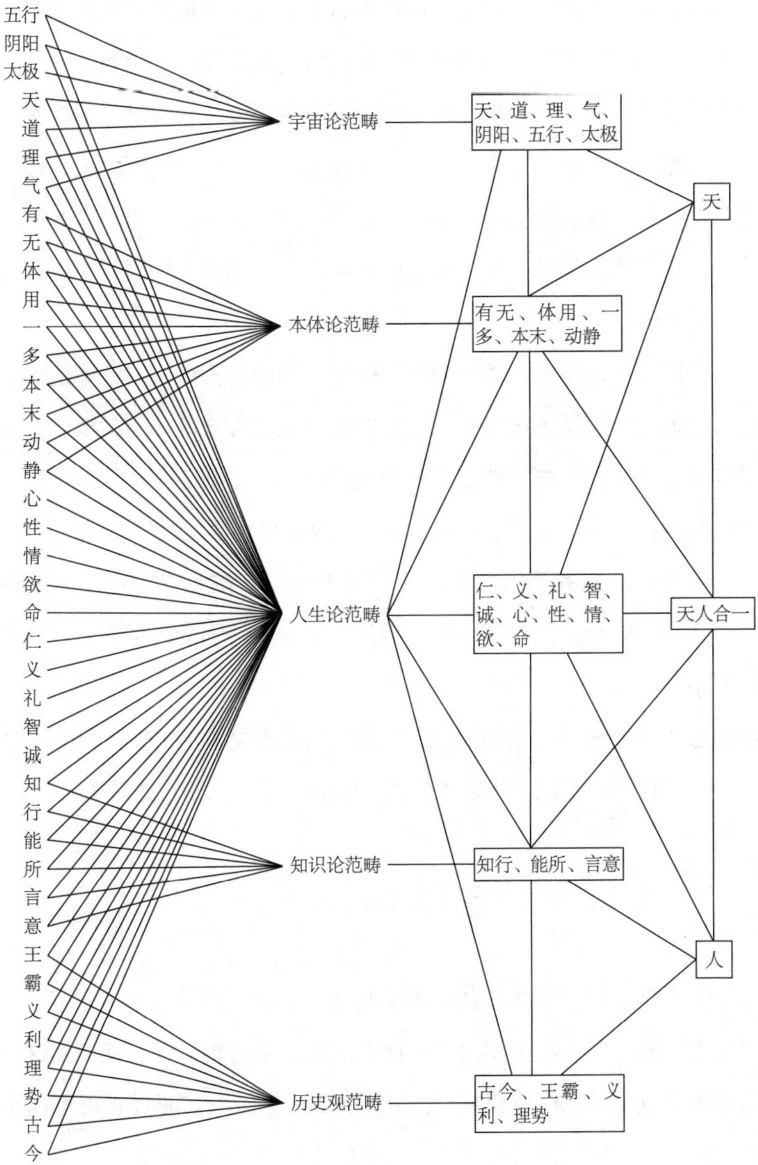
五行
阴阳
太极
天
道
理
气
有
无
体
用
一
多
本
末
动
静
心
性
情
欲
命
仁
义
礼
智
诚
知
行
能
所
言
意
王
霸
义
利
理
势
古
今
宇宙论范畴
本体论范畴
人生论范畴
知识论范畴
历史观范畴
天、道、理、气、阴阳、五行、太极
有无、体用、一多、本末、动静
仁、义、礼、智、诚、心、性、情、欲、命
知行、能所、言意
古今、王霸、义利、理势
天
天人合一
人

首先，我们从上图中可以看出，中国哲学范畴的发展，从先秦至宋明清，其总体趋势是逐渐地趋于整合，最后几乎被四十个基本概念所容摄。当然，这其中仍有许多范畴还没有被提及，如佛教哲学中的我与法、迷与悟、理与事、性与相、真与妄以及道教哲学中的太玄、太一、精、气、神等等。尽管有不少遗漏，但上表中的天、人、道、理、气、体、用、一、多、心、性、命、情、知、行、势等这些基本范畴，大体上可以作为中国哲学的中心观念，它起着中国哲学范畴之网的网上纽结的作用。

其次，从上图中还可以看出，中国哲学诸多范畴之间绝不是孤立的，它们有着交叉蕴涵的关系，其中尤以人生哲学范畴交叉最广，几乎构成全部扇面，而它的核心范畴则是心、性、情、命。从这里我们可以看到，何以中国哲学中人生哲学（或道德哲学）最为发达。

再次，从先秦至宋明清，几乎没有出现新的哲学范畴。其中理气、心性、知行、天人等主要范畴从古至今保持不变，尽管内容有少许的不同，但它一直保持着稳定的形式和基本的内涵。中国哲学的范畴体系及各范畴系统之间的关系、范畴与范畴之间的关系所具有的基本特性，在一定程度上决定了中国哲学的发展方向和它的基本特征。

（三）中国哲学的基本特征

中国哲学的基本特征是相对于西方哲学的，而且由于角度不同，出发点不同，可以得出不同的结论，因此它带有相对性。任何使这一问题绝对化的企图都无助于对历史作真正的反思，而且必将引向荒谬。所以，这里所说的基本特征，只是基本倾向或主要现象。

1.重人生

在传统的儒家哲学中所讲的心、性、情、气、意、良知、良能等都表示对人生、人性及人的生命的一种认识。因此在中国哲学里，重人生这一特征主要是儒家所表现的。孔子的一生，几乎把全部精力都倾注在对人生问题的探讨和实践“仁以为己任”的抱负上。他把“怪、力、乱、神”看作是荒唐而不屑谈及的东西，提出“未能事人，焉能事鬼”和“敬鬼神而远之”的观点，都带有重视人生的普遍性格。这种性格对后世哲学家具有重要的启示作用。孟子讲性善和宋明理学家所展示的心性问题，无一不是重人生、重主体的表现。这一哲学特点是中国宗教不发达的原因之一，也是中国传统文化中人文主义浓重的主要因素。

2.重践履

西方的传统哲学，以知识论为主，故极力追求所谓“纯智”的活动。这种追求所得的结果，是西方哲学中的知识论大为发展，不但具有普遍性，而且具有独立性。也就是说，西方的知识论与人的行为可以不发生关系。中国哲学，特别是儒家哲学，都与人的具体行为发生不可分离的关系，因此是一种践履主义哲学。这种践履并非人类的生产实践，而是偏向于个人的修德重行。这种以道德为终极目的而追求践履的结果，使古代哲学讨论真伪问题甚少，而讨论善恶问题甚多。不论儒、道还是佛教，善恶问题一直是中国整个历史上最重要的哲学问题。这种重道德践履的传统，是中国哲学中知识论不发达的原因之一，同时也是道德哲学特别发达的主要因素。

3.重和谐

西方传统哲学追求“纯智”导致知识论发达。由于重知识，总是带有一种向外探求的强烈愿望，势必严格区分物我之间及物与物之间的界限。在他们看来，人与自然、人与社会、人与人都是互相对立的。这种强调对立的观念反映在哲学上，则表现为哲学范畴和命题的对立性，康德称之为“二律背反”。在西方哲学中，即使是对平衡或和谐的追求，也必定是强调通过对立、斗争来取得。“自然也追求对立的东西，它是用对立的东西制造出和谐”，“一切都是斗争所产生的”。[①]这种在斗争中求统一的哲学主导方法，往往能够对宇宙人生中的复杂性、异质性、冲突性及矛盾性有较深刻的体认与了解。中国哲学中，除少数哲学家如韩非等人外，多数哲学家及哲学观念都十分重视合一、相融与和谐。他们虽然也看到物我及人我之间的种种矛盾，却避免强化这种对立关系，力求达到相互间的和谐一致。如“天人合一”“知行合一”“体用如一”“情景合一”“一多相即”“有无相资”“内外相冥”“阴阳相合”“形神相即”“理事无碍”“事事无碍”“三性一际”“六相圆融”等哲学命题，强调的都是合一与相融。这一点形成中国哲学的最大特色，在统一中存对立，在对立中求统一，追求平衡、对称、和谐，对中国文化产生了深刻影响。

4.重直觉

中国哲学强调合一、协调、相融的结果，往往使每一观念范畴与其他范畴都相应合一，因而模糊了范畴之间的形式或本质上的差异，使概念往往缺乏明确的内涵。如张载论“一物两体”时说：“两体者，虚实也，动静也，聚散也，清浊也，其究一而已。”（《正

① 《赫拉克利特著作残篇》，载北京大学哲学系外国哲学史教研室编译：《西方哲学原著选读》上卷，商务印书馆1981年版，第23页。

蒙·太和》）又如程颐在回答“心有善恶否？”问题时说：“在天为命，在义为理，在人为性，主于身为心，其实一也。”（《河南程氏遗书》卷十八）这些说法，都是通过夸大范畴之间的联系和统一的方面，而忽视其差异的一面，从而造成一种模糊的整体观。儒家如此，道家也是如此，佛家更是如此。它们都悬设了一个唯有直觉才能把握的大全或圆满（道、涅槃等）。照道家说法，常道不可道，常名不可名，而只能靠语言的暗示，不是靠语言的固定的外延和内涵。禅宗更进一步，认为“第一义”不可说，弟子问到佛法的根本道理时，不是遭到禅师的拳打脚踢，便是说些与本题毫不相干的话，再就是以静默代替回答。这种极不确定的认知方法，禅宗称为“智与理冥，境与神会，如人饮水，冷暖自知”（《古尊宿语录》卷三十二），靠的是一种“体悟”。由此可见，中国哲学比较注意整体考察。这一点，从许多哲学术语中亦可反映出来。如“吾以观复”“以家观家”“观乎天文”“观乎人文”“观其所聚”“观其所感”“观其会通”“观之以物”“观之以心”等等，强调一个“观”字；又如“体物体身”“身而体道”“自家体贴”“当处认取”等等，强调“体”“认”二字；再如“脱然贯通”“豁然有觉”“脱然有悟”“豁然贯通”“自然醒悟”“融合贯通”“顿悟成佛”等等，强调“觉”“悟”二字。这些“观”“体”“认”“觉”“悟”等字都是对直觉的一种表达。

在中国传统哲学中，这种直觉的认知方法占有重要地位，同时也具有认识论的重要意义。但通过这种方法所获得的毕竟是人生的智慧而不是人生的知识，因为它过分忽视逻辑的推演和概念的分析，导致中国哲学知识论的贫弱和道德哲学的发达。

三、文学：现实与浪漫

中国文学植根于中国传统文化的丰沃土壤中，像其他文化部类一样，有自己悠久的历史、丰富的内容、独特的风格、鲜明的个性，以及与整个中国文化息息相通的多种层次的联系。一个民族的文学，往往是这个民族整体文化的形象而具体的表现，是社会现实生活的具体反映（哲学是抽象反映，宗教是歪曲反映）。因此，透过这种形象思维所描写的个体行为，个体的精神、心理和情感，能够更直接捕捉这个民族文化所反映的社会群体的心理意识及其共性。从这个意义上说，文学不仅是文化的重要部类、基本要素，而且是文化的一面镜子。

中国文学领域宽广，若以朝代和体裁来分，除了早期的诗经、楚辞之外，尚有汉赋、汉乐府、六朝文、唐诗、宋词、宋话本、元曲、元杂剧、明清小说、明清平话等等。若从文学批评说，有艺术构思、艺术表现、创作方法等各方面的文艺理论，其中包括文与气、文与理、文与质、文与情、情与性、情与理、情与景、风骨与辞采、法度与自然等一系列范畴和概念。多样化的体裁表现丰富的文学内容；抽象的艺术思维反映精深的文学思想：这两者共同构成了博大生动的中国文学系统。

（一）中国文学的基本性格

中国古典文学中最为发达的要算诗歌。自《尚书·虞书》起，就有“诗言志”之说。此后，孔子、荀子、《礼记》、《诗大序》、

《春秋说题辞》等儒家大师及儒家典籍对“诗言志”多所称引。从诸家对“志”的解释来看，其含义极为宽泛，至少可以包括志行、志气、情志、情意等内容。因此，“诗言志”用现代汉语可译为“诗是表现人的内在情志的”。这就是说，儒家的文学观（以对诗的看法为主）把“言志”看作诗的本质，因此言志之诗主要表现的是“人”而不是“文”。透过诗，主要看的是人格，是美与善的统一。孔子在教导他的弟子时说：“小子何莫学夫诗？诗，可以兴，可以观，可以群，可以怨。迩之事父，远之事君；多识于鸟兽草木之名。”（《论语·阳货》）孔子谈诗，最重视“兴”字。他说：“兴于诗，立于礼，成于乐。”（《论语·泰伯》）朱熹在解释“兴于诗”时说：“诗本性情，有邪有正，其为言既易知，而吟咏之间，抑扬反复，其感人又易入，故学者之初，所以兴起其好善恶恶之心，而不能自已者，必于此而得之。”（《四书章句集注》）朱熹的这种解释应该说是基本符合孔子原意的。这就是说，以孔子为代表的儒家文学观，把诗的功能完全和道德联系在一起，认为诗不仅有启发人的好善之心的作用，而且可以用来沟通和促进人与人之间的感情，既可“迩之事父”，又可“远之事君”，使各种人伦关系达于和谐融洽。因为中国人最重人伦关系，而诗又有和融人际关系的功能，所以诗一直成为中国文学的正宗。

孔子诗论影响后世最大的是“思无邪”和“归于正”①的诗教理论。《礼记·经解》引孔子的话说：“入其国，其教可知也；其为人

① 《论语·为政》：“子曰：诗三百，一言以蔽之，曰：思无邪。”《论语集解》引包咸的话，说孔子讲“思无邪”的用意在“归于正”。

也，温柔敦厚，诗教也。”《毛诗序》说：“正得失，动天地，感鬼神，莫近于诗。先王以是经夫妇、成孝敬、厚人伦、美教化、移风俗。”从这些主张中，我们可以看到，儒家的诗论使诗的自身特性成为政治和伦理教化的工具。先有人格，然后有文章，成为儒家文学观的重要特征。

这一儒家性格不仅表现在诗歌方面，而且表现在文学的其他领域。唐宋时期以韩愈为代表的古文家在中国文学史上占有主要地位，留下了不少富有艺术价值的不朽作品。他们当中，多数受到儒家思想的影响，在文学创作及文学理论上主张复古明道，提出“文以载道”说。这种学说把道统和文统结合在一起，把文学与道德合而为一。隋唐的古文运动，把魏晋以来业已摆脱了政治伦理仆人地位的文学，重又拉回到传统的道德主义的轨道，使道德的洪流淹没了文学固有的田园，降低了文学的质量与影响。所有这些构成中国文学的道德性格，它基本上属于上层文学的范畴。

中国文学还有另一个重要性格，即它的自然主义。这一性格是在中国道家哲学和中国化的佛教影响下形成的。这就是说，在中国文学的发展道路上，除了与政治、社会、道德密切结合的带有实用性很强的儒家传统外，主要还有道家的传统。道家的生活情调、人生态度以及所追求的意境，恰与文学自身不受外在强力束缚的发展要求相适应。所以历代的诗人、文学大家尽管不断受到儒家“诗教”和“文以载道”思想的影响，仍能留下大量醇美的诗文，使中国文学在世界文学的百花园中大放异彩。

刘勰在《文心雕龙·明诗》中有“采初文咏，体有因革。庄老告退，而山水方滋”的话，他所说的“庄老告退”是指玄学概念性的诗文走向衰落；而“山水方滋”，正是老庄思想在文学上落实的必然归趋。[①]儒家虽然也强调“天人合一”，但其归宿在于人伦关系的调节，侧重于道德性；而道家强调“天人合一”，其归宿在于人与自然的融洽，侧重于自然主义。老庄思想，尤其是庄子的自然思想，在中国文学发展史上产生了极其深远的影响。庄子对世俗厌恶而追求超越世俗之上的思想，在不知不觉之中，使人要求超越人间世而归向自然、追寻自然。他的物化精神，产生了文学上的物化境界，即物我合一的境界。大文学家苏轼在其艺术创作理论中十分强调这种境界，把它看作是艺术构思的最高境界。他在《书晁补之所藏与可画竹》诗中说：“与可画竹时，见竹不见人。岂独不见人，嗒然遗其身。其身与竹化，无穷出清新。庄周世无有，谁知此凝神。”在苏轼看来，文与可所以能得竹之情而又能尽竹之性，是因他的精神超越世俗之上，而能保持虚静之心，竹乃能进入心中，主客相融，我物一体。此即《齐物论》中的所谓“物化”。道家的物化精神与儒家强调人的主体性完全不同。道家的“物化”说不但可赋予自然以人格化，而且可以赋予人格以自然化。艺术创作所达到的这种物我同一的自然状态，苏轼称之为“真态”或“无人态”，即没有任何人工斧凿的痕迹。唐代司空图在其《二十四诗品》中所描绘的二十四种诗歌艺术境界，如雄浑、冲淡、高古、典雅、自然、含蓄、豪放、清奇、飘逸、旷达等，可以说都充分体现了道家物化境界的特色。

此外，作为文学创作中艺术意境的主要特征之一的“超言绝象”或“言外之意”的理论，也是从道家思想中推衍出来的，它对中国文

① 参见徐复观：《中国艺术精神》第四章第二节，台湾学生书局1981年版。

学的发展也产生了深远影响。老庄从“道”的无形无象、不可言喻的角度出发，认为言是不能尽意的，但它可作为象征意的工具，使人由此得到“言外之意”。因此当我们透过“得鱼忘筌，得意忘言”的思辨哲学的观念性语言，而对它进一步有所了悟时，它便升华为一种高超的艺术精神。陶渊明“结庐在人境，而无车马喧”和“采菊东篱下，悠然见南山”，以及王维“空山不见人，但闻人语响。返景入深林，复照青苔上”等著名诗句，便是运用上述象征性艺术表现方法，表现对超现实的理想世界的追求与憧憬。这种象征性文学对于世俗的污浊起到一种净化的作用，都带有浓厚的道家性格。至于中国文学中的浪漫主义传统，豪迈愤懑的激情和奇特夸张的艺术表现手法，以及幻想的超现实的内容等等，也都与道家或佛教的影响有关。

综上所述，中国文学的基本性格，实际上是受中国传统哲学中儒、道两大系统的影响而形成的。儒家注重入世，面对现实，往往从道德教化入手，主张人格重于文章。因此儒家偏重法度，强调现实主义，注重于研究人工创造的具体方法，从思想内容到艺术形式，都有比较严格的规范化要求，反对离经叛道；而道家则强调自然，反对人为，尤其视道德为虚伪，视人生为尤赘，故鄙弃一切法度，以能达到天生化成为目的，因此道家强调神奇、怪谲，往往与浪漫主义相通。儒、道两家不同的文学思想决定了中国文学的这两种性格，尽管在文学发展的道路上，这两种性格逐渐融合互补，带来中国文学的繁荣，但随着作家的境遇不同，历史条件及政治环境的差异，这两种性格有时又发生分离。一般说来，儒家的文学观往往受到统治阶级的青睐，而道家的文学观则受到统治阶级的冷遇。普列汉诺夫在谈到类似的两种倾向时有一段精辟论述。他说：“任何一个政权只要注意到艺术，自然就总是偏重于采取功利主义的艺术观。它为了本身的利益而使一切意识形态都为它自己所从事的事业服务，这也是可以理解的。可是由于政权只在少数情况下是革命的，而在大多数情况下都是保守的，甚至是十分反动的，因此不该认为，功利主义的艺术观好像主要是革命者或一般具有先进思想的人们所特有的。”[①]因此，当我们想进一步考察这两种相反的艺术观谁更有利于艺术的发展时，必须根据具体的历史条件和时间地点来做具体判断，不能绝对化。但有一点可以作出结论：“功利主义的艺术观不论与保守的情绪或革命的情绪都能很好地适应”[②]。

（二）中国文学的基本特征

中国文学有几千年的历史，并呈现出不同的形式、内容、风格、发展阶段，这其中都有不同的特色。因此要概括中国文学的基本特征，只能就其相对意义与一般意义而言。

1.带有浓厚的人文气息。我国文学源于五经，这是与政治、社会、人生密切结合的带有实用性很强的一大传统。儒家的“诗教”和“文以载道”的传统且不必说，就是道家思想，虽以自然主义为主，落实到超世游仙、山水田园上，依然带有浓厚的人文气息。朱光潜先生在《中西诗在情趣上的比较》一文中曾举受道家思想影响较深的屈原、阮籍、郭璞、李白四大诗人为例，说他们“表面虽想望超世，而

---

① 普列汉诺夫：《没有地址的信，艺术与社会生活》，人民文学出版社1962年版，第216页。

② 同上书，第222页。

骨子里仍带有很浓厚的儒家淑世主义的色彩，他们到底还没有丢开中国民族所特具的人道”。至于受佛教影响较深的谢灵运、王维和苏轼三人“虽有意‘参禅’，却无心‘证佛’，要在佛理中求消遣，并不要信奉佛教求彻底了悟”。这就是说，中国文学的宗教色彩甚为淡薄，与西方文学长期受宗教支配不同。西方名著如但丁的《神曲》、弥尔顿的《失乐园》、班扬的《天路历程》，以及歌德的《浮士德》等，都与宗教传统有密切关系。它们或是通过天堂、地狱、亚当、夏娃，或是通过鬼神、上帝、圣母、基督去追求理想的世界。相反，在中国的文学作品中，早在《诗经》里就有“怨天”的思想。屈原更是以怀疑的态度，对日月山川、天地神灵提出了诘难和苛问。这些建基于人间的文学作品所具有的浓厚的人文气息，反映了中国文化的早熟。

2.性情与道德合一，文学与人格合一。中国文学的表达，往往就是作家性情的表达。这种现象显然是受了道德精神的影响。如前所述，诗既要言志，又要以“无邪”为准，所以要有伟大的文学，必先有崇高的道德和伟大的人格，而人格是由气质和性情决定的。在先秦儒学中，虽然把性与情分为两个层次，但在本质上却多认为是相同的。《礼记·乐记》有“人生而静，天之性也；感于物而动，性之欲也”的话，就是把情与欲作了区别。但汉代董仲舒以后，逐渐把情与欲混同起来，至宋儒则完全把情看作是一种私欲。所以张载提出“心统性情”的说法，即通过道德的功能，对性、情加以疏导、转化，使其能自然而然地发生与礼乐文章相互配合的作用，成为一种合理的、有节制的冲动。也就是说，情欲必须经过改造，受道德的制约与调节，使之“发而皆中节”，这就是所谓的“致中和”。“中也者，天下之大本也；和也者，天下之达道也”（《中庸》）。文章、礼乐只有合乎“大本”与“达道”这一中庸的标准，才能“教民平好恶而反人道之正”（《礼记·乐记》）。这样，在消极方面，便消解了情欲与道德良心的冲突性，把道德和情欲融合在一起。就道家来说，一般讲“无情”。《庄子·德充符》说：“有人之形，无人之情。”“吾所谓无情者，言人之不以好恶内伤其身，常因自然而不益生也。”由此可以看出，道家以无情为情，而这种“无情之情”，乃是指去掉束缚于个人生理欲望及是非的内在情感，以超越上去，显现出与天地万物相通的“大情”。有这种大情，即可达到一种境界，庄子谓“上神乘光，与形灭亡，此谓照旷。致命尽情，天地乐而万事销亡。万物复情，此之谓混冥”（《庄子·天地》）。可见，儒、道两家在“情”的问题上是相通的。儒家的“中和”原理和道家的“万物复情”说相互补充，深刻影响了中国文学的创作与发展。第一，中国文学之成家，不仅在其文学风格与技巧，而主要在于作家个人的生活陶冶和心情感应。即重视作家的人格，使修身、齐家、治国、平天下及忠君报国、交友爱民成为文学的最高题材，而爱情、家庭、个人在文学作品中表现不强烈。第二，从道德立场出发，视俗文学为旁门左道，市井下流，不能登上文学的大雅之堂，而只能流传于民间。第三，不以表达纯情的文学为上品，往往强调情理兼综，文质并重。在这种思想指导下，中国文学更富有委婉、含蓄、典雅、肃穆，而缺乏直率、狂热、奔放、潇洒。

3.委运知命的乐天精神。由于中国文学深受中国哲学“天人合一”思想的影响，往往把宇宙看作是一个生生不息的有机整体。在这种宇宙观的影响下，文学作品亦多把人与自然、人与人的关系描写成一种亲和关系，很少表现人的自由意志对命运的抗争。在希腊文学中，往往通过英雄死亡来表现正义的毁灭，但英雄的精神，即“人的自由意志”却是不可战胜的。因此在西方文学中（尤以悲剧、英雄史诗为代表）常常是以英雄为主角，以毁灭为结局，在死亡与毁灭中显出崇高，给人以强烈的刺激和震撼。

中国文学与此相反（亦有个别情况与西方相同），陶渊明“纵浪大化中，不喜亦不惧”的诗句，正可反映中国诗人平和中庸的心境。他们的作品往往也有“愁”“怨”等心理矛盾的反映，但仍缺乏波涛汹涌般的激情和极度的内心矛盾。由于受政治、道德等多种因素的制约，特别是哲学观念的影响，中国的诗人和作家对死亡、剧痛、伤害、不公正等都采取一种“委运知命”的态度，很少表现人与外部世界及社会现实的激烈冲突，因此也就缺乏悲剧性格。王国维曾说过，中国民族是乐天的民族，其文学作品往往反映这一性格。他说：“善人必令其终，而恶人必离其罚，此亦吾国戏剧小说之特征也。”[①]对于中国文学（主要是戏剧）这一特征，“五四”以来曾遭到胡适、鲁迅等人的严厉批评。胡适认为，中国戏剧文学中表现的“‘团圆迷信’乃是中国思想薄弱的铁证”。他甚至把团圆主义文学说成是“说谎的文学”，因为那些“团圆快乐的文学”，“只能使人觉得一种满足”，“而决不能叫人有深深的感动，决不能引人到彻底的觉悟，决不能使人起根本上的思想反省”[②]。胡适对中国传统戏剧的抨击，可以说是从历史反思的角度对中国传统文化所做的总结，这是与他的西

① 王国维：《红楼梦评论》，载郭绍虞、罗根泽主编：《中国近代文论选》，人民出版社1980年版。

② 胡适：《文学进化观念和戏剧改良》，《胡适文存》卷一，黄山书社1996年版。

化立场分不开的。

综观我国古典悲剧的结局，确实团圆的居多。这一特点是中国传统文化长期培植的结果，是中国传统政治、传统道德长期积淀而形成的民族心理和审美意识。中国古典悲剧的结局正反映出中国文化的理想主义特点，其结尾处，要么请出世间的清官或好皇帝为民申冤；要么是让剧中主人公在仙境或梦境里团圆；要么是受害者的后代长大成人，报仇雪恨。[①]对人世间的邪恶不是用自己手中的长剑去铲除，而是靠精神上的胜利以得到安慰。因此，鲁迅先生尖锐地指出，中国悲剧不敢写实的团圆主义乃是国民性弱点的一种表现，是掩饰缺陷和粉饰现实的病态心理。其表现在思想上就是一种自欺欺人的“精神胜利”病；表现在艺术上就是掩盖矛盾的浅薄病。“中国如十景病尚存，则不但卢梭他们似的疯子决不产生，并且也决不产生一个悲剧作家或讽刺诗人。”[②]鲁迅在谈到唐代小说——元稹的《莺莺传》时也有一段精辟的论述。他说：“张生和莺莺到后来终于团圆了。这因为中国人底心理，是很喜欢团圆的，所以必至于如此。大概人生现实的缺陷，中国人也很知道，但不愿意说出来，因为一说出来，就要发生‘怎样补救这缺点’的问题，或者免不了要烦闷，要改良，事情就麻烦了。而中国人不大喜欢麻烦和烦闷，现在倘在小说里叙了人生底缺陷，便要使读者感着不快。所以凡是历史上不团圆的，在小说里往往给他团圆；没有报应的，给他报应，互相骗骗。——这实在是关于国

---

① 参见王季思：《中国十大古典悲剧集》前言，上海文艺出版社1986年版。

② 鲁迅在《再论雷峰塔的倒掉》（《鲁迅全集》第一卷，人民文学出版社1981年版）一文中，指出中国国民性的祖传病态，有一种掩饰缺陷的“十景病”，什么东西都要凑满十，“点心有十样锦，菜有十碗，音乐有十番，阎罗有十殿，药有十全大补”等等。

民性底问题。”[①]鲁迅对中国古典戏剧的批评，也是从中国传统文化的视角来观察的，具有深刻的思想性。但这种团圆结局，又不完全是国民性问题，它更深刻的根源乃在于中国的传统政治之中。

四、政治：内圣外王与阳儒阴法

中国传统政治是中国文化的主要组成部分，它与国家、社会、家庭、个人都有十分密切的关系。中国几千年的传统所形成的一整套政治思想、政治制度，对中国文化产生直接影响。按照马克思主义的观点，政治是经济的集中表现，它在上层建筑诸要素中居于特殊地位，是其中最强有力的部分。中国传统政治亦是如此。

（一）中国古代的政治思想

中国传统的政治思想早在先秦时期就已奠定了基础，其中以儒、墨、道、法四家为主。

儒家政治思想的主要内容是“德治主义”。孔子说：“政者正也，子帅以正，孰敢不正？”（《论语·颜渊》）又说：“其身正，

---

① 鲁迅：《中国小说的历史的变迁》，《鲁迅全集》第九卷，人民文学出版社1981年版，第316页。

不令而行；其身不正，虽令不从。”（《论语·子路》）对孔子来说，政治无疑是人伦道德的延长。据《论语·颜渊》所载，齐景公问政于孔子，孔子说：“君君，臣臣，父父，子子。”这就是说，一种好的政治，必须具有正常的人伦关系。如果君臣、父子、夫妇、长幼各尽自己的责任和义务，那么政治也就归于清明。所以孔子说：“为政以德，譬如北辰，居其所，而众星共之。”（《论语·为政》）孟子进一步发挥了孔子德政思想，提出“仁政”学说，主张政治上采用“以德服人”的办法。因为在他看来，“以力服人者，非心服也，力不赡也；以德服人者，中心悦而诚服也”（《孟子·公孙丑上》）。孟子又引孔子的话说：“治国之道有二，仁与不仁而已矣。”（《孟子·离娄上》）这就是说，衡量政治好坏的标准，主要是看一国之君能否推行仁政。荀子亦主张“以德兼人”，反对“以力兼人”。

总之，儒家政治思想的核心，是以人伦关系为基础的仁政与德治。他们把政治问题的解决完全寄托在道德与人格的修养上，使政治与伦理合一，内圣与外王合一，政权与教化合一。

墨家政治思想的核心是“尚贤”与“尚同”。他们从小生产者的利益出发，以“兴天下之利，除天下之害”为衡量政治思想的价值和标准。他们反对世袭等级制度，主张“官无常贵，而民无终贱，有能则举之，无能则下之”（《墨子·兼爱上》）的“尚贤”思想。与儒家的德治思想相比，墨家似乎更重视人的才能方面。对于统治人才的选择，墨家主张打破儒家“亲亲有术，尊贤有等”的宗法等级制度。对于有才能的人，可以不问其出身、地位，“虽在农与工肆之人，有能则举之”。即使是统治者的亲属或贵族，如无才能，也不应任用。

即所谓“贵贤罚暴，勿有亲戚兄弟之所阿”（《墨子·兼爱下》）。在“尚贤”基础上，墨家又提出“尚同”的思想。认为最高统治者也应由贤者担任，并“天下之欲同一天下之义”，使万民“上同而不下比”，形成思想、意志、观念、标准、纪律等各方面由上至下的统一，“天子之所是，必皆是之；天子之所非，必皆非之”（《墨子·尚同上》）。即以最高统治者的是非为是非，只有这样，被统治者才能“皆恐惧振动惕栗，不敢为淫暴”（《墨子·尚同中》），“治天下之国，如治一家；使天下之民，如使一夫”（《墨子·尚同下》）。为了加强这种意识，墨家又提出“天志”“天意”“明鬼”等人格神的权威，以作为天上人间的主宰。这样，墨家的政治思想便与宗教结合，排除了儒家的道德性，把希望直接寄托在王公大人、国君天子，甚至“天志”“天意”之上，对后世政治发生着潜在的影响。

道家的政治思想趋向于现代意义上的无政府主义。这主要表现在对当时的现实政治、礼义道德的彻底否定上。儒家重视德性，道家却认为“上德不德，是以有德”；儒家提倡仁义，道家却认为“大道废，有仁义”；儒家发扬礼义，道家却认为“礼者，忠信之薄，而乱之首”；儒家强调忠、孝，道家却认为“六亲不和有孝慈，国家皆乱有忠臣”；儒家主张尚贤，道家却认为“不尚贤，使民不争”；等等。庄子进一步发挥老子的思想，认为仁义道德不足以治天下，它只能使人虚伪、攘夺、为窃国大盗提供统治人民的工具，“然而田成子一旦杀齐君而盗其国，所盗者岂独其国邪？并与其圣知之法而盗之，故田成子有乎盗贼之名，而身处尧舜之安。小国不敢非，大国不敢诛，十二世有齐国”（《庄子·胠箧》）。庄子以齐国的田成子为例，说明窃国大盗竟成了声名显赫的诸侯和大家公认的领袖，这岂不是“蹩躠为仁，踶跂为义”“澶漫为乐，摘僻为礼”的结果吗？！庄子认为，仁义礼智是圣人制造出来的一种畸形病态现象，社会的一切罪恶都是推引仁义礼智的结果，因此只有打倒圣人，抛弃圣智之法，天下才能回到至德之世，由大乱变为至治。道家这些偏激、尖刻的政治言论是对当时社会的深刻揭露，但并没有创造一种新的思想来除旧更新，它所留下的除了“无为而治”和“小国寡民”的乌托邦式的幻想外，就是给中国仕途失意或不满现实的知识分子以一种心理上的慰藉，对中国政治并没有产生根本性的影响。

在先秦，真正能相应政治而讲政治的，只有法家。春秋战国时代，是中国社会、政治处于大变动时期。儒家对社会、政治、人生都提供了一些原理，但在当时显得有些迂阔，并没有像后来那样被统治阶级所重视。墨家虽主张“尚同”，对统治阶级有利，但其“上功用、大俭约而僈差等”往往又使统治者难于遵从，故很快被束之高阁。道家对社会、政治、人生有较深的感受，但因破坏大于建树，往往被看作历史的反面角色。在这样一个重要时期，对当时社会转型贡献最大的是法家。由于法家的理论和实践，才使贵族政治趋于瓦解，并促成郡县制取代封建制。这些都是法家对中国文化的贡献。但在法家的思想体系中，还有另外一面，即“任术”“重势”的思想，对中国传统政治产生了重要影响。

韩非集先秦法家之大成，在他的思想中，除尚法外，最大的特色是继承并发展了慎到、申不害等人的“任术”“重势”思想，并把它推向极端。关于“术”，他说：“人主之大物，非法则术。……术者，藏之于胸中，以偶众端，而潜御群臣者也。故法莫如显，而术不欲见。”（《韩非子·难三》）又说：“术者，因任而授官，循名而责实，操杀生之柄，课群臣之能者也。”（《韩非子·定法》）“术不欲见”，“藏之于胸中”，是为了使群臣猜测不到统治者的任何企图和想法，使人主与外在的一切都隔绝，既不能相知，又不能相感通，更不能兼听兼信。臣民对人主只能百依百顺，“畏之如雷霆，神圣不可解”。韩非把君主用术概括为“七术”“六微”“八说”“八经”之多，其中包括“疑诏诡使”“挟知而问”“倒言反是”等纯属阴谋权术的内容，实开后世政治中告奸连坐的特务制度、严刑峻法的恐怖政策、诱供诈供的审讯方法以及说假话、布置圈套、制造派别等一系列政治阴谋的先河。韩非也吸收了慎到“重势”的思想，认为“势”就是君主的爪牙，就是权力。君主所以能够发号施令，统治臣民，那是由于他所处的地位、权力决定的。君主即使有尧那样的才能，一旦失去权力和权势，就是三家也不能管理好，更提不上治理国家了。这种“重势”的思想，为后世政治中的权力之争提供了酵母。

儒、墨、道、法的政治思想在先秦时期各有分际，秦汉以后就逐渐合流。从总体上说，统治阶级往往采用“阳儒阴法”的手段，实行德治与法治的结合，而墨家、道家的政治思想，往往成为未取得统治权的政治改良派或农民革命的潜在意识，一旦取得统治权或其权力巩固后，便立即采取“阳儒阴法”的政策。因此，儒、法两家的政治思想一直是中国传统政治的主流。

（二）中国古代的政治制度

中国古代的政治制度，可以追溯到殷周时期甚至更早。因篇幅所限，这里仅就秦汉以后可以反映官僚政治的政府组织略做说明。

秦并六国，改“王”为“皇帝”。皇帝集行政、司法、立法、监察、军事、考试以及用人、刑赏等最后决定权于一身。皇帝不但在名号上是至高无上的，而且权力也是至高无上的。秦汉时期，在皇帝之下，有丞相（又称宰相）为皇帝的副手，可以代表皇帝处理一切日常政务。举凡国家政事政策、官员任免，丞相皆有完整权力，甚至在皇帝的诏令不对时，有权封驳诏书，不去执行。可见秦汉的宰相制度，有一种对绝对君权的制衡作用。秦汉的中央政府，设三公（丞相、太尉、御史大夫）、九卿（太常、光禄勋、卫尉、太仆、廷尉、大鸿胪、宗正、大司农、少府）制。地方政府分郡县两级。郡的长官，称守，官秩与九卿相等，因此郡守与九卿可以互任，升转极为灵活。地方二级行政机构为县，县的长官称令或长，均受郡守的监督。秦汉地方行政机构的郡守与县令均有其所辖区域内的统一完整的权力，其任免皆在中央。

由汉至唐，政府机构有较大改变。其中央官制，除掌管典章政令的御史台外，以尚书省、门下省、中书省三省为核心，取代了秦汉丞相首长制的权力，把丞相的权力一分为三，分别配给三省衙门。尚书省长官为尚书令，主执行诏令之权，下辖吏、户、礼、兵、刑、工六部，成为行政的总司；门下省长官为侍中，行使复核及副署诏令之权；中书省长官为中书令，主封发诏令之权。唐代三省制度源于天子内朝侍臣。因天子恶宰相权力太大，乃渐夺其权，而授之于内廷私臣，以此代行政府宰相之权。从东汉至南北朝，宰相权力趋于衰落，到唐代正式演变为三省分权，其意义在于加强王权的绝对统治。唐代地方政府的组织以州、县为骨干，只是区划缩小，州、县的数目增多，有三百五十八州，一千五百七十三县，其州数为汉代郡数的两倍，县数亦比汉代多出数百。因此下级官吏升迁的机会比汉代少得多，有的甚至永远沉没在下级，对地方的行政效率有较大的影响。

宋元时期，中央机构的权力名义上仍归中书、门下、尚书三省，但实际上仅中书省在皇宫中单独取旨，其余二省移至皇宫之外，不再预闻最高决策。唐代宰相尚有议政拟诏之权，宋代则仅能书写札子，所谓“面取进止”，即送与皇帝正式决定，再由宰相根据皇帝之意具体拟旨。自是君权日长，相权日衰，终至宰相制度趋于消亡。元代基本上沿袭宋制，中书省行宰相职权，另有枢密院掌管军事。门下、尚书二省废置。宋代地方政府分路、府（州、军、监）、县三级，地方官吏称知府、知州、知县。其中州、府长官本职为中央官吏，其余地方长官皆为临时差遣。自此以后，地方官吏既无定制，则地方之权逐渐收归中央。宋元以后，国力渐衰，若从政治制度方面说，相权衰落，中央集权而地方无权是一重要原因。

明清两朝的政治制度是皇帝独裁制度。其中央政府官员增多，机构也越来越庞杂，其权力亦越来越分散，这些都是君主专权的产物。明太祖朱元璋因宰相胡惟庸谋反，平乱后即废除宰相，不再设立，代之以内阁制度。所谓内阁，指中极、建极、文华、武英四殿与文渊阁、东阁两阁。这些殿阁皆在内廷，殿阁办公大臣称学士或大学士，协助皇帝起草诏书、办理公务，实际上是皇帝的秘书。至此传统的宰相制度完全被君权取代，导致中国历史上典型的皇帝独裁制度，把中国封建社会君主专制推向极端。

（三）中国传统政治的基本特征

从中国传统政治思想和政治制度中，可以看出中国政治的基本特征：

1.家天下而君权至上。如上文所言，我国自秦汉以来，一向实行中央集权制度。尤其自宋以来，更是变本加厉，逐渐侵夺地方权力以归中央。久而久之，地方政府对于中央，不再成为权力机关，从而地方的积极性便无从发挥。这种中央集权制的本质在于一姓之私的家天下传统。中国历代君主向来把天下国家视为私有财产，“以为天下利害之权皆出于我，我以天下之利尽归于己……以我之大私为天下之大公。始而惭焉，久而安焉，视天下为莫大之产业，传之子孙，享受无穷，汉高帝所谓‘某业所就，孰与仲多’者，其逐利之情不觉溢之于辞矣”（《明夷待访录·原君》）。政权既属一姓之私，如何能允许开放？如何肯让他人得之？且历代开国之君，其政权皆凭武力取得，政权一旦建立，皇帝的权力便至高无上。因此先秦的“任术”与“重势”观念完全投合皇帝胃口，他们相互默契，代代相袭，造成中国传统政治的专制与独裁性格。

2.“有治人，无治法”。中国长期的封建时代虽然不断经历改朝换代，但只是更换皇帝而已。代表封建制度的皇权及宗法观念不但没有随着改朝换代而消失，有时反而得到强化。究其原因，实是顽固的人治观念在作祟。为政不在于制而在于人，这是中国几千年政治制度中一条根深蒂固的传统观念。由于强调人治而无法治，历代的政治制度，虽然在政府组织的安排上，皇权可以由宰相和御史大夫等高级官吏取得一定的制衡作用，但当发生矛盾冲突时，胜券总操在皇帝手中，因为宰相和御史大夫根本就是由皇帝任命的，因此也可随意撤换，没有任何制度保障其地位，这就是“有治人，无治法”。正因为这种传统的人治观念统治中国几千年，使人们总是把希望寄托在圣君贤相及清官身上，遇到问题很少从制度上找原因，为政者则往往把国家的贫弱、社会的混乱归结为民心的诡诈与民风的浇薄，而完全回避制度问题。孔子说：“人能弘道，非道弘人。”（《论语·卫灵公》）荀子说：“有乱君，无乱国；有治人，无治法。羿之法非亡也，而羿不世中；禹之法犹存，而夏不世王。故法不能独立，类不能自行，得其人则存，失其人则亡。……故明主急得其人……急得其人，则身佚而国治，功大而名美，上可以王，下可以霸；不急得其人……社稷必危。”（《荀子·君道》）这段话最能概括中国古代政治中强调人治的思想。他们认为“有治人”比“有治法”更为重要，“有治法”而不得其人，治法便会被坏人所用，就会如庄子所说的“所盗者岂独其国邪？并与其圣知之法而盗之”。可见当务之急乃是择人，即挑选接班人，这一思想早在殷周时即有表现，荀子引《尚书》说：“惟文王敬忌，一人以择。”他要后世国君向周文王学习，因只有文王才十分谨慎地对待这个问题，亲自去挑选物色一个信得过、靠得住、办事放心的接班人。纵观中国几千年的封建政治制度史，岂不是在人治的框框里极尽周旋吗？

3.“内圣外王”——政治与道德合一。在中国传统政治思想中，儒家的“内圣外王”之说最具有空想主义的典型性和代表性。“有治人，无治法”的传统也多半与儒家这一理想教条有密切关系。所谓

“内圣外王”，从广义上说，就是要求君主或政治领袖应具备道德条件，然后才能从事王者的事业。儒家所规定的“修身—齐家—治国—平天下”以及“自天子以至于庶人，一是皆以修身为本”，即是对“内圣外王”最确切的注解。这就是说，治国、平天下的政治活动必以修身为本，一切政治问题的解决，都首先要靠道德人格的修养。从上述公式可以看出，“外王”是以“内圣”为基础，政治是以道德为前提，二者是不能分离的，“其本乱，而末治者否矣”。儒家过分强调道德伦理的单向发展，把政治与道德混为一谈，其结果是严重压抑了其他方向发展的可能性，这是中国“没有发展出希腊式的纯理思想，也没有发展出近代欧洲式的工业技术革命、民主法治的架构、文学艺术的充分自由的表达”，以及缺少民主政治的主要原因。[①]其次，儒家把“内圣”作为“外王”的充分必要条件，这是一种不合实际的空想。历来的统治者即所谓的“外王”，往往是不合道德的。政治流氓有时也可能成为“外王”，但不能因此说他是“内圣”。同时，政治人物往往是一种要求一切权力至最大限度的人，因此企图用道德说教劝导他们自觉约束自己，减损权欲，这也是做不到的。要限制皇权，只有建立一种对每个人，其中包括皇帝在内都有效的制度——民主制度，但这在中国封建制度下，几乎是一个二律背反的问题。因此在中国历史上，对皇帝不满，只有一个办法，就是把他打倒。但由于没有民主制度的保障，新换上来的皇帝仍走前代皇帝的老路，从而形成中国一治一乱的历史。最后，儒家片面强调道德作用的

① 参见刘述先：《论儒家“内圣外王”的理想》，载《儒家伦理研讨论文集》，新加坡东亚哲学研究所1987年出版。

结果，使中国民众自觉到自身只是一道德的存在，而不是一政治存在。因此对于政治往往从道德角度去观察和评价，把自己游离于政治之外。对政治有尽义务的自觉，但不知在政治上有自己的权利，不去争取，委弃于人，“他们不能代表自己，一定要别人来代表他们。他们的代表一定要同时是他们的主宰，是高高站在他们上面的权威，是不受限制的政府权力，这种权力保护他们不受其他阶级侵犯，并从上面赐给他们雨水和阳光”①。这实际上是保守的小农经济和小生产者思想的基本性格。

五、宗族家庭与宗法社会

中国传统家庭与传统社会是中国文化表演的舞台，它们对中国文化的形成与发展给予了强烈的影响。因此从中国传统家庭与传统社会的视角，可以更清楚地观察到中国文化的基本内涵和特殊性格。

（一）中国传统家庭及其特征

中国古代家庭制度和家庭组织在历史上曾发生过种种变异，但建

① 马克思：《路易·波拿巴雾月十八日》，《马克思恩格斯全集》第八卷，人民出版社1961年版，第217页。

立在农业经济基础之上的家长制家庭和夫权制婚姻制度则一直是中国宗法制社会的基础，它成为中国文化发展中的极其稳定的因素并延续数千年之久。

我国古代有“家”与“族”的区别。所谓家，指夫妇共同生活所组成的人群最小单位。《周礼·地官》郑玄注说：“一家男女七人以上的则授之下地……有夫有妇然后为家。”这里的“家”，即现代所谓的“家庭”。所谓“族”，亦有“家”义，但它是放大了的家庭，即指以夫妇组成的家庭为基础的血缘姻亲关系网。中国古时有“三族”“九族”等说。《周礼·春官·小宗伯》：“掌三族之别以辨亲疏。”郑玄注说：“三族谓父、子、孙，人属之正名。”《尚书·尧典》称：“克明俊德，以亲九族。”孔颖达疏说：“九族，上自高祖，下至玄孙凡九族。”班固《白虎通》说：“九族谓：父族四，母族三，妻族二。父族四者，谓父之姓一族也；父女昆弟适人有子为二族也；身女昆弟适人有子为三族也；身女子适人有子为四族也。母族三者，母之父母一族也；母之昆弟二族也；母昆弟子三族也。妻族二者，妻之父为一族；妻之母为二族。”中国人亲属间称谓区分的细密，均由以上九族之关系而来。这些关系在西方民族的语言中是很难准确表达的，这也正是中国人特别重视血缘关系的具体表现。从上述中国古代对“家”“族”的规范，可知“家”与“族”的关系实质上是以血缘姻亲为纽带所建构起来的。

在“家”与“族”之外，还有所谓“宗”。《白虎通》说：“宗者何？宗有尊也，为先祖主也，宗人之所尊也。”从这条材料看来，“宗”是同族之主，是同姓之内的祖先的代表，因其有功或有德于同姓，后代的人就尊其为“祖”或“宗”。一姓之内共同尊其为主，故

“宗”有主从之别。“族”是总称凡与血统有关的人，其中所强调的是亲疏关系；“宗”是同族中奉一人为主，其余的人都必须遵从，所以它所强调的是主从关系。这种区别主从关系的“宗”，世代相传，有一定法则，这就是所谓的“宗法”。

中国的宗法制度，早在氏族社会即已初步形成，由于我国氏族社会的解体完成的不够充分，因而氏族社会的宗法制度及其观念被大量地遗存下来。经过后代统治阶级及其知识分子的加工改造，这种建立在父权家长制基础上的宗法关系越来越缜密，以至由家庭渗透到社会生活的各个方面，成为中国文化的遗传基因，深刻影响了中国文化的发展方向和中国人的国民性格。

上述中国传统家庭的宗法性决定了它的基本特征：

第一，父系承传和父权统治。中国传统家庭中的父系承传和父权统治是中国宗法社会的缩影。父亲在家庭中是一家之长，“君临一切”，掌握着治家的权力。对于子女，如对待财产一样，以为是其所有品，必须接受父亲的支配。在这种关系下，家庭中的子女往往失去独立的人格和经济地位。家庭中所崇拜的祖先，乃由父系上推，在父系承传的原则下，女婿和出嫁的女儿都被看作是“外家人”而遭到家庭承传系统的排斥。这不仅反映了宗法制度下的家庭对血缘关系的高度重视，同时也反映了家庭制度中的等级观念。家庭中只有嫡长子才有继承权，中国历代皇帝的继位都是根据“立嫡以长不以贤”的原则进行，这正是中国家庭制度中血缘关系和等级观念的放大。

第二，夫权至上和两性疏远。中国从汉代起，由于礼教的加强，特别是宋代理学的兴起，大家庭中，妇女的地位完全丧失了独立性。《礼记·丧服》说：“传曰：妇人有三从之义，无专用之道。故未嫁从父，既嫁从夫，夫死从子。”《白虎通·嫁娶》更明确地说：“夫妇者何谓也？夫者扶也，扶以人道者也；妇者，服也，服于家事、事人者也。”“在家从父”，是受父权的统治；“既嫁从夫”，乃是受夫权的统治。在这种家庭规范中，妇女只能充当“生孩子的工具”①。妇女不仅在经济上完全依赖丈夫，而且在法律上也被剥夺了离婚的权利。再加上传统的婚姻多数不是因两性之间的相爱而结合，而是凭“父母之命，媒妁之言”的第三者的操纵，使子女毫无自主的权利，往往因年龄、性情的不合，成为终身怨偶。这种夫权至上的夫权制家庭和夫权制婚姻，使夫妻关系变得十分牢固而简单，并具有某种不可离异性。由此带来了一系列弊端：妇女在家庭中完全没有个人地位；丈夫片面要求妻子的贞操；缺少爱情生活而产生夫妻间的隔阂和两性疏远。

第三，万恶淫为首，百善孝为先。中国文化中对“淫”最为禁忌，而对“孝”最为崇尚。究其原因，实是宗法制家庭所必然重视的两个极端。“淫”所以为万恶之首，从人类学和生物学的角度看，它所带来的直接后果，就是血缘关系的混乱。因为中国传统婚姻的主要目的和功能，乃是延续家族血统，两性间的淫乱正是破坏家族血统纯正的最大祸根。同时，它势必破坏家庭成员，尤其是夫妇之间的关系，使家庭彻底崩溃。因此它成为中国传统家庭的最大禁忌。《大戴礼·本命》所规范的“妇有七去”（在七种情况下可以休妻）之一便是“淫去”。与“淫”之大恶相反的大善即是“孝”。因此孝道在中国家庭、伦理、社会、政治乃至整个中国文化传统中居于主要地位。

① 《马克思恩格斯选集》第四卷，人民出版社1958年版，第52页。

孟子说："不孝有三，无后为大。"（《孟子·离娄上》）中国传统的婚姻关系正是以孝为家庭的核心，经由婚姻以生育子女，绵延血统，其中包括延续父母在内的祖宗生命，因此孝又与宗教、道德紧密相关。《孝经》说："夫孝，始于事亲，中于事君，终于立身。"因此忠君又是孝父的扩大，孝又具有政治功能。故《孝经》又说："君子之事亲孝，故忠可移于君；事兄悌，故顺可移于长；居家理，故治可移于官。"家与国相通，君与父相代，故中国有长期的以忠孝治天下的传统。

第四，重男轻女。如上文所述，由于传统家庭的父系承传和父权统制，家庭中所崇拜的祖先乃由父系上推。没有儿子，就意味着家谱传递的中断和祭祀的断绝。因此在中国传统家庭中，无子被视为最大的不孝，往往遭到人们的讥笑和嘲讽，称之为"绝户"。再加之农业生产的艰难，男子在家庭中都是作为主要的劳动力而承担家庭经济的重任，因此重男轻女的观念十分浓厚。由此产生的"养儿防老""有子万事足"等传统观念深深扎根于中国人的心中。

第五，重视宗族关系。中国一直有大家庭的传统，尤其在上层社会，五世（祖父母、父母、己身、子、孙）以内，往往累世同居，形成几代同堂的大家庭。一般平民之家亦多三世（父母、己身、子女）同堂。由家庭扩大到家庭成员的宗族关系，往往波及"九族"，因此形成对宗族关系极为重视的传统观念。由"孝"扩及"天、地、君、亲、师"，由家庭扩及家族，再至宗族，形成一个亲戚、族人、同乡、师长、朋友等密切的关系网，构成中国封建时代人际关系的基本模式。

（二）中国传统社会及其特征

中国传统社会的阶层可分为四大层系（详见下表）①。

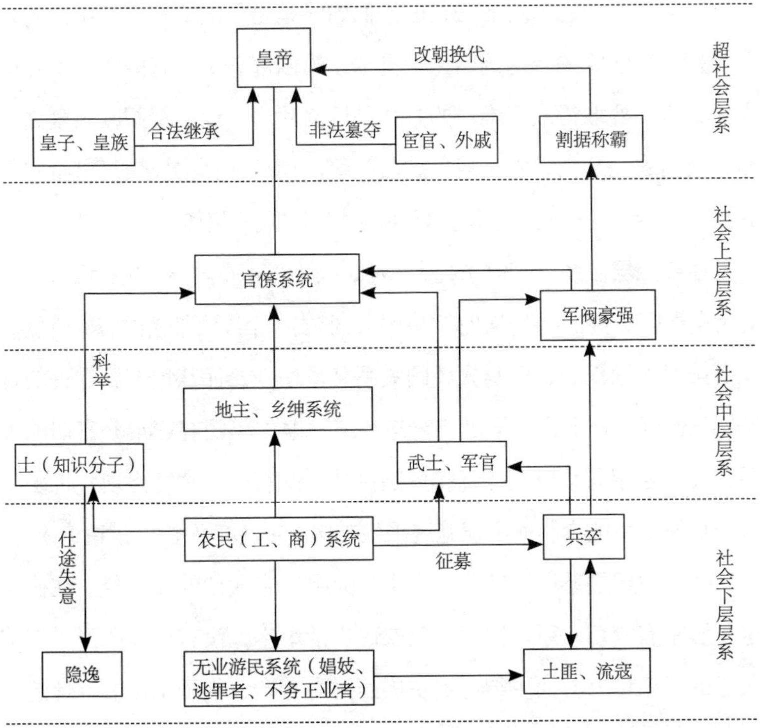

根据上图所列，可见中国传统社会向来以皇帝、皇族为权力中心，凌驾于全社会之上，形成一种超社会层系。因为皇帝是最高权力的代表，历代王朝的更替均以争夺这个最高权力为动力。其中，皇族

① 此图表根据普鲁姆《社会学》（朱岑楼译，台湾新陆书局1967年版）书中所列，经重新调整、修改和补充而成。

里面的皇子有直接继承权，全社会都承认其合法性，这是中国社会长期形成的家天下政治体制所带来的必然结果。宦官、外戚亦有参与最高决策的机会，但并不是历代如此，其篡夺皇位也多为社会所不齿，“篡”字本身即意味着非法，但他们始终是皇位的觊觎者。中国传统政治是一家一姓的专制统治（参见本章第四部分），它的权力不能由人民分享，要取得政权唯一的方法是诉诸武力，或由军阀豪强割据称霸，或由农民起义、农民战争。但改朝换代后，又很快恢复皇帝本位的封建统治，这一超社会层系始终与人民大众相隔离。

社会上层层系以官僚系统为核心，代表皇帝在全国行使行政权力，对上向皇帝负责，对下操纵整个社会，形成一个庞大细密的官僚阶层。皇帝虽有无限权力，但与人民的关系又很松弛，而从地方到中央的官僚层系恰好弥补了这一不足，它与乡绅、地主集团有着十分密切的关系，往往互相勾结以至控制和危害百姓，偶有个把清官出现，也多受这个官僚层系的牵制而不能施展平生志愿，或郁郁而亡，或遭迫害。

社会中层层系以乡绅、地主集团为主。未入仕的知识分子往往与这一层系有密切联系。因为一般农民生活艰辛，没有更多的财力支持自己的子弟读书，而乡绅、地主集团财力有余，其子女读书入仕的机会比一般农民要多得多。因此乡绅、地主集团具备较多上升流动的条件，成为社会上层层系的主要后备力量，但亦有一部分因坐罪、破产或其他原因，脱离中层层系向下层流动，其知识分子往往因此而较多地接触下层民众，反映到文化上，则可以表现较多的人民性。由于上述原因，中国知识分子从来就没有形成强有力的阶层，没有形成鲜明的群体意识。要么上升到统治阶层，成为官僚政体的一名得力走卒；要么下降到下层层系，成为愤世嫉俗或隐逸山林的穷士。士分两途的现象分别反映不同层系的思想，即古之所谓“皮之不存，毛将焉附”。

中国广大农民是社会下层层系的主体，其中包括工、商及由其子弟所构成的广大兵卒层系。农民阶层是中国社会的汪洋大海，在古代，它几乎占全国人口的百分之九十五。农民有发家致富和光宗耀祖的愿望，但社会现实往往又使其理想破产，因此农民阶层从总体来说趋于保守。农业社会存在和发展的前提，便是农业劳动力——农民的安居乐业，一旦遇到天灾（瘟疫、饥荒等自然灾害）人祸（重税、变乱、暴政等），上述格局便遭到破坏，产生民不聊生、民怨沸腾的混乱局面。于是农民阶层便有向下流动的可能，其中一部分或为流民，或为盗匪，或为铤而走险的野心家。这些因素加在一起（包括上层社会的离析）便有可能导致王朝的崩溃，社会呈现出周期性的解体与治乱相循的历史循环。

社会是复杂的，上图所列及上述分析，不可能完全准确反映中国传统社会的格局，它只能从主要层次上加以概括性的勾画。但有一点是可以肯定的，即上述中国阶层体制，历时达两千余年没有本质上的变化，直到中国封建社会解体（1840年鸦片战争）为止，这是中国社会阶层体制的核心——家族制度长期保持不变的结果。中国社会的最大特征是家族本位。在家族关系中，以父子关系为核心，衍生出君臣、夫妇、师生、官吏与百姓等关系，这些都是父子关系的投射。而中国传统的父子关系，又是一种权威与服从的关系，由此引申出来的各种关系无不具有这种权威与服从的品格。中国社会的阶层体制长期稳固不变，也正是这种品格造成的。由此我们可以简单归纳一下中国传统社会的基本形态和基本特征：

第一，自然经济型。单一的自然农业经济是中国传统社会结构的基础，中国长达两千多年的封建社会，自始至终是以种粮食为主的单一农业经济结构。它的存在和发展，既严重阻碍社会分工的发展和科学技术的进步，又形成一种强烈的封建人身依附关系。作为社会主要人口的农民世世代代被牢固地束缚在土地上，没有迁徙自由。他们所从事的生产方式，都是以分散的、个体的一家一户为单位的小生产。这种生产方式所带来的结果，必然是把衣、食的生产紧密地结合于家庭内部。因此家庭在中国传统社会中是主要的基层生产单位，它是文化传递与社会安定的基石。

第二，宗法维持型。前面已经提到，中国传统社会的封建宗法关系的主要内容，一是以血缘纽带为基础的宗法伦理关系，其中包括家族中的亲疏关系、长幼尊卑关系等；二是以封建土地所有制为基础的人身依附关系，其中包括佃农与地主的关系、雇工与雇主的关系、奴仆与主人的关系等。在中国传统社会中，宗法伦理关系与封建人身依附关系往往是紧密结合的，如君与臣、父与子、官吏与百姓等都是以宗法伦理关系为准则，贯彻上下、尊卑、贵贱、长幼的伦次。双方既是主奴贵贱的等级关系，同时又是长幼尊卑的宗法关系。中国传统社会往往得力于这种关系的维持，万不得已是绝不能打破的。

第三，教化控制型。社会控制代表着维系社会秩序和保障社会安定的主要力量。西方社会中世纪依靠宗教，近代和现代依靠法律；中国传统社会依靠的是名教教化。名教的核心是等级名分，名分的差异代表地位的差异。在中国传统社会中，只要名分高，就能获得社会的承认与尊重。名分的高低是由官阶、年齿和功名所决定。这种对身份的重视，在传统社会中起到教化式的控制效能。与名教相关的是礼教，它所控制的方式与法律或军事控制不同。礼教控制的目的是要达到自我控制，即依靠自力而非他力。经由自我控制，可以引导社会成员的生活方式去主动适应传统的文化模式和王权的社会统治。

第四，传统指导型。中国传统社会具有两种价值取向：一是崇古主义，二是权威主义。在这样的社会中，人的行为受制于传统，祖宗所传下来的规范、习俗和教训具有长期的持续性，因此教育的主要功能是教人服从权威。而在中国家长制的社会里，最直接的权威便是父亲，它受到“孝”这一中国伦理观念的强有力的支持，使权威的压力达到高峰。由父亲的权威再转至君主的权威，便造成中国传统社会的权威主义性格。在权威主义政治的统治下，反对君主，就等于触犯传统，轻则治罪，重则杀头。在传统指导型的社会，价值系统中另一个突出的性格便是尊圣崇古，因此教育所注重的是学习古代经典和圣人的教诲。

第五，官绅转化型。从上述中国传统的社会层系看，处在社会中层的乡绅地主集团处于不断地分化过程中。在一个长期保持稳定的社会里，其上层与下层的转化是相当困难的。一个农民出身的知识分子如果没有乡绅或上层集团作背景，一生皓首穷经亦不过是穷酸潦倒。只有处于中层的乡绅地主集团，包括他们的读书子弟才具有这种转化的可能。这是中国传统社会的一个特点。这是因为官位的获取通过考选，即中国古代发达的科举制度，使官绅的转化具有实现的可能性。通过科举考试和与科举考试相对应的选官制度致使官宦门第产生变动，官绅可以沦落为庶民，庶民也可以上升为官绅，这是中国社会生存发展的重要活力。这种官绅的上下转化，也有利于中国社会等级结构的长期延续。

第三章 中国文化的价值系统

价值判断、价值观念以及价值标准寓于一定的文化之中，没有脱离价值判断的文化，因为文化价值本身，即是一种价值判断，它或隐或显地无所不在。因此，研究文化，一定要了解它的价值系统。

对于中国文化，固然可以从各个方面进行考察，但从价值角度来说，它可以更清楚地表现中国传统文化的特点。因为价值系统往往是文化的具体形态的表现，举凡典章制度、宗教伦理、人格道德、风俗习惯、是非善恶、爱憎美丑，甚至婚姻礼仪、服饰举止等等，莫不带有不同的价值判断和价值观念，表现出不同的价值取向。这些文化内涵，反映着不同民族文化的心理结构和心理特征，是一个民族的文化长期发展积淀的结果。

一、人生价值观：重道德、重群体

人生问题是一个极其复杂的问题。在中国传统文化中，关于人的价值问题也同样是一个相当复杂的问题。其中包括人的地位与作用、人生目的、人生理想，以及人与自然、人与人、人与社会的关系等。这些问题作为理论形态，早在先秦时期就已发展得较为完备。这是由于中国文化的宗教意识比较淡薄，对神的信仰不占主导地位。因此中国古代多数思想家都以社会及人的问题作为理论研究的中心，而不大关心或重视神或上帝的问题。即使像主张天志明鬼的墨家学派，也只不过是企图透过神道设教的招牌而追求人与人之间的兼爱，它所真正关切的还是人而不是天鬼神灵。在这种人文思想浓重的历史文化背景下，古代思想家一般都对人在天地之间的地位和作用给予了充分的肯定，即认为人与物类相比，具有较高的价值。

孔子用“仁”界定人，主张“仁者爱人”。《论语·颜渊》有“樊迟问仁，子曰爱人”的说法。爱人即“爱众”。因此《论语·学而》又提出“泛爱众”。这就是说，孔子以“人”或“众”作为行仁的对象，表现了孔子以仁本思想为核心的“人学”内容。到了孟子，把孔子这一思想又做了详尽的发挥，提出仁、义、礼、智“四端”说。他在与告子的辩论中，一再强调人性与兽性的不同。尽管孟子误解了告子的观点，认为告子讲“生之谓性”，就是提倡“犬之性犹牛之性，牛之性犹人之性”（《孟子·告子上》），从而认为告子抹杀了人性与兽性的区别。但从中可以看出，孟子人性学说的重点，乃在于强调人与动物的不同。荀子继孔孟之后，进一步强调人与动物、植物以及其他一切自然物的不同。他说：“水火有气而无生，草木有生而无知，禽兽有知而无义，人有气有生有知亦且有义，故最为天下贵。”（《荀子·王制》）又说：“人之所以为人者，以其有辨也。夫禽兽有父子而无父子之亲，有牝牡而无男女之别，故人道莫不有辨，辨莫大于分，分莫大于礼。”（《荀子·非相》）

总之，传统的人生价值理论，都是把着眼点放在“人禽之辨”上，都是把人本作为道德与价值的基础，否认外在的价值源泉以及由神或上帝所规定的标准。这一点与西方有较大的不同。西方文化中的人生价值理论，往往把价值之源追溯到上帝，人的价值是上帝赋予的。直到近代，作为价值之源的基督教精神仍然弥漫在西方文化的各个领域。而中国文化的价值系统，它的根源与基础，早在春秋战国之际，便已实现了从神到人的分离与过渡。因此在价值观上，中国文化同样是排除了神学传统的人文精神。

孔子的“仁”、孟子的“四端”及荀子的“人道莫不有辨”的思想，都是强调人有不同于动物的特殊本质，这个特殊本质即中国传统文化中人的价值。由此可知，以儒家精神为核心的关于人的价值的思想，是与人性、人文、民本等思想紧密联系在一起的，这是中国传统价值观的一个重要特征。这一特征决定了中国传统人生价值观的基本内涵。这种观点，在把人与神分离以及提升人的尊严的历史过程中，有划时代的意义，但也正是这种“人禽之辨”的人生价值理论把人与动物的界限绝对化了。这种绝对化的理论一落实到现实生活或道德生活中，就必然产生灵与肉、天理与人欲的二元对立。

关于人的价值，有各种各样的说法。但原则上说，可以从三个不同层面来分析。一是就广义的人的价值而言，这是就人与自然或人与物类（自然物）相比较而说的，上述儒家“人为万物之灵”或“人贵于物”的思想即属这一层面的问题；二是就人与人、人与社会的关系而言，孔子“仁”的思想、墨子“兼爱”的思想都属于这一层面；三是就人自身而言，从人自身来说，人的价值是一种潜能，是一种认识世界和改造世界的潜在创造力，这是人的内在价值层面。在这一层面中，人将自己也当成一个客体，力求认识自己，发展自己，用价值范畴来判断和衡量自己。一个在襁褓中的婴儿或一个自身不健全的残疾者，因为他是一个人，所以他们同样具有人的价值。因为在他们身上存在着创造的潜能，这种创造的潜能决定人的价值，而不是人的地位、权势、肤色、性别或其他因素决定人的价值。人的现实的创造活动是潜能的外化，它只能决定价值的大小。人所具有的内在潜能或内在的创造力，是人的本质力量，它是文化价值的内化。也就是说，文化的价值内化成人的价值，而文化的价值是人的价值的外化，是世世代代人的实践活动创造文化。如果把人的价值与人的价值的实现混为一谈，这势必在价值观上引起混乱，甚至抹杀人的价值，践踏人的尊严。从对社会的贡献判断人的价值，即是混淆了价值本身与价值的实现这二者的差别。人对社会的贡献有大有小，但人的价值则是平等的。“一个人就其自身来说，他的价值不比别人大，也不比别人小。”[①]否认这一点，则是以成败论英雄。一个人对社会贡献大，往往受到人们的尊重和社会的承认；一个人对社会贡献小，甚至由于某些原因对社会没有贡献，也应该受到尊重和承认。比如一个婴儿或一个刚刚刑满释放的人，在这两种人身上同样具有未来创造的潜能，因此，同样具有人的价值，只是这种潜能的实现，要受家庭、社会对他所投注的物质和精神营养的制约。这样了解人的价值，就会排除由社会的各种偏见和虚伪所造成的对人的歧视和不尊重。

从上面三个层面来考察中国传统文化对人的价值的看法，我们便会发现，中国传统文化并不是在这三个层面上同时认识人的价值的。

---

① 马克思：《剩余价值理论》，《马克思恩格斯全集》第三卷，人民出版社1960年版，第330页。

孔子所谓“伤人乎，不问马”，反对把人看成牛马，确实具有进步意义。但他对人的关怀，始终未超出“人禽之辨”的范围。孟子“民贵君轻”之说，虽然涉及人与君的关系，但也是在强调保存劳动生产力这一基点上向统治者提出的。至于法家的思想，对人的价值则有忽视或抹杀的倾向。在《管子》中甚至有“用人如用草芥”“养人如养六畜”等说法。中国古代治民之官称“牧”，如州牧、牧伯等。这就是把官吏治民比作牧人牧养牲畜。由此可见，儒家的“人禽之辨”，则充分肯定人的价值并强调人的道德主体性。这是对于人作为本体存在的价值体认。儒家的这种认识，不仅使人摆脱了神的束缚，而且把人从牲畜中解放出来，这种观点是人类文明发展史上较早的人的觉醒。对这一点，我们必须给中国文化以充分的肯定。从“人禽之辨”上认识人的价值，有它的进步意义，但同时也暴露了不少问题，我们也必须给予澄清。

第一，把人的个体价值归结为人的社会价值，以社会标示个人，强调人的社会义务与责任，强调人对社会的服从。中国传统文化，特别是传统儒家学说所强调的“天地之性人为贵”或“人为万物之灵”的思想，往往是把人作为与牲畜、动物等相对待的整体性的“类”来理解，即认为“人是社会动物”。因此，实质上，中国传统文化把人的价值基本上看作是“类”价值。这是中国传统价值观的最大特点。把人作为一个“类”来理解，这是在人类认识自己的历史上不可或缺的重要环节。但这种在广义上承认人的价值，把人作为一个“类”的整体观的看法，实际上是把人的价值概念的外延扩展至整个人类，从而使其内涵变得极其广泛模糊，甚至抽掉了任何具体内容。如荀子认为，人与动物的区别在于人是有组织的，人们能结成群体。即是说，人是社会的动物。他说：“（人）力不若牛，走不若马，而牛马为用，何也？曰：人能群，彼不能群也。”（《荀子·王制》）为了对付自然给予人的灾害，对付社会混乱给人造成的不幸，人类必须以“群”的形式组织起来，以战胜自然，克服自身由于各种利害冲突所造成的混乱。因此荀子说：“人之生不能无群，群而无分则争，争则乱，乱则穷矣。”（《荀子·富国》）这是说，为了“能群”，又必须实行“分”的原则，即通过名分地位、贵贱等级来抑制个人的需求，从而达到社会全体即“群”的和谐。在荀子看来，如果人们贵贱都一样，就不能制约，役使；权势都一样，就不能达到权势的统一，所以贫富贵贱等级是必需的。人必须服从社会，服从群体的需要。这即是从人的社会价值方面强调人对社会、对群体的责任。强调“类”价值，过多地论证人与非人的关系，就必然忽略对人的个体考察，忽略整个人群中人与人之间的个性差异，用人的社会价值取代人的个体价值。这种理论往往又可能成为等级制度或专制制度的辩护者。

第二，把人的价值归结为道德价值，以道德伦理标示个人，强调人对道德的遵守与认同。如孟子认为“人之所以异于禽兽者几希，庶民去之，君子存之。舜明于庶物，察于人伦，由仁义行，非行仁义也”（《孟子·离娄下》）。在孟子看来，人与禽兽的区别，全在于人有道德。由于人生下来就具有“四端”的道德心，所以从本质上说，“人是道德的动物”。这里，孟子把仁、义、礼、智等道德规范看作是内在于人心的天赋道德观念，因此人的道德行为均是由内而外自觉发出，而不是由外至内的强力推行。从孔子用“仁”来界定人，到孟子的仁、义、礼、智“四端”说，一直到后来宋儒所提出的“不识一字也要堂堂做一个人”的口号，都是说人有道德自觉的能力。这是中国一般人都能接受的看法，把人的价值归结为道德价值，势必把人道德化、绝对理论化，从而忽略了人的自然属性，即人的生物性的一面。这样归结的结果，在文化上表现出两种倾向：其一，用道德价值判断人生价值。中国传统文化中最理想的成就即是所谓的“三不朽”。其中最大的不朽是“太上有立德”，其次才是“立功”“立言”，把道德上的成就看作是人生最有价值的成就。因此从历史上看，它确实为中国塑造了不少浩然正气的道德人物，成为中华民族做人的典范。就是在一般百姓之间，也惯于用道德眼光看人，这无疑具有正面的作用。但同时亦产生不少流弊，产生不少欺世盗名的伪君子和表面谦恭的野心家、阴谋家。其二，把人的生命价值抽象为纯粹道德性的生命，往往忽视人的物质利益和要求，忽视或抹杀人的生物性条件。传统文化中出现的“天理人欲之辨”，即是片面强调抽象的道德原则而忽视人的具体要求。宋明理学“饿死事小，失节事大”的封建伦理教条，即是上述价值观被歪曲、被绝对化的结果。

第三，由上述两项内容所导致的第三种情况，便是中国传统的人生价值观包含着一些内在矛盾。也就是说，以人的社会价值或道德价值取代人的个体价值的结果，容易导致个体与社会、主体与客体的分离。这种价值观一方面呼吁“己欲立而立人，己欲达而达人”“己所不欲勿施于人”等具有合理性的进步思想，同时却又承认封建等级制和封建专制制度的合理性，维护封建特权；一方面要求“堂堂正正地做人”，要求勤恳、牺牲、奉献、创造，同时却又要求忠君、孝亲、克己、去欲等等。传统的价值观这种内在矛盾性，需要在现实生活中加以调整，一是要加强法治，二是要有制度保证，三是要在理论上实现社会价值与个体价值的统一。总之，中国文化的人生价值观，反映了儒家在价值问题上的理想主义人格，特别是宋明以后，儒家总是教人学孔颜乐处。所谓孔颜乐处，是指孔子曲肱而枕、乐在其中的生活[①]，以及颜回一箪食、一瓢饮，居陋巷而不改其乐的精神[②]。在儒家看来，虽然穷困，但能随时保持和体验内心的安适与快乐，这便是最高的人生价值。这种价值观有遏制纵欲求乐、贪得无厌、见利忘义的道德作用，是儒家的美好的道德理想，也是中国道德伦理的优秀传统，几千年来一直成为儒家人格修养的最高境界。但在纷纭复杂的社会生活中，这种理想境界一落实到现实的层面上，往往忽视社会实际面临的问题。因为儒家这种价值观上的理想主义，主观上乃是基于对社会矛盾的调节企图，但在客观上，它又容易忽略人对幸福的追求和对生活的创造进取。

二、自然价值观：天人合一

中国文化对天地自然有一套大异于西方的独特看法，认为天生万物都是为了人，即所谓“天生之，地养之，人成之”。这是一种自然的价值观念。在中国传统文化中，向来把天地自然看作是人类赖

---

① “子曰：饭疏食，饮水，曲肱而枕之，乐亦在其中矣。不义而富且贵，于我如浮云。”（《论语·述而》）

② “子曰：贤哉回也，一箪食，一瓢饮，在陋巷，人不堪其忧，回也不改其乐。贤哉回也。”（《论语·雍也》）

以生存的根本条件，因此认为人类对自然的态度应该是寄予深切的关怀与同情。不论儒家、道家或墨家，也不论哲学、文学或艺术，大都表现出对自然的这种了解和认识，即把自然看作是大化流行的有机整体，可以与人发生感应或共鸣的有情宇宙。此即后来所谓的“天人合一”。这种“天人合一”的自然价值观不仅深深影响了中国人的宇宙观和人生观，而且也影响到中国科学、文化发展的方向。因此可以说，它是中国传统文化中所表现的一个基本思想模式，在这个模式中，人们追求着几乎相同的价值与目标。

中国传统文化对“自然”有多种看法，这种看法经历了一个历史演变的过程。殷周之际，天神、地祇、人鬼都是人们崇拜的对象，这时人们对“天”的了解，具有人格神的含义。它具有超自然的价值，即所谓“人格之天”或“主宰之天”。周人提出“天命靡常”的观念，使“天”的含义发生了一些转变。周人有鉴于夏、殷的灭亡，认为天命不会一劳永逸地保护哪一个朝代永久的存在，只有“敬德保民”，才能“祈天永命”，因为“天亦哀于四方之民”。这样就把“尊天”与“敬德”联系起来，使“天”具有了一定的道德含义。经过春秋时期人文主义思潮的冲击，到孔子时，“天”所具有的人格神的含义逐渐淡化，但在孔子的思想中，仍对天怀有敬畏之情。在他有名的“君子有三畏”的思想中，把“畏天命”放在第一位。从他对“天”与命运的态度中可以看出，孔子承认有一种超自然的力量存在。在他的思想里仍承继了以往神秘意义的天，但却给予一些新的转化，如：“获罪于天，无所祷也”（《论语·八佾》）；“天厌之，天厌之”（《论语·雍也》）；“吾谁欺，欺天乎？”（《论语·子罕》）；“知我者其天乎！”（《论语·宪问》）；“天生德于予”

（《论语·述而》）；“天将以夫子为木铎”（《论语·八佾》）；等等。孔子对“天”的理解，实已超越了殷周时期把天作为人格神的宗教崇拜。也就是说，孔子把“天”的人格含义改造成只具有必然性之命运的含义，这在中国哲学史上称为“命运之天”。孔子对命运之天并不抱认知的态度，他所谓的“五十而知天命”的“知”，完全是经由道德实践而对天产生的一种了悟，其中既包含有宗教感情，又包含有人德（人的道德）与天则（自然的秩序和规律性）的合一。

孟子继承孔子“天人合德”的思想，把孔子的道德经验化为概念系统。在孟子看来，“天”仍然是最高权威，但它却很少具有神性或主宰命运的性格。虽然在《孟子》一书中，“天”的概念随处可见，但从理论上看，它已不再重视或强调天的主宰性和宗教意义，而是赋予“天”以道德的内容。孟子对“天”的了解和认识，反映了战国时代企图完全摆脱神的主宰和开展道德理性的人文思潮的崛起。因此在天人关系上，孟子思想的最大特点是以人来界定天。他说：“尽其心者，知其性也，知其性，则知天矣。”（《孟子·尽心上》）这里，孟子所谓“尽心”，即尽力扩充人心所具有的善端，这样就可以了解人性本善的道理，所以称“尽心知性”。了解了人性本善的道理，便可直接与天相通。在孟子看来，“性”乃“天之所与我者”，因此“性”与“天”实为同质。通过人心的作用来表现与“天”同质的“性”，故“知其性则知天矣”。可见，孟子的“知天”之“知”，亦非认知之“知”，而是对天德的一种体认或彻悟。因此对孟子来说，“心也、性也、天也，非有异也”（《二程全书·遗书二上》）。至此，孟子把“主宰天”“命运天”以及传统的“人格之天”统统化解于他的道德体系之中，正式赋予天（自然）以道德价值或将自然道德化，这在中国哲学史上又称为“道德之天”或“义理之天”。

老子和庄子从另外的方向上对“天”做了解释。尤其是庄子，他顺着老子自然主义的路线，把天理解为没有目的、没有意志的自然之天。在老庄的体系中，所谓“自然之天”，既包括各种自然现象，又包括自然现象及事物客观存在的、不受外力制约的、天然的本性或状态。道家正是为了反对儒家把天赋予仁爱的道德意义，所以才提出“天地不仁，以万物为刍狗”及“天道无亲”等观念，以及庄子“牛马四足是谓天，落马首，穿牛鼻是谓人”（《庄子·秋水》），“天道之与人道也，相去远矣，不可不察也”（《庄子·在宥》）等思想，力图区别天人的不同。按着这一思想，道家完全可以像荀子一样得出“天人相分”的结论。但也正如荀子所批评的那样，道家是“蔽于天而不知人”。庄子认为任何人为都不合自然，“天与人不相胜也”。由此他大声疾呼，“无以人灭天”，把天人对立作为必须法天的理由，强烈主张消除天人对立，以达到一种新的超越，从而使生命返归于自然的本真。所以庄子说：“故其好之也一，其弗好之也一。其一也一，其不一也一。其一与天为徒，其不一与人为徒。天与人不相胜也，是之谓真人。”（《庄子·大宗师》）这段话是庄子自然主义天人合一思想最明确的表述。意思是说，不管人的主观愿望如何，天和人总是合一的。因此把天和人看作不是互相对立的，这才是“真人”，才是超越了天人对立而达到“天地与我为一”的和谐境界的人。

到此，我们可以简单地做一总结：以孔孟为代表的儒家传统，虽然仍保持着对天的敬畏之情，但天的内涵已由原始宗教时代的人格神的意义，转化为道德主义。对儒家来说，天地自然有至善至美的道德价值，而人的善性即是由天地自然的至善至美的道德价值所给予和规定的，因此，人与自然应保持一种亲善的和谐关系，这样才能“上下与天地同流”或“参天地之化育”。以老庄为代表的道家传统，在儒家强调主观人为与主体道德觉悟的刺激下，从反对和批判儒家的“道德之天”出发，开拓出一条背离“神性之天”传统的自然主义的路。在这条道路上，先作天人的分别，然后再经由虚静的工夫，超越这种分别，达到与天地自然冥合的精神境界。道家在这种天人合一的追求中，把重点放在人的主体境界的层面上，它的自然主义没有导出人对自然的探索精神，而是顺着相反的方向，要求人无条件地回归自然、顺应自然，在身心各方面向自然作认同。这就是说，道家非常关心和重视如何在现实世界安顿个体生命的问题，它的途径和方法是通过排除天人的对立，泯灭各种人为的冲动，使个体精神向超越方面发展。如果说儒家在自然价值观上赋予自然以道德价值，那么道家则是赋予自然以精神价值。因为人向自然的复归或顺化，必须通过修养的工夫，即庄子所谓的“朝彻”“见独”“心斋”“坐忘”等。通过这些方法所达到的自然境界，实乃人的一种精神境界，是自然透过心灵的精神表现。

总之，中国人对自然宇宙及人与自然宇宙的关系的看法，可大致归纳为以下几点。

第一，视自然宇宙为一有机整体，人与它的关系是彼此相因、交感和谐的关系；

第二，自然宇宙这一有机整体始终处在大化流行、生生不已的运作过程中，因此人应“上下与天地同流”，强调天、地、人三才共存共荣；

第三，视自然宇宙及万物皆为有情，即所谓“天地含情，万物化生”（《列子·天瑞》），故人与自然应处情景交融之中，同时体悟造物之生意，陶冶性情。庄子的“观鱼之乐”、苏轼的“其身与竹化”、辛弃疾的“我见青山多妩媚，青山见我亦如是”，以及程明道因窗前茂草而见“造物生意”等，均可反映出中国古人对自然宇宙有情的看法；

第四，肯定自然宇宙有表现至善至美的价值。孟子的“诚者天之道”，即是对自然宇宙可表现真实无欺的看法。儒家“天人合德”的思想即是以宇宙至善为基础建立起来的。他们所以视宇宙为至善，是因为它表现了大公无私之德。如《吕氏春秋·去私》说：“天无私覆也，地无私载也，日月无私烛也，四时无私行也，行其德而万物得遂长焉。”

从以上几点简要的概括中，我们可以看到中国文化的自然价值系统的核心，乃是天与人的和谐，即“天人合一”。这是中国文化的价值系统与西方文化的价值系统之最大的区别。

在西方文化中，包括古希腊文明和近代及现代的文明，都是把自然作为人类认知的对象。虽然在其发展过程中也经历了不同阶段，如古希腊时代的有机观，十六至十九世纪的机械观，二十世纪初至今的以柏格森、怀德海为代表的生命哲学，等等。在西方文化发展的不同阶段，人们对自然宇宙的看法不尽相同，但其主流都是把自然宇宙看作是与人类不可调和的对立关系。即使柏格森等人的生命派哲学，强调自然宇宙是一有生命的有机体，但也没有像中国儒家那样，把宇宙的生命和人的道德义务连在一起。在西方文化中，宇宙纯是自然现象，无善恶美丑可言，不带有价值色彩。以其哲学为代表，大都认为在自然现象以外，有比自然现象更真实的本体存在。为了说明本体与现象这二者的关系，产生了知识形上学。特别是从十六世纪开始发展起来的机械自然观，经过培根集其大成，提出“知识就是力量”“人定胜天”“征服自然”等勘天思想。这些都是建立在人与自然相对立的基础之上，完全是以一种功利的眼光去对待、了解和认识自然。

中国传统文化对自然的看法，排除功利思想，不从知识的途径去探索和认识宇宙的奥秘，而是通过道德修养工夫去契悟宇宙的“真几”。因此，自然宇宙不是我身外的知识活动的对象，而是与我身为一体，是普遍生命的表现。一切至善至美的价值理想，尽可以随宇宙生命的大化流行而得到表现与安顿。因此它既是道德的园地，又是艺术的王国，故圣人的使命便是“原天地之美而达万物之理”（《庄子·知北游》）。宇宙一切现象都含有道德价值和艺术价值，所以中国人的自然价值系统又是道德与艺术的价值系统。

中国传统文化的上述自然价值观对中国传统的现实人生、文化的承传，以及科学、文学与艺术的发展等无不打上鲜明的烙印，产生极其广泛的影响。

首先，就人生方面说，因为“自然”或“宇宙”有道德的含义，有至善至美的价值，所以人生就应与自然相应，与自然和谐。如张载谓“天地之塞吾其体，天地之帅吾其性，民吾同胞，物吾与也”（《张载集·乾称》），朱熹谓“天地以生物为心者也，而人物之生，又各得夫天地之心以为心者也。……此心何心也，在天地则盎然生物之心，在人则温然爱人利物之心，包四德而贯四端者也”（《仁说》），王阳明谓“仁人之心与天地万物为一体，欣合和畅，原无间隔”（《答顾东桥书》），等等，都是这个意思。即强调人生应“与天地合其德，与日月合其明，与四时合其序，与鬼神合其吉凶”（《周易·文言》），这样才能领略自然宇宙的生物气象，得到天地的仁爱与广大，使人的生命趋于至善，使人的精神得到提升。这种人生与自然相和谐的境界，一直成为中国传统文化所追求的目标。

其次，就文学与艺术方面说，它所追求的境界也是以“天人合一”“情景合一”为其文学与艺术的最高境界。它以有情的宇宙为基础，力求人的创作与这个有情的宇宙相交流与融合，从而把人的感情渗透到自然景物之中，达到主客交融、物我合一、天人无隔的境界。陶渊明的“采菊东篱下，悠然见南山”，元好问的“寒波澹澹起，白鸟悠悠下”等著名诗句，以及王右军的《兰亭集序》等，都是中国古代文学创作中“天人无隔”的典型，王国维曾称之为“无我之境，以物观物，故不知何者为我，何者为物”①。文学如此，中国的艺术更是如此。以绘画为例，中国古代的艺术家强调：“凡画山水，最要得山水性情……自然山性即我性，山情即我情，而落笔不生软矣……自然水性即我性，水情即我情，而落笔不板呆矣。”②这种“得山水性情”及“水情即我情，水性即我性”等说法，即是主客、情景、天人、物我的合一，也即是盎然生命与自然生机的契合与同流。

再次，就中国的科学与技术方面说，也深受上述中国传统自然价值观的影响。前面说过，中国传统文化对自然宇宙的看法，采取的是

① 王国维：《人间词话》，载叶朗总主编：《中国历代美学文库·近代卷》（下），高等教育出版社2003年版，第377页。

② （明）唐志契：《绘事微言》，载叶朗总主编：《中国历代美学文库·明代卷》（下），高等教育出版社2003年版，第153页。

一种审美与道德的价值取向，而不是一种与自然相对待的认知态度。人与自然以情相感，以心相通，只能产生相和谐的境界形态，涵养人生的道德，激发文学与艺术的灵感，而不能产生科学知识。西方科学技术的发展是认识和控制自然的历程，而中国技术发展是认识和控制心灵的历程。

> 中国哲学家不需要科学的确实性，因为他们希望知道的只是他们自己，同样地，他们不需要科学的力量，因为他们希望征服的只是他们自己。在他们看来，智慧的内容不是理智的知识，智慧的功能不是增加的物质财富。在道家看来，物质财富只能带来人心的混乱。在儒家看来，它虽然不像道家说的那么坏，可是也绝不是人类幸福中最本质的东西。那么科学还有什么用呢？①

上述引文是冯友兰先生在二十世纪二十年代说的。他分析近代中国自然科学之所以不发达的原因之一，便是中国哲人太强调内心的平和与修养，以至在对待外部自然环境的态度上，总是追求“尽物之性”和“顺物之情”，与天地万物协调共存，而不是征服。这种传统是好是坏，冯友兰先生并没有作价值判断，他只是说：“如果人类将来日益聪明，想到他们需要内心的和平和幸福，它们就会转过来注意中国的智慧，而且必有所得。如果他们将来并不这样想，中国人四千年的心力也不会白费。这种失败的本身会警告我们的子孙不要在人心的荒原上再寻找什么了。”这段话很发人深省。随着人类文明的演

① 冯友兰：《为什么中国没有科学》，载《三松堂学术文集》，北京大学出版社1984年版。

进，特别是科学技术的日新月异，在二十一世纪的今天，人们对生态失衡、环境污染、能源危机等忧心忡忡。这使西方人士特别向往中国传统文化中的天人合一思想，认为还是中国古人想的对。在此，我们引证另一位古人的话，也许更能切中当前世界存在的生态环境问题。唐代文学家韩愈说：

> 物坏，虫由之生；元气阴阳之坏，人由之生。……人之坏元气阴阳也亦滋甚，垦原田，伐山林，凿泉以井饮，窾墓以送死，而又穴为偃溲，筑为墙垣、城郭、台榭、观游，疏为川渎、沟洫、陂池……悴然使天地万物不得其情，倖倖冲冲，攻残败挠而未尝息。其为祸元气阴阳也，不甚于虫之所为乎！（《柳河东集·天说》）

人类对自然的改造同时亦带来对自然的破坏，而中国传统文化中天人合一的自然价值观会愈加显其可贵。

三、道德价值观：仁义礼智信

中国传统文化中的道德价值系统，是一个庞大的道德伦理体系，其内容极其丰富，思想理论亦特别发达。春秋战国时代，诸子百家中的各学派，以及各学派中的不同代表人物，都各有自己的道德学说，儒家的仁义忠恕、道家的无为返朴、墨家的兼爱尚利、杨朱的重生贵己、庄子的逍遥游心、荀子的隆礼成德等等，构成了中国道德伦理思想多元并进和百家争鸣的局面，为中国传统文化中的道德体系的建构提供了多方面、多层次、多角度的参照和思考，从而也为中国文化中的道德价值体系的系统化、理论化和伦理道德的践行及道德修养、人格培养等奠定了坚实的理论方面和实践方面的双重基础。

秦汉时期，随着封建大一统王朝的建立和地上王权的统一、加强，儒家登上历史舞台并成为主角、主流，其伦理思想也逐渐取得支配地位并基本实现了中华民族“行同伦”的共同道德心理。儒家的道德伦理体系所表达的价值取向和价值系统，概括地说，是以“亲亲孝悌”为基础，以“五伦关系”和“五常之道”为核心所建立起来的，且具有浓厚的人文关怀和道德自觉的庞大网络。其中包括儒家伦理的基本范畴、主要命题，以及由此向外辐射的所有道德条目和道德活动。因其体系庞大，本节将用较大篇幅概而述之。

（一）亲亲孝悌

中国伦理以家族为本位，这几乎已成为研究中国古代文化的人所共通的见解。在以家族为本位的社会中，所有一切社会组织均以家庭为中心，人与人的关系亦由家庭关系扩大而成。古代中国是一个以农业立国的社会。以农业文明为背景的家庭的最大特点是聚族而居，所以由此产生的道德也是以家族（国家是家族的放大，家族是家庭的放大）为凝聚点。

由中国传统家庭衍射出来的道德价值网络，首先是儒家所创造的亲亲原则和由此产生的孝的价值观念。亲亲原则的建立不仅把“家”提高到人生中最重要的生活群体的地位，而且把维系家族血缘和群体情感的孝悌观念，确定为最具普遍性的伦理模式和最高的道德价值。

《中庸》说：“仁者，人也，亲亲为大。”这里，第一个“亲”字为动词，即亲爱的意思；第二个“亲”字为名词，指父母。这是说一个有仁爱心肠的人，他推行仁爱，一定是以亲爱自己的父母为第一要义，这是最根本、最重要的。这也是儒家“爱有差等”的道德原则。推行仁爱，首先要爱自己的父母。在儒家看来，一个不爱自己父母的人，就不可能真心地去爱别人。所以，爱必须以爱自己的父母开始，这既是基础，也是前提。

“亲亲为大”，即是孝悌为大。《论语·学而》说：“君子务本，本立而道生。孝悌也者，其为仁之本与！”朱熹《四书章句集注》引程子说：“孝悌，顺德也……德有本，本立则其道充大。孝悌行于家，而后仁爱及于物，所谓亲亲而仁民也，故为仁以孝悌为本。”《孟子·尽心上》说：“孩提之童，无不知爱其亲也；及其长也，无不知敬其兄也。”如果把上述两段话合在一起看，就可以发现，儒家的亲亲原则和孝悌观念这两者的内在联系。这就是说，子女对父母的爱敬之情是基于人性中的“良知”“良能”，它是“仁”的源头或种子。因此，所谓“爱”，应以爱自己的父母为起点，否则就将像墨子主张“兼爱”一样，“墨子兼爱是无父也”（《孟子·滕文公下》）。

孟子辟杨墨，主要是批评杨子之“为我”和墨子之“兼爱”。从今天的角度看，墨家的“兼爱”说，实开中西伦理思想史上“博爱”思想的先河，且“兼爱”比“博爱”更具有周遍性。“兼”有“尽”

意，“兼爱”可理解为没有遗漏的爱，而“博爱”是广泛的爱。其实儒家早有“泛爱众而亲仁”的说法。“泛爱”与“博爱”相当，但在逻辑上不如“兼爱”周遍。但孟子为什么批评“兼爱”呢？其焦点即在于“爱有差等”。因为儒家讲“泛爱”是有条件的，这个条件即是“爱由亲始”。在儒家看来，“不爱其亲而爱他人者，谓之悖德；不敬其亲而敬他人者，谓之悖理”（《孝经·圣治》）。这里的“悖德”“悖理”，即指违背“爱由亲始”的亲亲原则和孝德、孝理。可见，“爱由亲始”的儒家道德规范所包含的亲亲原则和孝悌之道，所以能获得中国传统社会普遍接受并延续几千年而不衰，其中一个重要原因是其更符合农业社会的现实，因为社会上的每一个人都是从家庭开始，从父母开始。只有从小培养起对家庭父母爱的真实情感，才有可能实现由亲到疏、由近及远的“泛爱”。

亲亲必从孝开始，所以孟子强调“亲亲，仁也”，这是把亲亲孝悌的道德原则上升到“成仁”的必要条件，并且把孝德与儒家的其他道德规范普遍地联系起来，成为儒家道德伦理体系的有机成分。《孟子·离娄上》说：

> 仁之实，事亲是也；义之实，从兄是也；智之实，知斯二者弗去是也；礼之实，节文斯二者是也；乐之实，乐斯二者，乐则生矣；生则恶可已也，恶可已，则不知足之蹈之，手之舞之。

这里，孟子把亲亲与孝悌和仁、义、礼、智、乐联系在一起，认为仁的实际内容就是侍奉父母；义的实际内容，是顺从兄长；智的主要内容是知道如何把亲亲和孝悌这两者坚持下去；礼的主要内容是对亲亲和孝悌这两者加以调节和润色；乐的主要内容是从亲亲和孝悌的道德实践中得到发自内心的快乐，而这种快乐一旦发生，就无法休止，甚至在不知不觉中，快乐得手舞足蹈起来。孟子曾经感叹地说“君子有三乐”，其中第一个快乐便是“父母俱存，兄弟无故”。在孟子的心目中，亲亲与孝悌所带给孝子的快乐，即使是“王天下而不与存焉”。他说：

> 天下大悦而将归己，视天下悦而归己，犹草芥也，惟舜为然。不得乎亲，不可以为人；不顺乎亲，不可以为子。舜尽事亲之道而瞽瞍厎豫，瞽瞍厎豫而天下化，瞽瞍厎豫而天下之为父子者定，此之谓大孝。（《孟子·离娄上》）

孟子借舜与其父亲、后母及同父异母的弟弟的历史故事，赞扬舜之大孝。在孟子看来，舜能够尽事亲之道，让父亲高兴，其意义在于可转变天下的风俗，使天下的父子伦常走上正确轨道，这就叫“大孝”。

从以上两段材料中，我们可以看到孟子论孝的价值意义：一是亲亲、孝悌可以给人带来发自内心的快乐，即“乐之实，乐斯二者，乐则生矣”。这种快乐是父母与孝子双方的快乐，如舜“视天下悦而归己，犹草芥也”，如孟子“王天下而不与存焉”。连“天下悦己归己”和“王天下”都比不上亲亲孝悌所得到的快乐，这是何等的快乐！二是亲亲孝悌可以移风易俗，使天下伦常走上正轨，即“瞽瞍底豫而天下化，瞽瞍底豫而天下之为父子者定”。亲亲亦是“老吾老以及人之老”；孝悌亦是“幼吾幼以及人之幼”。小孝可以齐家；

大孝可以治国。这是何等的道德力量！故《大学》说：“君子不出家而成教于国：孝者，所以事君也；悌者，所以事长也；慈者，所以使众也。”朱熹在其《语录》中解释说：“孝以事亲，而使一家之人皆孝；悌以事长，而使一家人皆悌；慈以使众，而使一家之人皆慈，是乃成教于国者也。”（《大学纂疏》引）亲亲孝悌的家庭伦理和道德价值，由此扩展或转换为国家和社会的政治伦理和道德价值，这也正是儒家道德价值之“价值”所在。对此，《孝经》表达得更加明确和具体：

> 夫孝，德之本也，教之所由生也。（《孝经·开宗明义》）
>
> 夫孝，天之经也，地之义也，民之行也。（《孝经·庶人》）
>
> 昔者明王之以孝治天下也，不敢遗小国之臣，而况于公、侯、伯、子、男乎？故得万国之欢心，以事其先王。（《孝经·孝治》）
>
> 五刑之属三千，而罪莫大于不孝。要君者无上，非圣人者无法，非孝者无亲，此大乱之道也。（《孝经·五刑》）

以上选取了《孝经》中最有代表性的四段材料，从中可归纳为三个要点：一是进一步强调了亲亲孝悌在儒家诸德中的地位和作用，把“孝”提升到诸德的本源，若三辰运天而有常，五土分地而有义，故人生天地之间则须法天之常明，因地之义利，顺行天下，以成教化。二是明王“以孝治天下”，则可以使万国得以和洽，诸侯得以治国，卿大夫得以治家，士庶百姓可以事亲，从而使天下祸乱不作，天下和平。三是提出“不孝”的反价值，认为“无亲不孝”有巨大的危害，不仅父母得不到赡养，道德风气浇薄，甚至发展为“要君”“无法”，引起社会混乱，故曰“五刑之属三千，而罪莫大于不孝”。

《孝经》是儒家“亲亲孝悌”道德价值观的集大成者。在《孝经》中，“亲亲孝悌”观念被上升到“百行之宗”“五教之要”“诸德之本”“至德要道”和“以孝治天下”的高度。宋代邢昺在其《唐玄宗御注〈孝经〉疏》中引南朝梁皇侃的话说：“此经（指《孝经》）为教，任重道远，虽复时移代革，金石可消，而孝为事亲常行，存世不灭，是其常也，为百代规模，人生所资，是其法也。”《孝经》一书，及其对儒家孝道观的阐述，其中有些观念已经过时，但其基本精神，在今天仍有重要的参考价值。

（二）仁爱忠恕

如果说“亲亲”和“孝悌”是儒家道德价值体系的基础和源头，那么，“仁爱”与“忠恕”则是儒家道德价值体系的核心。这其中包括了儒家伦理观念的三个最基本的概念，即“仁”“忠”“恕”。它们本来都是各自独立的伦理范畴，但“仁”的主要内涵是“爱”，故可连称为“仁爱”；“忠”与“恕”连用，则具有新的含义，它体现的是实行仁爱的两种方法和途径。因此，“仁爱”与“忠恕”可以构成儒家伦理体系中具有核心意义的道德价值。

“仁”字较早的出处在《尚书·金縢》：“予仁若考。”这里的“仁”字盖指一种好的品德。此后在《国语》及其他文献中有“爱亲之谓仁”“利国之谓仁”等说法，但都停留在只言片语的阶段，还没有形成范畴意义上的稳固概念。这种情况可能延续了很久，一直到孔子才第一次对“仁”做了广泛的发挥和明确的阐述。对此，仅在《论语》一书中，“仁”字出现近百次，即可说明孔子对“仁”的关注和重视。在《论语》中，有“颜渊问仁”“仲弓问仁”“司马牛问仁”“樊迟问仁”“子贡问仁”“子张问仁”等记载。对于弟子之问，孔子有不同的回答，如“克己复礼为仁”，“博施于民而能济众”，“夫仁者，己欲立而立人，己欲达而达人”，“出门如见大宾，使民如承大祭”（《论语·颜渊》），“能行五者（恭、宽、信、敏、惠）于天下为仁矣”（《论语·阳货》），等等。这说明在孔子的时代，“仁”的问题已成为当时公众及社会普遍关注的话题。通过孔子对“仁”的阐发，它又成为一种具有社会性和时代性的新思潮和新观念。

尽管孔子在对弟子“问仁”的回答中，答案各有不同，但其核心思想是对“仁”的基本内涵和基本性质有所揭示和规定，这都是前人未曾涉及的，此即“樊迟问仁，子曰爱人”（《论语·颜渊》）。这里，孔子直接把“仁”与“爱人”联系起来，从而使“仁者爱人”这一命题得以成立，并成为此后儒家学派，乃至中国文化的伦理观和价值论的最具规范性和影响力的哲学命题。“仁者爱人”这一具有普遍性的价值判断，正是由上节所述的“亲亲”“孝悌”推导出来的。

孔子说：“弟子入则孝，出则悌，谨而信，泛爱众，而亲仁。”（《论语·学而》）这里的“泛爱”，前节已提到，它虽然与西方的“博爱”在逻辑上相当，但其差别主要体现在“爱”的条件性上。因为在儒家的典籍中，也有“博爱”的概念，如《孝经·三才》说：

“先王见教之可以化民也。是故先之以博爱，而民莫遗其亲。”这里所谓的“博爱”，即孔子之“泛爱”。因此可以说，“仁者爱人”和“泛爱众而亲仁”，集中体现了“爱由亲始”到“泛爱”“博爱”，乃至墨子的“兼爱”所共同表达的道德关怀。

在孔子看来，这种体现普遍现实性的道德关怀，不是任何外力的强加或行政的干预，而是完全出自人的自觉，即“为仁由己，而由人乎哉？”（《论语·颜渊》）实现仁德全凭自己的力量且发自内心，并坚持不懈，“君子无终食之间违仁，造次必于是，颠沛必于是”（《论语·里仁》）。哪怕是一顿饭的时间或在匆忙仓促的时候，都一定要坚守仁德，甚至在颠沛流离的时候也是如此。“好仁者，无以尚之；恶不仁者，其为仁矣，不使不仁者加乎身。有能一日用其力于仁矣乎？吾未见力不足者。”（《论语·里仁》）这是说，仁德是儒家道德价值体系中最优先、最高尚的价值，因此无论行仁还是拒绝不仁，都取决于自觉。不能用自己的力量去推行仁爱的道德实践，不是力量不够的问题，而是愿意不愿意去实行的问题。

孟子集孔子仁学之大成，提出性善说，并以“恻隐之心”释仁，提出“仁者人也”的命题，为孔子的仁学提供了理论基础，深化了儒家的道德价值体系。孟子的仁学思想的最大特点，一是把“仁”的内涵引向内在于心的心性论，“仁，人心也”，以“恻隐之心”或“不忍人之心”界定“仁”，以“仁”为人之本心所固有，“无恻隐之心，非人也”，即不仁则无以为人；二是“不忍人之心”发为“不忍人之政”，即由“仁心”向外推出“仁政”，从而建构了一套系统的仁学政治论；三是把“仁心”推及万物，推出“亲亲而仁民，仁民而爱物”（《孟子·尽心上》）的民胞物与思想。

孟子的仁学思想更加广泛而全面地覆盖了儒家的道德伦理体系，他甚至把本是伦理范畴的仁爱扩大到自然、社会乃至每一个生命个体存灭的标尺。他说："夫仁，天之尊爵也，人之安宅也。莫之御而不仁，是不智也。不仁、不智、无礼、无义，人役也。"（《孟子·公孙丑上》）又说："三代之得天下也以仁，其失天下也以不仁，国之所以废兴存亡者亦然。天子不仁，不保四海；诸侯不仁，不保社稷；卿大夫不仁，不保宗庙；士庶人不仁，不保四体。"（《孟子·离娄上》）这是说自天子以至于庶人，皆以仁爱自尊、自强、自保，否则会成为奴仆，甚至失去天下、国家、宗庙乃至生命。"苟不志于仁，终身忧辱，以陷于死亡"（《孟子·离娄上》）。在孟子看来，仁和不仁，犹如水火之相胜，"今之为仁者，犹以一杯水救一车薪之火也；不熄，则谓之水不胜火，此又与于不仁之甚者也，亦终必亡而已矣"（《孟子·告子上》）。从政治上说，孟子以历史上的周幽王、周厉王为例，揭示不行仁政的后果："孔子曰：'道二，仁与不仁而已矣。'暴其民甚，则身弑国亡；不甚，则身危国削，名之曰'幽''厉'，虽孝子慈孙，百世不能改也。《诗》云：'殷鉴不远，在夏后之世。'此之谓也。"（《孟子·离娄上》）这是说，一个君王治理国家，实际上只有两条路或两种方法可供选择，即是行仁政和不行仁政而已。暴虐百姓太甚，就会身死国亡；即使不太过分，本身也会危险，国家也会削弱。所以这些不行仁政而遭死亡的君主，被谥为"幽""厉"而被钉在历史的耻辱柱上，纵使他有孝子贤孙，经历一百代也更改不了。所以《诗经》上说：殷朝有一面离它不远的镜子，那就是前一代的夏朝。

由孔子和孟子所创立的早期儒学，其以"仁爱"为核心的道德价值体系，为以后中国传统文化中的道德价值观的确立和发展，奠定了理论和实践的基础。在理论方面，宋代的程朱理学和明代的阳明心学，都直接把“仁”提升到道德本体的地位，且赋予“仁”以生命哲学的含义，从而使儒家的道德伦理学说重新站到了当时儒、释、道三家思想竞争的时代前沿。在道德实践方面，“仁学”或“仁说”成为儒家心性论、修养论、工夫论的核心内涵，成为儒家成圣成贤的道德实践的最高标准，甚至从“仁民”扩展到“爱物”、从“人道之仁”推及“天道之仁”，最后归之“天地万物一体之仁”，使儒家的仁学突破了人的道德范畴，而进入到对自然界乃至生态伦理的关注。

既然“仁”是儒家道德价值的最高标准和最高理想，那么如何推行或实践这种仁德呢？孔子的弟子子贡曾问孔子：“假如有一个人，能广泛地给民众带来好处，又能帮助大家过上好日子，怎么样？这样的人可以说得上是仁人了吗？”孔子回答说：“何止是仁人，那一定是圣人了！尧舜都难以做到啊。”接着孔子又说：“夫仁者，己欲立而立人，己欲达而达人。能近取譬，可谓仁之方也已。”（《论语·雍也》）在孔子看来，仁德作为仁道的目标是高远的，但其作为一种道德实践，却是切近的。这里的“仁之方”，历代的解释都是把“方”解释为方式、方法。如朱熹“方，术也”。实际上“方”除有方法义之外，还有法度、法则、准则等义。如“万邦之方，下民之王”（《诗·大雅·皇矣》），“方，则也。”（《毛传》）这是说，推行仁德，不妨从近处着手，就自身打比方（“能近取譬”），然后推己及人。即自己要站得住，便同时也使别人站得住；自己要事事行得通，便同时也使别人事事行得通。能够就眼下的事实和选择的例子一步步做去，可以说是实践仁德的方法和准则。这个方法和准则，即是“忠恕”。《论语·里仁》说：

> 子曰：“参乎！吾道一以贯之。”曾子曰：“唯。”子出，门人问曰：“何谓也？”曾子曰：“夫子之道，忠恕而已矣。”

曾子把孔子的“吾道一以贯之”，与“夫子之道忠恕而已”这两句儒家伦理中最紧要的话紧密地联系在一起，认为能够始终贯通孔子思想的一贯之道，就是“忠恕”二字而已。那么，什么是忠恕呢？宋儒对此做了很多的解释和发挥，其中以朱熹为代表，其对忠恕的解释对后世产生巨大影响。朱熹在《四书章句集注》中说：“尽己之谓忠，推己之谓恕。而已矣者，竭尽而无余之辞也。”“忠”，要求积极为人，即“己欲立而立人，己欲达而达人”；“恕”，要求推己及物、推己及人，亦即“己所不欲，勿施于人”。《论语·卫灵公》说：

> 子贡问曰：“有一言而可以终身行之者乎？”子曰：“其恕乎！己所不欲，勿施于人。”

此处的子贡之问和孔子之答，与前面所引孔子之答和曾参之解，有非常紧密的联系。一是“吾道一以贯之”，一是“有一言而终身行之”，这两者都是对忠恕而言。忠是“尽己”，尽自己的一切力量，无所保留地对待自己所担当的工作，同时也诚恳地对待别人。此即“己欲立而立人，己欲达而达人”（《论语·雍也》），“居处恭，执事敬，与人忠，虽之夷狄，不可弃也”（《论语·子路》），“言忠信，行笃敬，虽蛮貊之邦，行矣。言不忠信，行不笃敬，虽州里行乎哉？”（《论语·卫灵公》）。恕是“推己”，以身作则，推己及人。自己不想要的事物，便不要加在别人身上，此即“己所不欲，勿施于人”。能够替别人着想，宽容地对待别人；“我不欲人之加诸我也，吾亦欲无加诸人”（《论语·公冶长》）；“忠恕违道不远，施诸己而不愿，亦勿施诸人”（《礼记·中庸》）。总之，忠恕即孔子所谓“能近取譬”之道，亦《大学》所言之“絜矩之道”。《大学》说：

所恶于上，毋以使下；所恶于下，毋以事上；所恶于前，毋以先后；所恶于后，毋以从前；所恶于右，毋以交于左；所恶于左，毋以交于右；此之谓絜矩之道。

“忠恕”二字，《论语》仅一见，它是孔子提出的新概念。在早期儒家的理论体系中，忠与信连用较多，而忠与恕连用却较少。至少在孔子时代，忠、恕、信三者亦多为儒家伦理的独立范畴，但对“忠”之内涵的理解又多有不同。孔子以“尽己”为忠，孟子以“教人以善谓之忠”，而《大戴礼》中，有对“忠恕”概念的特殊解释。该书《小辨》中引孔子的话说：“知忠必知中，知中必知恕。”这两句话，在于强调三个概念之间的关系：忠—中—恕。要想知道和了解什么是“忠”，必须首先知道和了解什么是“中”；要想知道和了解什么是“中”，又必须首先知道什么是“恕”。《说文》载“尽心曰忠”，《广韵》载“忠，无私也”。据此，“忠”可以理解为一种尽心竭力、忠诚无私的品德。但“知忠必知中，知中必知恕”这两句话，却可以有更深一层的理解。

何谓“中”？可有多种理解：其一，“中者，正也”①；其二，“中者，心也”②。忠的字形即已体现“中”与“心”二字的合体，故“中”可训为“正”，亦可训为“心”。由此可称“忠者，正心也”，亦可称“正心曰忠”。故“忠”之基本内涵除“尽心”“尽己”外，还有“正心”“正己”等。正心方能为“忠”：心不正则不能“尽心”“尽己”；心不正则为奸、为邪、为佞、为妄。故忠奸、邪正之辨，唯在“知中”，此之谓“知忠必知中”。

“恕，仁也”（《说文》），“为仁不外于恕，析言之则有别，浑言之则不别也”（《说文》段注），“以心揆心为恕”③，“以己量人谓之恕”（《新书·道术》），等等。除上述解释外，“知中必知恕”是强调“中”与“恕”的关系。既然中为正、为心，体现一个人内在本质的纯正，才能“发于外则为恕”，此亦谓“中以应实之为恕”的确解。这里强调“中以应实”，“实，诚也，恕者忖度其义于心，必心诚求之”④。这也正如程颐所说：“忠者天道，恕者人道；忠者无妄，恕者所以行乎忠也；忠者体，恕者用，大本达道也。”（《四书章句集注》）到此，作为底线伦理并有“黄金道德律”之称的忠恕之道，便在天与人、内与外、体与用之间，得到高度统一，其在儒家道德价值体系中，占有重要地位。

---

① 《周礼·地官·大司徒》：“以五礼防万民之伪，而教之中。”贾公彦疏：“使得中正也。”又《晏子春秋·内篇》：“衣冠不中，不敢以入朝。”张纯一注：“中，正也。”

② 《史记·乐书》：“四畅交于中而发作于外。”张守节正义：“中，心也。”

③ 《楚辞·离骚》：“羌内恕己以量人兮……”王逸注：“以心揆心为恕。”

④ 王聘珍：《大戴礼记解诂》，中华书局1983年版，第208页。

（三）礼义廉耻

礼义廉耻四字连用，首见《管子》一书的首篇《牧民》。该篇说：“国有四维：一维绝则倾，二维绝则危，三维绝则覆，四维绝则灭。倾可正也，危可安也，覆可起也，灭不可复错也。” 在管子看来，一个国家的生存，要靠有如坚实的四条绳索牢固地捆绑实物一样的力量来守护它。一条绳索断了，国家发展将失去平衡；两根断了，国家则会发生危险；三根断了，国家将遭到颠覆；如果四根绳索皆断，国家则将灭亡。那么何谓四维？“一曰礼，二曰义，三曰廉，四曰耻。礼不逾节，义不自进，廉不蔽恶，耻不从枉。故不逾节则上位安，不自进，则民不巧诈，不蔽恶则行自全，不从枉则邪事不生。”（《管子·牧民》）管子由此概括出治国理政的道德原则的十六字诀：“礼义廉耻，国之四维，四维不张，国乃灭亡。”（《管子·牧民》）这体现了作为春秋时期齐国法家代表人物的管仲，对儒家道德价值的肯定和吸收。这也是历史上第一次礼义廉耻四字的连用，并对中国伦理及道德实践产生深远影响。

实际上，礼义廉耻四字，在儒家伦理体系中，既有紧密联系，又各自具有其独立的道德范畴意义，并由此构成儒家道德价值观的重要内容。

礼的道德价值及其意义，首先也是由孔子提出并加以界定的。如果说孔子的仁学在于建立内在品质基础上的人格理想和精神境界，从而达到人的道德自觉，那么，礼则是强调社会的整体秩序，承担和维持现实社会秩序的建构任务。因此，礼的重要功能和作用，基本上有三大目标和指向：一是治理国家、管理社会的总纲；二是制定制度、设立规范的大法；三是使外在的制度、规范内化为自觉自律的教化原则。

从上述三项礼的目标和宗旨看，礼在儒家道德价值体系中，位处最高层级。它不仅超越了儒家道德价值体系中各具独立性的各种伦理范畴，而且对各种道德规范起到全面的制约作用。它既是治国理政的总纲，又是各种规范的总和，同时也是指导社会乃至个体教化的核心。

第一，礼具有纲领、准则义。如“礼，国之纪也”（《国语·晋语四》）；“礼，王之大经也”（《左传·昭公二十六年》）；“礼，经国家，定社稷，序民人，利后嗣者也”（《左传·隐公十一年》）；“礼者，法之大分，类之纲纪也”（《荀子·劝学》）；“礼者，治辨之极也，强国之本也，威行之道也，功名之总也”（《荀子·议兵》）；“礼者，人道之极也”（《荀子·礼论》）。可以说，从儒家早期的孔子，到战国末期的荀子，“礼”的观念一直是儒家高度关注的话题。它们把礼的价值、作用、意义等推崇到极致，如“法之大分”“类之纲纪”“国之经”“国之纪”“治辨之极”“人道之极”等等，不一而足。不仅如此，儒家的学者甚至把“礼”规定为人类社会乃至天地万物的普遍法则。荀子说：

天地以合，日月以明；四时以序，星辰以行；江河以流，万物以昌；好恶以节，喜怒以当；以为下则顺，以为上则明；万变不乱，贰之则丧，礼岂不至矣哉！立隆以为极，而天下莫能损益也。（《荀子·礼论》）

这里，荀子不仅把“礼”看作是自然界和人类社会赖以正常运行的最高准则，赋予礼以普遍性和形上意义，而且认为以礼为标准，经历万世也不会混乱。因此，建立完备的礼制，作为一切事物的最高准则，那么天下也就“莫能损益”了。这又赋予礼以“万变不乱”和“天下莫能损益”的绝对性和永恒性。这种对礼的作用的夸大，一方面反映荀子力图为即将来临的封建大一统政权准备思想理论条件；另一方面则体现了春秋战国时代以儒家为代表的社会精英对三代以降的文化传统的继承和发展。因为三代文化思想的精髓，大多体现在早已被制度化的礼乐典章之中。我们可以把以上所述概括为具有一定形上意义的礼的纲领、准则义。

第二，礼的规范、制度义。儒家所以把礼提到“治辨之极”“人道之极”等治国纲领和准则的高度，其最终目的还在于为人类社会提供能够确认人们的社会地位和身份、判断是非曲直及规范人们行为的标准和依据，从而起到维护社会等级秩序和形成稳定和谐的社会关系。“礼之于正国家也，犹衡之于轻重也，如绳墨之于曲直也。故人无礼则不生，事无礼则不成，国家无礼则不宁”（《荀子·大略》）；“礼者，所以定亲疏，决嫌疑，别异同，明是非也”（《礼记·曲礼上》）。在儒家看来，礼犹如权衡、绳墨、规矩，没有礼就无法辨别、确立和稳定人在社会中的名分、地位，乃至各种复杂的社会关系及社会秩序，国家也就会陷于混乱乃至崩溃。故需要“因人之情为之节文”（《礼记·坊记》），使人之情欲“发而皆中节”，并使之“制而合度”，即所谓“夫礼所以制中也”（《礼记·仲尼燕居》）。《礼记·乐记》说：

> 人生而静，天之性也。感于物而动，性之欲也。……夫物之感人无穷，而人之好恶无节，则是物至而人化物也。……于是有悖逆诈伪之心，有淫泆作乱之事。是故强者胁弱，众者暴寡，知者诈愚，勇者苦怯，疾病不养，老弱孤独不得其所。此大乱之道也。是故先王之制礼乐，人为之节。

为解决社会的种种矛盾，调节和缓和各种紧张关系，先王制定礼乐典章制度。古代没有现代意义上的“制度”概念，但前面提到的“节文”“中节”“合度”“制中”等，皆与“制度”有密切关系，故称“礼者，制中合度者也”。“制中合度”者，即可简称为“制度”。此即是礼的规范、制度义。

第三，礼的道德教化义。礼的道德价值除体现在上述两个方面外，还体现在它的道德教化方面，历史上称为“礼教”。由于礼是规范化、制度化的东西，它对人的行为的约束几乎是全方位的，但它与法律、法规、刑罚和行政命令不同。法律、法规等对人的约束是强制性的，而礼对人的约束是道德层面的软性力量，它更多的是引导人们从不习惯到习惯，从不自觉到自觉的适应过程。孔子说：“道之以政，齐之以刑，民免而无耻；道之以德，齐之以礼，有耻且格。”（《论语·为政》）在孔子看来，用政、法、刑罚来诱导和整齐大家，这只能使人暂时地免于罪过，但却没有内心的羞耻感。如果用道德和礼教来引导和整齐人们，人们不仅会免于犯罪，而且有羞耻感。诚心归服，这便是礼教的道德力量。

在法治和礼治的关系上，孔子及儒家更相信礼治。如汉代的贾谊在其《治安策》中说：“凡人之智，能见已然，不能见将然。夫礼者，禁于将然之前，而法者禁于已然之后。是故法之所用易见，而礼之所为生难知也。……然而曰礼云礼云者，贵绝恶于未萌，而起教于微眇，使民日迁善远罪而不自知也。” 贾谊揭示了礼与法的差别，在于“礼禁于将然之前”，重视“绝恶于未萌”；而“法禁于已然之后”，作恶已成，戕害已现，此即“易见”与“难知”的区别。正因“礼之所为生难知”，故须重视礼的教化。因为礼的预防性和前瞻性及其劝善的教化作用，是惩奸诛恶的法治不能替代的，即“法能刑人而不能使人廉；能杀人而不能使人仁”（《盐铁论·申韩》），而“民亲爱则无相伤害之意，动思义则无奸邪之心，夫若此者非法律之所使也，非刑威之所强也，此乃教化之所致也”（《潜夫论·德化》）。由于礼是儒家道德教化之总纲，自天子至庶人，都须用礼约束自己。此即孔子和儒家所强调的“修礼”“明礼”“约礼”“行礼”，尤其治国理政之君更应如此。

在儒家的道德价值体系中，与“仁”“礼”这两个高位概念相比，“义”的概念应处中位。但它们在一起连用时，“义”的地位又可上升为与“仁”“礼”并列的同位概念。“义”的概念常常与“仁”“礼”连用并称，说明“义”这一伦理范畴，在传统文化的道德价值系统中，具有独特的价值意义。

第一，义的价值取向体现为道德行为的合理性。在中国伦理学史或中国儒学史上，对义的最具普遍性的理解是“义者，宜也”（《释名》）。“君子之于天下也，无适也，无莫也，义之与比”（《论语·里仁》）。这是说，君子对天下的事情，无所为仇，无所欣羡，就看它合不合理。《荀子·大略》以理界定义：“义者，理也。” 韩愈在其《原道》中对义的界定是“行而宜之之谓义”，以上都是从合宜、合理、恰当等方面理解义。义，代表了儒家的合理主义思想。

第二，义为“正义”。“君子崇人之德，扬人之美，非谄谀也；正义直指，举人之过，非毁疵也”（《荀子·不苟》），又“正义而为谓之行”（《荀子·正名》），“义者正也，何以知义之为正也？天下有义则治，无义则乱，我以此知义之为正也”（《墨子·天志下》）。上述荀、墨两家均训“义”为“正”、为“正义”。特别是荀子的“正义直指”“正义而为”，其抽象意义与今所谓“正义”完全相合，这也是“正义”一词的最早来源。

第三，义为“大路”“正路”，正确的道路。“义，人之正路也”（《孟子·离娄上》），又“舜明于庶物，察于人伦，由仁义而行”（《孟子·离娄下》），以及前面所引墨子的“义者正也”，亦可理解为正路、正道。

第四，义为判断人的道德行为的标准与尺度。“君子之仕也，行其义也”（《论语·微子》），“君子义以为上”（《论语·阳货》），“大人者，言不必信，行不必果，惟义所在”（《孟子·离娄下》），“理财正辞，禁民为非曰义”（《周易·系辞下》），等等，都是把义作为道德行为的判断标准与尺度。

第五，义为诸德之本、诸德之发，亦即是道德价值的总原则。在这一点上，义与礼有较为相同的功能，其区别仅在于礼比较具体，而义比较抽象。礼是伦理道德的总规范，而义是伦理道德的总原则。“君子义以为质，礼以行之，孙以出之，信以成之，君子哉！”（《论语·卫灵公》）朱熹对此解释说：“义者制事之本，故以为质干。”朱熹又引程子说：“此四句只是一事，以义为本。”（《四书章句集注》）程朱以“本”“干”解释“质”，把“义以为质”理解为诸德的“根本”和“本质”。“夫义者，所以济志也，诸德之发也”（《礼记·祭统》）。这里的“诸德之发”，是指义是各种品德的基础和出发点，没有义做基础和出发点，诸德将陷于凿空、无质而失去原则。

以上五项，可以概括义的基本内涵即道德行为的合理性、正义性、方向性（道路）、原则性和诸德的统一性，是一个既具有独立性，又具有整体性和普遍性的伦理范畴，因此其在中国文化的道德价值体系中占有极为特殊的地位。

对于个人而言，不能无义，更不能犯义；对于君子而言，“穷不失义，达不离道”（《孟子·尽心上》）；对于社会而言，“义胜为治世，利克义者为乱世”（《荀子·大略》）；对于国家而言，“用国者，义利而王，权谋立而亡”（《荀子·王霸》）；对于天下而言，“天下有义则治，无义则乱”（《墨子·天志上》）。可以说，从庶人至天子，乃至社会、国家和天下，都不能离开义。孟子说：“上无道揆也，下无法守也，朝不信道，工不信度，君子犯义，小人犯刑，国之所存者幸也。”（《孟子·离娄上》）在孟子看来，在上的统治者没有道德规范，在下的老百姓不遵守法律，朝廷官员不相信真理，民间的工匠不遵守法度，君子触犯正义，小人触犯刑法，这样下去，国家还能存在，那只是侥幸而已。荀子说：

> 凡奸人之所以起者，以上之不贵义、不敬义也。夫义者，所以限禁人之为恶与奸者也。今上不贵义、不敬义，则下之人百姓皆有弃义之志而有趋奸之心矣，此奸人之所以起也。……夫义者，内节于人而外节于万物者也，上安于主而下调于民者也。内

外上下节者，义之情也。然则凡为天下之要，义为本，而信次之。古者禹、汤本义务信而天下治，桀、纣弃义背信而天下乱。故为人上者，必将慎礼义，务忠信然后可。此君人者之大本也。（《荀子·强国》）

这里，荀子强调义对于治理国家的重要性，在上的君主如果不贵义，不敬义，就失去了义的调节作用。在荀子看来，如果君主背信弃义，人们就会上行下效，弃义趋奸，天下大乱。故义者，治国之大本也。隆礼贵义者国家就能得到治理，简礼贱义者国家就会大乱，故治国者对于义，不得不慎。

关于廉耻，早期儒家如孔孟，讨论的并不多，《论语》中只有一处讲到廉："古者民有三疾，今也或是之亡也。古之狂也肆，今之狂也荡；古之矜也廉，今之矜也忿戾；古之廉也直，今之愚也诈而已矣。"（《论语·阳货》）《论语集释》引李充云"矜厉其行，向廉洁也"，又引马融云"廉，有廉隅也"；朱熹《四书章句集注》云"廉谓棱角陗厉"；《释名》载"廉，自检敛也"；《玉篇·广部》载"廉，清也"；《广韵·盐韵》载"廉，俭也"。综合上述诸说，廉有多义，但其本义是指事物的棱角，引申为正直、清廉、节俭、不贪暴、讲原则、自收敛、向廉洁等，与现代汉语中的廉基本同义，但指称范围较广。

"廉"字在《论语》中仅一见，说明廉尚未成为孔子伦理体系中的重要范畴，但通过后人对《论语》的解释，"廉"已具有儒家伦理的基本特征，其基本内涵是廉洁、方正、不贪。

"耻"字在早期儒家的伦理体系中，比廉字清晰和明确，在《论语》中有两条相似的材料谈到“耻”。其一说：“邦有道，谷；邦无道，谷，耻也。”（《论语·宪问》）其二说：“邦有道，贫且贱焉，耻也；邦无道，富且贵焉，耻也。”（《论语·泰伯》）第一条的意思是说，国家政治清明，黜陟之道彰显，官员以功叙禄，这是正常的；但当国家政治黑暗，君主无道，做官领薪俸（不能独善其身），这就是可耻的。第二条的意思也是说，政治清明，自己却贫贱，这是耻辱；政治黑暗，自己却富贵，这也是耻辱。朱熹在其《四书章句集注》中，对第一条“邦有道，谷”有较深一层的解释：“邦有道不能有为，邦无道不能独善，而但知食禄，皆可耻也。”这一解释尽管可能不完全符合孔子的本义，但却从道德上，对一些在国家有道的政治环境中，却庸庸碌碌、不出力、不作为的官员做出谴责，认为那样做是可耻的。

耻是儒家伦理的重要概念，是指一种道德的羞耻感，其在孔子和儒家伦理思想中，具有普遍意义。在《论语》中，还有一段孔子与其弟子的对话，谈到耻是一种普遍性的道德行为。子贡问孔子：具有什么样的品德才可以叫作“士”？孔子列出三条标准，其第一条便是“行己有耻”。在孔子看来，作为一个人，特别是从政者（士），最要紧的是能够用羞恶之心来约束自己的行为。这里的“有耻”即是指一个人要有知耻的道德意识，才能有自觉的道德行为。

可见孔子的“行己有耻”，已是一个具有普遍意义的行为准则，《孔子家语·好生》记载了孔子的“五耻”说：“有其德而无其言，君子耻之；有其言而无其行，君子耻之；既得之而又失之，君子耻之；地有余而民不足，君子耻之；众寡均而人功倍己焉，君子耻之。”大意是说，自以为有道德，却没有高尚的语言；有高尚的语言，却没有高尚的行动；有所心得，却又不能坚守；有宽广的土地，却又无德使民来归附；拿到的薪俸不比别人少，但自己的工作却毫无建树。这五个方面的表现，都是耻辱的。此外，尚有“巧言、令色、足恭……丘亦耻之；匿怨而友其人……丘亦耻之”（《论语·公冶长》），“君子耻其言而过其行”（《论语·宪问》）。意为花言巧语、伪善虚假、十足的恭顺，大话连篇而不见行动等等，都是可耻的行为。

继孔子的“行己有耻”这一具有普遍性的命题，孟子则进一步提升了“知耻”的道德意义，并把它纳入“四心”或“四端”的道德体系中。孟子“四端”说提出：每一个人都有四种心，即恻隐之心、羞恶之心、辞让之心和是非之心。这四种心，分别构成仁、义、礼、智这四种德行的萌芽，即“四心”是“四德”的萌芽和要素。人无“四心”就不会扩展“四德”；无“四德”，人就无以为人。其中的羞恶之心，构成义的萌芽，一个人若无羞恶之心，同样也就会失去人之所以为人的根据。羞恶即羞耻，羞耻心同其余三种心一样，都是道德价值的重要标准。在孟子看来，没有羞耻心，就不会成为一个有道德的人。因此从道德价值层面上看，羞耻心可归为“五常之道”中义的层面。而义在儒家的道德体系中，是指行为的合理性，它就像一把标尺，可以衡量一切行为，其中包括社会、政治、经济乃至道德是不是符合正义，都可以追溯到羞耻心上来。

一个社会由社会全体成员构成，社会风气的好坏，与每一个人特别是与社会的统治者、管理者有密切关系。孔子、孟子及儒家伦理所以十分重视耻，即是把“知耻”看作是人与禽兽之分的重要标志。孟子说“无羞恶之心非人也”，即是孟子从人禽之辨的角度，对人的行为所确立的具有道德底线意义的论述。所以“知耻”是对一个人所应具有的最低限度的道德要求，这一点如果做不到，将受终身之累。故孟子说：“人不可以无耻。无耻之耻，是耻矣。”（《孟子·尽心上》）人不可以没有羞耻，不知羞耻的那种羞耻，简直就是最无耻。从孟子的这句话中可以看出，孟子似乎已穷尽了语言文字的能力，很难再形容不知羞耻是一种何等卑劣的行为。朱熹《四书章句集注》引赵岐对孟子这段话的解释说：“人能耻己之无所耻，是能改行从善之人，终身无复有耻辱之累矣。”意为一个人若能由无耻转变为有耻，便可终身不受耻辱之累，否则其累无穷。孟子又说：“耻之于人大矣。为机变之巧者，无所用耻焉。不耻不若人，何若人有？”（《孟子·尽心上》）朱熹解释说：“耻者，吾所固有羞恶之心也。存则进于圣贤，失之则入于禽兽，故所系为甚大。为机械变诈之巧者，所为之事皆人所深耻，而彼方且自以为得计，故无所用其愧耻之心也。但无耻一事不如人，则事事不如人矣。”（《四书章句集注》）

从孔子的“行己有耻”，到孟子的“无耻非人”（“无羞恶之心，非人也”），可看出“廉耻”乃构成儒家道德价值观的重要内涵，其在儒家伦理体系中占有重要地位，并在其发展中，逐渐成为中国古代注重民族大义的知识分子的传统精神。这种精神主要体现在对政治清廉和士人气节的追求，其与国家的兴衰和社会人心风俗之善否直接联系起来。如明末清初的顾炎武说：

> “礼义廉耻，国之四维，四维不张，国乃灭亡。”善乎，管生之能言也！礼义治人之大法，廉耻立人之大节。盖不廉则无所不取，不耻则无所不为。人而如此，则祸败乱亡亦无所不至，

> 况为大臣而无所不取、无所不为，则天下其有不乱、国家其有不亡者乎！然而，四者之中耻尤为要，故夫子之论士曰行己有耻。……所以然者，人之不廉而至于悖礼犯义，其原皆生于无耻也。故士大夫之无耻，是谓国耻。（《日知录》）

这里，顾炎武把士大夫之“无耻”，上升到“国耻”的高度，认为礼义廉耻四维之中，“耻尤为要”，一切贪污腐败、悖礼犯义，究其根源皆源于无耻。与顾炎武同时代的思想家李颙，对廉耻也有精到的论述。他说：

> 士人有廉耻，斯天下有风俗。风俗之所以日趋日下，其原起于士人之寡廉鲜耻。有耻则砥德砺行，顾惜名节，一切非礼非义之事，自羞而不为，惟恐有浼乎生平。若耻心一失，放辟邪侈，何所不至？居乡而乡行有玷，居官而官当有亏，名节不足，人所羞耻，虽有他长，亦何足赎？论士于今日，勿先言才，且先言守，盖有耻方有守也。论学于今日，不专在穷深极微、高谈性命，只要全其羞恶之良，不失此一点耻心耳。不失此耻心，斯心为真心，人为真人，学为真学，道德、经济咸本于心，一真自无所不真，犹水有源，木有根；耻心若失，则心非真心，心一不真，则人为假人，学为假学，一假自无所不假，犹水无源，木无根。（《二曲集》）

顾炎武与李颙二人，都是明清之际具有启蒙意义的思想家，他们对廉耻的看法，都是对中国传统文化中儒家道德价值的继承和发挥。

当时他们所面对的也正是世风日下，官场腐败，道德沦丧，国家处于风雨飘摇的大变局之际，发出“士大夫之无耻，是谓国耻”的悲壮感叹。此后的龚自珍在其《明良论》中，也发出同样的感慨，他认为，社会上的一般民众之无耻，则辱其身而已；富而无耻，辱其家而已；士无耻，则名之曰辱国；卿大夫无耻，名之曰辱社稷。由庶人而为士，由士而贵为官，则由始辱其身家，而延及辱国与天下，其所造成的灾难，由下至上，就将像熊熊的大火，燃烧不止；高官无耻，百官及士庶效法，使全天下之人，辱国以辱其家，辱其身，就将像汹涌的水流，无所阻挡，“上若下胥水火之中也，则何以国？”此即“四维不张，国乃灭亡”之大戒，甚可畏也。

（四）智勇诚信

在儒家的道德价值体系中，智勇诚信四种德行亦占有重要地位。它们虽然与儒家的其他道德规范都有不同程度的联结、交叉和重叠，但同时它们又都具有相对的独立性。这不仅体现儒家道德伦理体系的内在有机联系，同时也构成单一的伦理规范，这些规范在人的道德修养和道德实践中起到独特的引领作用。

我们先说“智”。《论语》中无“智”字，“智”均写作“知”。《孟子》中，智知已分，说明智与知联系甚密，二者在一定意义上可互用，故《释名·释言语》为“智”字所下的界定是：“智，知也，无所不知也。”“无所不知”，即今天所谓的智慧或聪明；知，在今天更多的是指知识，作动词则为认知、了解等。一个人须不断地积累知识，才可能把知识转化为智慧，即所谓“转识成智”。

儒家伦理把“智”作为“五常之一”，说明“智”在儒家伦理中具有核心地位，但其内涵也有一个逐渐深化的过程。在《论语》中，知（智）在诸德中，其独立意义并不强，故常与其他道德规范连用，并有所节制。如《论语·卫灵公》：“知（智）及之，仁不能守之，虽得之，必失之；知（智）及之，仁能守之，不庄以莅之，则民不敬；知（智）及之，仁能守之，庄以莅之，动之不以礼，未善也。”这里的智，只构成道德完善的一个因素。道德的圆满，不仅需要“智及之”，还需要“仁”的守护，“庄”的配合，“礼”的节制，等等，最后才能达到最高的善。这个善，小则指公卿大夫的禄位，大则指天下国家的生存发展，都离不开从“智及之”到“动之以礼”的修养功夫。再如“子路问成人。子曰：‘若藏武仲之知（智），公绰之不欲，卞庄子之勇，冉求之艺，文之以礼乐，亦可以为成人矣。’”（《论语·宪问》）这里，孔子对“怎样才是全人”的回答，仍是把“智”放在第一位，认为“全人”的培养和造就，仍是需要诸德的综合，才全德备才是“全人”的标准，只有一项品德还不足以称“全人”。但“智”德始终处于重要地位。可见，从孔子开始，就已经十分关注“智”在儒家道德价值体系中的重要性。

至孟子，“智”具有了明确的双重内涵，除其伦理性质外，又有知识论和认识论的性质。如《孟子·离娄下》说：“智者若禹之行水也，则无恶于智矣。禹之行水也，行其所无事也。如智者亦行其所无事，则智亦大矣。天之高也，星辰之远也，苟求其故，千岁之日至，可坐而致也。”这一段话，是孟子专门讲“智”的。这里的所谓“无事”，是指不能凭自己的小聪明（小智）去穿凿附会。这里的

“故”，是指本其自然之势而不加主观猜测。因此所谓智，就如禹之治水，因水的自然之性，因势利导，如聪明人也能“行其所无事”，不违反其所以然之常理（自然界的规律），那就是一种大智慧。天极高，星辰极远，只要推求其所以然，以后一千年的冬至，都可以坐着推算出来。朱熹引程子说：“愚谓事物之理，莫非自然。顺而循之，则为大智。若用小智（小聪明）而凿以自私，则害于性而反为不智。”（《四书章句集注》）

在儒家的道德价值体系中，“智”是由知识论、认识论、伦理观三者总合抽象出来的概念和范畴。荀子在其《正名》中，对“智”有一个完整的定义：“所以知之在人者谓之知，知有所合谓之智。”历来对“合”的解释，均指“所知能合于物”，即人的认识能力和客观事物接触后所产生的认识叫作智。这种解释显然还不够周遍，因为它只强调了主观认识能力与客观事物的接触所产生的认识，但这种认识可能符合客观事物，但也有可能不符合。相符合可称为知；不符合可称为不知，所以还需要反复的接触，反复的认识，方能得出正确的认识。所以“合”字除接触、符合之义外，尚有聚合、聚集等义，故所谓“智”，一方面指最初的接触所得到的知识，另一方面还有通过知识的不断积累、升华，最后转化为智慧。知识可谓是工具理性，经过积累、升华的知识转化为智慧，是价值理性。儒家伦理中的“智”，即是在价值理性或道德理性意义上使用的。

孟子把“智”提升到“四心”或“四端”的地位。即“恻隐之心，仁之端也；羞恶之心，义之端也；辞让之心，礼之端也；是非之心，义之端也。人之有四端也，犹其有四体也。”（《孟子·公孙丑上》）孟子又说：“无恻隐之心，非人也；无羞恶之心，非人也；

无辞让之心，非人也；无是非之心，非人也。”（《孟子·公孙丑上》）这里，孟子把“四端”之一的“智”，界定为“是非之心”，此即把工具理性的“知”，转化为道德理性的“智”，遂使“智”这一伦理范畴或道德价值不仅具有了独立性，且界定了它的基本内涵，使之成为人之所以为人的四大基本条件当中的一个必要条件。故孟子强调，“凡有四端于我者，知皆扩而充之矣，若火之始燃，泉之始达。苟能充之，足以保四海；苟不充之，不足以事父母”（《孟子·公孙丑上》）。由此可见，智之于人，其义甚大。

儒家伦理系统作为一种思想理论形态，其所以有价值，乃在于能够在人们的道德实践中得以推广和实现，而“勇”即是为实现道德理念而提出的具有行为意义的一个概念和范畴。

《说文》：“勇，气也。从力，甬声。”段玉裁注：“勇者，气也，气之所至，力亦至焉。”在儒家看来，实现道德价值，是需要勇气的。孔子说：“见义不为，无勇也。”（《论语·为政》）眼见应该挺身而出的事情，却逃避或袖手旁观，这些都是怯懦的表现。因此，勇是君子必备的道德行为。《论语·宪问》说：“仁者必有勇，勇者不必有仁。”勇是仁者所必备的一种美德，但勇者却不一定有仁。因此，勇这一道德行为的实现是有条件的，它或受礼、义等规范的节制，如“勇而无礼则乱”“君子有勇而无义为乱”“小人有勇而无义为盗”等等。都是对勇的内涵的区分、约束和限制。这些受限制的勇，都不是儒家道德价值意义上的勇。

《孟子·公孙丑上》对勇的不同表现做了区分：有北宫黝的勇，有孟施舍的勇，还有曾子的勇。孟子更赞成曾子的勇，因曾子的勇是从孔子那里学到的。孟子引曾子说：“吾尝闻大勇于夫子矣，自反而不缩，虽褐宽博，吾不惴焉；自反而缩，虽千万人，吾往矣。”（《论语·公孙丑上》）缩，直也，引申为正直、正义。曾子从孔子那里学到的“大勇”，其表现是：反躬自问，正义不在我，对方纵是卑劣的人，我不去恐吓他；反躬自问，正义若在我，对方纵使千军万马，我也将勇往直前。[①]由此可见，勇有多种层次，作为儒家道德价值的勇，应是孔子说的“大勇”。

荀子把勇分为上、中、下三类，其中所谓“上勇”，即孔子所谓“大勇”。其具体表现为：“天下有中，敢直其身；先王有道，敢行其意；上不循乱世之君，下不俗乱世之民；仁之所在无贫穷，仁之所亡无富贵；天下知之，则欲与天下共乐之；天下不知之，则傀然独立天地之间而不畏。是上勇也。”（《荀子·性恶》）意思是说，有“上勇”的人，敢于挺身捍卫真理；敢于坚持正确道路；不沿袭混乱时代遗留下来的错误政治；不媚于混乱时代所形成的恶习陋俗，仁德存在的地方不忧贫穷；仁德丧失的地方不求富贵；天下人了解你，就要和天下人共苦乐；天下人不了解你，便决然独立于天地之间而无所畏惧。以上八条，可看作是荀子对儒家勇德的总结和发挥，充分体现出儒家道德价值的勇所应具有的内涵。

在儒家伦理中，勇的价值更多体现在是通过诸德的综合性所表达出来的。孔子尤其重视智、仁、勇三者的互联互济在儒家道德体系中的作用。《论语·宪问》：“君子道者三，我无能焉：仁者不忧，知者不惑，勇者不惧。”孔子在此仁、知、勇三者连用，且言这三者是连他自己都未能做到。这虽然是孔子的自谦之辞，但可反映出孔子对

① 杨伯峻：《孟子译注》，中华书局1960年版，第61、64—65页。

“三者”道德价值的追求，认为这是君子所应努力做到的三种美德。《论语·子罕》再次重复这三种美德，只是把三者的次序改为智、仁、勇。《中庸》继孔孟之后，把智、仁、勇三者规定为儒家的三种重要的道德规范加以推广，并且认为它是实现“五论”、“五典”或“五达道”必行的道德实践。《中庸》说：

> 天下之达道五，所以行之者三：曰君臣也，父子也，夫妇也，昆弟也，朋友之交也。五者天下之达道也。知（智）、仁、勇三者，天下之达德也，所以行之者一也。

此段大意是：天下共通的道路有五条（即：君臣之道、父子之道、夫妇之道、兄弟之道、朋友交往之道），而用以践行这五条道路的智、仁、勇三者，则是天下共通的品德，而这三种品德又是统一的、不能分割或不可或缺的。正因如此，才称其为“三达德”。朱熹以“诚”解释“所以行者一也”的“一”，谓“一则诚而已矣。达道虽人所共由，然无是三德，则无以行之；达德虽人所同得，然一有不诚，则人欲间之，而德非其德矣”（《四书章句集注》）。这是说，智、仁、勇三种德行，还须有内心的诚来支撑（关于诚，可详见下文）。

《中庸》提出智、仁、勇“三达德”之后，又进一步说明此三者对人生修养和治身、治国乃至治天下的重要意义。其引孔子说：“好学近乎智，力行近乎仁，知耻近乎勇。知斯三者，则知所以修身；知所以修身，则知所以治人；知所以治人，则知所以治天下国家矣。”（《四书章句集注》）这里，孔子以好学、力行、知耻的道德修养，以培养智、仁、勇三德的完成。故包含在三德中的智、勇二德（仁德前文已述），则与好学、知耻更紧密地联系起来，即培养智德则需要更多的学习；培养勇德，则需要在知耻上下更多的工夫。总之，智慧和勇敢是儒家道德价值观的重要内容，它们在儒家的道德实践中占有不可或缺的重要地位。

最后谈诚信。在儒家的伦理体系中，诚信二字，较其他伦理概念有一定的复杂性和特殊性。其表现为二者既可以互训，又可以分训（分开解释）。如《说文》释“诚”时，谓“诚者，信也”；释“信”时，谓“信者，诚也”。这体现二者内涵极为相近，甚至相同，故可构成合成词“诚信”，其义为诚实不欺。若分开来解释，二者又有一定的差别，如《广韵·震韵》：“信，验也。”《老子》中有“其精甚真，其中有信”，王弼注“信，信验也”。此信则又有可检验之义。此时，诚则不能代替信，或不能说“诚，信验也”。由此看来，诚信二字，合而言之，二者具有同一性；分而言之，二者又有不同属性。所以从一般意义上讲，诚具有内在性，信具有外在性；诚有本体义，信有发用义；诚可以界定为人性的内在本真或根据；信可界定为人性本真的外在表现。所以当二者连用构成一个合成词时，所谓“诚信”，体现的是内外的统一、体用的统一。当二者各自单独使用时，诚表内，信表外；诚为天道，信为人道，等等。可以说，诚信范畴的互训与分训，是其他伦理范畴所不具备的。也可以这样说，诚的概念，更多体现为哲学范畴，而信的概念更多表现为伦理范畴。当二者连用为合成词时，正体现哲学与伦理、天道与人道、内与外、体与用的融会贯通，这也是其他伦理范畴所不具备的。

从哲学意义上说，诚的本义是真实无妄。这是由孟子首先提出的。《孟子·离娄上》说："诚者，天之道也；思诚者，人之道也。至诚而不动者，未之有也；不诚，未有能动者也。"这里，孟子认为诚是自然的规律，追求诚是做人的规律。至诚而不能使人感动，那是从来没有过的事；不诚则是从来不能感动别人。孟子把"诚"提升到自然界和人类社会共有法则的高度，即是通过"诚"把天道与人道统一起来。这一提升，对儒家伦理及其道德价值来说，具有了天道自然的依据，从而增强了儒家道德哲学的客观性和实在性。因为在孟子看来，自然天道的存在和变化是最真实的，无论是四季的轮转，日月的出没都是客观实在的，没有任何虚妄和不实。这也就是自然界的"诚"，也正是因为有这样的"诚"，自然界才能按着自己的轨道得以正常运行。因此，认识这种诚，像自然界一样保持这种诚，即是"思诚者人之道也"。后来的儒家即是在这一高度上认识和论证"诚"及"诚信"在整个儒家伦理体系中的价值意义的。

继孟子之后，《中庸》比较全面系统地发挥了孟子关于诚的思想。首先提出与孟子相似的命题："诚者，天之道也；诚之者，人之道也。"这是《中庸》论诚的总纲。接着又提出"诚者物之终始，不诚无物"的命题，认为真实无妄的诚，贯通万物的始终，如果不诚，就不会有事物的产生，也不会有事物的存在。就人道方面说，"人心一有不实，则虽有所为亦如无有"（《四书章句集注》）。

在《中庸》看来，天地之诚，贯通终始，既无虚假，自无间断，因此才能发挥天地的作用。故曰："至诚无息。不息则久，久则徵，徵则悠远，悠远则博厚，博厚则高明。博厚，所以载物也；高明，所以覆物也；悠久，所以成物也。”这里《中庸》继“不诚无物”这一命题之后，又提出“至诚无息”的命题。这一命题的主要含义，是强调天道不仅真实无妄，而且这种真实无妄恒久不灭。即朱熹所谓“既无虚假，自无间断”，即可达到“久”“徵”“悠远”“博厚”“高明”。所谓“久”，是指诚积于内，“徵”是诚积于外，“悠远”是指内外相积之诚达至悠长久远。悠长久远，即可广博深厚，以至高大光明。广博深厚就像大地一样承载万物，高大光明就像上天一样覆盖万物，所以悠久长远能成就万物。总之，“天地之道，可一言而尽也”，那就是“诚”而已。

以上可以看出，《中庸》把“诚”看作是天地自然的根本属性，天地无诚，则无天地，这即是赋予“诚”以本体意义，也即是“诚者，天之道也”。中国文化及中国哲学提倡“天人合一”。言天者必言人，言人者亦必言天。对于“诚”也是如此，故与“诚者天之道”相配，便是“诚之者，人之道也”。也就是说，人道之诚与天道之诚相合，故诚亦可成人道之本体。天地无诚，则无天地；人道无诚，人类亦无法生存。

可以说，《中庸》完成了儒家“诚”德的本体论建构，把诚提升到宇宙本体、本原的地位，使之成为规约儒家所有的道德规范和道德行为的基本前提，对此后中国伦理思想的发展产生巨大的推动作用，甚至对此后中国哲学的发展亦产生深远影响。

在《中庸》之后，作为先秦时代诸子百家思想的总结者荀子，对诚的思想又做了大量的阐发。《荀子·不苟》说：

> 天地为大矣，不诚则不能化万物；圣人为知矣，不诚则不能

化万民；父子为亲矣，不诚则疏；君子为尊矣，不诚则卑。故夫诚者，君子之所守也，而政事之本也。

从天地到圣人，从父子到君子，从化物、化人到亲疏、尊卑等等，都不能离开诚。唐代的李翱在《复性书》提出“诚者，圣人之性也，寂然不动，广大清明，照乎天地，感而遂通天下之故，行止语默无不处于极也”。又说：“道者至诚也，诚而不息则虚，虚而不息则明，明而不息则照天地无遗。非他也，此尽性命之道也。”从荀子的“政事之本”“君子之所守”，到李翱的“诚者圣人之性”“至道者诚也”等等，都把诚看作是儒家伦理，乃至社会、政治、修养、境界等各种思想、精神领域重要的文化资源。

北宋的周敦颐在其《通书》中，更是把诚说成是“诚者圣人之本”“诚者五常之本”“诚者百行之源”“元亨诚之通”“利贞诚之复”等等，同样把“诚”看作是天道本体和人道本原。周氏对“诚”的表彰，直接影响了程、朱、陆、王的理学、心学，乃至张载的气学及宋代道德本体论的建构。此后又有明清之际的王夫之，继前人之大成，直训诚为客观的“实有”，“诚者天之道也，阴阳实有之谓诚”，“天即道为用，以生万物”（《张子正蒙注》），故无诚则天道不行而万物不生。因此人道要如实地反映天道，“一乎诚则尽人道以合天德”。这样，天道、人道便以诚为根本的实有实存，批判了佛教“天地皆缘幻立，事物伦理一从意见横生”的虚无幻灭思想，为儒家以诚为本的道德价值论做了新的论证。

以上所述儒家之诚，皆具形上性质，其由形上向形下落实贯通，即体现为信。因此作为儒家五常之一的信，实为以诚为体、由内而发为行的道德体现，它是形上与形下、体与用、内与外的统一。内有诚，体现于外则为信。故诚信既可连称，亦可单称。程颐解《论语·述而》“忠信”条说：“一心之谓诚，尽心之谓忠，存于中谓之孚，见于事谓之信。”（《河南程化经说卷六·论语解·述而》）这里，诚、忠、孚、信，可谓是四位一体，诚是其基础，而信则是其表现。因此，一心守诚而不失，其为人做事则一定守信。《论语·为政》说：“人而无信，不知其可也。”作为一个人，不讲诚信，不知他怎么能立足社会。对于一个人是如此，对于一个国家也是如此。《论语·颜渊》说：

> 子贡问政。子曰：“足食，足兵，民信之矣。”子贡曰：“必不得已而去，于斯三者何先？”曰：“去兵。”子贡曰：“必不得已而去，于斯二者何先？”曰：“去食。自古皆有死，民无信不立。”

这是孔子讲信最有名的一段话。这是说在充足的粮食，充足的军备和人民对政府的信任三项之中，人民对政府的信任是最重要的。人民对政府信任的前提是政府首先要讲诚信，人民才能信任。在孔子看来，没有粮食，不过死亡，自古以来，谁都免不了死亡。但政府不讲诚信，人民对政府就会失去信心，国家是站不起来的。国家站不起来，还有什么政治可讲？因此，诚信无论对于个人，还是对于政府、国家乃至民族，都是须臾不可离开的。即使对儒家持批评态度的老子，也充分肯定“信”这一道德价值。他说：“圣人常无心，以百姓心为心。善者，吾善之；不善者，吾亦善之；德善。信者，吾信之；不信者，吾亦信之；德信。”（《老子》四十九章）这里，老子虽然是从自然无为的立场讲信，但其内涵与儒家应该是一致的。他认为有道的圣人没有自己的私心，而是以百姓的心为心，这样就不会以主观意欲去厘定是非善恶的标准，从而破除自我中心去体认百姓的需求，并以善心对待任何人，以诚心对待一切人，这样才能使社会普遍形成向善、守信的淳朴风气。老子不仅强调为道者要“言善信，政善治”，而且与孔子一样，强调诚信对于国家和政府的重要性。老子说：

> 太上，不知有之；其次，亲而誉之；其次，畏之；其次，侮之。信不足焉，有不信焉。（《老子》第十七章）

在老子看来，最好的政府，人民不会感到他的存在；其次的政府，人民亲近他、赞美他；再其次的政府，人民畏惧他；最差的政府，人民侮辱他、诅咒他。这是因为最差的政府或统治者诚信不足，人民对他失去信任，从而也就影响到整个社会都不讲诚信。

孔子的“无信不立”和老子的“信不足焉有不信焉”，难得地代表了儒道两家的共识，也代表了中国传统文化，对诚信这一道德价值的肯定和推崇。这一道德价值的确立及其推广和实践不仅在农业文明发展中，起到整合诸德的作用，就是在工业文明极度发达的今天，它仍然具有鲜活的生命力和人类文明发展的普遍性价值。一个人、一个政府乃至一个国家或民族，一旦失去诚信，则如孔子所言“不知其可也”。它或将走向沉沦，或将走向败亡。

四、知识价值观：反省内求、重直觉

中国文化中的知识论与人生论、道德论比较，显得不够协调，尤其作为知识论的核心部分——逻辑不够发达。这种情况使得中国人对客观世界的认识，没有最终形成一个逻辑和知识系统，而只是采用自我认识的方法，把知识论纳入传统的道德论中。因此，中国一向缺乏系统的科学理论和建立科学系统所必要的方法论基础。造成这种欠缺的原因是极其复杂而多方面的，比如前面谈到的中国古代的自然价值观所崇尚的天人合一思想、人生价值观中重视立德的传统以及道德价值观中重义轻利思想等等。除此之外，与中国传统的知识价值观亦有密切联系。

中国传统文化对知识的看法，在先秦时期尚有独立的地位，并且对知识的起源、知识的作用、知识的结构、知识的价值等知识见解的本身有所发现和阐述，并初步建立起一套具有中国特色的形式逻辑系统。这些主要是由先秦名家和后期墨家以及儒家中的荀子完成的。

名家的主要贡献，在于首开中国历史上对知识、概念的逻辑研究。《庄子·天下》中所记载的惠施的十大辩题及公孙龙的《坚白论》《白马论》《指物论》等著作，从实质上说，都可归入知识论的范畴。因其纯以知识概念为主，很少牵扯政治、伦理等内容。但不幸的是，这种纯以分析概念为主的名辩思潮，在中国历史上只存在了一个短暂的时期，从它产生的那一天起，就受到中国传统思维方式和儒道辩说方式的排斥。如公孙龙的“离坚白”和“白马非马”等命题，一再强调概念的分离性和可析性，认为一个复合概念如“坚白石”或“白马”，均可分析为坚、白、石三种性质，因此反对笼而统之的称“坚白石”。这种概念的可析性往往是深入探讨客观世界的知识前提，由此发展下去，即可达到对客体的不断分割，从而逐一深入地认识客体的各个部分，从局部而达全体，这是一种认知的态度。知识的问题就起源上说，固然来自现实经验。但一旦形成自己的系统，往往就远离现实。西方文化的两大知识系统——数学和形式逻辑的发展建立，足以说明这个道理。但儒家有“未知生焉知死”的现实传统，道家有“六合之外，圣人存而不论”的明哲态度，这些思想在很大程度上影响了名家形式逻辑的发展。因此，在名家刚刚露出一点天才思想的时候，就遭到来自儒、道两家的批评。庄子批评名家“弱于德，强于物……骀荡而不得，逐万物而不反，是穷响以声，形与影竞走也”（《庄子·天下》）；荀子批评名家是“蔽于辞而不知实”（《荀子·解蔽》）。其实荀子与孔孟不同。荀子对中国式的形式逻辑的建立是有贡献的，但他毕竟受的是儒家的训练，在知识论上显然过分强调了主体心的修养，这样就又把知识问题与人的道德修养问题混淆在一起，影响了他的知识论的独立发展。

在知识的建构及对知识见解本身的研究上，最有成就和特色的应属以《墨辩》为代表的后期墨家。后期墨家根据当时自然科学的知识，对时间、空间、运动等范畴都作了哲学概括。从思维方式上看，这些概括都具有一定的逻辑性和严密性，在一定程度上突破了以往道家或儒家概念的直觉性或含糊性。比如他们对时空概念所下的定义是：“久（时间），弥（贯穿或包括）异时也”，“宇（空间），弥异所也”（《墨子·经上》）。后期墨家不仅注意概念的准确性，而且注意概念与概念之间的逻辑关系，提出“以名举实，以辞抒意，以说出故”（《墨子·小取》）的判断和推理的原则，强调使用概念要反映客观实际内容，判断要正确表达其含义，论证要有充分的根据。这些都是建立知识论的必要前提。为了建立知识的系统，他们又对概念作了分类，提出“达、类、私”三种不同级别的等差概念，为进一步明确概念的内涵和外延创造了条件。总之，后期墨家在知识论上远远超过道家和儒家的水平，其主要原因，是他们不鄙视生产实践活动，对人自身以外的客观事物抱有热情的认识态度，对理智、对科学怀有真诚的尊重，因此他们对中国古代科学做出了贡献。《墨辩》一书对古代逻辑学、力学、光学、几何学等多方面知识的看法，之所以能与现代自然科学相契合，主要归功于他们的知识论。但同样可惜的是，秦汉以后，随着儒家经学的发展，知识阶层发生重大转向，遂使后期墨家的学说郁而不明，湮而不彰，墨学变成了绝学。

由上述可知，名辩思潮和后期墨家的知识论，虽然重视逻辑概念的分析，但没有得到进一步发展，便在历史上夭折了。它没有进入中国传统的大流。因此，知识价值观的传统仍归于具有强大生命力的儒、道两家（后来的佛教也在其中）。

儒家和道家的哲学创造了中国文化的理论思维模式。由于儒家重视“反省内求”，而轻视感觉经验，从而造成知识论上的“消所归能”“主客合一”或“知行合一”的特点。孟子认为，“学问之道无他，求其放心而已矣”（《孟子·告子上》）。这就是说，求知识和才能没有别的途径，唯一的方法是“求其放心”，即把被丢弃了的“心”找回来。因此他又说：“尽其心者，知其性也；知其性则知天矣。”（《孟子·尽心上》）“尽心—知性—知天”，既是孟子道德哲学的公式，也是他的理论思维模式。在这个模式中，“心”是第一要素，它既是认识的主体，也是认识的客体。因此，注重“心”的作用，加强“心”的修养，几乎成为传统知识价值观的永恒主题。

不仅儒家如此，道家也是如此。老子主张“涤除玄览”，把心中的杂念消除净尽，做到“无知无欲”，这样才能从总体上把握宇宙本体的“道”。因此老子说：“为学日益，为道日损，损之又损，以至无为。”（《老子》四十八章）“为道—无为—体道”，这是老子的理论思维模式。在这一模式中，也如孟子一样，不仅排除了经验知识，同时也排除了运用概念进行判断推理的可能。在他们看来，“天”或“道”，根本不是耳目感官所能认识的，也不是经验知识所能把握的，而只有靠心的神秘体悟，才能得到对“天”或“道”的了解，一旦用概念或具体知识去描述它，就会走偏方向，失去了它的真实含义，就成了“道可道，非常道；名可名，非常名”（《老子》一章）了。

后来的佛教更是如此，禅宗称其本旨为“教外别传，不立文字。直指人心，见性成佛”。这就是说，对佛法不能通过文字来了解。因为佛法不是一种知识，而是一种内心功夫。因此只要倾心于体验实修，向自己的心中挖掘，便可彻见自己的本性。在《传灯录》中记载了许多公案禅语，反映了禅宗排斥文字推理和感性经验的“明心—见性—成佛”的思维模式。如“（庞蕴）参问马祖云：‘不与万法为侣者，是什么人？’祖（马祖）曰：‘待汝一口吸尽西江水，即向汝道。’居士言下顿领玄要。”这是禅宗一则著名公案。禅宗所谓

“法”，是对事、理、万物的总称。“不与万法为侣”，即不与万物为伴（不受万物的牵累或不落现象界）。庞蕴的这一问，马祖禅师等于没有回答。因为在禅宗看来，如果正面回答，就等于落了言筌。一落言筌或一见诸文字，便失去禅机或走火入魔，这本身即落入现象界，不能顿悟真如本性。

儒、道、禅三家的思维模式，从本质上说，是比较一致的。由道家而发展为玄学的“言不尽意”或“得意忘言”，由儒家而发展为宋明理学的“德性之知”或“心性之学”，都可容纳禅学。理学家的思维方式也正是按着这三家的综合而加以发展和扩充的。可以说他们把上述三家的理论浓缩成一句话——“直指人心”。张载在其《正蒙》中专有《大心》篇讨论“心”的作用，他说：“大其心则能体天下之物。”程颢说：“尽己之心则能尽人尽物。”因为天就是理（“天者理也”），心就是天（“只心便是天”）。程颐说：“在天为命，在义为理，在人为性，主于身为心，其实一也。”（《程氏遗书》卷十八）朱熹认为，“人心之灵，莫不有知，而天下之物，莫不有理。”因此只要充分发挥“心”的作用以穷尽天下之理，那么，“用力之久，而一旦豁然贯通焉，则众物之表里精粗无不到，而吾心之全体大用无不明矣”（《补大学格物传》）。所以朱熹又说：“心包万理，万理具于一心，能存心而后可以穷理。”（《朱子语类》卷九）按着朱熹的说法，心中早有理性存在，只是有些人受到私欲的蒙蔽，使心中的理性丧失，故需做存心养性的功夫。这种功夫用之既久，便可豁然贯通，使心中原有的理性发扬光大。对事物的现象、本质也就认识清楚了。

中国传统哲学如此重视“心”的作用，是造成整个中国文化内倾性格和泛道德主义的认识论根源。从知识论角度来看，这种以“心”统物的价值观直接导致对外在知识的忽视，取消了知识论所必涵的基本条件，即：第一，肯定人的主体认识能力与认识对象是一种相互对待的关系。精神与物质、思维和存在必须在对立中达到同一。二者的同一性是有条件的。把主体与客体合一，势必取消同一性的条件性，由此得到的认识必然带有随意性和主观性。第二，肯定知识的来源在外部而不在自身，因此人的认识只有通过与客观外物接触，才能得到对于客观外物的知识。第三，认识要遵循一定的客观程序，即先由具体的经验事物开始，运用正确的概念，经过严密的推理，从而得出对该经验事物的本质认识。中国传统的知识论，只强调心的作用，“消所归能”或“以能代所”，超越经验事物，认为知识之源皆在本心，恰恰取消了知识论所必需的基本条件。由这种认识方法所得到的认识，只能是模糊的而非清晰的，整体的而非分析的，直观的而非逻辑的，伦理的而非知识的。因此也就造成传统的理性范畴、知识概念具有整体性、模糊性、直观性的特点。

（一）整体性

中国传统的知识概念和范畴，其中包括哲学及自然科学范畴都具有整体性的特点。所谓整体性是指概念或范畴的不可分解性或有机性或关联性。如老子“道”的概念，历来为研究中国哲学史的人感到困扰。它的内涵到底是什么，直到目前尚无定论。之所以搞不清楚，是因为我们总是企图用现代的理论思维方式去把握它。其实老子早就说过，“道”这个东西，是“视之不见”“听之不闻”“搏之不得”

的，“此三者不可致诘，故混而为一”（《老子》十四章）。“混而为一”即指“道”的整体性和不可分离性。冯友兰先生曾做过一个贴切的解释：“道就是大全。”这个解释可以说穷尽了“道”的内涵，但我们还是感到茫然。因为“大全”同“道”一样，仍是一个整体性的概念，很难对它再作分解。同样，如“心”“性”“阴阳”“太极”等概念都是如此。我们一旦用现代的逻辑语言去分解它，它就立刻失去了原来的韵味，甚至失去了原来的意义。因此我们说，中国传统的范畴概念，一般都具有不可分割的整体性，用这种不可分割的整体性概念去描述事物或进行判断时，则表现出一种没有经过逻辑分殊的总体观念。中国的医学、农学、天文学，甚至中国的逻辑学本身都具有这样的特点。

（二）模糊性

由于概念的整体性和不可分解性，同时就产生了它的模糊性特点。所谓模糊性是指概念之内涵及外延的非确定性或含糊性。形式逻辑所要求的概念的明确性，主要是能够反映出概念中的对象的本质属性的明确性。同一个概念，由于其内涵的不确定，造成对概念理解的歧异性。如中国古代关于“人”的概念，其内涵与外延就极不确定。孔子、孟子在论述人的时候，往往从道德角度去规定人的内涵，如“仁者爱人”“人者仁也”等。这种规定排除了人的生物性条件。在他们看来，不具有仁爱品德的人就是禽兽。显然这种对人的定义在逻辑上是不周延的。后期墨家本来是对逻辑有贡献的，但由于其知识论并未完全建立起来，因此也根据孔孟上述关于人的概念提出“杀盗非杀人”的错误命题。按着正确的逻辑，“人”这一概念的外延是包含着“盗”这一概念的外延的，因此“杀盗”就是“杀人”的一部分。把“杀盗”完全排斥在“杀人”这个概念的外延之外，逻辑上的错误就是把两个不同外延而关系从属的类概念截然对立起来，从而否定概念之间的类属关系。由于传统的思维方式所造成的概念的模糊性和缺乏规定性，遂使后期墨家犯了不应犯的逻辑错误。在知识论和道德论严重混淆的古代，犯这样的错误是不可避免的。

（三）直观性

概念的整体性和模糊性，又直接导源于直观性，这三者是互为因果的。所谓直观性，是指人的认识直接反映外在事物，或由客观事物直接刺激人的感官而引起的感性认识。这种直观性犹如镜子照物一样，得到的仅是事物的外部轮廓，而不能深入到事物内部。中国古人恰恰都用镜子比喻人的认识。如老子的“涤除玄览”、庄子的“圣人之心若镜”、管子的“镜大清者视乎大明”以及荀子的“虚一而静谓之大清明”等，都是把心比作镜子。而镜子照物的特点，正是“物至则应，过则舍矣”（《管子·心术上》）。这就是说：第一，人的认识要像镜子一样，物来则照，物去则舍，不能主动、积极地去反映；第二，镜子照物，仅能得其外部形象，决不能深入内部，认识事物本质；第三，古人照物，又常“以水为鉴”，要照出事物的形象，水面必须保持平静。因此人的心（认识）也要像水一样，时刻保持虚静。庄子说：“水静则明烛须眉，平中准，大匠取泫焉。水静犹明，而况精神！圣人之心静乎，天地之鉴也，万物之镜也。”（《庄子·天道》）荀子说：“故人心譬如槃水，正错（措）勿动，则湛浊在下，而清明在上，则足以见须眉而察物理矣。微风过之，湛浊动乎下，清明乱于上，则不可以得大形之正也。心亦如是矣。故导之以理，养之以清，物莫之倾，则足以定是非，决嫌疑矣。”（《荀子·解蔽》）

无论是道家，还是儒家，都强调心的“虚”“静”和心的修养，其认识论根源，就是把人的认识比作水或镜子。因此其认识论必然是一种直观反映论。由这种直观反映论所得到的概念也只能是反映事物的整体性或模糊性，而如名家和后期墨家的析辞名辨则受到排斥，此即荀子所说：“析辞而为察，言物而为辨，君子贱之；博闻强志，不合王制，君子贱之。”（《荀子·解蔽》）。

传统的“尊心贱耳目”和“反省内求”的知识价值观导致中国文化最具有典型直觉思维特征。直觉思维与形象思维、理论思维（分析思维或逻辑思维）同为人类最普遍的思维方式之一。它与理论或分析思维相比，显然具有非逻辑性、直接性、整体性和快速性的特点。非逻辑性导致对事物认识的猜测性或预见性；直接性决定了对事物认识的跳跃性或中断性；整体性则使认识具有模糊性；而快速性则决定了对事物认识的立即完成，不需要任何程序和渐进过程，而是“一闻言下便悟，顿见真如本性”。中国文化中这种重直觉的思维特点决定了中国有高度发达的文学、艺术和道德，而缺乏逻辑、分析理论和科学。

五、经济价值观：德本财末、重农抑商

中国文化中的经济价值观是中国文化价值系统的重要部分。自西学东渐以来，中国大多数人，尤其是知识分子都深感中国在经济上远远落后于西方发达国家，因此研究和阐发种种理论，以期改变中国近代落后的面貌，如科学救国、教育救国、工业救国等。但很少有人考虑到，一种新的经济形态逐渐成长时，应有相应的价值观念和生活方式与之配合，如果在新的经济形态中，仍然固守着传统的价值观念，那么对新经济的成长，无疑会产生一种强大的阻力。从近代的洋务运动至现代的工业革命，中国的经济有很大进步，但几千年来中国传统的经济价值观念仍根深蒂固地束缚着我们的头脑，使我们每前进一步都感到困难重重，甚至非经历一番“搏斗”，不能走上经济发展的正确轨道。

中国传统的经济价值观，不仅与中国经济长期停滞有关，而且上升为文化层面，使之成为影响中国文化发展的重要因素。因此，我们必须对这一价值系统作认真的反思。中国传统的经济价值观主要表现在如下几个方面：

（一）德本财末

德本财末思想来源于儒家。孔子的思想体系，本以道德教化为主，对农业生产及经济问题不够关心。尤其对贫富贵贱的看法，往往付之天命，只有对道德、政治才格外给予热切关心。他说：

君子谋道不谋食。耕也，馁在其中矣；学也，禄在其中矣。君子忧道不忧贫。（《论语·卫灵公》）

有国有家者，不患寡而患不均，不患贫而患不安。盖均无贫，和无寡，安无倾。（《论语·季氏》）

樊迟请学稼……子曰：小人哉樊须也。上好礼，则民莫敢不敬；上好义，则民莫敢不服；上好信，则民莫敢不用情。夫如是，则四方之民襁负其子而至矣，焉用稼。（《论语·子路》）

季氏富于周公，而求也为之聚敛而附益之。子曰：非吾徒也，小子鸣鼓而攻之可也。（《论语·先进》）

上述几段材料，可以归纳几点：

第一，“谋道”比“谋食”更重要。朱熹《四书章句集注》引尹氏说：“君子治其本，而不恤其末，岂以在外者为忧乐哉？”这就是说，“谋道”是本，“谋食”是末。

第二，“学”比“耕”重要。因为“耕是为谋食，而未必得食”，有时不免陷于饥寒；学为谋道而且能得到做官的俸禄，即“学而优则仕”，当然生活也就有保证。这是中国较早的“重学轻农”思想。

第三，“平均”“安定”比“寡”“贫”更重要。

第四，聚敛生财非君子之道。可见，孔子在“谋道”与“谋食”、“学”与“耕”、“富”“足”与“均”“安”之间有极明确的价值取向。他所关心的重点乃在于修养功夫的落实和道德人格的建立，而对经济的发展和生产技术的提高关切不够。

孔子的这些思想对后来影响很大，孟子、荀子以至汉代的“贤良文学”（《盐铁论》中的儒家一派）都沿着孔子“谋道不谋食”“君子喻于义，小人喻于利”的思想路径发展下来。如孟子斥责商人为“贱丈夫”，他说：“有贱丈夫焉，必求龙（垄）断而登之，以左右望而罔市利，人皆以为贱，故从而征之。征商，自此贱丈夫始矣。”（《孟子·公孙丑下》）在孟子看来，商人唯利是图，因此要重征其税。凡图利者，皆商人之流，往往与仁义相违，故称商人为“贱”。这是本于儒家的价值取向所作出的道德判断。

孔孟以后，“为富不仁”成为儒家经济价值观的标准。这是以道德价值观取代经济价值观的总趋向。《礼记·大学》说：“君子先慎乎德，有德此有人，有人此有土，有土此有财，有财此有用。德者本也，财者末也。外本内末，争民施夺。”又说：“仁者以财发身，不仁者以身发财。”这些说法，都是把“财”与“德”对立起来，以德为本，以财为末，重德而轻财。用这样一种价值观作为判断人的标准，往往产生一种很大的副作用。一方面，使人不敢追求财利；另一方面则用尽道德名义掩盖求财的心理，造成道德与经济、仁义与财利的畸形对峙，从而产生畸形人格。

（二）重农抑商

上面是属经济思想方面，由思想而推广至经济政策，则出现重农抑商。重农抑商的长期推行必然产生重农轻商的价值观念。儒家和法家在价值观念上有很大不同，有些甚至相反，但在重农抑商这一点上，却非常一致。《管子·治国》说：“富国多粟，生于农，故先王贵之。凡为国之急者，必先禁末作、文巧。末作、文巧禁，则民无所游食。民无所游食，则必农。……舍本事而事末事，则田荒而国贫矣。”

中国以农业立国，历代王朝的统治者及其思想家们都非常清楚农业和粮食的重要，因为人民的生存，首先依赖于粮食，孔子论政就把“足食”放在首位。其余如商鞅、墨子、孟子、荀子、韩非等各派思想家均有“重农”的论述。至秦汉以后，随着国家的统一，人口的增长，人民的穿衣吃饭问题更显得突出，因此重农思想愈被强化。汉文帝曾为此诏告全国：“农，天下之大本也，民所恃以生也。”（《汉书·文帝本纪》）由是，“民以食为天”成为中国几千年长期不变的重农口号，只要有一口饭吃，中国的老百姓是决不会铤而走险反抗朝廷的。历代帝王深深懂得这一点。因此兴修水利，发展农业，解决粮食问题，是中国历史上较有作为的圣君贤相奋斗的目标。这样做的帝王宰相，往往能得到百姓的拥护与颂扬。但农业经济从本质上说是一种“匮乏经济”。由于不能产生大量积累资本，不能扩大生产，它只能在狭小的、封闭的、分散的土地上进行有限的农业活动，一旦遇到天灾人祸，不但不能维持原有的平衡，而且吃饭本身也成问题，这是造成中国政治动乱的基本经济原因。中国历代王朝虽然总想较好地解决粮食问题，但始终不能一劳永逸（这是农业经济自身规定了的），于是又在重农的同时，采取抑商的政策，总以为工商的发展会导致对农业的破坏。

第一，认为工商业是非生产性活动，故应抑之。《管子·立政》说：“工事竞于刻镂，女事繁于文章，国之贫也。”《汉书·景帝纪》也说：“雕文刻镂，伤农事者也；锦绣纂组，害女红者也。农事伤，则饥之本也；女红害，则寒之原也。”这就是说，古人以为工商业是非生产性活动，因此经营工商业会直接影响农业生产，于是提出“杀正商贾之利，而益农夫之事”（《管子·轻重乙》）。

第二，认为从事工商者众，必然会导致事农者寡，因此也就直接损害了粮食生产，故对工商者应抑之。如“一农不耕，民有为之饥者；一女不织，民有为之寒者”（《管子·揆度》）；“士大夫重则国贫，工商重则国贫”（《荀子·富国》）；“夫农者寡而游食者众，故其国贫危。……故曰：百人农，一人居者王，十人农，一人居者强；半农半居者危”（《商君书·农战》）。这些材料，都是从农与工的比例角度强调农比商重要。

第三，从安逸与劳苦的关系上，认为工商者逸而农者劳，因此要鼓励农者的积极性，则必抑工商。如“今为末作奇巧者，一日作而五日食；农夫终岁之作，不足以自食也”（《管子·治国》）；“农之用力最苦，而赢利少，不如商贾技巧之人。苟能令商贾技巧之人无繁，则欲国之无富，不可得也。……故为国者，市利尽归于农”（《商君书·外内》）。

第四，从民风教化方面，认为工商多技巧，好智多诈，为保持纯朴本性，故应抑工商。如“商则长诈，工则饰骂，内怀窥窬而心不怍，是以薄夫欺而敦夫薄”；“民舍本而事末则好智，好智则多诈，多诈则巧法令，以是为非、以非为是，后稷所以务耕织者，以为本教也”（《吕氏春秋·上农》）。

第五，最重要的方面，乃在于农民容易统治。在他们看来，“归心于农，则民朴而可正也”，故“古先圣王之所以导其民者，先务于农。民农非徒为地利也，贵其志也。民农则朴，朴则易用，易用则边境安主位尊；民农则重，重则少私义，少私义则公法立，力专一”（《吕氏春秋·上农》）。《管子·治国》说得更为清楚，认为农民从事农业生产，可以安乡重家，“安乡重家，则敬上畏罪；敬上畏罪，则易治也”。相反，如果舍本而从末，弃农而经商，则“民之不可用也”，因为“民大富，则不可以禄使也；大强，则不可以威罚也”（《盐铁论·错币》）。因此只能“重税以困辱之”。这是重农抑商的政治原因。

在儒家“德本财末”和法家“重农抑商”二者合流思想的影响下，秦汉以后，出现了一系列严厉打击商人的政策和措施。如剥夺商人参加国家考试的权利，使其富而不得贵；抽取重税；实行盐、铁、酒等重要产品的国家专管；设平准制度，使富商大贾无所牟大利；禁止商人穿锦绣、操兵、乘马，降低商人的社会地位；唐代甚至规定凡列为市籍或商籍者，当国家用兵时，常为首批征召的对象；工商子弟不得应试与出仕。这些政策和措施，堵塞了工商业发展的道路，为中国两千年来的单一型农业经济奠定了牢固的基础。

（三）重分配轻生产（平均思想）

从上述材料及分析中，我们可以看到，历代统治者及思想家们之所以一再强调农业的重要，其主要在于达到“国富民安”和维持社会安定的目的。《盐铁论》中的“贤良文学”说：“古者尚力务本而种树繁，躬耕趣时而衣食足，虽累凶年而人不病也。故衣食者民之本，稼穑者民之务也，二者修则国富而民安也。”实际上，在儒家的政治理想中，比法家更重视民生及社会的安定。但是，在单一型农业经济中，“庶民安”与“财用足”往往是矛盾的。因为以家庭为单位的农业经济资本与财力都非常有限，其规模狭小，仅能自给自足。因此要做到“财用足”，是不可能的。这就造成经济上分配与生产之间的矛盾。如何解决这一矛盾？无论儒家还是法家，都把注意力放在分配上，因此重分配而轻生产成为传统经济价值观的重要内容。

先秦儒、墨、法三家本来都有“求足”的思想。孔子有“先富后教”的说法。认为国家有众多的人口，首先应该使他们富足，然后再加以教育，这与管子“衣食足则知荣辱，仓廪实则知礼义”有许多相同之处。由于农业匮乏和经济自身的限制，求足的思想往往得不到实现，因此便转而求“均”。孔子“不患寡而患不均”“不患贫而患不安”的思想正是“求均”思想的明确表达。孟子所鼓吹的仁政，从经济的观点看，实际上也是一种平均主义。他说：“仁政必自经界始。经界不正，井地不均，谷禄不平。是故暴君污吏必慢其经界。经界既正，分田制禄，可坐而定也。”（《孟子·滕文公上》）孟子“正经界”的目的，主要是为了“谷禄均平”，只有土地平均了，人们的收入才能平均，以此作为防止暴君污吏兼并土地的手段和实行仁政的基础。孟子所推崇的这种井田制，是他理想的平均主义的土地制度。因为在古代农业中，尤其在传统的井田制下，农人耕种的土地，大都是“方里而井，井九百亩，其中为公田，八家皆私百亩”，即“五口之家”耕“百亩之田”。所以经济情况相差并不悬殊。这种理想化的自然经济，因为财富趋于平均，人们也就安于土地，所谓“死徙无出乡，乡田同井，出入相友，守望相助，疾病相扶持，则百姓亲睦”（《孟子·滕文公上》）。平均主义的最大优越性就是无争夺、无忌妒，大家皆能相安无事，但其代价却是贫穷。

求足求富然后能克服贫穷，增加生产，这是现代经济思想中一个极普通的观念，在中国古代也未尝没有。但两千多年来，中国却沿着求均求平的经济轨道向前发展，平均主义的价值观念也一直影响到今天，这并不是偶然的。第一，农业经济与求均思想有千丝万缕的联系。重农本身即是求均思想的肥沃土壤，二者有不可分离的关系，凡重农者必重均，因为中国小农经济本身即带有平均主义的特征，要扫除平均主义的思想，则必首先改变农业经济本身。第二，抑商的结果，正是助长了平均思想，而平均思想则必然抑商。这二者也是不可分割的。历代的抑商政策，都是以农商之间贫富悬殊为理由而限制商业的发展，结果使农业技术停滞不前，生产得不到发展。第三，求均思想所以容易被人接受，与传统的价值观念有密切关系。先秦各家，特别是儒、道两家，虽然在价值观念上有许多歧异，但在知足、谦下、安贫、克己、不争、去欲等一系列价值观念上则有许多共同之处。这一系列价值观念与求均的经济思想恰好相融，构成他们大同小异的经济价值观念，使重分配轻生产的求均思想长期占支配地位，一直到近代乃至现代仍未彻底铲除，这是影响中国经济发展的思想原因。

（四）重积蓄节约而轻消费

重分配轻生产的结果，使物质财富的增加受到抑制，物质生产有限而人口数量及人们的需求却与日俱增。特别是在灾荒饥馑之年，粮食不足，经济困窘，在这种情况下，儒、道两家的知足、安贫、求均的价值观念远远不能解决这一矛盾，于是重积蓄、重节俭的观念应运而生，企图以此调节由于财富不足所造成的社会矛盾。因此，积蓄、节俭、节流，成为中国数千年来极其重要的经济思想和价值观念，它几乎成为中国人一项“勤俭持家”的最高美德，受到儒、墨、道、法各家的共同推崇。

荀子说：“足国之道，节用裕民，而善臧（藏）其余。……不知节用裕民，则民贫，民贫则田瘠以秽，田瘠以秽，则出实不半，上虽好取侵夺，犹将寡获也。”（《荀子·富国》）“节用”“善臧（藏）”，即是节俭、积蓄。荀子是从统治者多获的角度，强调节俭、积蓄对足国、裕民的重要性。

墨家更强调节俭。在《墨子》一书中，有《节用》《节葬》的专题论述，并且把“非乐”“非攻”等思想与节用联系起来。墨子说：“五谷尽收，则五味尽御于主；不尽收，则不尽御。……岁馑则仕者大夫以下皆损禄五分之一；旱则损五分之二；凶则损五分之三；馈则损五分之四；饥则尽无禄，廪食而已矣。故饥凶存乎国，人君彻鼎食，大夫彻县，士不入学，君朝之衣不革制，诸侯之客，四邻之使，雍食而不盛。彻骖騑，涂不芸，马不食粟，婢妾不衣帛。此告不足之至也。”（《墨子·七患》）

老子说：“我有三宝，持而保之。一曰慈，二曰俭，三曰不敢为天下先。慈故能勇，俭故能广（王弼注曰：‘节俭爱费，天下不匮，故能广也’），不敢为天下先，故能成器长。今舍慈且勇，舍俭且广，舍后且先，死矣。”（《老子》六十七章）

管子说：“凡轻重之大利，以重射轻，以贱泄平，万物之满虚随时，准平而不变，衡绝则重见。人君知其然，故守之以准平。使万室之都，必有万钟之藏，藏繦千万。使千室之都，必有千钟之藏，藏繦百万。春以奉耕，夏以奉耘，耒耜械器，种穰粮食，必取赡于君。故大贾富家，不得豪夺吾民矣。”（《管子·国蓄》）这段话译成今天的话是说：控制物价高低的巨额利润，一定要用较高价格购进便宜的货物，再用低价售完这些平价物品。各种物品有余或短缺，往往是随着人们手中的货币的多少而变化的，所以要不断调节平衡使货品的存量保持正常。如果货品存量短缺，物价就会暴涨。如何保持平衡呢？有一万户人口的都市，就要有一万钟的粮食储备，并有千万贯货币的配置；有千户人口的都市，就要有千钟粮食的储备，并备有百万贯货币的配置……

儒、墨、道、法四家有许多关于节俭、积蓄、节流、节用的精彩论述，构成中华民族节俭美德的传统精神。正是这种精神，使散布在五洲四海的炎黄子孙世世代代辛勤耕耘，勤俭持家，度过一次又一次天灾人祸造成的饥馑死亡的威胁。这一精神无疑是中国文化中的宝贵财富。

以上仅仅各举一例以说明节俭、积蓄等思想如何成为中国传统的价值观念。在以上四家的思想中，最有代表性的还是儒、墨两家。从上面所引墨子的一段话中，可以看到，墨家主张在粮食及财用不足时，要根据具体情况而采取不同的应急措施，即“损禄”“无禄”“彻县”“彻鼎食”，甚至“马不食粟，婢妾不衣帛”等等。这就是说，墨家企图用减少俸禄、降低工资和限制消费的办法解决国家财用不足的矛盾。墨子进而提出“非乐”的主张，认为农夫一旦“说乐而听之，即必不能早出暮入、耕稼树艺、多聚菽粟，是故菽粟不足”；桑女一旦“说乐而听之，即必不能夙兴夜寐、纺绩织纴、多治麻丝葛绪细布缪，是故布缪不兴”（《墨子·非乐上》）。这无疑等于取消文化与艺术，或主张取消人们的精神文化生活，以专力从事生产社会的物质财富。墨子的这些主张显然不是解决财富困乏的办法。

正是这个缘故，荀子批评墨子不知以礼节用，以政裕民，是“上功用，大俭约而僈差等”（《荀子·非十二子》）。儒家在节用问题上，采取与墨子不同的办法，《荀子·富国》说：“足国之道，节用裕民，而善臧（藏）其余。节用以礼，裕民以政。彼裕民故多余，裕民则民富。”儒家强调，要使人民宽裕富足，根本的方法和原则是“量地而立国，计利而畜民，度人力而授事；使民必胜事，事必出利，利足以生民，皆使衣食百用出入相掩，必时臧（藏）余”。此外还须“轻田野之税，平关市之征，省商贾之数，罕兴力役，无夺农时，如是则国富矣。夫是之谓以政裕民”。

儒、墨两家节用方法虽异，但企图用节制消费的办法维持匮乏的农业经济却是一致的。只是墨家代表小手工业者和平民的利益，强调由上至下一律节用。儒家强调等级名分，分田制禄，减轻税负，发展生产，以礼节用。道家则采取较为消极的办法，“绝巧弃利”“少私寡欲”“不贵难得之货”，甚至“不见可欲”，以此推行“节俭爱费”“俭故能广”的“三宝”政策。

由以上可知，储蓄与节俭的观念与匮乏的农业经济是基本相符的。在财富少，生产不发达的农业社会，要避免天灾人祸，储蓄和节约都不失为一种维持和调整经济平衡的有效方法。但这种方法一旦积淀为文化心理和价值观念，就很难对社会的经济发展起推动和促进作用，对工商业的发展尤为不利。商业心理与农业心理有很大不同，因商业需投资，产品的销售很少受气候、环境的影响，其利润所得亦与投资关系甚大，因此商业容易培养进取、冒险与竞争的精神。农业心理与之相反，它不需要过大的投资，且收获所得多与地理、气候、环境有关，只要占有天时地利，赶上一个好年景，一家温饱亦不成问题。且冬去春来，一年四季循环而至，似乎比商业更能预料福祸，虽然不能暴发致富，亦不能轻易破产，因此往往缺乏进取精神，重保守、重稳定，安土重迁。而轻商、求均、节俭等价值观念正是由上述经济特征和农业心理所决定，其在农业社会有合理性，但在工业社会与商业社会中无疑具有阻碍经济发展的作用。

六、审美价值观：美善统一、情景相即

审美价值与审美艺术实践有密切关系。中国传统的审美艺术起源甚早，可以一直追溯到远古时期。早在公元前一万年左右的新石器时代，随着原始农业和原始手工业的发展，出现了陶器和经过精细加工的磨制石器。这些生产工具及生活用品，对中国远古的审美观念的产生无疑具有重要意义。

关于中国审美艺术的起源，涉及面很宽，故不是本节阐述的重点。本节所要讨论的是关于中国人对审美价值的一般看法，即在中国传统文化中，从价值观的角度，探讨中国人的审美观念所具有的普遍性品格。

（一）以美养善，美善统一

“美”作为艺术哲学的范畴，从它产生的过程说，就一直和“善”纠缠在一起。《说文》：“美，甘也。从羊从大。”羊在六畜主给膳，故美与善同义。许慎的这种说法反映了中国古代对审美问题的基本看法，即认为审美价值蕴涵在使用价值之中。因为羔羊的美味无疑会引起食者的快感，而这种快感正是美的来源。把美与美味、美感与快感混而合一的价值观，正反映了中国古代关于“美”的范畴的整体性和其内涵的模糊性。虽然经过长期的艺术实践，“美”的范畴逐渐摆脱实用或功利的束缚而趋于独立，但作为传统观念的价值系统却长期存留在文化体系中。

因此，在中国传统的审美价值观中，美善统一是整个封建时代审美评价的主流。这一观点经由孔子建立，并被后来的儒家所继承和发展。

在儒家重德精神的文化里，一直强调从人的心灵深处去体现道德。而这种从内心体现善的精神，一旦被儒家发展，便可净化为艺术的心境。以艺术中的音乐为例，完全可以看出儒家在审美上要求美与善统一的价值观念。《论语·八佾》说：“子谓韶，尽美矣，又尽善也。谓武，尽美矣，未尽善也。”孔子对“韶”的评价高过对“武”的评价，其尺度与标准即美善统一的审美价值观。因为在孔子看来，“韶”，作为舜乐，不仅具有平和淡雅的美，而更重要的是它所反映的内容乃虞舜时期的太平盛世与揖让而治的风貌，这正体现了孔子所理想的仁的精神。正因为尧、舜的仁的精神，融透到韶乐中形成与乐的形式完全融合统一的内容，所以孔子称之“尽美矣，又尽善也”。

而“武”所以尽美而未尽善，正是由于它表现了“王赫斯怒”的武力行为。尽管它在音乐的旋律上与韶乐一样对人有审美的价值，但它所反映的内容却与韶乐所反映的内容不同。它通过庄严肃穆、威武雄壮的乐舞反映了武王伐纣的战争图景，这在孔子看来，与仁的精神不完全相符，故称“尽美矣，未尽善也”。

“美”是艺术范畴，而“善”是道德范畴。这两个不同的范畴，被孔子统一在礼乐之中，这对后来审美观念的发展及审美评价产生巨大影响。《礼记·乐记》说：“大乐与天地同和，大礼与天地同节。……礼者，殊事合敬者也。乐者，异文合爱者也。礼乐之情同，故明王以相沿也。”这种“大乐”与“大礼”在功能上的完全统一，必然导致审美价值上的美善统一，以此作为审美评价的标准。由此看来，儒家所以重视乐，并不是把艺术审美与政治或道德完全等同起来，而是认为艺术有助于政治的教化，同时又可以作为人格修养的有力工具。这一点，在孔子后学中表现尤为鲜明。荀子说：“夫乐者，乐也，人情之所必不免也，故人不能无乐。乐则必发于声音，形于动静，而人之道，声音、动静、性术之变尽是矣。故人不能不乐，乐则不能无形，形而不为道，则不能无乱。先王恶其乱也，故制雅颂之声以道之，使其声足以乐而不流，使其文足以辨而不諰，使其曲直、繁省、廉肉、节奏，足以感动人之善心，使夫邪污之气无由得接焉。”（《荀子·乐论》）荀子的这段话明确地表达了对艺术功能的看法，即：艺术有助于教化，有助于人心的向善。有助于教化是相对社会、政治、道德而言；有助于人心的向善，则是相对人格修养而言。在他看来，人性恶，故情亦恶。性与情是人生命中一股强大的冲动力，它只靠礼的约束还不够，因为礼只能“制之于外”；因此必须由雅颂之声的艺术感染力，对放荡邪僻的性、情加以疏导和净化，以减轻“礼”的强制性，从而达到“制之于内”的强大效果。所以荀子又说：“故乐行而志清，礼修而行成。耳目聪明，血气和平。……故乐者乐（洛）也，君子乐得其道，小人乐得其欲。”（《荀子·乐论》）这里的“志清”，即是指生命中性、情冲动的盲目性通过音乐艺术的审美过程而得到疏导净化，使情感的激流变得清澈而平静，从而达到“礼修而行成”的人格规范。

儒家以音乐为中心的美善统一观，代表了他们对一切艺术审美的看法。这种“为人生而艺术”的性格，对人格修养、人生与艺术、人与天地同流、人与天地相参等儒家孜孜以求的政治理想和人生理想确实发挥了不少的作用。儒家的这种美善统一的审美价值观，之所以构成中国传统文化的重要价值系统，就在于它始终强调艺术要与善统一，要接受善的检验，开创了艺术为人生、为道德教化、为社会政治服务的先河。这一倾向对中国传统艺术的发展，对后来的文艺理论及艺术评价都产生了极其深远的影响。儒家之所以强调美与善的统一，就是因为现实中存在着二者分离的倾向。这种分离不仅在儒家之前存在，而且在孔孟当时、孔孟之后一直存在着。如孔子、荀子等一直对“郑卫之声”抱批判态度。孔子有“放郑声，远佞人。郑声淫，佞人殆”；荀子有“郑卫之音使人心淫”等说法。“郑卫之声”所以能风靡当时，在艺术上一定有其“美”的价值。但孔子、荀子都批评它鼓荡淫乱，而不能“足以感动人之善心”，即是以美善统一的价值观作为求美的标准。正因为如此，“为人生而艺术”与“为艺术而艺术”的两种不同的审美艺术观在文学、音乐、绘画等中国的艺术史上留下了分合交错的发展轨迹，并同时产生了两种倾向：一种是追求超脱善恶、功利的“纯美”（纯艺术）艺术境界；一种是强调艺术与现实生活的统一，没有完全脱离社会政治和社会生活的艺术。这一方面体现了儒家的现实主义，另一方面，也很有可能使其完全成为政治统治或道德教化的工具，使文学艺术成为政治的婢女。

（二）自然观照，物我一体

儒家美善统一的价值观，往往把人的审美情趣转移到个人对自我道德精神的修养上去，具有浓厚的伦理政治色彩。而道家，尤以庄子为代表的审美价值观却冲破了儒家的价值系统，在社会的政治、道德之外力图超脱美丑、善恶、生死、是非的种种对立，从而建构起“自然观照，物我合一”的审美价值系统。

儒家对人世的关怀转变为道家对人世的怠倦，这转化的契机是很复杂的，除了思想史、哲学史、经济史及政治史所阐述的原因外，中国艺术自身发展的历史亦可以佐证这种转化。儒家“为人生而艺术”的精神，亦可以理解为融艺术于人生。所谓“寻孔颜乐处”之“乐”，即含纳孔颜之仁，而这种“孔颜乐处”之仁虽体现了儒家的审美艺术精神，但并非能够为一般人所了解和体会，这样便又可能在政治上或道德上限制了艺术的发展。尤其在先秦时代，儒家思想受到了墨、道、法三家的夹击。墨家与法家从功利的立场看待艺术，要么完全否定艺术，要么就把它直接纳入政治轨道，否认艺术有相对独立的审美价值。只有道家在批评仁义礼法的过程中，把目光转向对自然的关切，从而使艺术重新得到生机，一直影响了整个中国历史上的艺术传统，这是当时道家所不曾预料的。李泽厚先生在其《美的历程》

中也谈到这种转化，“千秋永在的山水高于转瞬即逝的人世豪华，顺应自然胜过人工造作，丘园泉石长久于院落笙歌”。道家的庄子正是在这种人世与自然、有限与无限、短促与永恒的鲜明对照中，选择并归依于自然的怀抱，确立了“观照自然”“物我合一”的审美价值系统。

最能反映庄子上述审美价值观的莫过他的《逍遥游》《秋水》《知北游》等名篇。他通过对大海与天地无限广阔的描写，使审美对象——无限广大的自然客体呈现在人们的面前，不得不使人感到自身的渺小。“吾在天地之间，犹小石小米之在大山也，方存乎见少，又奚以自多！”不仅人如此，“计四海之在天地之间也，不似礨空（蚁穴或酒杯的空虚处——作者自注）之在大泽乎？计中国之在海内，不似稊米之在太仓乎？”（《庄子·秋水》）在如此广漠无垠的自然宇宙中，“五帝之所运，三王之所争，仁人之所忧，任士之所劳”，简直是“蔑有蔑无也”（《庄子·秋水》）。因此，只有忘掉自己渺小的现实存在，忘掉一切感受、计虑、利害、得失、是非、生死、福祸、寿夭，才有可能与万物一体而遨游天地，使自己渺小的个体融合到“天地之大美”之中，才能得到审美的愉悦。

这种“天地之大美”是庄子心目中的“真美”“纯美”。它排除了儒家在审美中对善的要求，也排除了在审美中的是非追求。它要求审美主体与审美对象自然冥合，并辟除功利的意欲，脱却胸中的尘俗，与物为一，物我一体。在无限与永恒的大自然面前，任何人事的筹措、利欲的经营、是非的争论、荣辱的挂牵统统显得黯然失色。这种“观照自然”“物我一体”的审美价值观给中国艺术的发展开辟了一个新的天地。六朝以后，中国的文学、诗歌、绘画最受其影响，几乎都以自然为主题，贯穿“物我一体”的高远意境。陶渊明“采菊东篱下，悠然见南山”的著名田园诗句，可以说是这种审美价值的最高体现。此外，梅、兰、竹、菊、鹏、雕、鹰、燕、草、木、霜、雪、高山、流水等一切自然物均跃然纸上，成为艺术家的重要题材。“明月照积雪”“大江日月流”“澄江静如练”“玉绳低建章”“池塘生春草”“秋菊有佳色”等等，“俱千古奇语，不必有所附丽”（《画禅室随笔》）。顾恺之有《鹅鹄图》《笋图》《鸷鸟图》等名作，都是独立的花鸟画。甚至一块石、一株草、一棵藤、一抹淡云、一缕青烟、一座古桥都成为立轴的好材料。可以说，中国画自六朝以来均以“自然”为主要题材，以物为点景。尤其在山水画中，间或在溪畔或桥上描一人物，这只是点缀而已，其目的在描写广大无限的自然风景。这与西方以“人物”为主要题材，以“自然”为点景恰成鲜明对照。西方绘画艺术从古希腊时代一直到文艺复兴时期，没有一幅不以人物为主题，间或在人物背后描一点树木果物，亦不过点缀而已。中国艺术，无论诗、词、赋、画，题材如此广泛，这应该都是“自然观照”的结果。

清代花鸟画大师恽南田（名寿平，字正叔，号南田）在谈到自然观照与艺术心境时说：“谛视斯境，一草，一树，一丘，一壑，皆灵想所独辟，总非人间所有。其意向在六合之表，荣落在四时之外。”又说：“秋夜横坐天际，目之所见，耳之所闻，都非我有。身如枯枝，迎风萧聊，随意点墨，岂所谓‘此中有真意’者非邪？”（《瓯香馆画·跋》）此处所谓“总非人间所有”“都非我有”与上述董其昌的“不必有所附丽”，都强调艺术创作要排除功利、伦常、政治等是非观念，这样才能创作出真、美的艺术品，表现了“为艺术而艺术”的倾向。不仅对艺术的创作是如此，对艺术的欣赏也是如此。中国传统的审美价值观推崇所谓“妙赏”“玄心”。所谓“妙赏”，就是对美的深切感受。观照自然所得之美是“纯美”“纯艺术”，因此对这种美的感受也必是纯艺术的。《世说新语·任诞》讲了一个很典型的例子：“王子猷（徽之）出都，尚在渚下，闻桓子野（伊）善吹笛而不相识。遇桓于岸上过，客有识之者云，是桓子野。王便令人与相闻云：‘闻君善吹笛，试为我一奏。’桓时已贵显，素闻王名，即便回下车，踞胡床，为作三调，弄毕便上车去。客主不交一言。王徽之与桓伊都可以说是为艺术而艺术。他们的目的都在于艺术，并不在于人。为艺术的目的既已达到，所以两个人亦无须交言。”[①]又据《晋书》载，王徽之尝居山阴，夜雪初霁，月色清朗，四望皓然，忽忆戴逵（字安道），便夜乘小舟往诣，经宿乃至，然“造门不前而反”。人问其故，曰：“本乘兴而行，兴尽而反，何必见安道耶！”（《晋书·王徽之传》）这则故事亦可反映在道家影响下的艺术心境，都是“不必有所附丽”的。倘若有所附丽，则必萦怀于人事，而减低艺术的纯美价值，亦冲淡主体的审美情趣。究其原因，实在是观照自然的结果，亦是“得意忘言”的艺术境界，此即“不交一言，心领神会”“不著一字，尽得风流”之谓。

（三）寓情于景，情景相即

在中国的艺术中，可以说情浓而意远，景清而心淡。情和景相即

① 冯友兰：《论风流》，载《三松堂学术文集》，北京大学出版社1984年版，第613页。

而不相离。由于儒家伦理及王权政治在中国文化中占据中心地位，由此逐渐养成中国人崇拜权威的性格。同时，由于积淀在人们心理文化中的道德意识和政治观念的不断强化，又形成一种心理反差，使人们的情感、自由等意识在道德与政治之外，寻找表演的舞台。也就是说，现实的道德说教与社会规范往往抑制人的情感，只有在艺术中才有相对的表现机会。因此，“情”成为中国文学、艺术的主要表现对象。

但中国艺术的“情”，非“情欲”之情，而是“无我之情”或“有情而无我”的所谓超越之情。它在艺术的表现中是严格排除“私欲之情”或“功利之情”的。认为只有这种排除了一己之私的情才能与天地万物之情有一种共鸣。因此，人之情即万物之情；万物之情即人之情。如“池塘生春草，园柳变鸣禽”“春草无人随意绿”等著名诗句，都表现了人之情与万物之情的共鸣。

所谓“景”，亦非人的一孔之见，它是通过一景一物来反映自然之“全”。这样，一首诗、一幅画或一件艺术品，就不必拘泥对物象的表面的忠实的描写，而是驰骋无形之情于自然之全，以最后情感直率的表现为目的。这也就是谢赫“气韵生动”说的真谛。苏东坡的诗说“论画以形似，见与儿童邻”，元代名画家倪云林也说“余之竹，聊以写胸中之逸气耳。岂复较其似与否，叶之繁与疏，枝之斜与直哉？”这就是中国传统艺术所要求的“不以理入诗”或“不以形似论画”的真实含义，都体现了中国艺术的重情精神。

清代画家方薰在解释谢赫的“气韵生动”时说：“气韵生动，须将‘生动’二字省悟，会得生动，则气韵自在。气韵以生动为第一义，然必以气为主。气盛则纵横挥洒，机无滞碍，其间韵自生矣。”（《山静居画论》）这里的“生”字，应当作“生命”“精神”“情”来解。这就是说，在中国古代艺术家的心中，对象美的价值，不是其自身所有的价值，而是其中所表现或蕴涵的人的“生命”“精神”“情”的价值。凡艺术须顽强表现这生命之情。我们看中国艺术中的诗与画，举凡好的作品，莫不充满和洋溢着这生命之情的。在中国的艺术家看来，缺乏表现生命之情的艺术品，绝不是好的作品。在西方画的艺术中，线条、色彩是说明物象的主要手段，而在中国艺术中，它恰恰是画家情感的象征。对于一朵花、一株小草，都能用丰富的同情来表现其所有的世界，它不关心科学的、实体的精微，不致力于光与阴、明与暗的立体再现，不追求外貌的形似与逼真，只要有气韵的表出，有生命之情的流动，这便是一件好的艺术品，这也即是钟嵘《诗品》所说的“穷情写物”，也即刘勰《文心雕龙》所说“登山则情满于山，观海则意满于海”之谓，亦即歌曲中“万水千山总是情”之谓。由此可以说，西方的艺术根源于科学；中国的艺术根源于情意。根源于科学则重客观摹写；根源于情意则重主观的夸张。在中国的艺术中，像山峦叠嶂的山水画，犬牙交错的怪石，凌空曼舞的飞天以及头重脚轻的老寿星等，都是采用了一定的夸张手法，以体现对生命之情的观照。

中国的艺术所以重情，与万物有情的宇宙观亦有密切联系。它是借助于宇宙之情而抒发个人之情，借“自然观照”所得之景，使情景相即相融的。因此，“情景相即”即“情景合一”，是中国传统审美价值观的重要内容。也就是说，中国艺术虽然根源于情意而有主观夸张之感，但它并非离景而写情，它所追求的是审美主体的情感与审美客体的情感的协调统一，因此不能说中国艺术是主观主义的。明代的谢榛说："作诗在乎情景，孤不自成，而不相背。"（《四溟诗话》）离景则情无所施；离情则景不自成。"景中生情，情中生景，故曰景者情之景，情者景之情"，"情景一合，自得妙语"（王夫之：《姜斋诗话》）。因此谢榛又说："诗乃摹写情景之具，情融乎内而深且长，景耀乎外而远且大。"（《四溟诗话》）中国的诗、文、词、赋、绘画等等之所以贵高洁、清真，而其源头，"不过情景二字，非对眼前写景，即据心上说情。说得情出，写得景明，即是好词"（李渔：《窥词管见》）。袁中道在《牡丹史序》中说："天地间之景，与慧人才士之情，历千百年来，互竭其心力所至，以呈工角巧意，其余无蕴矣。"这就是说，"情景相即"的审美价值在中国传统艺术发展中一直是艺术家追求的目标，它成为中国艺术发展的一大动力。

以上仅标举三点作为本部分的基本内容。实际上，除此之外，中国艺术的审美价值尚有许多重要内容未曾提及，如重和谐轻对立、重平衡轻突破、重中庸鄙偏激等等，由于篇幅所限，不在此一一列举。

第四章 中国文化的基本特征

中国文化的特质是什么？它有没有一些最基本的特殊表现？这些问题在中国文化的研究中，往往是众说纷纭，最易引起分歧的问题。从“五四”以来，许多学者都力图在中西文化的比较研究中，概括出中国文化的特征，提出了许多看法。诸如“中国文化主静，西方文化主动”“中国文化是精神文明，西方文化是物质文明”“中国文化主心，西方文化主物”“中国文化是大米文化，西方文化是面包文化”“中国文化是植物文化，西方文化是动物文化”等等。

这些概括，尽管在今天看来显得幼稚、肤浅和片面，但作为中西文化比较研究的初级阶段，它似乎是不可避免的。随着历史的发展，特别是对西方文化了解、研究的深入，二十世纪八十年代以来的文化讨论再涉及这些问题时，人们的思维水平及认识能力，就比前人大有提高，许多学者对中国文化的特征作出了比前人更深入、更细致地分析和概括，并具有一定的准确性和科学性。但是，一个国家或民族的文化往往是包罗万象的，其内容庞杂交错，繁而不一。其中既有历史的、地域的、时代的、民族的、阶级的种种差异，又包含着进步的、落后的、明哲的、愚昧的多种多样的文化因素和成分。因此，如果不以客观冷静的态度和合理的科学方法，对中国文化和作为参照系的西方文化之全体或大部事实作全面、彻底的检讨，就很难得出令人满意的合理结论。但这是中国文化建设的长期任务，仅靠一个人或几个人是很难完成的。早在二十世纪四十年代，梁漱溟先生在其所写就的《中国文化要义》中，列出中国文化的十四大特征。其中第四个特征他是这样说的："若就知识、经济、军事、政治一一数来，不独非其所长，且勿宁都是它的短处。必须在这以外去想。但除此四者以外，还有什么称得起是强大力量呢？实又寻想不出。一面明明白白有无比之伟大力量，一面又的的确确指不出其力量竟在哪里，岂非怪事！一面的的确确寻不出力量来，一面又明明白白见其力量伟大无比，真是怪哉！怪哉！此即便当是中国文化一大特征——第四特征。""五四"以后的三十年间，梁漱溟先生是研究中国文化的佼佼者，他对中国文化的特征有如此难言之处，足见这一问题的复杂。

本章所谈，鉴于问题的复杂性，故先确立三个前提：一是它只是相对于西方文化或其他文化系统而说的；二是就中国文化本身说，也只具有相对的意义；三是中国文化的特征可以归纳出许多，本章的任务只是做基本的概括。

一、统一性：多元统一、文化认同

中国文化源远流长，其所以能顽强地生存发展并绵延至今而不坠，究其原因，其最显著的特征在于它的统一性。中国文化在其历史发展的长河中，逐渐形成了一个以华夏文化为中心，同时汇聚了国内各民族文化的统一体。这个统一体发挥了强有力的同化作用，在中国历史上的任何时刻都未曾分裂和瓦解过。即使在内忧外患的危急存亡关头，在政治纷乱、国家分裂的情况下，它仍能够保持完整和统一，这一特征是在世界任何民族的文化中都难以找到的。形成这一特征的主要原因是由多种因素和条件构成的。

（一）国家的统一

从政治方面看，中国文化经历了持久的统一过程。在夏朝建立以前，中国和其他国家一样，也是有许多各自独立的氏族部落。经尧、舜、禹三代的艰苦经营，以黄河流域为中心的中原地带已趋于统一，但仍保留着小邦林立的局面。“当禹之时，天下万国，至汤而三千余国”（《吕氏春秋·离俗览》）；“春秋之初，尚有千二百国”（《晋书·地理志》）。这些小邦与当时的奴隶制国家夏、商、周保持一种从属关系，每一小邦都受宗主国的保护。因此，从形式上看是小邦林立，但它们都有共同的政治、文化中心。据《诗经·商颂》说，殷商时期，其“邦畿千里，维民所止，肇域被四海”。可见，当时商已是一个拥有领土千里之广，其势力范围被及四海的统一王朝。从殷至周，这种统一的势力逐步扩大，周王以分封的形式，又建立了具有宗法及婚姻关系的许多新的邦国，以加强周王与同姓诸侯的联系。这样，再加上原有的异姓诸侯，周王朝已经在一定程度上建立并巩固了奴隶制国家的统一。春秋战国时期，各诸侯国纷纷摆脱周朝的管辖，周王朝出现“尾大不掉”的局面，成为形式上的盟主，并由此逐渐趋于消亡。但继之而起的是五霸称雄，先后代周而成为诸侯的盟主。因此从表面上看，是一种分裂，但实质上仍保持着中国内在的统一。孔子也正是在这个意义上，称赞齐桓公和管仲，说："管仲相桓公，霸诸侯，一匡天下，民到于今受其赐。微管仲，吾其披发左衽矣。"（《论语·宪问》）同时也正是"在春秋战国时期，中国出现了两件大事：一是小邦逐渐合并成地区性的王国；一是封建制（分封诸侯和附庸的制度）。前者表明，国家的领土范围在扩展；后者表明，国家的政权在集中，这两者显然不是分裂的趋势，而是统一的趋势"①。

在这种统一的趋势下，秦始皇统一了中国。据史家记载，当秦统一中国时，已是"车同轨，书同文，行同伦"（《中庸》）了。这一事实，必早在秦统一以前就逐渐形成。也正是由于政治上的统一，才造成中国在经济上、文化上及伦理道德上的统一。秦汉帝国的出现，使中国连续保持了四百余年的政治统一，这为中国的文化统一奠定了基础。直到东汉末，才出现三国鼎立的局面。西晋以后，中国虽出现了两个多世纪的南北分裂，但文化上却始终没有偏离固有的传统。佛教的兴起也完全是借助中国原有的文化因素，才得以流传，并且很快纳入中国文化自我发展的轨道。

经过南北朝的分裂以后，出现了重新统一的隋唐帝国，为中国政治上的统一开创了新局面。从此以后，宋、元、明、清相继出现，其中每个朝代之间的分裂时期最多不过几十年，而从唐至清的连续统治

① 参见刘家和：《关于中国古代文明特点的分析》，载钟敬文、何兹全主编：《东西方文化研究》（创刊号），河南人民出版社1986年版。

却长达十个世纪之久，这些是造成中国文化统一性的政治背景。

（二）民族的融合

文化的发展，是不同民族、不同地区的文化不断融合的过程。中国文化的统一性特征，正是与中国境内各民族的融合息息相关。在中国文明初起阶段，黄河流域就是一个多民族共处的地区。西有华夏族，东有东夷族，南有苗蛮族（见第一章）。黄帝战胜蚩尤、炎帝后，这三大集团所属的各族实现了历史上第一次较大规模的融合。因此从历史上看，每一次政治上的统一，往往促成比以前更大、更广泛的民族共同体的形成。殷周之际，小邦林立，各小邦都保持着自己民族的习俗风尚。据说武王伐纣时，曾联合八百诸侯打败有众多属国的商王朝，从而建立起以周天子为主的周王朝。经过长期的共同生活，种族之间的差别与隔阂也逐渐消失而归于同一（大同而小异）。这是中国历史上又一次较大的民族融合。据春秋战国时期的文献记载，中原地区各族与周围的少数民族互相通婚，互相学习，风俗习惯及语言文字逐渐融合。晋文公重耳的母亲本是犬戎狐姬，是当时西北地区的少数民族。但晋文公并未因此受到排斥，他后来成为春秋“五霸”之一，被推为华夏诸邦的盟主。可见，由于各民族在血缘上的融合，使中国古代的“夷夏之防”，仅具有文化区别的意义，在自然血统上并不像西方那样严厉。因此，到春秋战国时期，华夏族已是多族融合的结果，人们已经不可能以血统作为区分夷夏的标准。

秦汉以后，出现了全国统一的封建政权，其在统一的中央政府管理下，利用国家的行政权力，利用全国统一的教育制度及其所推行的官方经学，加快了全国各民族文化的融合步伐，在此基础上形成了更大范围的民族共同体。三国两晋南北朝时期，中国出现多头政治中心，使得中国边远地区的经济开发及与边远地区少数民族间的往来更加频繁。三国鼎立的格局，使魏、蜀、吴的政治势力只能向中原以外地区发展。魏向西北、东北，吴向东南，蜀向西南。在中国大文化圈内，又各自形成自己的小文化圈。这无疑为后来南北朝各民族的融合及唐代版图的扩大奠定了基础。西晋永嘉之乱后，汉族贵族一部分南渡，与当地土著贵族相融合；一部分留在北方与少数民族相融合。这种融合的结果，加强了中国文化的统一性及少数民族对汉文化的认同感。

元、清两代是中国少数民族贵族掌权的时代。少数民族入主中原的结果，从相反方向提供了民族融合的契机，无论从深度或广度上，都为中华民族文化的统一创造了丰富的物质基础和心理上、感情上的精神条件。

（三）思想的提倡

从中国古代的帝王、贤哲一直到中国的下层百姓，他们都有强烈的统一愿望。当然，由于其所处的地位不同，要求统一的动机也就不同。一般来讲，中下层人士要求统一，是基于对战乱、分裂、割据所造成的生活流离、痛苦的恐惧。因此，只要保持社会的统一，生活上的安定，宁可社会停滞不前也在所不惜。中国人为社会的统一，付出了巨大的代价，当然也从社会的统一中得到不少利益。

当历史上的某一个王朝崩溃以后，出现暂时分裂的局面。地方的割据势力各据一方，但没有一个霸主真正愿意划一方之地以保偏安之局，都毫无例外地极欲兼并其他对手，以成天下之王。就动机说，可能对皇帝的宝座早已垂涎三尺，或政治人物的权力欲膨胀无穷。但从效果上说，无不对中国的统一造成一种动力。因此自秦汉以来，中国统一的时间要比分裂的时间长。

中国古代思想家一般来讲，都有理想主义的“大一统”思想。墨家的“尚同”，是墨家十大主张之一；儒家的“大同”，更是儒者孜孜不倦、汲汲追求的远大目标。孟子见梁惠王，王问曰：“天下恶乎定？”孟子答曰：“定于一。”（《孟子·梁惠王上》）荀子也把“一天下”作为自己的政治理想，认为“臣使诸侯一天下，是又人情之所同欲也”（《荀子·王霸》）。在荀子看来，作为儒者，“通则一天下，穷则独立贵名”（《荀子·儒效》）。“大儒者，善调一天下者也”“齐一天下而莫能倾，是大儒之征也”（《荀子·儒效》）。这里，荀子不仅主张政治和社会的统一，而且主张“一制度”“风俗以一”“隆礼而一”“乐者审一”等等，即主张制度、礼义、道德、思想、风俗及艺术、文化等各个方面都能有统一的局面。这一点，秦汉以后，确实在实践上逐渐达到这一目标，所以董仲舒说：“春秋大一统者，天地之常经，古今之通谊也。”（《汉书·董仲舒传》）他极力推动并促成“罢黜百家，独尊儒术”的文化政策，遂使儒家文化成为中国文化的核心，奠定了几千年中国文化统一的基础。

（四）统一的文字

中国文字至少从殷周起，就有一贯的发展。从甲骨文到现代的简化汉字，虽然有很大差别，但有一条清晰可辨的发展演变的道路，从现代简化字便可一直追寻到甲骨、金文。当然，甲骨、金文中有许多字目前尚未被认识，古文字学家们正不断地做考释工作。但“这种考释与死文字的解读是有原则的不同的。因为这种考释是在已经认识了很多其他字的情况下进行的，而古文字学家们在开始解读古埃及象形文字和西亚的楔形文字的时候，他们几乎处于任何已知条件都没有的状况中”[①]。这就是说，中国文字从它产生起一直到现在，始终保持着旺盛的生命力，它并没有因为语言的复杂性而丧失其统一性。

中国的语言极其复杂，就地域方面说，南方同北方之间就有很大差别。同属南方或北方，甚至在同一个省区内，同时有几种方言存在。就时间方面说，它又有古今的差别。但其所使用的文字却是共同的、统一的，未因语言的差异导致文字的差异。这种文字的统一，对中国人群的凝聚、政治的统一、文化的承传、民族间的同化以及中华民族共同的道德、心理的形成，无疑起着重大作用。

总之，政治的统一、民族的融合、共同的文字等诸多因素，造成中国文化具有统一性的特征。这种统一性使中国人对自己的民族文化产生强烈的认同感，在同各种文明的比照中，往往一眼就能认出自己文化的象征。炎黄子孙、龙的传人、龙的文化，几乎成为每一个时

---

① 刘家和：《关于中国古代文明特点的分析》，载钟敬文、何兹全主编：《东西方文化研究》（创刊号），河南人民出版社1986年版。

代、每一个中国人所乐意接受的名称，它已化作每一个中国人内在的精神结晶，以此为骄傲、慰藉和满足，并自觉或不自觉地严守着华夏文化的纯洁性，谨防“用夷变夏”，丧失自己文化的独立性和统一性。这一点，在海外的华人中尤显突出。

二、连续性：未曾发生断裂

统一性与连续性的概念既有区别又有联系。从其联系方面看，二者有重合的关系。一个民族的文化若在空间上有统一性的特点，那么在时间上它就应该有连续性，否则就很难保持它的统一。但从区别的角度看，统一性是相对文化的多元性说的，在同一个空间和时间中，有众多系统的文化并存，并且没有哪一个系统的文化占支配或主导的地位，那么，这个文化就不具有统一性的特点。而连续性，是指文化发展的承传性，它是相对于文化的间断性或中断性说的。一个民族的文化具有连续性的特点，就是说这个民族的文化在时间的长河中没有中断过，它是一环扣一环，连续发展的。如果在时间上呈现间隔或跳跃，在一个历史时期中它可能具有一定的统一性，并得到发展，但在另一个历史时期中，它完全丧失了这种统一性，甚至连自身的存在也被其他系统的文化所代替，尽管后来在某一个历史时期中，它又得到恢复和发展，但它毕竟有一段跳跃或空白，这一文化就不具有连续性的特点，如古埃及、古巴比伦及古希腊文化即如此。因此，从区别的角度说：统一性可分为间断的统一性和连续的统一性；连续性可分为多元的连续性和一元的连续性。中国文化显然既具有连续的统一性特征，又具有一元的连续性特征。本部分的重点在于阐明后者。

中国文化的连续性是由中国固有的自然地理环境、经济、政治、思想和学术的连续性决定的。

（一）具有比较完备的"地理隔绝机制"，是中国文化未曾发生"断裂"的自然条件

从中国文化的自然地理环境来说，中国处在一个半封闭的大陆性地理环境之中。东面临海，西北有戈壁沙漠，西南则多横断山脉，东北有广袤的原始森林。几千年来，中国文化好像一直孕育在一个广大的避风港中，很少遇到外部力量的巨大冲击。这种特别完备的"隔绝机制"正是一个统一、独立的文化系统得以连续发展的先决条件。从世界文化史的角度看，尼罗河流域的古埃及文化、幼发拉底和底格里斯两河流域的苏美尔、腓尼基地区的文化、克里特岛上的爱琴文化以及迈锡尼、古波斯、古希腊等诸多古代文化系统，都是建立在比较单一的水系或平原上，这种小环境下产生的文化社会，极易遭到外围文化程度较低的异族的入侵，从而打断或阻碍其发展的连续性。上述所举的几个世界早期文化系统均中断于外族的入侵，甚至连显赫一时、影响最大的古罗马文明，也因日耳曼人大举入侵而遭中绝。

反观中国文化所受之境遇，和上述古代文明截然不同。不仅有地理的隔绝机制，而且环境广大，水系繁多。在这种大环境下展开的文化系统，不仅能迅速完成内部的统一，而且不易受外族入侵而中断。

可以说，中国文化自产生时起，就从来没有中断过。只是近代以来，由于海运工具日益进步，特别是帝国主义列强在经济、政治、文化上的侵略，中国面临了巨大挑战。即使在这种情况下，中国仍受地域广阔、自然地理环境优越之福。梁漱溟先生在其《中国文化要义》中列此项为中国文化一大特征，不无道理。他说："自欧战以来，几多国家一个接一个先后被消灭，真是惊心；而中国却依然屹立于其西部土地上。论军备国防，论经济、政治、文化种种力量，我们何曾赶得上那些国家？然他们或则几天而亡一个国家，或则几星期而亡一个国家，或则几个月而亡一个国家；独中国支持五年了，[①]还未见涯涘。显然对照出，不为别的，只是中国国太大而他们国嫌小而已。国小，没有退路，没有后继，便完了。国大，尽你敌人战必胜攻必取，却无奈我一再退守以后，土地依然甚广，人口依然甚多，资源依然甚富。在我还可撑持，而在敌人却已感战线扯得太长，时间拖得太久，不禁望洋兴叹了。"钱穆先生曾把文化区域的狭广比作家庭。"埃及、巴比伦、印度是一个小家庭，他们只备一个摇篮，只能养育一个孩子。中国是一个大家庭，他能具备好几个摇篮，同时抚养好几个孩子。这些孩子成长起来，其性情习惯自与小家庭中的独养子不同。这是中国文化与埃及、巴比伦、印度相异源于地理背景之最大的一点。"[②]当然，如果把中国文化连续性的原因完全归结为自然地理环境，而看不到其他因素，特别是经济的、政治的、文化自身的以及人的因素对文化连续性的影响，显然是一种错误的形而上学的地理决定论。相反，

① 梁漱溟先生的《中国文化要义》写于1941年，故从1937年至1941年，乃全面抗战的第五个年头。

② 钱穆：《中国文化之地理背景》，载《中国史论集》，台湾1985年印行。

如果看不到地理生态环境对文化发展的影响，也会同样导致片面性和主观性。因此，我们应该承认，中国文化在其初具规模并显示出强大生命力的时候（这里仅指鸦片战争前的中国古代），外族的入侵并没有对它的存在形成严重的威胁。[①]这一事实不能说与中国具有比较完备的“地理隔离机制”毫无关系。也就是说，自然地理环境是中国文化保持连续发展的重要条件，但还不是唯一的或决定性的条件。因为它只是为中国文化的连续性提供了一个可能如此的舞台，但究竟能不能“如此”，主要看在这个舞台上演出的话剧。

（二）政治的连续性是中国文化不曾发生“断裂”的内在根据

政治的连续性是指政治传统的继承性。中国文化中的政治传统可一直追溯到夏、商、周三代甚至更早。夏、商、周三代，是中国青铜时代小邦林立时期。三代的王不过是不同规模的邦的联盟的首领。这三代在中国上古史上相启相承、相袭相革，至秦汉始完成中国古代政治的一体化。就当时东部地区为例，鲁国是保存古代文化最得力的国家。其实早在殷代以前，这一地区是风偃东夷集团聚居之所。风偃旧族可追溯到太皞、蚩尤时代，虽经夏、商、周三代的风云洗礼，他们的社会结构、经济、政治制度却几乎没有变化。同样，西部、中部及南部地区亦如此。正是出于这种原因，当周天子取代殷商政权时，不

① 关于中国历史上元、清两朝的外族入侵而统治中国数百年，本人坚持认为元、清两朝不能排除在中国历史之外。此问题是一个比较复杂的问题，有待拟另文探讨之。

得不采用灵活政策，对仍保存传统民族结构的各诸侯国，因地制宜地分别“启以商政”或“启以夏政”。这即是《尚书·康诰》“显考文王，克明德慎罚，不敢侮鳏寡”及孔子“兴灭国、继绝世、举逸民”的真实含义。不仅传统的氏族社会的政治结构，而且刑罚律令也都因袭殷法，即所谓“师兹殷罚有伦”，“蔽殷彝用其义刑义杀”（《尚书·康诰》）等皆是。这就是说，周在克商以后，不仅没有打断商的政治传统，而且在许多方面是在继承它。

东周时期，北方的戎狄和南方的蛮夷（楚）逐渐强盛，曾一度威胁诸夏的安全。齐桓、晋文先后提出“尊王攘夷”的口号，代替周王继续推行原有的政治传统。秦汉时期，中国政治较之以前发生了较大变化，由郡县制代替了分封制，但这并不是由政治“断裂”造成的。也就是说，它并不是由中国之外新起的征服者代替原有的征服者。它不像与秦汉同时期的希腊诸邦完全是被它以外的罗马所征服。秦汉时期的中国，总体上依然承袭春秋战国时代的中国，只是在中国内部从政治组织形式上有一种新的调整，使其更加适合中国当时的发展。郡县制代替分封制，是中国内部自发的调整机制，它是同一民族不同的政治统治方式，并没有从实质上改变中国固有的宗法社会性质。因此，秦汉帝国的产生是建立在内部征服而非外力征服上的。因为那时的中国，早已有两千年以上的历史。早在殷周时代，中国的国家体制即已逐渐完成；而同时期的西方罗马帝国，显然有征服者与被征服者两部分的对立，这种外部征服与对立的结果，不仅使政治形态发生了变化，而且整个国家和文化传统都发生了“断裂”。

东汉以后，中国进入魏晋南北朝长达四百年的分裂时期。但与上面的历史发展极为相似，由三国至西晋统一，再由晋室南迁而至南北对峙，可以说仍是一种民族国家内部的政治变动，而非整个民族文化传统的转移。北朝的十六国，虽多为少数部族建立的政权，但从性质上说，他们所推行的各种制度都完全采自中国古代典籍或“依晋代九班选制”。在保持儒家传统方面甚至比南朝更显纯粹和得力。因此当时北朝的政治生活、社会生活、文化信仰可以说仍然承袭着汉代以来的传统，其中的变动亦可看作是一种内部的调节机制，而非新的征服者所建立起来的新制度。从殷周至清末，中国的政治乃是一贯的民族传统，可以说未曾发生“外层断裂”，它是通过不断进行“内部调整”的方式而达到一种“超稳定”的完整架构。

（三）学术思想的连续性是中国文化不曾发生“断裂”的自身基础

中国古代学术思想的连续性发展早在夏、商、周三代即已开始。孔子说：“殷因于夏礼，所损益可知也。周因于殷礼，所损益可知也。”（《论语·为政》）孟子也曾说：“诸侯之礼，吾未之学也。虽然，吾尝闻之矣。三年之丧，齐疏之服，饘粥之食，自天子达于庶人，三代共之。”（《孟子·滕文公上》）这就是说，从夏至殷，从殷至周，作为典章文物制度的礼，虽然质文废起，时有不同，但其一贯精神却因民族国家的相继而得到承传。因此，荀子也曾谈到“礼”之承传的重要性。他说：“百王之无变，足以为道贯。一废一起，应之以贯，理贯不乱。不知贯，不知应变。贯之大体未尝亡也。”（《荀子·天论》）荀子所谓“贯”，即指礼的一贯性，用现代话说，就是“礼”的继承性。由上述孔、孟、荀的言论，可知儒家非常重视“礼”的传统，所以从孔子开始，便注意整理殷周以来的典籍。据说，《诗》《书》《礼》《乐》《易》《春秋》等古代文献，都经过孔子的删订而流传下来，并成为中国几千年封建社会经世致用的经典。

魏晋南北朝时期，中国南北分裂，篡乱相乖、兵戎迭起，但上述学术传统不但没有中断，反而在文化大体系上有许多新的创辟。首先是佛学：魏晋南北朝时期，佛教大盛。当时著名的佛教大师如道安、慧远、竺道生等，“内外群书，略皆遍睹”。道安“阴阳算数之学，亦皆能通”；慧远尤善儒学，宗炳、雷次宗、周续之等曾师事慧远，听其讲《丧服》经及《诗》经之学；竺道生首创“人人皆有佛性”之说，实与儒家“人皆可以为尧舜”之说相契合。上述三位中国出身的佛学大师，实为佛学与中国文化的融合做了较大努力，使中国传统学术思想增加了新的内容。其次为经学：《十三经注疏》是中国经学的一大结集，而其中采用魏晋南北朝时期的注疏者竟占一半之多。[①]当时南北学术息息相通，南方经学重丧礼；北方经学重周官。北齐大儒熊安生，专以三礼教授，弟子多达千余人。相形之下，北方经学反比南方经学兴盛。再次为史学：其发展可以说上驾两汉，下凌隋唐，史学著作达八百七十四部之多（参见《隋书·经籍志》）。就以北方来说，十六国的史书有二十六种、二百七十余卷（参见《隋书·经籍志》《史通·古今三史·十六国史》）。在北方十六国兵戈相交的混乱时代，尚有如此之多的史学著作出现，可知中国传统学术的连续性

① 王弼、韩康伯《易经》、何晏《论语集解》、杜预《左传集释》、范宁《春秋穀梁传集解》、郭璞《尔雅注》、孔安国《尚书传》（又称《伪孔传》，乃魏晋人伪托）。

是相当顽强的。

总之，由于中国政治的变化、政权的更迭，始终是在本民族内部进行的，而中国民族文化的统一性，又往往使内部的政治斗争无法选择它以外的文化作武器，因此总是在中国固有文化的自身因素中寻找，如儒、道、玄、佛等。但这几种不同的文化因素又具有同源的特点（佛虽源于印度，但也很快与中国传统文化融合），这就使得虽然政权更迭，但由于接受了统一文化的熏染，谁上得台来，也都无所他求，始终保持文化自身的连续性。第二，在少数民族当权的国度里，也同样存在上述问题。尤其中国的边远民族，在文化上都不如汉族发达，其文明程度一般都低于中原地区，所以在他们取得政权之前，就往往接受了汉文化的熏陶；取得政权之后，就更加自觉地与此相认同。这也是保持传统文化连续性的一个重大原因。第三，就中国文化的自身发展说，最重要的原因，乃在于中国文字的统一及文字演变的稳定性。第四，中国宗教不发达，特别是由于多神崇拜，没有形成一个足够统摄全民族的宗教势力，因此也就没有形成不同的宗教势力集团。在官方往往儒、释、道并重于一朝（也有个别时期，个别朝代例外）；在民间往往孔、老、佛并祀于一庙。这样，在中国就没有因宗教信仰的问题而发生宗教战争和文化排斥的现象（内部的排斥与斗争取代了外部的排斥与斗争，因此中国政权的更迭往往是内部原因造成的）。这也是中国文化连续性的原因所在。

三、非宗教性：道德理性化

中国文化的非宗教性，是中国文化的最显著的特征之一。这一点已被许多学者所论及。梁漱溟先生在其《中国文化要义》中亦说："几乎没有宗教的人生，为中国文化一大特征。""固然亦有人说，中国是多宗教底，这看似相反，其实正好相发明。因为中国文化是统一的，今既说其宗教多而不一，不是证明它并不统一于一宗教了吗？不是证明宗教在那里面恰不居重要了吗？且宗教信仰贵乎专一，同一社会而不是同一宗教，最易引起冲突；但像欧洲以及世界各处历史上为宗教争端而演之无数惨剧与长期战祸，在中国独极少见。这里宗教虽然多而能相安，甚至相安于一家之中，于一人之身。那么，其宗教意味不是亦就太稀薄了吗？"这里所以引出梁漱溟先生这一大段话，在于标示两点需要注意：第一，说中国文化是非宗教性的文化，并不等于说中国没有宗教；第二，在中国历史上，长期战祸与无数惨剧也同西方一样，时有发生，但究其原因，并不是由于宗教争端造成的，它固有其自己的原因。明确这两点，不致引起误解；也不至把上述论点引向极端。

其实，人类文化，其中包括中国文化在内，一般都是以宗教为开端的。在任何民族的早期文化中，都可以看到宗教的痕迹。这是因为在人类早期，对自然界和人自身缺乏了解，往往把人的生死、自然灾害的降临等看作是人类异己力量的操纵，故产生各种原始的自然崇拜。此后，随着人类社会阶级压迫的产生，人类对自然的恐怖感转向对社会、对人生的疑惑与不安。早期的宗教家们似乎看到了社会对人的压迫，人与人之间的疏离所造成的人类痛苦，于是在原始宗教的基础上，创立了人为的宗教。无论是基督教、佛教，在它们产生的初期，都是针对上述社会与人生问题而提出的救世主张。但它们选择的方向，是一条企图超越人类理性的道路，在人类的现实社会之外，建构一个超越的世界。西方文化正是在这种超越观念和希伯来信仰的培植和指导下奠定其内在基础的。西方文化初源于希伯来教义、希腊哲学和罗马法典三个不同文化系统的融合。自中世纪以后，教会的权力超过世俗王权，文化教育、道德伦理、感情意志、思想观念都统一于教会，遂使西方文化贯注了完整系统的宗教精神。原有的希腊理性消融在宗教的信仰之中，哲学变成了宗教神学的婢女，理性则处于辅佐信仰的地位。西方的宗教传统直到近代乃至现代仍保留着强大势力，它渗透到文化生活的各个领域，它不仅使西方文化带有浓厚的宗教色彩，更重要的是，它赋予了西方文化以内在的精神价值。

反观中国文化，显然不具有这一特质。中国文化的这种非宗教性的品格特征，主要是由其浓厚的人文精神决定的。

中国文化的人文主义精神，早在殷末周初便开始形成。人类历史在很长的时期里，一直都处在神的主宰之下。从比较历史的观点看，中国文化却是较早企图摆脱神的主宰的文化。从春秋时期人文精神的兴起，到春秋战国之际儒家人文思想的发展以及道家自然主义的形成，正代表着摆脱神的主宰和开展中国人文理想的运作过程。这一过程，在当时社会现实中得到多方面的扩展，具有深远意义。可以说，这是中国文化发展的一次重大转机，它标志着中国文化与中国早期宗教的脱离。

在殷商时期，中国早期宗教的天帝、鬼神等观念还高高凌驾于人与人事之上，牢固地统治着人们的头脑（见第二章第一部分）。到了周代，这种影响力便逐渐衰退。周的统治者从殷的灭亡中吸取了一定教训，不仅用“天”袭取了殷商“帝”的位置，冲淡了人格神的主宰性，而且就所崇拜的“天”来说，也减少了它的绝对性，提出“天命靡常”“聿修厥德”“敬德保民”等思想，开始从宗教观念中分离出“人德”的观念。春秋时期，周代提出的“人德”观念进一步得到发展，开始对神提出怀疑。在《左传》中记载了许多这一时期初步兴起的无神论观念。如《左传·桓公六年》，隋国的季梁说：“夫民，神之主也，是以圣王先成民而后致力于神。”《左传·庄公三十三年》，虢国的史嚚说：“吾闻之，国将兴，听于民；将亡，听于神。神聪明正直而一者也，依人而行。”《左传·僖公十六年》，在围绕营建周城的问题上，宋薛两国发生争端。宋人以鬼神为据，薛人以人事为据，弥牟在评论这场争论时说：“薛征于人，宋征于鬼，宋罪大矣。”宋国出现陨石和六鹢（水鸟）退飞的奇异现象，有人说这是灾祸之兆，而周内史叔兴却说：“是阴阳之事，非吉凶所生也，吉凶由人。”《左传·昭公十八年》，郑国子产在驳斥禆灶的占星术时说：“天道远，人道迩，非所及也，何以知之？”《左传·襄公二十四年》，叔孙豹提出了排除宗教神学观念的中国传统文化中关于何谓不朽的问题。他说：“太上有立德，其次有立功，其次有立言。虽久不废，此之谓不朽。”

上述材料，可以说构成了春秋时期人文主义思潮兴起的前奏，中经孔子的扬播，至战国中后期的孟子、荀子，遂蔚成中国人文思想的大潮，完成了中国文化从神到人的观念转化。以儒家为代表的这一转化，把对人及社会的终极关怀提到一个新的高度。虽然他们还都保留有对天、帝、命的信仰，但都被上述人文精神所淡化，只是把它们作为一种“神道设教”的形式以辅助道德的教化。

由此，我们也可以看出，儒学绝非宗教。因为所谓宗教，从本质上说，它是基于对人类现状的一种否定。它往往以人类为污秽和弱小，从而设定一个凌驾于人类之上的超越者、绝对者、彼岸世界，以此作为人类专一的皈依。从形式上说，作为宗教亦有相应于宗教教义而建立起来的宗教组织、宗教戒律以及宗教仪式等。儒家和道家都不具备这些。他们都不说死后世界。在绝对者方面，虽然儒家保留对天帝的信仰，但在他们的思想中并不占主导地位。如孔子所说“务民之义，敬鬼神而远之”“未能事人，焉能事鬼”，以及“夫子之言性与天道，不可得而闻也”“子不语怪力乱神”，等等，都是以人类为社会存在的前提。这些说法都体现了儒家的人文主义精神。当然，在历史上往往有这种情况，即一种思想体系或一个思想家的思想及思想家个人，他本身的思想虽然不含有宗教的内容，但决不能排除后人把他或他的思想宗教化。孔子思想在汉代，老庄思想在东晋南北朝即遭到如此命运。但我们不能因此就断言，被宗教狂热的人所崇拜者即是宗教。

中国文化的非宗教性，一方面由儒家的人文精神所决定，另一方面，又有道家自然主义作为补充。从表面看来，人文主义与自然主义有很大不同。人文主义着眼点在人，而自然主义则面向自然。故荀子批评道家为“蔽于天而不知人”。但当我们把道家的自然主义放到整个中国文化的背景中来考察时，会毫无疑问地得出结论：道家的自然主义不仅是非宗教的，而且比儒家更具有无神论的色彩。

首先，以老庄为代表的道家所创立的宇宙本体论，通过对由来久远、具有神秘性的传统“天道”观念所做的思辨性的哲学净化工作，排除了中国早期宗教所崇拜的神鬼天帝的权威，把哲学本体“道”，提升到“象帝之先”的位置。因此，老子的辩证法和庄子的相对主义，都是从哲理的高度，对自然、宇宙所做的清醒、理智的探讨和对社会斗争、人事经验的总结，尽管他们的结论不一定是完全正确，但其重要性在于排除了神或上帝的预设和启示，是人的哲学与自然哲学的统一，而非宗教哲学。

其次，在社会、政治层面，道家主张无为。无论老子还是庄子，在他们的思想中都深感社会、政治由于争夺倾轧所造成的腐败堕落，因此愤世嫉俗，极端批评和攻击现有秩序，蔑视和诋毁儒家提倡的仁义道德。氏族社会的远古传统和至德之世如此迅速地崩毁，人们所面临的是一个权谋狡诈的时代，无辜者横遭杀戮，社会成了人吃人的陷阱。这一切往往是宗教思想产生的最好酵母。但道家并没有走上宗教的道路，他们虽然感到无可奈何，甚至提出“安时处顺”“安之若命”等宿命论思想，但他们始终是清醒的，始终是立足于现实社会中，并提出了大异于儒、墨、法各家的救世方案，这即是“无为”。“无为即自然”。“圣人处无为之事，行不言之教”，一切都听任自然。道家不是一味地放弃人事，它只是通过否定的方法，从“负”或“反”的方面，达到“正”“合”的目的。这也即是老子所谓的“无为而无不为”。因此可以说，道家的社会论同样表达了对社会人事的关怀，只是用了与儒家不同的方式而已。

再次，在人生层面上，道家也是采取了与儒家不同的论辩方式，但均具有相似的人生目的。儒家是以直接表达的方式，从人生出发，最后仍落实到人生上；道家则用否定的表达方式，从自然出发，通过否定儒家的人生理论，最后也落实到人生上。儒家的目标在于追求一个充满“浩然之气”的刚健有为的人生；道家则从相对的立场出发，企图达到一种淳朴、无为、守柔、不争的和谐人生。因此，老子、庄子并非出世者，在他们的思想和理论中不但没有对彼岸的执着，相反却十分注意保持和维护整体生命的和谐稳定，强调“保身”“全生”“养亲”“尽年”，并要求自然而然地对待现世，反对任何形式的矫揉造作和虚伪。

从以上三点可以看出，在中国文化的非宗教性这一特征中，道家与儒家的主要分野在于儒家是以人而道家是以自然为万事万物的准绳。道家的“淳朴”“无为”等伦理观念均取自自然之道德教训，而自然则为天地与人生的最后根据和最高标准。同时它也就成为人生的“庇护所”。在中国历史上，无论儒家还是道家，每当他们在仕途落魄或政治失意之时，往往投入“自然”的怀抱，吟诗作画，躬耕垄亩，做隐士而不做教徒。这是因为“自然”乃比“教堂”有更广阔的天地，即使是受戒的佛徒或道士，亦常常受到自然的吸引，爱自然甚于爱教主。至于中国的艺术家、诗人、画家则更以自然为好。他们通过对自然的描写来表达人生的哀乐、喜怒的情怀及孤独、寂寞、宁静、高远等情感。画家描绘山水如诗人描写景物，其目的乃在于提炼情感、荡涤污浊、激发心志、纯洁心灵，亦无逃避人间之事。

道家的自然主义是儒家人文主义最得力的补充，对中国的知识分子来说，人世与自然这两个广阔的天地显然比宗教虚无缥缈的天国有更大的吸引力。他们受自然的陶冶、人世的洗练，大大降低并冲淡了对宗教信仰的狂热。特别是中国的天人合一思想，把道家的自然主义与儒家的人文主义黏合在一起，甚至难分彼此，终于在中国文化中取代了宗教的地位。

四、泛道德性：德治、礼治、人治

中国文化的泛道德性特征，是与上述非宗教性特征紧密相连并互为因果的。这一特征反映了中国传统社会的一元化价值取向，表现了中国传统文化中道德对政治，道德对法制以及道德对文学、艺术、哲学等各个领域的影响及指导意义。

（一）以“德治”代“政治”——政治道德化

中国传统文化的泛道德性最明显的表现，是将道德意识侵入政治领域，使中国的传统政治缺乏一种独立的制度，从而为君权至上的专制主义寻得一个道德“庇护所”。在本书第二章第四部分中已说过，在中国传统社会中，国是家的放大。因此，国家一向被看成是人伦关系的总和。在这个放大了的整个人伦关系网络中，国君或皇帝自然是家庭中父的放大，是国家这个“大家庭”的当然家长，他既是国家政治组织的中心，也是社会人伦秩序的中心。因此，国君、皇帝常常被称为“君父”“国父”“再生父母”等。

这种把家庭伦理关系投射到国家政治的结果，常常是以空泛的道德说教代替具体制度的实施，其最典型的代表则是造端于孔子的德治精神和孟子的仁政思想。

孔子在《论语·为政》中有一段后人奉为经典的话。他说：“为政以德，譬如北辰，居其所，而众星共之。”向来注《论语》的人，都把这段话解释为“无为而治”，这是一种莫大的误解。儒家是不讲“无为”的，尽管在《论语·卫灵公》中有“无为而治者，其舜也与？夫何为哉？恭己正南面而已矣”的话，但其用意在强调“恭己”。“恭己”即“修己”，恭敬而严肃地修养自己。《论语·宪问》说：“子路问君子。子曰：‘修己以敬。’曰：‘如斯而已乎？’曰：‘修己以安人。’曰：‘如斯而已乎？’曰“修己以安百姓。修己以安百姓，尧舜其犹病诸。”我们把这两段话联系起来看，便可知孔子“恭己正南面”与“为政以德，譬如北辰”的本旨所在。恭己、修己都是指道德修养，只有把自己的道德品格修养好，才能起到“安人”“安百姓”的政治作用，才能得到人民的拥护，即所谓的“众星共之”或“正南面”。由此可知，上述两段话的中心不在“无为”而在“德治”。

孔子的德治精神，在《论语》中讲到的还有多处，而且都是直接回答他的弟子或当时国君问政的话，归纳起来，有下面几点内容：

第一，为政必先“正名”。

子路曰：“卫君待子而为政，子将奚先？”子曰：“必也正名乎？”（《论语·子路》）

齐景公问政于孔子，孔子对曰：“君君、臣臣、父父、子子。”（《论语·颜渊》）

第二，为政在于“欲善”。

季康子问政于孔子，曰：“如杀无道，以就有道，何如？”孔子对曰：“子为政，焉用杀？子欲善而民善矣。君子之德风，小人之德草，草上之风必偃。”（《论语·颜渊》）

季康子患盗，问于孔子，孔子对曰：“苟子之不欲，虽赏之不窃。”（《论语·颜渊》）

第三，为政在于“正身”。

季康子问政于孔子，子对曰：“政者正也。子帅以正，孰敢不正？”（《论语·颜渊》）

苟正其身矣，于从政乎何有？不能正其身，如正人何？（《论语·子路》）

可见，孔子所谈的一系列为政的问题，实际上都是道德问题，其中的“欲善”“正身”“修己”成为以后中国传统文化中政治思想的前提条件，同时也是道德哲学的核心内容，其影响是非常大的。从孟子的“夭寿不二，修身以俟”，到荀子“修身自名，则配尧舜”，再到《大学》的“自天子以至于庶人，一是皆以修身为本”，都来源于孔子“修己以安百姓”的德治精神。由此可以看出，孔子乃至整个儒家，其政治思想，都是由德治观念所贯通的，他们在政治方面的注意力，完全集中在伦理道德上，从而忽视了对政治制度的研究和探讨，所仅有的一些设计和预想也多半带有道德教训和不切实际的乌托邦性质。比如孟子“五亩之宅树之以桑……”的仁政王道，以及《礼记·礼运》“大道之行也天下为公……”的大同理想，都是本于儒家的德治精神而设计的政治蓝图。其中尤以《中庸》“哀公问政”一段，最能反映这种以德代政的德治思想：

> 天下之达道五，所以行之者三。……知斯三者，则知所以修身。知所以修身，则知所以治人。知所以治人，则知所以治天下国家矣。凡为天下国家者有九经。曰：修身也，尊贤也，亲亲也，敬大臣也，体群臣也，子庶民也，来百工也，柔远人也，怀诸侯也。

这里所谓“九经”，是指治理国家的九种大法。它虽然比孟子和《礼记·礼运》所设计的政治蓝图稍加具体，但其实质仍是一种道德教训。它所列出的九条政治原则，与“五达道”“三达德”的道德规范紧密联系在一起，实际上均可以作为儒家的道德原则，而这些原则的基础，与《大学》所列出的“三纲领”“八条目”亦属同一性质，即“皆以修身为本”。由个人的修德推之于政治，便是德治。因此在儒家这里，政治实与道德是合一的。

（二）以“礼治”代“刑法”——法律道德化

儒家的德治思想，是把政治问题转移到道德上，强调发挥每一个人的道德自觉，企图以道德力量维持和调和当时日益尖锐的社会矛盾。

任何一个时代的统治者，往往都是以刑罚作为政权的最后保证。先秦法家所以在法治问题上走上极端偏激的道路，是他们以刑治代替法治的结果。儒家强调德治，即是企图扭转法家的这一偏向，把刑罚的强制力量消解为道德理性的自觉，如孔子说："道之以政，齐之以刑，民免而无耻；道之以德，齐之以礼，有耻且格。"（《论语·为政》）在孔子看来，政、刑的效果虽然明显，但却有限，特别是不能从根本上解决问题，而只有道德的力量才是无限的，因为它能够把人伦之道、内心之德，实现于日常生活中，使之成为一种"合理的行为方式"。这种"合理的行为方式"不仅能够缓和人与人、人与社会、统治者与被统治者之间的紧张关系，而且经过积累能培养和启发人们的积极向善精神，这正如后来《大戴礼》所说："以礼义治之者积礼义，以刑罚治之者积刑罚。刑罚积而民怨倍；礼义积而民和亲。故世主欲民之善同，而所以使民之善者异。或导之以德教，或殴之以法令。殴之以法令者，法令积而民哀戚。哀乐之感，祸福之应也。"《大戴礼》这段话，可以说深刻表达了儒家对道德与刑罚的看法，在中国思想史上的影响甚巨。它深刻反映了儒家文化的道德使命感和对法家刑罚主义的深恶痛绝，同时它也是儒家为社会提供的治世良方，反映了中华文明的特点。但对于复杂的社会来说，一味地强调或推行刑罚固然会导致社会的酷烈；但放弃刑罚，一味追求道德教化的作用，也只能是一种理想而已。

秦汉以后，由于秦推行法家路线，尤以刑罚为治，汉虽有所更改，但基本上承袭了秦朝的制度，酷吏严刑亦时有所闻，这就更加刺激了儒家德治思想的发展。以董仲舒为代表，把儒家思想配以阴阳五行学说，提出了“阳德阴刑”的理论。他说：

> 然则王者欲有所为，宜求其端于天。天道之大者在阴阳。阳为德，阴为刑。刑主杀而德主生。是故阳常居大夏，而以生育养长为事；阴常居大冬，而积于空虚不用之地。以此见天之任德不任刑也……王者承天意以从事，故任德而不任刑。（《汉书·董仲舒传》）

为了强调“德治”，董仲舒用符瑞灾异及阴阳五行之说，劝导皇帝“任德”，但他已从孔子的立场退了一步，给刑治以“阴”的说明。这表明自汉代以后儒法已开始趋于合流。但以礼、仁为中心的“德治”仍处于主导地位。

董仲舒“阳德阴刑”的理论，对中国古代法律制度的形成发生了较大的影响。其中重要的影响是将道德与法律两极化，道德立为行为的准则，法律则赋予统治者惩罚的权力。两者结合的结果，形成一种具有强制性的道德体制，法律沦为道德的婢女；违反道德则成刑罚的对象。这一点，我们从唐代到清代的法典中完全可以看出其最明显的倾向，刑法发达而民法不足。若从其性质看，甚至根本没有民法。而刑法所科罚的对象，除一般刑事犯罪外，任何道德过错均构成犯罪。如《唐律》第五十五款就规定，只要父母健在，儿子另立家室者，即构成犯罪。第一百七十九款规定，男女双方的婚姻不能在居丧期间完成，完成者法律究之以无效并科以重罚，居丧期间生子亦属犯罪。据《历代刑法志》所载，凡告父母者，不论其控告属实与否，均判以极刑；夫妻离异，妻子不得提出。诸如此类的法律规定说明，法律道德化的结果导致了道德法律化。

（三）以“人治”代“法治”——泛道德主义对专制主义的影响

上面主要是从道德要求于民的方面，谈泛道德主义对法律的影响；另一方面，儒家对统治者或居高位的人也有强烈的道德要求。在儒家看来，统治者一切不合理的政治措施以及社会风气的败坏，都可追溯到统治者的道德行为。因此，若要使要求合理，统治者必须端正自己的行为，使之与被统治者相一致。儒家深信二者是能够一致的。因为人性的本质都是善的，“不忍人之心”人皆有之，此为天下所同然。既然“德”为天下人所同好，因此统治者的“德”，自然会对被统治者有莫大的影响与启发，在上者有端正良好的美德，就如同一阵清风吹来，老百姓自然像墙头之草一样闻风“必偃”。因此，《大学》说：

> 所谓平天下在治其国者，上老老而民兴孝；上长长而民兴悌；上恤孤而民不倍；是以君子有絜矩之道也。

郑玄注：“絜，犹结也，挈也；矩，法也。君子有挈法之道，谓常执而行分，动作不失之。”这就是说，“絜矩之道”即治国之道。治国的根本在于统治者的道德示范作用，通过在上者的道德提携与牵引，天下之人便可孝悌而不叛，从而达到天下太平的目的。“故为人君者，正心以正朝廷，正朝廷以正百官，正百官以正万民。”（《汉书·董仲舒传》）由上至下的道德启示，再由下至上的道德效法，于是政治、法律的瞄准点便由制度转向道德；由“治法”转向“治人”，此即《中庸》所谓“以人治人”的政治原则。《中庸》第二十章说：

> 哀公问政，子曰：“文武之政，布在方策，其人存，则其政举；其人亡，则其政息。人道敏政，地道敏树，夫政者，蒲卢也，故为政在人……”

朱熹在解释这段话时说：“有是君，有是臣，则有是政矣。……以人立政，犹以地种树，其成速矣。”又说：“人君为政，在于得人，而取人之则，又在修身；能仁其身，则有君有臣，而政无不举矣。”（《四书章句集注》）朱熹的解释是很贴切的。综合《中庸》的说法及朱熹的解释，儒家人治观念基本包含三层意思：一是社会的清浊与政治的好坏取决于人君之德；二是人君之德的重要表现在用人，用人得当，便是人君有德，用人不当，便是人君无德；三是取人的标准，重在修身，因此人君务在“修己”，然后再以德取人。诚如此，“则有君有臣，而政无不举。”在这种人治有余而法治不足的泛道德主义的影响下，中国几千年的政治体制积淀为如下传统：

第一，“内圣外王”的理想演变为个人迷信和偶像崇拜。强调人治观念的结果，儒家把希望寄托在“内圣外王”的出现上。本来按着儒家的初衷，“内圣”是“外王”的必要而充分的条件。但为了方便起见，统治者总是希望二者兼而得之，统而一之。此即郭象所谓“圣人虽在庙堂之上，然其心无异于山林之中”。既然二者可以统一而且应该统一，因此“外王”者必“内圣”。国家的统治者同时就是圣人，意味着掌握了权力就是当然的圣人，此即庄子所揭露的：“窃钩者诛，窃国者为诸侯，诸侯之门仁义存焉。”（《庄子·胠箧》）这就是说，推崇“内圣外王”的结果，往往使那些窃国大盗或独夫民贼“并与其圣知之法而盗之”，俨然以圣人的身份和名义规范全民成为教化的榜样，这种情况在中国历史上屡见不鲜。因此，传统文化中的圣人观，又往往是封建制度下的一种迷信和偶像崇拜。

第二，由于强调“为政在人”而不在制度，故中国的传统政治体制延续几千年而不衰，朝代的更迭只意味着统治者换班，而在制度上却极少变动。法治就更谈不上，因为统治者考虑的重点，是如何得人，如何使政权顺利转移，因此选择和培养接班人的问题往往成为历代统治者转移政权的重要手段。正因为如此，极易造成政权衔接过程中的“权力真空”状态，无法杜绝觊觎之端和野心家的篡夺，从而形成各种宗派、山头及其相互间的权力之争。每一个新上台的统治者，必经一番艰苦经营，进行权力的重新组合，然后才能腾出小部分精力过问经济、生产等国计民生之事。

第三，“以人立政”是导致“以德取人”的必然逻辑联系。“以德取人”，即以道德标准衡量一个人的进退得失，这逐渐形成传统的选官制度。汉代的“察举”“征辟”即是根据道德品行取仕的典型代表。这种选官或取仕标准，因重德行节操，故往往产生流弊。一是品评鉴识之风盛行，而品评人物的权力又都操在少数名士手里，他们从自己的主观好恶出发，往往具有许多主观随意性；二是易造成一群一党的互相吹捧，并使一些虚伪奸诈之徒借道德之名招摇撞骗，欺世盗名；三是用德行掩盖才力，“混而相蒙”“名不副实”，正如曹操所说：“夫有行之士，未必能进取；进取之士，未必能有行。”（《曹操集·求贤令》）

第四，使一般民众把希望寄托在“明君”“贤相”“清官”身上，而把自己排除在政治之外，这样就从根本上堵塞了走向民主、民治的政治道路。由“人治”必然导致“官治”；由“法治”才能走上“民治”。由“人治”到“官治”，最后只能归依到君主集权的专制主义；而由“法治”到“民治”，最后归向民主政治。这是两条不同的政治发展道路。中国的传统政治，由于强调“人治”的结果，走的是前一条道路，而缺乏民主政治的传统，其重要原因之一，即是泛道德主义的影响。

以上仅就政治、法律两个方面，揭示了中国文化的泛道德性特征。此外，如经济、哲学、文学甚至古代的天文学、医学无不受道德的影响，可以说，中国文化充满了道德精神，它不仅取代了宗教的地位，而且侵入到其他各个文化领域。这种道德“越位”的结果，使中国文化带有严重的内倾性格。

五、内倾性：人性自足

任何一个国家或民族的文化，其价值主要表现在宗教、道德、科学、哲学、艺术、认知等活动中。中国文化由于人文精神过早的觉醒，又因其人文精神的基本内涵在道德理性方面，因此它不具有宗教的外在超越性格。一般说来，宗教所奉行的是神或上帝的启示与教诫，因此其价值判断的标准往往是外在的、绝对的。即使对道德价值的判断，也要追溯到神或上帝身上。

与西方式的外倾文化相反，中国文化比较具有内倾的性格。

（一）在中国文化中，人是一个自足的存在

西方自古希腊以来，似乎很少有人性善的观念。基督教兴起以后，则明确认定人生下来就带有罪过。这种“原罪”观念的发展，教人虔诚地侍奉外在的上帝，人不再是一个自足的存在，而是一个罪人。因此，西方文化中由人与上帝的这种分离的关系，推衍出超越世界与现实世界的区别，二者之间往往有一条不可逾越的鸿沟。由此造成西方哲学中本体与现象的分离，宗教上天国与人间的分离，道德上自律与他律的分离，以及社会思想上政教分离、乌托邦与现实的分离，等等。由于人不是自足的存在，所以只有不断地向外探求，不断地认识和了解外在的世界，人才能由一个不自足的存在转化为自足的存在。甚至对上帝的了解，也要运用逻辑、知识以及通过对自然现象的研究来证明上帝的存在。人们所熟悉的牛顿的“第一推动力”及康德的“物自体”，都是企图用科学证明上帝存在或为超越的上帝保留地盘。依据经院哲学家的看法，哲学和科学都必须解释基督教《圣经》的内容。近代欧洲虽然经过“文艺复兴”和“启蒙运动”的洗礼，但它们仍继承了这种认识外界和了解外界的实证精神，不同的是，近代欧洲把上帝换成“自然”，由“天国”转向“人间”。在认识路线上欧洲中世纪与近代这两个不同时期并没有明显的界限，二者都力求认识外在世界。西方文化的这种外倾性格，是建立在人性本身不完善、不自足的假定之上的，也即是基督教原罪观念的延伸。因为

人性本身不完善、不自足，为了改变这种状况，使之变得完善、自足，就需要从外部吸取力量，而知识、逻辑、科学以及法律等就是达到完善、自足的手段。因此，可以说西方文化的科学实证精神、法律道德意识以及知识的确实性等等，都与它的外倾性格有密切联系。

在中国传统文化中，与上述的西方观念相反，认为人在天地之间是自足的，不需要任何外来的帮助。儒家以道德为自足，道家则以自然为自足。如孔子教人所行之“礼”，即是主张人要行其自己该行之事，斟酌人情之所宜；亦如《礼记》所说，这种人间之礼“非从天降也，非从地出也，人情而已矣”。

把儒家上述人是自足的存在这一思想发扬得最详尽透彻的是孟子。他以性善论为基础，认为“人皆有不忍人之心”“人无有不善”。这个性善如同人的四体一样，是人自身所固有的（“人之有四端也，犹其有四体也”），不是外加的，而是内在的，“非由外铄我也，我固有之也”（《孟子·告子上》）。孟子发展了孔子的思想，不但强调人的道德自觉，而且为这种道德论提出了人性论的基础。把道德价值的源泉从人格化的上帝转移到人自身。

这种深藏于人类自身之内的价值之源，对于儒家来说，它是一种无尽的宝藏，只要向内深深地挖掘，它便可以发扬光大，甚至充塞于天地之间。因此孟子说：“万物皆备于我矣，反身而诚，乐莫大焉。”（《孟子·尽心上》）朱熹解释此句为：“此言理之本然也，大则君臣父子，小则事物细微，其当然之理，无一不具于性分之内也。”（《四书章句集注》）这就是说，一个人要成就自己，主要应致力于内在的道德完善，而这种道德不在天上，也不在上帝手中，而是在自己的性分之中。既然万善永恒地皆备于我，“每个人都是天然完全自足之物”（程颢语），因此又何必向外在世界寻求呢？

孟子上述人性自足说，到王阳明则发展到极致。他说：“天地万物俱在我良知的发用流行中，何尝又有一物起于良知之外，能作得障碍？”（《传习录中·答顾东桥书》）又说：“夫物理不外于吾心，外吾心而求物理，无物理矣。……理岂外于吾心邪？”（《传习录中·答顾东桥书》）在王阳明看来，“外心而求物理，是以有暗而不达之处，此告子义外之说，孟子所以谓之不知义也。……不可外心以求仁，不可外心以求义，独可外心以求理乎？”（《传习录中·答顾东桥书》）王阳明的这些说法，实际上都是对孟子“万物皆备于我”的发挥，其主旨仍是强调内在的超越性。因此，若以内外相对而言，中国文化一般都是重内而轻外的，不仅儒家如此，道家亦是如此。

道家对人的自足性的看法，是从另一角度来认识的。道家反对儒家的仁义道德说教，因此也反对从道德能动性的角度去描述人性。他们认为，人的自足性并不是表现在内在的道德性或“恻隐之心”上，而恰恰与此相反，人的自足性与万物的自足性一样，乃是自然存在的一种形式，因此人的本性应该在自然中寻找。只要返回自然，人的本性便是自足的，这就如同骈拇枝指一样，“合者不为骈，而枝者不为歧，长者不为有余，短者不为不足”（《庄子·骈拇》）。如果不遵循自然之性，以长者为有余、短者为不足，企图拆长补短，对其妄加改变，这就破坏了自然的真性，所以“凫胫虽短，续之则忧；鹤胫虽长，断之则悲。故性长无所断，性短无所续，无所去忧也”（《庄子·骈拇》）。

道家这种自然人性说，实际上是把外在的自然内化为人性，所注重的并非人身之外的东西，而是人的自然本能的行为，因此强烈主张取消人的主观能动性，以使人性顺乎自然的本真。只要一切顺乎自然，便可别无他求，更不需要向外探索。如庄子说：

> 吾犹告而守之，三日而后能外天下；已外天下矣，吾又守之，七日而后能外物；已外物矣，吾又守之，九日而后能外生；已外生矣，而后能朝彻；朝彻，而后能见独；见独，而后能无古今；无古今，而后能入于不死不生。（《庄子·大宗师》）

这里的“外”字，含有遗、忘之意。对道家来说，只有彻底遗忘天下世故，摆脱外物的干扰甚至把生死置之度外，才能进入“朝彻”“见独”的境界。所谓“朝彻”，按成玄英解，乃指“死生一贯，物我兼忘，惠照豁然，如朝阳初起”的清明洞彻的心境。所谓“见独”，即“现独”，表现出“独”的品格。此即《庄子·在宥》所说“出入六合，游乎九州，独往独来，是谓独有，独有之人，是谓至贵”。因此，“见独”“独有”皆指内在独立自足的人格世界，均具有老子“独立而不改”之意。既已遗世忘物，便无须与外界相对待，一切都可自我满足，自我完善，此即后来郭象的“独化”与“自足其性”。因此，“独”字最能表达道家“人是自足的存在”这一观点。

由此可见，儒家是把人的道德理性由内向外扩展，把人性外化为自然，尔后由外在的自然落实到人的心性之中，使二者在心性基础上得到统一；道家是把外在的自然由外向内扩展，使之内化为人的理性，尔后在精神中使二者结合。虽然出发点不同，但所强调的都是人性的自足。既然人性本身是完善的、自足的，就无须从外部吸取力量，而知识、逻辑、科学、宗教以及法律等等在他们看来也就无须多下功夫。要把全部精力投放到人自身的修养上，直接在人心之内寻求善和幸福。

（二）中国文化始终强调“心”的作用

“五四”以来，许多人在中西文化的比较讨论中，认为中国文化实际上乃是“心的文化”。这一看法，虽然只停留在事物的表面，但它却从一个侧面揭示了中国文化的特点。因此，“心的文化”的特质应该是中国文化内倾性格的一个重要表现。

西方文化的外在超越性，决定了其社会人生的二分倾向。因其外在超越表现了强大的外在力量，人被这种力量所支配和驱使，力求战胜它，遂呈现了人生与外界的拼搏和斗争。而内在超越的文化，所碰到的阻力不是来自外部神的世界和外部自然的力量。它恰恰来自圣人的典训和人心的分离。因此在内倾型的文化中，服膺圣人典训和展开自我心灵的征服与净化，以使人生与社会、人生与自然得到和谐与统一，乃是这种文化的终极使命。“人心惟危，道心惟微”，是中国文化对人心分离的经典描述。正因为人心有不纯的一面，才使后世儒者始终把人心的净化当作顽固的堡垒来攻击，以提纯心灵为己任。儒家总是教人自己省察，所谓“求诸己”“尽其在我”“三省吾身”等等。道家也总是提倡“自足”“自我观照”“游心于形骸之内”等等。甚至中国化的佛教亦有“明心见性”“依自不依他”“佛向性中作，莫向身外求”等等说教，都是在向内用功。这些命题都是把人的力量落实在人的身上，而成为人的“性”或本质，这“性”或本质都是在人的生命内扎根，因此并不重视人生之外的东西。孔子“为仁由己”及孟子所谓“仁义礼智根于心”等说法，是中国文化在长期摸索中所得出的结论。它不是由逻辑推理而来，而是对“内在经验”的一种总结或描述。经过后代儒家的发展，尤其经过程朱陆王的精心加工，它几乎成为中国人自觉遵守的典训，成为人生的基本立足点。

道家的庄子把老子的形而上学之道最后也落实到人的心上，他所主张的“心斋”“坐忘”，即是为了使心彻底走上“虚”“静”的道路。在他们看来，外在世界的声、色、嗅、味及人类的一切发明创造，都是破坏人的自然之性的祸乱之源。因为物质生活的引诱、权力欲望的蛊惑，往往会破坏恬静自然的生活。它们搅动人心，挑拨情欲，使人内心的平静遭到破坏。这正如老子所说：“五色令人目盲；五音令人耳聋；五味令人口爽；驰骋畋猎令人心发狂；难得之货令人行妨，故圣人为腹不为目。”（《老子》十二章）也正如庄子所说：“有机械者必有机事，有机事者必有机心。机心存于胸中，则纯白不备。纯白不备，则神生不定；神生不定者，道之所不载也。”（《庄子·天地》）在以老庄为代表的道家看来，对外在世界的追求会引导人们产生邪念，从而破坏内心的平静。老子所谓“为腹不为目”，即是追求内在的自我，而不要被外在的感性世界所迷惑，庄子反对外在的聪明巧知亦是为此。他说：“擢乱六律，铄绝竽瑟，塞瞽旷之耳，而天下始人含其聪矣；灭文章，散五采，胶离朱之目，而天下始人含其明矣；毁绝钩绳而弃规矩，攦工倕之指，而天下始人含其巧矣。”（《庄子·胠箧》）这就是说，庄子并不绝对地反对聪明巧知，而只是主张把外在的聪明巧知转化为内在之德。在他看来，师旷、离朱、工倕、杨墨等“皆外立其德而以爚乱天下者也”。“外立其德”，即向外追求，向外追求必扰乱天下；“内含其德”，即向内追求，向内追求可以完成自我。庄子主张“心斋”，也即是为了绝对排除对外在世界的追求，而提倡“心无蹊隧”，“君子不可以不刳心焉！”“刳心”，即剔除心中杂念，“洗去有心于万物之累”。因此在内外关系上，庄子始终强调“慎汝内，闭汝外”（《庄子·在宥》）、“治其内，而不治其外”（《庄子·天地》）、“不内变，不外从”（《庄子·达生》）等等。这里的“内”，指本心，人的内在世界；“外”，指外物，外在世界。他说：“天下奋棅而不与之偕，审乎无假而不与利迁，极物之真，能守其本，故外天地，遗万物……至人心有所定矣。”（《庄子·天道》）由此可知，道家的自然主义，通过否定“心”“知”的外在作用，最后还是落实到内在的心性修养上，认为“心”应随顺自然之性，使之不流荡为外在的心机智巧，这样便可使“心”容纳一切，做到“万物一府”，“滂沛为万物所归”，“则韬乎其事心之大也”。

不仅儒家、道家具有内倾性格，就连中国化的佛教亦染有这一色彩。原本的印度佛教并不重视“心”的作用，它只是强调通过对佛的信仰向上向外的追求，寻求彼岸的外在超越世界。但佛教传入中国，特别是自禅宗慧能以后，提出“明心见性”的主张，认为“见性成佛”或“本心是佛”。慧能特别反对向外的追求，“佛向性中作，莫向身外求”（《六祖坛经》）。“佛”并不在遥远的彼岸世界，而在每个人的心中，因此只要此心不受外物的迷惑，“于诸境上心不染着”，一念之间即可成佛。这种灵魂深处爆发佛性的“顿悟成佛”说，即是把人们的宗教要求也归结到人的心上，主张只在心上下功夫。发轫于唐代的“心宗”佛教，至宋明则被理学家所吸收，他们结合先秦儒家的心论思想，遂把中国“心”的文化推向高峰。朱熹继承了孟子“仁义礼智根于心”的说法，认为“人之为心，其德亦有四，曰仁义礼智，而仁无不包其发明也……此心何心也？在天地则盎然生物之心，在人则温然爱人利物之心，包四德而贯四端也”（《朱子仁说》）。朱熹由理气二元出发，论证人性的善恶，再由人性的善恶，最后落实到心统性情。张载、程颐、朱熹等虽然主张以气为本或以理为本，但最后都强调心的作用。而道学中的心学一派，则完全从心出发，以心为主，以心为本。王阳明说：“虚灵不昧，众理具而万物出，心外无理，心外无事。”（《王文成公全书》卷一）。又说：“心之体，性也，性即理也。天下宁有性之理乎？宁有理外之心乎？”（《王文成公全书》卷八）在王阳明看来，理、事、物、性等等皆源于心，它是由修养功夫所发出的内在经验，它本身作为一种存在，不是由推理而得，而是“自家体贴出来”，因此无须向内追求。他有《咏良知》诗四首，其中两首说：

人人自有定盘针，万化根源总在心。
却笑从前颠倒见，枝枝叶叶外头寻。

无声无臭独知时，此是乾坤万有基。
抛却自家无尽藏，沿门持钵效贫儿。

王阳明的这两首诗，最能反映他的心学思想。他教人在心中开辟一个内在世界，以此得到人生归宿，不须外在的追求和奋斗。王阳明是中国文化中最有系统的心学论者，他一生由儒入道，由道入佛，由佛返儒，综合并发展了儒、释、道三家的心论。这说明心学的产生并不是偶然的，它完全是以中国文化中的历史材料为基础，“中国哲学思想，则毋宁是自历史文化之省察，以引出人生哲学，而由人生哲学以引出宇宙观形而上学及知识论。则论中国之哲学思想，正无光由知识论宇宙观下手之必要，而尽可直从先哲之人文观人生观下手，而人生人文之本，则在人心也。”[①]

宗教是通过信仰向上向外追求，以达到外在力量对人的援助。道德是通过“心”向里向内追求，以达到内在力量对人的充实和完善。正如冯友兰先生所说：“如果人类将来日益聪明，想到他们需要内心的和平和幸福，他们就会转过来注意中国的智慧，而且必有所得。如果他们将来并不这样想，中国人四千年的心力也不会白费。这种失败的本身会警告我们的子孙不要在人心的荒原上再寻求什么了。这也是中国对人类的贡献之一吧。”[②]但人类历史的发展会证明：如果这一天真的会到来，那也一定是人类走向终结的时候。

六、中庸和平：道德约束

陈独秀在其《东西民族根本之差异》一文中曾说：“世或称中国民族安息于地上，印度民族安息于涅槃……西洋诸民族好战健斗……

① 唐君毅：《中国哲学原论》，香港人生出版社1966年版，第72页。

② 冯友兰：《中国哲学小史》，《三松堂全集》第三卷，河南人民出版社1989年版。

欧罗巴全部文明史无一字非鲜血所书。”（《新青年》一卷四号）我们今天重读“五四”时期东西文化论战的文章，虽然发现他们有很多偏颇之词，夸大之语，并且含有许多政治情绪在内，但也并非一无所见。陈独秀上述意见可以说看到了一部分事实，即与中国相比，西方诸民族有“好战健斗”的特点，而中华民族确实有“中庸和平”的性格，这也是中国文化的基本特征之一。

（一）儒家的“中庸”“中和”观念

儒家的“中庸”“中和”观念对中国文化有巨大影响，可以说，它是儒家思想的基本精神，也是中国文化的基本特征之一。中庸思想的产生，有其历史渊源。《论语·尧曰》载：“尧曰：咨！尔舜！天之历数在尔躬，允执其中，四海困穷，天禄永终。”据说，这是帝尧禅位于舜时教训舜的话，其要点在“允执其中”四个字。这即是以“中道”为政教的准则。舜受尧命，唯中是用，故孔子称赞他：“舜其大知也与！舜好问而好察迩言，隐恶而扬善，执其两端，用其中于民，其斯以为舜乎！”（《中庸》）其后，“舜亦以命禹”。禹后有汤，孟子称“汤执中，立贤无方”（《孟子·离娄下》）。至文、武、周公，《尚书·洪范》有“无偏无陂，尊王之义；无反无侧，王道正直”等语，其中的“无偏无陂”“无反无侧”即上述“执中”之意。《周礼·地官》说：“司徒以五礼防万民之伪，而教之中，以六乐防万民之情，而教之和。”可见，“中庸”“中和”的观念有较深的历史渊源。

由上可知，“中道”观念由来久远，它由尧、舜、禹、汤、文、武、周公而一直传至孔子，成为中国文化的道统正传。因此，孔子把它作为“至德”倍加推崇，说“中庸之为德也，其至矣乎！”孔子在《论语》中提出的“中庸”观念，既是思想方法，又作为道德行为的准则。在孔子看来，任何一个独立的德目，都有流于偏颇的可能，因此必须用“中庸”来调节，使之贯彻于任何道德条目之中。孔子认为只有这样，才能使各种品格甚至对立的品格相辅相成，才能得乎中庸之道。如“质胜文则野，文胜质则史，文质彬彬，然后君子”（《论语·雍也》）。这是说，人的质朴与文采只有配合得恰到好处，才不致使某一面发展过头，流为极端。一个文质中庸的人既不表现粗野，又不表现虚浮，而是文质相济，恰到好处。据《论语》所载，孔子本人即是“温而厉，威而不猛”和“温、良、恭、俭、让”的典型。

孔子的中庸之道，反对过犹不及，强调中和、和谐，用“叩其两端”来把握事物之对待，反对固执一端而失之于偏颇或片面。这些都是以是否符合“礼”为准则的。因此所谓“中庸”，首先又是“中”礼。孔子说：“知和而和，不以礼节之，亦不可行也。”（《论语·学而》）《礼记·仲尼燕居》记载孔子的话说：“敬而不中礼，谓之野；恭而不中礼，谓之给；勇而不中礼；谓之逆……礼乎礼，夫礼所以制中也。”这是说，虔敬而不合乎礼就显呆板，谦恭而不合乎礼就叫巴结，勇敢而不合乎礼则流于乖逆，所以礼就是用来节制行为使之适中的。礼以“制中”为用，所以又称“礼之用，和为贵”。

“中庸”“中和”之说由孔子首倡，到战国中后期，孔门弟子大加发挥，遂出现《中庸》一书。《中庸》借孔子之言，全面阐发了儒家的中庸、中和思想，在它的第一章便开宗明义地指出：

天命之谓性，率性之谓道，修道之谓教。道也者，不可须臾离也，可离非道也。是故君子戒慎乎其所不睹，恐惧乎其所不闻，莫见乎隐，莫显乎微，故君子慎其独也。喜怒哀乐之未发，谓之中；发而皆中节，谓之和。中也者，天下之大本也；和也者，天下之达道也。致中和，天地位焉，万物育焉。

这一章是《中庸》一书的纲领。它首先提出“中和”观念所以重要，即在于“性”“道”虽同，但气禀有异，所以表现在每一个人身上则会出现太过或不及的偏差，“是以君子之心，常存敬畏”，“遏人欲于将萌，而不使其潜滋暗长于隐微之中”（《四书章句集注》），此之谓“慎独”。这就是说，人的喜怒哀乐的感情，在未发之前与已发之后，皆须达到既“中”又“和”的境界，没有一点偏向，没有一丝走作。人的心性修养能达此“中和”，使社会与天地万物相和谐，“天地位焉，万物育焉”，所以称“中”为“大本”，“和”为“达道”，把“中和”思想提升到本体的地位。

儒家教人，最反对走极端，《易经》中即有“亢龙有悔，盈不可久”“人道恶盈而好谦”等说法。《易传》亦常言“得中”“中道”“中行”“中节”“中正”“中德”等。此皆有不偏不倚、无过无不及之意。这种中庸思想的流传，对中国人的伦理道德、思想方法、行为方式都产生潜移默化的影响，其中尤为突出的是“以德报怨”之说。《中庸》记载孔子回答“子路问强”时说：“宽柔以教，不报无道”，“君子和而不流……中立而不倚”。朱熹的解释是：“宽柔以教，谓含容巽顺，以谓横逆之来，直受之而不报也”；“夫子以是告子路者，所以抑其血气之刚而进之以德义之勇也”（《四书章句集注》）。朱熹的解释极其符合儒家的旨意。因此，“中庸”“中和”的含义，在很大程度上是“抑其血气之刚”，使一个人的生理与道德理性合为一体，这样便使个体与社会同时得到“中和”“和谐”。一个人如果不抑制这种“血气之刚”，它所带来的后果，将是凭情感而无限的发泄，使内心的平衡遭到破坏，因此会出现走极端的现象。西方人往往为爱情发生决斗，即是未抑血气之刚而凭借情感发泄的结果。《礼记·表记》引孔子的话说：“以德报德，则民有所劝”；“以怨报怨，则民有所惩”；“以怨报德，则刑戮之民也”。由此可见，儒家是主张“以直报怨”“以德报德”的。中国人没有决斗，尚文不尚武，克制感情的冲动，不走极端，等等，可以说皆是受中庸、中和思想的陶冶和影响。其“宽柔以教，不报无道”推广到人与人或国与国的关系上时，则表现出雍容、巽顺、和平的气象与风度。其中雍容、巽顺等性格虽然在一定条件下可能流于调和折中，但中庸和平、宽厚温良则确实积淀为中华民族的优良传统。

（二）道家的“不争之德”与中道思想

道家的“不争之德”与中道思想对中国文化的中庸和平性格也产生了巨大影响。以老子、庄子为代表的道家中道观比儒家的中道观更具有谦下退避的色彩，这对塑造中国人的国民性格起到了一种补充的作用，使得中国文化的中庸和平特征具有道家自然主义色彩。从原则上说，由于儒家提倡德治，因此对于那些与“中庸”“中和”观念相对的“怨”“恨”“仇”等思想亦主张用道德的力量去化解和克服，并且认为能够通过化解而达到最终的和谐，正如宋儒张载所说：“有象斯有对，对必反其为；有反斯有仇，仇必和而解。”（《正蒙·太和》）但这种和解与宽柔，并不是无原则的，《论语·宪问》说：“或曰：‘以德报怨，何如？’子曰：‘何以报德，以直报怨，以德报德。’”这里，孔子又提出“以直报怨”的说法。按朱熹的解释，“直”者，乃“至公而无私”之谓。因此对于“怨”“恨”之类的矛盾，不能抱阿曲之私或姑息态度，而是应以正直无私的态度来对待，这即是儒家“以直报怨”的原则。

道家的中道观与儒家有较大不同。就德与怨的关系说，老子与孔子的看法就不同。老子说：“和大怨，必有余怨；报怨以德，安可以为善？”[①]按老子的看法，无论是“以直报怨”还是“以德报怨”，都不是最好的办法。因为既已结下怨恨，调解得再好，也会留下不和的阴影，因此，只有不结怨，才可以无怨，在道家看来，这是最根本的办法。那么怎样才能不结怨呢？老子接着说：“圣人执左契而不责于人。”古时刻木为契，剖分左右，债权人执右契，负债人执左契，期约满时，债权人可凭右契讨债。“圣人执左契而不责于人”，是指放弃执右契讨债的权力，即施而不求回报之义。报“怨”的方法有多种，道家则从根本上反对“报”。这种以“无报为报”的思想正是道家自然主义、无为主义的反映，把它推广到人事关系、社会关系及国际关系上，则正是道家的所谓“柔弱之道”与“不争之德”。因此老子一再强调“知其雄，守其雌”“知其白，守其黓”“知足者富”“兵强则灭，木强则折”“不敢为天下先”“不以兵强天下”等

① 见《老子》七十九章。此句中“报怨以德”四字，原为六十三章文字，据马叙伦、严灵峰、陈鼓应等人的考证，移于此章内，上下文义才较通顺合理，本文采取是说。详见陈鼓应《老子注解及评介》一书，中华书局1984年版。

等。因此，道家中道观之要旨，在于避开锋芒仇怨，以善心对待一切，即“善者，吾善之；不善者，吾亦善之；德善。信者，吾信之；不信者，吾亦信之；德信”（《老子》四十九章）。

老子的“柔弱之道”与“不争之德”，强调的是手段，其目的乃在于“曲则全”“后其身而身存”“柔弱胜刚强”“不争故天下莫能与之争”“无为而无不为”等等。正因老子思想中有手段与目的之别，所以在他的思想分化以后，遂演变为两种文化因素：一种是以老子的目的为目的。这种“目的论”为法家、兵家、韬略家及阴谋家所吸收，即忍小以图大。传说中的韩信忍胯下之辱及刘备的韬光养晦即是一例。这里突出了中国文化中的一个“忍”字，即所谓“小不忍则乱大谋”。眼前的忍是为了将来的发展。另一种则是以老子的手段为目的，真正发展了道家的中道论，以此为其人生哲学的归宿。庄子是这一路的代表。其特点是企图超越人的一切对立。因为社会是极其复杂的，人与人、国与国的关系不可能像老子想象那样，可以用不结怨的办法消除彼此的怨恨。因为你不与他结怨，他却与你结怨，因此在庄子的心目中，儒家的“以直报怨”固然不能解救浇薄的社会，就连老子的以“无报为报”的“不结怨”方式也无济于社会。因此，最根本的办法是抛弃老子“无为无不为”的目的追求，从社会的纷争中解脱出来，走一条与世无争的逍遥自得之路。

因此，与老子比较，庄子是一个积极的相对论者，他所建立的中道观，是在老子“柔弱之道”与“不争之德”的基础上，再进一步，完全以超越为原则，试图以事物的相对性、流变性否定人类存在的偏私和成见，如庄子说：

是亦彼也，彼亦是也。彼亦一是非，此亦一是非。果且有彼是乎哉？果且无彼是乎哉？彼是莫得其偶，谓之道枢。枢始得其环中，以应无穷。（《庄子·齐物论》）

在庄子看来，事物的本然是不分彼此的。而人们所谓的彼与此、是与非、可与不可、然与不然等等的差别对立，乃是人们主观的作用。因此，心灵的觉醒必须超越这种人为的对立，使其“莫得其偶”，才能掌握道的关键。就像处于是非相寻的环子的中心一样，超越是非，以顺应无穷的流变。“枢始得其环中”是道家中道观的经典表述。郭象说：“是非反复，相寻无穷，故谓之环。环中，空矣；今以是非为环而得其中者，无是无非也。”（《庄子注》）此处明显表现出儒、道两家中道观的区别：儒家的中道观不出道德理性的规范；道家的中道观企图超脱道德的价值判断而直指自然。其共同点则强调“中”，即不走极端的原则。庄子说：“为善无近名，为恶无近刑。缘督以为经，可以保身，可以全生，可以养亲，可以尽年。”（《庄子·养生主》）在庄子看来，为善往往近乎追求名誉，为恶又往往遭到刑戮的惩罚，只有不为善也不为恶，采取一种“缘督以为经”的中道立场，才可以免除极端的危害。王夫之在《庄子解》中说：“奇经八脉，以任督主呼吸之息，身前之中脉曰‘任’，身后之中脉曰‘督’。”“缘督”者，缘“中”而行也。此即“以无厚入有间，恢恢乎其于游刃必有余地”之谓。

总之，中国文化的中庸和平性格是由儒、道两家的中道观互补而成。虽然各家之间有许多相异之处，但皆重内在精神的和谐，表现为人与我、人与人、人与物、人与天的和平共处和圆融无碍的精神。这种精神是中国古代各家所共同提倡的。对于这一点，《庄子·天下》有明确的记录："墨子泛爱兼利而非斗，其道不怒"，墨家"非攻"思想是古代反对战争最有力者，可见墨家是主张和平的；宋尹学派是"不累于俗，不饰于物，不苛于人，不忮于众……见侮不辱，救民之斗，禁攻寝兵，救世之战"；关尹、老聃则"以濡弱谦下为表，以空虚不毁万物为实。……曰坚则毁矣，锐则挫矣。常宽于物，不削于人，可谓至极"；庄周"独与天地精神往来而不敖倪于万物，不谴是非，以与世俗处"；甚至"其道杂驳"的惠施，也是"泛爱万物，天地一体也"。

《庄子·天下》所谈到的七派思想，几乎无一不主张和平仁爱，反对斗狠好战，确实与西方文化成一鲜明对照。这些均属中国文化的和平宽大精神。这种和平宽大精神，灌注在实际生活中，则表现为：

第一，在中国人的权威崇拜中，往往是崇拜圣人超过崇拜英雄。因为英雄好战，以百姓为草芥，故孟子曾有"好战者服上刑"的主张。老子亦言："以道佐人主者，不以兵强天下。其事好还，师之所处，荆棘生焉。大军之后必有凶年。"（《老子》三十章）

第二，在中国与异族的战争史中，中国极少主动挑起战事，往往是在迫不得已时才起而抗战，即使"不得已而用之，恬淡为上。胜而不美，而美之者，是乐杀人。夫乐杀人者，则不可以得志于天下矣"（《老子》三十一章）。

第三，中国的军事战备多是用于自卫。因此，很少用武力去侵略、压迫和吞并弱小民族，秦朝的万里长城、汉代的和亲政策都具有防御性而非侵略性。

第四，重文轻武，即使对军事将领亦多提倡儒将之风。荀子说：

“凡在于军，将帅末事也。”又说，“慎行此六术、五权、三至，而处之以恭敬无圹，夫是之谓天下之将。”（《荀子·议兵》）

由此可见，中国文化是和平宽大的文化，由此文化所塑造的中华民族亦可以说是世界上最爱好和平的民族。但这一优点同时又产生了它的缺点，如前所述，儒家的中庸、中和思想，其原本的意义在于消除“人欲之私”，以“君子慎其独”为最终归宿，这一点经过宋明理学家的发挥，使其成为心性之学的重要内容和僵死不变的道德教条，不仅具有本体的意义，而且成为指导人们日常生活和处理人际关系的准则。再加之不能正确理解道家贵柔、守雌、谦下、不争等重要的思想内涵，往往从消极方面以“柔弱之道”和“不争之德”作为回避矛盾、摆脱纷争的处世哲学，遂使中庸和平思想流变为“折中调和”“知足常乐”“安分守己”“收敛宁静”等保守退避思想，使人于勤奋中信天安命，于是向外追求奋进之心大减。因此它成为现实生活中磨砺人们锋芒和棱角的无形利剑，塑造了中国人含蓄、内倾、稳健、老成的独特风貌。同时，又使一些人产生外宽和而内刻薄、外雍容而内吝啬、外知足而内贪婪、外诚恳而内奸诈、外柔弱而内刚愎、外大公而内大私、外坚忍而内残忍、外平等而内独裁等相互对立的双重性格。

由于中国文化中过多地强调“中庸”“中和”“平衡”“和谐”“不偏不倚”“过犹不及”等思想因素，它不仅具有一般方法论意义，而且成为一种道德观念，具有道德的约束力量。因此在广大的人群中，出头、拔尖、冒险、争先者寡；而贪生混世、随波逐流、饱经世故者多。“木秀于林，风必摧之”“出头的椽子先烂”“枪打出头鸟”“一争两丑，一让两有”“凡事不可太过”等民间谚语所以流传不息，亦皆与中国文化这一特征有密切关系。这一特征本有其独特的价值所在，但其道德化的结果，“不免流于乡愿，却亦为此社会保持和平不少。除了遇事临时让步外，中国人平素一切制度规划，措置安排，总力求平稳妥帖，不落一偏，尤不肯走极端。盖深信唯调和为最稳妥，最能长久不败之道”①。

七、乡土情谊：凝聚力

中国文化中的家族本位和有情的宇宙观使中国文化带有浓厚的乡土色彩。中国自古以来就是一个典型的农业社会，而农业生活的特点，在于定著而安居，世世代代生活在同一块土地上，无天灾人祸则很少迁居。对于生于斯而长于斯的人，对自己的乡土人物有无限的眷恋之情。这种乡土情谊深深地灌注到中国文化之中，甚至影响了中国文化的发展。

中国文化的乡土情谊深受儒家文化的培植。《论语·乡党》说：“孔子于乡党，恂恂如也，似不能言者。”“乡党”，指父兄宗族所居之地。这是说，孔子对于家乡父老常常能诚信笃实，谦卑逊顺。在孔子看来，能受到乡党宗族的赞许信任乃是做“士”的基本条件。因

---

① 梁漱溟：《中国文化要义》第十章，载《梁漱溟全集》第三卷，山东人民出版社1990年版，第202页。

为在同一环境中生活的人，自然有一种宗族或地域的关系，这种关系是熟悉而亲密的。因此一个人的表现很容易在这种关系中自然流露，如果不注意在这种亲密而熟悉的关系中培养自己的道德情操，就不能由近及远、由亲到疏地表现自己的人格。因此孔子十分注意在宗族乡党中培养孝悌的感情，以便在以后漫长的人生道路上，为宗族乡党负道德责任。当子路问孔子“何如斯可谓之士”的问题时，孔子列了三条，其第二条即是“宗族称孝焉，乡党称悌焉”（《论语・子路》）。可以说，儒家非常重视一个人的宗族乡党对他的评价。

儒家的亲亲原则，使人对父母兄弟的孝悌之情推及自己的邻里乡亲。因此不仅在道德上，而且在感情上、利益上都必须首先考虑到自己的邻里乡亲，以与之相济相周。据说孔子为鲁司寇时，“原思（名宪，孔子弟子）为之宰，与之粟九百，辞。子曰：‘毋，以与尔邻里乡党乎？’”（《论语・雍也》）他的助手原宪认为给的报酬太多，不肯接受，孔子却认为不当推辞，教他有余则可分与邻里乡党。这即表示儒家鼓励与邻里乡亲相济相周之义。

中国文化中的“乡里”观念，最初具有宗法血缘的意义，因此尊重宗族乡党即是尊重宗法血缘关系。这里体现了儒家由近及远的亲亲原则。随着社会的演变，这种宗法血缘关系逐渐淡化，但长期流行的宗族乡党观念却积淀在人们的文化意识之中，由地域关系代替了血缘关系，“乡党”演变为“乡土”。

《周易・系辞上》说：“乐天知命，故不忧，安土敦乎仁，故能爱。”《礼记》的作者进一步发挥说：“不能爱人，不能有其身；不能有其身，不能安土；不能安土，不能乐天；不能乐天，不能成其身。”（《礼记・哀公问》）这里，“安土”被提到重要地位。那么，何谓“安土”？为什么要“安土”？

“土”，即土地，以农立国，必重土地。所以孟子把土地当作立国的“三宝”之一。孟子说“诸侯之三宝：土地、人民、政事”（《孟子·尽心下》），强调行仁政“必自经界始”，“分田制禄”，“制民之产”，使人民“死涉无出乡”。荀子更是强调“土”的重要，认为“无土则人不安居，无人则土不守。……故土之与人也，道之与法也者，国家之本作也”（《荀子·致仕》）。可见，“安土”即是“安居”，人若不安居，则离乡远涉，国家失去民众，就会造成“无人则土不守”的局面，国家也就会由此而败亡。因此儒家强调“安土”，其目的在于兴国。要使人们“安土重迁”，除“制民之产”外，最重要的是施行礼乐之教，“迁乡则修长幼之序”，“乡里有齿而老穷不遗”，“合诸乡射教之乡饮酒之礼，而孝悌之行立矣”，否则“长幼之序失而争斗之狱繁矣”。行礼乐之教，“则使百姓顺命安乐处乡”，使人产生“与乡人处由由然不忍去也”的乡土情怀。这即是儒家的乡土之教。

从宗教的层面来看，中国文化亦有亲土观念。《礼记·郊特牲》说：“社所以神地之道也，地载万物，天垂象，取财于地，取法于天，是以尊天而亲地也。故教民美报焉。家主中溜而国主社，示本也。”古代立社以祭地，盖因地载物而生财。上古穴居，故有中溜之名。“溜”与“社”皆土神。卿大夫之家主祭土神于中溜，天子诸侯之国主祭土神于社，这都是“美善其报之以社”，以彰其载物生财之本。由于古代宗教的“尊天而亲地”，故古人相信，“众生必死，死必归土，此之谓鬼”（《礼记·郊特牲》）。“鬼者，归也。”中国古人很明智地把“鬼”作了泛神论的解释，这是由于他们深信，人无论是生是死，皆与“土”有关。他们生时立足于土，死时亦归于土。中国古人施行土葬即是由此。这与有些民族施行水葬、天葬、火葬亦有不同。《礼记·郊特牲》还说：“唯为社事，单出里；唯为社田，国人毕作；唯社，丘乘供粢盛。所以报本反始也。”“社事”，指祭祀社神的活动。“单”尽也。“里”，计量单位，古代以二十五家为里。“丘”“乘”亦是计量单位。古代的井田之制，九夫为井，四井为邑，四邑为丘，四丘为乘。这句话是说，在祭祀社神时，一里之人尽出而供给其事；祭社之事而田猎，则国中之人皆行；祭社所需要的“粢盛”亦由丘乘供给。这样做的目的是为了“报本反始”，即对哺育他们的家乡土地酬之以礼，追之以心，以报答土地所施予他们的哺育之恩。因此，在中国人的观念中，土地是他们之所从来的“根本”，无论何时何地，都不能忘其所从来。所以对自己的出生地，一般都称父母之乡，扩而充之，又称自己的祖国为父母之邦。这其中都含有“报本反始”之义。也正因如此，中国人常把家乡比喻成自己的母亲，由父母扩及“家”，由家扩及“乡”，由乡扩及“邦”，由邦扩及“国”，称“家乡”“家邦”“家国”。一个人无论离家乡多远，其死后都要归葬于家乡。不仅生前深怀乡土之情，就是死后，亦希望自己的躯体复归于乡土。

由以上可知，中国人的亲土观念，不仅与儒家的乡土之教有道德上的联系，同时亦有“报本返始”的宗教上的联系。在宗教信仰上，中国文化与“土”的关系是很深的，不仅崇拜天，而且崇拜地。天地与父母、君王、师长合称“天、地、君、亲、师”，构成中国的多种信仰。而这五大崇拜的对象，在数量上占有优势地位的神，无疑是“土地”，它与人的距离最近，“土地”的亲切、善良、宽容、慈祥，以及它的生物之功、载物之德，使中国人对它产生景仰之情，这种具有宗教性质的崇拜，落实到文化层面，即是中国人的乡土情谊。

中国文化的乡土情谊，在功能上起着巨大的凝聚作用，使中国人对家乡、对祖国、对民族、对文化都具有普遍的亲和感和认同感。尤其当外族入侵或面临亡国之时，这种乡土情谊则表现得更为炽烈。

据《周礼》，“大夫、士去国，逾竟（同境），为坛位，乡国而哭。素衣、素裳、素冠、彻缘、鞮屦、素簚、乘髦马，不蚤鬋，不祭食，不说人以无罪，妇人不当御……”（《礼记·曲礼下》）这是说，“凡此皆为去父母之邦，捐亲戚，去坟墓，失禄位，亦一家之变故也，故以凶丧之礼自处。”（陈澔：《礼记集说》）西晋灭亡时，“过江人士，每至暇日，相要出亭饮宴，周觊中坐而叹曰：‘风景不殊，举目有江河之异。’皆相视流涕。”（《晋书·王导传》）南宋遗臣郑思肖（字所南），宋亡后，隐居吴下，坐必南向，每至节日，则望南而哭；画兰花有根无土，人问其故。则云土被“番人”夺去，以“无土”象征国亡，表达了亡国的痛楚及对故土的怀念。

中国文化的乡土情谊，不只是亡国后人们才对乡土发生特殊的感情，而是和中国人的日常生活紧密联系在一起。它已成为中国人的一种潜在的文化心理意识。其具体表现有很多方面，如：

第一，宗谱与地方志。最能表现中国乡土文化的是宗谱与地方志的发达。在中国凡是发展较早的地方，都有地方志的修撰。有的县志可追溯到先秦时代，这是在其他民族的文化里所见不到的。除了县志，再就是宗谱。如孔子家谱，至今已传至第七十九代。1977年在台湾地区曾发生一起所谓的“诽韩案”，原告韩思道自称是韩愈的卅九代孙，起诉《潮州文献》上发表的《韩文公、苏东坡给予潮州后人的观感》一文，说此文作者诬陷了韩愈，并以《韩氏宗谱》为据，证明原告是韩愈的后代。最后台北地方法院给被告“罚银圆三百元”的判处，结束了这场官司。我们且不论《韩氏宗谱》是真是假，也不论这场官司多么难于判断，我们只需透过这一现象，窥探其文化背景，就不难发现，这是中国文化中古老的宗族乡党观念的现代表现。

第二，方言与会馆。中国文化的乡土观念表现在中国语言上，则是方言的发达，方言作为语言的地方变体，是经过世世代代本地区的人长期积累的结果。在民族语言里，尽管方言的作用逐渐缩小，并随着共同语言影响的扩大而趋于消失，但中国的方言却有较强的生命力。尤其在海外华人盛居的地方，方言的存在不但没有受到威胁，而且顽强地巩固着自己的阵地。如闽南语、客家语、粤语等中国方言在东南亚地区华人中仍然盛行。其功能无疑起着维系乡土情谊的巨大作用。他们凭借这种地方性的乡土语言，可以互相沟通思想，交流感情，彼此作同乡人的亲切认同。这种以方言互相认同的形式，加以空间的组织化，便出现所谓“会馆”或“同乡会”，古代亦称“公所”。这种具有封建性的地方团体，在外乡、外省甚至国外都起到牢固地维系乡土情谊和同乡利益的作用。一直到近代，许多纯属同乡性的会馆遍及国内外，其宗旨一般是防范异乡人的欺凌，并为同乡的利益服务。

第三，地方戏曲与田园文学。中国文化的乡土情谊对中国文学的发展产生深远的影响。中国诗人陶渊明，他的田园诗，即充满了乡土气息，这似乎是中国文化特有的现象。如他的《归田园居》说：“羁鸟恋旧林，池鱼思故渊。开荒南野际，守拙归园田。方宅十余亩，草屋八九间。榆柳荫后檐，桃李罗堂前。暧暧远人村，依依墟里烟。狗吠深巷中，鸡鸣桑树巅。户庭无尘杂，虚室有余闲。”（《陶渊明集》卷二）唐诗中亦有许多歌咏田园的作品，如储光羲的《田家杂兴之八》：“种桑百余树，种黍三十亩。衣食既有余，时时会亲友。夏来菰米饭，秋至菊花酒。孺人喜逢迎，稚子解趋走。日暮闲园里，团团荫榆柳。……”这两首田园诗即可反映出中国诗及中国文学对乡土的关切和眷恋之情。在中国文学中有许多歌咏家乡风物的优秀作品，反映了作家与劳动者的亲密关系，以及作家对故土的怀念与热爱。“举头望明月，低头思故乡”“锦城虽云乐，不如早还家”以及“少小离家老大回，乡音无改鬓毛衰”等诗句都反映了诗人强烈而浓重的乡土情怀。在中国文化中，反映地方乡土情调的莫过种类繁多与风格各异的地方戏曲之发达。如川剧、越剧、沪剧、湘剧、闽剧、吕剧、藏剧、秦腔、二人转、河北梆子、京韵大鼓等等，几乎每个省都有反映自己地方特色并深受本土人民欢迎的地方戏曲。这种带有乡土气息的文艺，如百花盛开，构成丰富多彩的中国戏曲文化。

第四，乡土谚语与地方性的学术流派。在中国文化中，有许多具有民间意识的谚语，充分流露着乡土情谊。如“人离乡贱，物离乡贵”“宁恋本乡一捻土，莫爱他乡万两金”“乡亲遇乡亲，说话也好听”“宁给挑葱卖蒜的，不给出门在外的”“官大一品，不压乡党”等等。乡土情谊重在“乡土”，故中国古代学术流派亦多以地方命名，如“关学”“洛学”“浙东学派”“泰州学派”等等。在《明儒学案》及《宋元学案》中，大部分学案均以地名命之，如“百源学案”“泰山学案”“庐陵学案”“沧州学案”等等。正因重视地方乡土，中国古代的许多地方官及学者亦多以地方之名称之，如柳柳州、吕东莱、张横渠、程伊川、昆山顾炎武、绩溪胡适等等，不一而足。

所有这些都带有中国文化的乡土色彩。

中国文化的乡土特征，完全是由宗族乡党观念演化而来，它对中国社会的政治、经济、道德伦理、价值观念以至民族情感、国民性情等，均有不可低估的影响。这一特征同中国文化的其他特征一样，其优其劣的品格紧密交织在一起。就其前者说，这种乡土情谊可以提升为爱国主义和民族精神，从而加强中华民族的凝聚力和认同感。尤其当身遭国变、背井离乡之时，往往产生更强烈的禾黍之悲和乡土之情。这种感情在中国文学及诗词中得到充分的反映，如“耿斜河，疏星淡月，断云微度，万里江山知何处”“富贵本无心，何事故乡轻别”“梦绕神州路。怅秋风，连营画角，故宫离黍”“十年一梦扬州路。倚高寒，愁生故国，气吞骄虏”“东风吹泪故园春，问我辈何时去得”“有客愁如海，江山异，举目暗觉伤神。空想故园池阁，卷地烟尘”“多少新亭挥泪客，谁梦中原块土？”等等。这样的诗句，都可反映出由乡土之情所扩及的爱国之情以及由爱国之情所产生的对故乡、故土、故国、故人的怀念。海外华人所以有落叶归根的思想，即是受这种文化背景的影响。南宋词人朱敦儒的《采桑子·彭郎矶》可作为其中的代表。其词说：

> 扁舟去作江南客，旅雁孤云。万里烟尘，回首中原泪满巾。
> 碧山对晚汀洲冷，枫叶芦根。日落波平，愁损辞乡去国人。

可以说，中国文化的乡土情谊经过提升，可以加强中华民族的凝聚力，培养团结共进和互助友爱的精神；但另一方面，它又含有消极的成分，甚至可以造成个人与国家民族的疏离感和山头主义、小团体意识等等。

由于中国人乡土观念太重，往往产生如下流弊：

第一，安土重迁，甚至老死不出乡。中国人对离乡背井，感到是人生一大苦事，由此养成中国人的保守性格。

第二，地方观念强烈，往往由地方会馆、同乡会等萌生集团意识，甚至为彼此利益引起怨怼与械斗。

第三，由于地方观念强烈，遂产生排斥外乡人的思想与行为，引出山头主义、地方主义及帮派观念。如旧中国的“温州帮”“徽州帮”“宁波帮”“上海帮”等帮派组织。

第四，“士居三十载，无有不亲人”，把“老乡”“乡亲”“同乡”引为同志。统治阶级的当权者亦喜欢用家乡的人当幕僚、侍卫；互相荐举、扬褒，形成各种各样的地方性小圈子，甚至形成裙带之风。

第五，由于圈子内的人彼此了解熟悉，因此能够互助、合作、相互依赖；而对圈子外的人则产生陌生、疏离感，甚至不相往来，产生一种封闭性或排他性。把这种“同乡关系”扩大，在国外则成为“同国关系”。“同国关系”亦产生上述情况，使在海外生活的中国人或华裔很难冲破这样的圈子，表现出比较保守的特点。

第五章 中国文化对世界的影响

中国文化同世界其他各民族的文化一样，都具有流动性，这是任何文化自身所具有的功能和特性。从这一意义上说，文化是属于人类的共同财富，它是由众多的文明民族世代累积与不断交换的结晶。

一个民族的文化所以能够向外传播和流动，一般取决于两个基本条件：其一是向外流动的文化部分，其自身具有较高的品格，其低劣的部分往往停滞在本土而不能流动；其二，接受外来文化的民族或地区，其自身文化需要更新和发展，它出自切身利益的需要，因此对外来文化的受容一般是有选择的。有受容才能形成流动；有流动才能推动文化的发展。时代愈进步，文化流动的速度愈快，受容者对文化的选择也愈精良。那种强迫别人接受自己的文化和不加选择地盲目全盘吸收外来文化的行为，都会给文化的发展带来不良后果，这已是经过历史证明了的。世界历史上的殖民地文化即是鲜明的例证。

中国在很久以前，便和邻国有了友好往来，并且逐渐扩大到较远的地区。据古代文献的记载，早在秦汉以前，我们就同朝鲜、越南、中亚细亚等地进行过商品交换和文化交流。秦汉以后又与西亚、欧洲等地发生经济和文化联系。这些联系使中国文化在亚洲、欧洲得以传播，并对之发生了不同程度的影响。因篇幅所限，本章只能作简要的介绍。

一、中国文化在东亚的传播及影响

（一）朝鲜半岛

“朝鲜”一词最早见于《管子·揆度》。它说：“桓公问管子曰：‘吾闻海内玉币有七策，可得而闻乎？’管子对曰：‘阴山之礝珉，一策也……发朝鲜之文皮，一策也……’”这里的“文皮”是指带花纹的虎、豹之皮，是古代朝鲜的名贵特产。可见，早在管子时代，中国人对朝鲜即有了解。战国时代的其他著作如《战国策》《山海经》等书都提到朝鲜。《史记》中亦有周武王封箕子于朝鲜的记载。虽然此说目前尚无定论，但可说明早在殷周之际，中国与朝鲜就有了物质与文化交流的可能。秦汉以后，中国的文物制度、学术思想开始传入朝鲜。

在公元一至六世纪，中国的秦汉至隋唐期间，朝鲜半岛上并存着高句丽、百济和新罗三个较大的国家。高句丽位于鸭绿江南岸，与中国接壤，最易接受中国文化的影响。百济位于朝鲜半岛的西南海岸，多经海路与中国南部交通，也接受了当时南朝文化的影响。新罗地处半岛的东南海岸，其与中国交通亦早在隋唐以前。唐高宗永隆元年（公元680年），新罗打败了高句丽和百济，第一次完成了朝鲜半岛上的统一。在此之前，新罗派了许多留学生和政府高级官吏来中国留学和考察。他们回国后，依照中国的政治制度，实行全面改革。因此新罗的文物制度与思想教化深受中国文化的影响。儒家的重要典籍如《周易》《尚书》《礼记》《论语》《春秋》《孝经》及《毛诗》

《左传》等皆在新罗广为流传，甚至被定为“国学”。

中国文化对朝鲜影响最大的是儒学与佛教。如新罗除了定儒家典籍为“国学”外，在治学方法上也深受中国训诂的影响，注重考究经史。在思想上亦多循儒家的忠、孝观念，以“德”治国。当时有一位圆光法师和一位政治家金庾信留学南朝，回国后大力倡导儒家的忠、孝、信、义、和平的思想，提出“事君以忠，事亲以孝，交友以信，临战勿退，慎于杀生”的世俗教化的方针。金庾信后来成为新罗宰相，逐渐把忠、孝、信、义的思想发展为具有朝鲜本民族特色的所谓“新罗精神”。

到朝鲜中世的“高丽”王朝，其文物制度几乎全部参照中国，如官制和兵制均模仿唐制，文教亦然。中央设国子监，地方设乡校，全国施行科举制度。高丽恭愍王时，孔子五十三世孙衍圣公浣，他的第二子昭，以元朝翰林学士的资格，带妻室至朝鲜，居水原，建阙里祠，奉孔子像，开后世朝鲜祀孔风气。高丽忠宣王时，留学生白颐正在元朝治朱子学，回国后亦把朱子之学带回朝鲜，开始了宋明理学在朝鲜的传播。此后，又有儒学的信奉者郑道传倡言排佛，遂使朝鲜的儒士向性理方面探求，从而奠定了李朝的思想基础。

李朝时代是朝鲜近世史中文化昌明的时代，其儒学之风尤盛。特别是程朱理学得到普遍的尊敬，出现了许多著述丰富的大师名儒。如金宗直、金宏弼、赵光祖、金安国、李彦迪、李滉、李珥、徐敬德、金长生等人。其中的李滉，为李朝中宗时弘文馆典翰，博学多识，尤喜朱子之书。明宗五年，他上书监司沈通源，转请朝廷赐颁“绍修书院”的匾额，开创朝鲜书院教育之始。他的著述甚丰，并多为儒学，如《经书订疑》《启蒙传疑》《理学通录》《朱子节要》《退溪集》

《自省录》等，多是对程朱理学义理的阐述，对理学在朝鲜的广泛传播做了大量的工作，在思想上对程朱理学亦多有承继，故有李朝“儒宗”之称。

佛教何时传入朝鲜，年代不详。据传在新罗的祗王时代即有沙门佛僧由高句丽至新罗传播佛法。可知高句丽与百济先于新罗而信仰佛教。佛教在朝鲜的际遇同在中国一样，也经历了一个受容与排拒的反复过程。高丽太祖王建尤好佛法，曾一度定佛教为国教，但对佛教义理很少研究，仅翻刻《大藏经》一部。高丽王朝灭亡后，李朝太祖亦好佛法，佛教曾盛极一时，因寺院林立，耗靡财力，太宗时即加排斥。世宗继位，初信儒学，后改信佛教，致使佛教之风又盛。文宗时再加排斥，严申度僧之禁。中宗曾撤圆觉寺，一时寺刹空虚。明宗时，佛风再起，并设禅科，举办禅科初试，会议讲经，直到提倡佛教的文定王死后，佛教失去朝廷支持，才废止禅科，佛教复衰。

总之，在中国文化的影响下，朝鲜半岛的古代文明多呈现中国文化的色彩。无论文物制度、学术思想，还是器用文化、文字风俗等均受中国文化的强烈影响。其中包括朝鲜的古代历史，有许多材料要在中国古代文献中查找。直到李朝开国以后，才逐渐培植起朝鲜的民族观和建立自己的独立文字。当然中国也从朝鲜学到许多东西，如朝鲜的歌舞早在南北朝时即传入中国。

（二）日本

中国史书中提到日本，盖以《汉书·地理志》为最早。其中记载：“夫东浪海中有倭人。分为百余国，以岁时来献见云。”此后，中国历史对"倭人"的记载可谓"史不绝书",《后汉书》《三国志》《晋书》《宋书》《南齐书》《梁书》《隋书》《新唐书》《旧唐书》等均有记载。其中《三国志·魏志·倭人传》的记载最为详尽。除正史外,其他文献如《论衡》《山海经》《风土纪》《翰苑》等也都有关于古代日本的记载。但在日本本土,史料却极为缺乏。在六世纪以前的日本古代史,几乎全凭口传臆测,直到江户时代,日本史家才注意从中国史书对倭人的记载中寻找根据。这一事实本身说明,中国与日本的关系有着悠久的历史。一般说来,从东汉到南北朝,中日已有直接的外交联系。到隋唐,大量的日本留学生西来,再加上僧侣、商人、外交官以及留日的华侨子弟,都成为中国文化东传的直接媒介。因此,自隋唐以后,到清末以前,也就是从日本古奈良时代到德川幕府末期,凡是中国主要的政治学术思想,其中包括文字、历史、文学、艺术、宗教、哲学以至工业,都或早或晚地传到日本。

第一,文字与历史。汉字何时传到日本,现在已无从确考。但日本文字受中国文字的影响却无可怀疑。相传应神天皇十五年(晋武帝太康五年,公元284年)朝鲜人阿直岐自百济东渡,日皇子稚郎子从之学。阿直岐荐举中国学者王仁,进《论语》十卷,《千字文》一卷,皇子师事王仁并通其学。一般都认为这是日本习汉文的开始。实际上,秦汉以后,即有汉人移居日本,加上两国的交往日密,因此汉字的传入可能更早。《宋书·蛮夷传》载,宋顺帝昇明二年(公元478年),倭国王武向宋顺帝呈递表文,文辞雅饬,似经相当的汉文训练。在目前流行的日本文字中,除保留有大量汉字外,其片假名的形状亦脱胎于汉字。日本现有最早的史书是《古事记》和《日本书纪》。据日本学者考证，其成书年代在日纪元明帝和铜五年（公元712年）至元正帝养老四年（公元720年）之间，正值中国的唐玄宗时代。《日本书纪》与以后的《续日本纪》《日本后纪》《续日本后纪》《三代实录》《文德实录》合称“日本六国史”，都是用汉字写成。这不仅说明日本文字受中国文字的影响，而且达到一种通用的程度。从《说文解字》的九千三百字到《康熙字典》的四万九千余字，几乎全部通行于日本。新村书所撰的《辞苑》附有日本国字表，系日本自造文字，仅一百三十四个，而且都是采用中国传统的六书造字法。这种通用的现象直到明治维新以后，才逐渐从直接用汉字过渡到以汉字作音标，同时夹杂汉字的日本自创文字。二十世纪以来，为强化民族意识，日本文字逐渐扬弃汉字，趋向单一化过程。

日本的修史事业，至江户时代而大盛。长达三百九十七卷的日本最大史书《大日本史》，可以说是日本史学的代表作。它完成于明治三十九年（公元1906年），前后历时二百五十年。作为日本最大的史书，却是完全模仿中国的正史。日本学者加藤繁说：“纪传、志表、纪事本末等正史体制，既成立于中国，江户时代史家不过承袭之而已。”[①]《大日本史》的体制及目次排列与《史记》《汉书》等基本相同，也是由本纪、列传、志、表四种体制组合而成，也有《烈女》《方伎》《隐逸》《文学》《逆臣》等列传。不仅作史的体例效仿中国，其纪事的方法、修史的精神也都仿效中国。如书法上的正统观念、君臣名分观念以及尊王贱霸等思想，都深受春秋通鉴纲目的影

① 加藤繁：《中国史学对于日本史学的影响》，载梁容若：《中国文化东渐研究》，台湾中华文化出版事业委员会1956年版。

响。当然，日本史籍也有许多方面异于中国，如列传的人物顺序不像中国正史父传必先于子传那样，而常有子传先于父传之例。同时“中国正史中宋书唐书外，乐志载乐器甚少，大日本史礼乐志中兼述乐器之制，兵志中兼述兵器，国郡志述山川形势及人文风习，皆中国史书所未遑注意”[①]。从这些微小的差别中，也许能发现日本文化的独特之处。

第二，佛教。佛教本源于印度，魏晋南北朝至隋唐时期大畅于中国，唐宋以后一直到近代，佛教的重心则转入日本。

日本的佛教固然带有日本民族的特点，但其传入则全依赖于中国，而且已是中国化的佛教。这即是说，佛教是作为中国文化的一部分而传入日本的。具体的传入时间，按着一般的说法，当在南朝梁武帝普通三年（公元522年），南梁人司马达至日本，在大和高市板结庐奉佛开始。此后，又从百济传入释迦佛像及部分佛教经论，但中国佛教在日本广泛传播还是在隋唐时期。从隋唐至宋元明三朝，日本和尚来华留学与中国名僧去日本传法，往返络绎不绝。因此中国佛教的各宗派及其典论在隋唐以后的五六百年间，几乎都传入日本。在从日本入唐的日本名僧里，有从玄奘学法相宗的道昭；从善无畏学三论宗的道慈；从义真学密教的圆行；学天台宗的最澄、圆仁；学真言宗的日本名僧空海、道邃；学临济宗的荣西以及曹洞宗的道元；等等。

从中国去日本的名僧，如：唐玄宗时期修密教的道明、道荣，修华严宗的道璿，修律宗的鉴真；宋代名僧修禅宗的道隆、祖元；清代的隐元法师；等等。其中的道荣、道明在日本有较大影响，成为日本

① 周一良：《大日本史之史学》，载《燕京大学史学年报》二卷二期。

大和长谷寺开基者，是日本密教史上的重要人物。与其同时的道荣和尚，在日本亦有很大影响，日本元正天皇所下的诏书中，严饬所属凡佛经注音，悉应以道荣之读音为准，其中说：“释典之道，教在甚深，转经唱礼，先传恒规，理合遵承，不须辄改。比者，或僧尼自出方法，妄作别音，遂传后生之辈，积习成俗，不肯变正，恐污法门；从是乎始，宜依汉沙门道荣，学问僧胜晓等，转经唱礼，余音并停之。”[①]前面提到的道璿，是最早传华严宗入日本的中国和尚，日纪天平胜宝三年（唐玄宗天宝十年，公元751年）被敕封为“律师”。道璿初抵日本，在锡大安寺讲解《律藏行事钞》，实为律宗传入日本的先驱。此外对天台、华严两宗的传播，亦有极大贡献。

至于鉴真法师，更为日本人所熟知，他对中国文化在日本的传播，远远超出佛教领域，备受日本人民及广大佛徒的尊崇。他抵日时受到隆重接待，日本圣武天皇口诏说：“大德和尚远涉沧波，前来此国，诚副朕意……自今以后，受戒传律，一任大和尚。”[②]足见日本人对他的信任与尊崇。他在日本期间，按日讲律，并就中土文物制度等多所阐释，数年之中，日本佛教律仪，逐渐严整，师资相传，使日本佛教界的风气为之改观。鉴真和尚于唐玄宗天宝十二年（公元753年）东渡日本，至日纪天平胜宝七年（公元763年）在日本去世，前后凡十年，皆以传道、受戒、讲学为事。其在传播中国文化，特别是在佛教、文学、医术、工艺及文物制度等方面对日本做出了巨大贡献。

---

① 转引自宋越伦：《中日民族文化交流史》，台湾正中书局1983年版。

② 同上。

中国历史发展至宋代，由于北方少数民族南侵，广大中原地区陷入战争的旋涡，随着宋室的南渡与衰危，宋僧大批东渡日本，把当时盛行的佛教禅宗亦带到日本。当时正值日本幕府时期，几任幕府执政都笃信禅宗，造成日本受容禅宗文化的客观条件。据日本历史的记载，名僧道隆即是受当时幕府执政北条时赖之请，于南宋理宗淳祐六年（公元1246年）由浙渡日，为幕府开辟了宋式禅院建长寺及圆觉寺，至今仍为日本有名的佛教圣地。继道隆之后，渡日的名僧还有普宗、祖元等多人，都为禅宗在日本的传播与发展付出了心血。

第三，儒学。儒学传入日本，应比佛教略早。如以王仁献《论语》为准，则至迟应推至西晋太康时代。王仁献《论语》之说，出自日本国史，而非中国人的记载，故此说虽有保守的可能，但却足以为证。因此，从西晋太康时期至陈、隋之际，是儒学传入日本的第一阶段。

据现有中日两方面的史料看，中国文化传入日本，有两个高峰期。第一个高峰期在唐代，第二个高峰期在宋明时代。因此，儒学与中国文化其他部类一样，其大量传入日本并产生较大影响的时期也正是在唐、宋、明三朝。

“自推古天皇十五年（隋炀帝大业三年，公元607年），遣大使小野妹子、留学生高向玄理等去中国，到宇多天皇宽平六年（唐昭宗乾宁元年，公元894年），用菅原道真建议，停止遣唐使，约三百年间，努力直接输入中国文明，在制度文物上盛行模仿中国。从中国文化移植日本的成绩看，这时期可算黄金时代。”[①]这时，在圣德太子

① 青木正儿：《中国文学对于日本文学的影响》，载梁容若：《中国文化东渐研究》，台湾中华文化出版事业委员会1956年版。

的宪法里，已经可以看出儒家思想的深厚影响。唐代教育制度及其内容传到日本，儒家的经典如《周易》《尚书》《左传》《礼记》《周礼》《仪礼》《孝经》等亦成为士大夫的必读书。当时名儒吉备真备两次游唐，历十七年之久。回日后，倡兴孔子祭典，授《礼记》《汉书》等于东宫，官至大纳言，成为日本一代儒宗。此外如菅原氏自清公、是善至道真，三世皆治经史，为文章博士，有儒学世家之称。其中的道真在日本几乎和孔子齐名，死后仍受民祀，这些深受儒家思想陶冶的硕学大儒，在思想上也都倡导儒家的忠孝仁爱、信义和平及纲常名教等观念。

继唐代经疏儒学传到日本的是宋明理学。先是日本临济宗开山人物荣西法师于日纪仁安三年（宋孝宗乾道四年，公元1168年）、文治三年（宋孝宗淳熙十四年，公元1187年）两次入宋，研求禅宗，与朱熹弟子窦从周、钟唐杰二人交往甚厚，深受其理学影响。其后是于正治元年（宋宁宗庆元五年，公元1199年）入宋的俊芿和尚，留学期间除学佛外，还留心理学，曾与慈溪杨简（号慈湖）有交。他在华留学十三年，回日时，除了携带大量佛书外，同时带回儒家典籍二百五十余卷。

宋代以后前往中国留学的日本学者更加繁多。较著名的有桂菴玄树、中岩圆月等。玄树赴明游学五年，在苏杭间从中国大儒专攻朱子之学，回国后开院受徒，阐扬理学精义，对镇西文化的兴隆，卓有贡献。中岩圆月十二岁便熟读《论语》《孝经》，在中国游学八年，兼修儒释。回国后，在上州吉祥寺、近江龙兴寺等处讲学，力倡佛儒相融，成为日本五山学儒中的佼佼者。

在德川时代以前的镰仓室町时代，儒学仅为僧寺的副业，传播儒学的大多是佛门弟子，因此儒学也多由和尚兼讲。自德川家康统一日本后，欲以儒术致太平，故儒者亦脱离佛教而独立。江户时代儒学跃入官学，大小藩主模仿幕府，纷纷设立学校，使儒家的“四书五经”及《左传》《史记》等成为通行的教科书。官学多以朱子为宗，培养了大批通儒博经的儒士，使儒学普及到中等社会，这是德川时代儒学传播的特点。

除朱子学外，在日本影响最大的是王阳明学派。以阳明学名世者为中江滕树（1608—1648），他是近江高岛人，中年时得到王守仁弟子王畿的《龙谿语录》和王守仁的《阳明全书》，于是舍朱学而归王学，成为日本阳明学的祖师。王学在日本的传播收到与中国不同的效果，它与佛教禅宗及日本固有的神道思想相融合，塑造了具有近代意义的日本民族精神。其中受王学影响最深的，莫过日本以“武士道”精神为根基，并带有黩武主义特色的所谓“大和魂”思想。它可以和西方“骑士精神”，古代朝鲜的“新罗精神”相比照，远远离开了中国文化温良恭俭让的中庸和平精神。深受中国文化影响的日本文化，所以表现出与中国文化不同的特殊性格，即在于它善于丢掉成见，不囿于传统积习，而专力模仿、选择、吸收有利于民族发展的文化营养。隋唐文化的传入使日本出现“大化革新”；宋明理学，尤其王学的传入，间接造成明治尊王倒幕的机运；而近代全力学习欧美，促使日本成为经济强国，这都说明它具有善于吸收的特点。

二、中国文化在东南亚的传播及影响

中国文化在东南亚的传播及影响不及朝鲜和日本，其原因之一是气候、地理条件所造成的限制。同时，对这一问题的研究也有待深入。就目前状况看，东南亚地区由于受到中国、印度及近代欧美的影响，它的文化表现为多种文化的综合。但就华侨盛居的地区而言，则仍保留着相当成分的中国文化。下面简要分述几个国家的情况：

（一）越南

在东南亚各国中，越南受中国文化的影响最深。中越两国之间，由于领土毗连，因此在很早的时期就发生了密切关系。这种关系甚至可以推溯到远古时期。二十世纪中期以来，考古学家在越南北部所发现的新石器时代的遗物，和中国西南地区的新石器时代的遗物形制非常相似。越南清化出土的青铜器，和中国战国、秦、汉时期的遗物也非常相似①。这说明两国的关系由来久远。

“越南”，在中国古代文献中称“越裳氏”或“越裳国”。以后又称“交趾”或“交州”。《韩诗外传》载，周成王时，越裳来聘，“重译而至”（“重译”谓言语不通，辗转相译以得其意）。《太平御览》卷八三九引《尚书大传》说“越裳氏重译而来”。《后汉

① 参见齐思和：《上古时期中国与世界各国的文化交流》，载《中国史探研》，中华书局1981年版。

书·南蛮西南夷传》亦有“交趾之南，有越裳国，周公摄六年，制礼作乐，天下和平，裳以三象重译而献白雉，曰：道路悠远，山川岨深，音使不通，故重译而来朝”云云。自秦代，秦始皇经略越南；汉代武帝在越置郡，两千多年来越南与中国始终保持着密切关系，中国文化也大部分传入越南。即使在十九世纪下半叶，越南成为法属殖民地后，中国文化对它的影响也未中断。

中国文化对越南的影响是多方面的。从物质生活到精神生活，从文字、思想到风俗民情，无不印有中国文化的痕迹。在民俗方面，越南同中国一样，也过阴历年，并张灯结彩、放爆竹、贴春联、演古戏等。越南在成为法属殖民地以前，全国通用汉字，直到二十世纪初才改用拉丁化的“国语”。由于文字相同，国家社会的一切章典制度几乎完全模仿中国。甚至在中国已经废止的制度，在越南却依然存在，中国文化对古代越南影响最大的还是儒家思想，他们在教育上，同样开科取士，以“四书五经”为主要教材。奖励儒学不遗余力，所以儒家思想在越南的政治、经济、社会、伦理等方面，都曾产生重大影响。

在社会政治方面，古代越南的历代君臣，大多倡导儒家的仁政思想，如世祖嘉隆十四年（清嘉庆二十年，公元1815年）阮世祖在抚恤各府县的诏令中说：“朕每以不忍人之心，行不忍人之政，每期远近化行，俗归于厚，近闻道路患病之人，所在民既不为收养，又斥逐之，全无相赒相恤之心，凡此皆风俗之浇薄也。”（《大南实录·正编》卷五十）又如黎显宗景兴四十六年（清乾隆五十年，公元1785年），大学士范阮攸上书显宗，强调“正心”的原则，他说：“天下万事本于一心，未有心不正，而能措诸事者，此治心又为万事之源本

也。”（《通鉴纲目》卷四十六）

在社会伦理方面，越南也受到儒家纲常名教的影响和熏陶。他们强调礼、义、忠、信、孝、悌等儒家的道德伦理条目对社会的重要作用，主张以“德”治国。如李太宗天成元年（宋真宗大中祥符三年，公元1010年）作誓书说：“为子不孝，为臣不忠，神明殛之！”（《大越史记·本纪》卷二）越史中还有陈太宗以儒家道德教训皇子的记载：“元丰元年（南宋理宗淳祐十一年，公元1251年）春二月，赐诸皇子铭，帝亲写铭文赐诸皇子，教以忠孝和逊温良恭俭。”（《大越史记·本纪》卷六）黎宪宗景统二年（明孝宗弘治十二年，公元1499年）颁发诏书，博引儒家经典，强调以德治国和正风俗的重要。诏曰：“世道隆污，系乎风俗；风俗美恶，系乎气数。《易》曰：君子以居贤德善俗。《书》曰：弘敷五教，式和民则。《诗》曰：其仪不忒，正是四国。《礼》曰：齐八政以防淫，一道德以同俗。圣经垂训，炳炳足微，古昔帝王，御历膺图，抚已酬物，莫不迪兹先务也。”（《大越史记·本纪》卷六）

从以上材料中，不难看出中国文化在越南的传播与影响是非常普遍的。自秦汉至清末，越南与中国的许多学者来往于两国之间，促进了中国文化在越南的传播和影响。

（二）柬埔寨

柬埔寨在中国古代文献中称“真腊”“占腊”或“扶南”。三国时，东吴孙权曾派朱应、康泰出使“扶南”，到南海诸国宣化。他们为了探寻通往大秦（古代罗马）的通商航路，在“扶南”留居多年。

他们不仅把当时的中国文化传播到“扶南”，而且把他们到过的地方记录下来，写有《吴时外国传》和《扶南异物志》等。当时柬埔寨主要受印度文化的影响，自与中国交通后，始接受中国丝绸、瓷器等物质文化。据《通志》卷一九八《扶南国使》载：“吴时，遣中郎康泰，宣化从事，朱应使于寻国，国人犹裸，唯妇女著贯头。”康泰、朱应谓曰：“国中实佳，但人亵露可怪耳。寻（扶南国王）始令国内男子著横幅。今干幔（简裙）也。大家乃截锦为之，贫者乃用布。”可见，中国的丝绸和布早在三国时即传入柬埔寨。并且由于这些物质文化的输入，改变了古代柬埔寨人裸体的习惯，几乎起了移风易俗的文化作用。此后，两国来往不断，宋徽宗政和六年（公元1116年）“真腊”曾派十四人的外交使团来华访问，并称“万里远国，仰投圣化，尚拘卉服，未称区区响慕之诚，愿许服所赐”（《宋史·外国传》）云云。宋廷赐以朝服及各种礼物。两年以后，“真腊”又派使者来，宋廷“官封其王与占城等”。南宋高宗建炎三年（公元1129年），“以郊恩授其王金裒宾深检校司徒，加食邑，遂定为常制”（《宋史·外国传》）。中国与柬埔寨的联系及政治、文化往来至明代则更加密切。据《明史·外国传》载，明代永乐年间，“扶南”国曾七次遣使来华，明廷也四次回访，在我国回赠的礼品中，多是“织金文绮”及锦缎瓷器等。永乐年间，“真腊”来华使者“因其国数被占城侵扰，久留不去。帝遣中官送之还，并敕占城王罢兵修好”。可见，远在古代，中国就为柬埔寨的和平做过不懈努力。在文化上，明廷曾赐大统历及彩帛，对柬埔寨的古代历法有一定影响。

（三）泰国

泰国，古称“暹罗”。在《宋史》《明史》中均有详细记载。尤其在明代，两国来往频繁。据《明史·外国传》载：洪武五年（公元1372年），暹罗入贡，明廷赐“大统历及彩帛”。洪武二十三年（公元1390年）又赐彩帛、锦绣、瓷器，以后双方多次通好，每次都有大量礼品相互赠还。“永乐二年（公元1404年），有番船飘至福建海岸。诘之，乃暹罗与琉球通好者，所司籍其货以闻。帝曰：‘二国修好，乃甚美事，不幸遭风，正宜怜惜，岂可因以为利？’所司治舟给粟，俟风便遣赴琉球。是月，其王以帝降玺书劳赐，遣使来谢，贡方物。赐赉有加，并赐《列女传》百册。使者请颁量衡为国求式，从之。”从这段记载看来，明成祖对当时中泰两国的友谊十分珍视，表现了相当友好和平的愿望。从中国传入泰国的大统历、度、量、衡、彩帛、锦绮、瓷器以及《烈女传》等都具有鲜明文化色彩和传播文化的功能。在泰国有“三宝庙”，据说是笃信佛教的泰国人，把佛家的所谓“三宝”与三保太监下西洋的“三保”联系在一起，于是把“三宝寺”认作是祀奉郑和的庙宇，而且香火尤盛，这也是中国文化流传的表现。

（四）马来西亚

位于马来半岛的马来西亚是中国较早与之海上交通的国家。它之所以重要，是因为在马来半岛与苏门答腊之间有一条狭长的马六甲海峡，它是通往印度洋及西方的海上捷径，也是古代来往于中印两大佛教国海上交通的枢纽和佛教南传的中心。因此，它成为古代传播物质文化和精神文化的交通要道。从明成祖永乐二年（公元1404年）到明宣宗宣德八年（公元1433年），郑和船队曾先后五次到达马六甲（古称“满剌加”），是我国航海到东南亚的基地和航行至南亚、西亚、东非的中转站；也是传布中国丝绸、瓷器、布帛等物质文化的集散地。据《明史·满剌加》载，永乐九年（公元1411年），郑和第三次下西洋时，在马六甲邀请当地国王、王妃、友好使团的人员达五百四十余人，回赠的各种丝绸礼品竟达一千三百多匹。

物质文化的传布往往是精神文化传布的先导。丝绸绒锦等礼品的馈赠导致外国从中国引进桑树，马来西亚和印尼等国用蚕丝织绸即是从中国学来的，至今在马来语和印尼语中还可见到大量有关丝绸的汉字借语，如“Jose”（缫丝、丝绸、绸缎）；“Kimka”（锦缎）；“Kimkha”（锦花缎）；“Kuntuan”（贡缎）；“Lokcuan”（罗绢）等，[①]中国商人带来的瓷器、铜器、丝织品、棉织品等无疑给东南亚地区的工艺莫大的刺激。铜锣和铜鼓在马来人的文化中占有主要地位。他们的舞蹈、祭祀、葬仪等都离不开这种神圣乐器。据一些学者考证，马来人自制铜锣和铜鼓仅有二百年历史，其来源乃与中国的古铜器有关，盖由中国经中南半岛而传至马来半岛的。

此外，如缅甸、菲律宾、印度尼西亚、文莱、斯里兰卡、新加坡等东南亚诸国，在历史上都比较早地与中国建立了友好往来的关系。中国文化也不同程度地传播到这些地方，如中国的十二生肖、燃放

① 参见陈炎：《南海“丝绸之路”初探》，载季羡林主编：《东方研究论文集》，北京大学出版社1983年版。

“孔明灯”、用灯花占卜等习俗，至今仍在缅甸流传；今日菲律宾的食物和用具有许多名称仍和厦门话一样的发音；现在印尼语中还可见到大量有关丝绸的汉语借音；文莱土人中有称为杜生人者，所穿的衣服、所戴的金属装饰品都与中国相似，他们栽种稻谷的方法也完全是中国的方法。新加坡是一个独立很晚的国家，现在虽然现代化程度很高，但其生活习惯、生活方式几乎与中国一致。他们在中学生中推行儒家伦理的教育，目前已取得一定的成效。

总之，中国文化在东南亚的传播，是与中国古代航海事业的发展有密切关系的。自魏晋南北朝以来，中国的航海事业日趋发展，自唐至明遂蔚为高潮。明代郑和七次下西洋（今加里曼丹至非洲之间的海洋，中国古代称之为“西洋”），都是以东南亚地区为中轴，先后达二十八年之久，经历了三十多个国家，最远曾到达非洲东海岸、红海和伊斯兰圣地麦加。其中，东南亚地区是他们往返的必经之地，所到之处，双方进行了大量的物质文化的交换和精神文化的交流，中国文化深受这些地区和国家的欢迎。至今在一些地区和国家里，仍保留着纪念郑和的历史遗迹。如印尼良港三宝垄，是爪哇的政治文化中心，据说，郑和下西洋时曾在此停泊，附近有三宝洞等遗迹，当地人民为纪念他，命名该港为三宝垄。

郑和七次下西洋，更加广阔地打开了中国对外开放的门户。不仅促进了航海事业的发展，促进了我国和各国之间的友好往来和经济文化交流，而且促进了华人的大量流动。在郑和以前，闽粤沿海商人就不断冲破海禁，泛海到东南亚各地贸易；宋朝的南渡，明朝的灭亡，又有一大批华人渡海谋生。这些渡海谋生与留居海外的商人，在当地婚娶繁衍。至郑和下西洋后，海路大通，促使更多的华人向这一地区流动，这是造成今日东南亚华侨人口众多的原因之一。他们对东南亚的开发、经济繁荣和城市建设，都做出了巨大贡献，而且对保持、发展、传播中国文化起到了巨大作用。他们是中国文化的细胞，也是中国文化的生命载体。华侨虽身居海外，有的虽经历了几代的繁衍，但常有一颗“赤子”之心，这是生活在大陆的中国人时刻不应忘怀的。

三、中国文化在欧洲的传播及影响

美国著名汉学家德克·卜德在其《中国物品西传考》一文中曾说：“中国对西方世界做出了很多贡献，这些贡献极大地影响了西方文明的发展。从公元前200年到公元后1800年这两千年间，中国给予西方的东西超过了她从西方所得到的东西。”中国文化西传的结果，甚至“完全改变了我们的生活方式，成了我们整个现代文明的基础”。[①]从历史的眼光看，卜德的这些说法并非夸张，本文也无意借西方人之口来吹捧中国文化的高明，因为文化本来是人类的共同财富，当西方文化在近代崛起之时，我们同样要以西方的受容精神，吸收西方文明中有益的成果，来丰富和发展我们的物质文明和精神

① 德克·卜德：《中国物品西传考》，孙西译，载《中国文化研究集刊》第二辑，复旦大学出版社1985年版。

文明，以便迎头赶上世界潮流，并对人类文化做出新的贡献。回顾历史，不是躺在历史的怀抱中洋洋自得，而是要奋起直追，加强我们的责任心，否则不仅愧对现在，而且也愧对古人。

（一）中国物质文化的西传及影响

早在汉代以前，中国的器用物质文化便以商品的形式，由中亚、西亚传入欧洲。而中国和西方交通的正式打开，则是在张骞出使西域以后。《史记·大宛列传》：“在大月氏西可数千里……其西则条支，北有奄蔡、黎轩。”黎轩，大概是亚历山大城的简译，因此，“黎轩”即“历山”，泛指罗马或希腊人的所在。以后中国古代文献中又称罗马为“大秦”。与此同时，罗马帝国继承了希腊的地位，也一度发展到中亚。罗马史学家曾记公元前27年，“丝国”曾遣使朝贺奥古斯都继帝位。东汉和帝永元九年（公元97年）任西域都护的班超亦遣甘英出使大秦。这次出使虽然因中途遭到安息（古波斯，今伊朗）人的阻挠而未能直接与罗马人见面，但中国与罗马的贸易却一直没有中断。魏晋南北朝时期，中国出现了地方割据的混乱局面；在欧洲，从公元三世纪末起罗马奴隶制度亦趋危机，终于导致罗马帝国的崩溃，这几百年间，陆路交通受阻，但海上交通却日渐繁密。隋唐时期，中国又重新统一，由于经济的繁荣和国力的强大，不但陆路交通得到恢复，海上交通也得到发展。中国与欧洲的贸易往来更加频繁。

中国向欧洲输出的主要商品是丝绸。实际上，在中国与欧洲的贸易之前，丝绸已通过中亚与西亚的商人传入欧洲。横贯中亚细亚的丝绸之路即因输送了大量丝绸而得名。当时丝绸在欧洲是一种高级奢侈品，只有贵族才买得起，据说恺撒穿着绸袍看戏，被视为过分豪华。当时罗马的丝价几乎与黄金相同，可见他们对丝绸的偏爱和欢迎。但这一时期，欧洲人还不知道育蚕缫丝的秘密，希腊、罗马的诗人、博物学家对丝的产生曾有过可笑的记述。如公元一世纪罗马的博物学家蒲林尼在他的《自然史》一书中说："塞里斯（汉语'丝'的拉丁文译音）因以从树林中产生的细丝著名。此种灰色的乱丝是在树上生长的。当地人把丝取下，用水浸泡加以梳拢。妇女们再将细丝整理，织成绸缎。工作十分繁重，销行于世界。一切为了罗马的少女可以用透明的薄纱表现她们的美。"[①]直到公元552年，东罗马皇帝派遣僧人到中国学习育蚕缫丝的方法，丝绸生产技术才传到欧洲。

中国的烧瓷技术成熟于魏晋时期（公元三世纪），何时传入欧洲，目前尚无一致看法。据美国汉学家德克·卜德的说法，外国人第一次明确提到瓷器的论述，是阿拉伯旅行家苏里曼在公元九世纪提到的。而中国的瓷器作为重要的出口品而大量输出，则是在明代。直到十六世纪，在意大利的佛罗伦萨城始有人仿造中国瓷器，但没有完全成功。十八世纪初，一位德国工匠用了九年的时间，才成功地仿造出欧洲人的第一件坚硬的瓷器。"虽然从此以后在欧洲和其他地方生产了大量的瓷器，但是，在瓷器之乡以外的地方，还从来没有过什么工艺品可以跟中国陶瓷中最出色的制品相媲美。"[②]

---

① 原见蒲林尼（公元23—79）：《自然史》，转引自齐思和：《上古时期中国与世界各国的文化交流》，载《中国史探研》，中华书局1981年版。

② 德克·卜德：《中国物品西传考》，孙西译，载《中国文化研究集刊》第二辑，复旦大学出版社1985年版。

中国是发明蚕丝的民族，纸的制造就是从蚕丝衍化出来的。《说文》：“纸，丝缯也。从系氏声。”可见，纸与蚕丝有关。早期的纸用丝絮黏成的，在西汉末已有了。到汉和帝时，蔡伦采用渔网造纸的方法，使造纸术更前进一步，不仅工序简化，而且原料便宜。蔡伦正式上疏造纸是在东汉和帝元兴元年（公元105年）。这种造纸术，约在唐朝中期传入中亚和西亚的回教国家，再由那里传入欧洲。欧洲的第一次造纸记录是在公元1150年。首先从西班牙传到法国，然后渐次传到整个欧洲，从而结束了欧洲落后的羊皮纸的历史。纸的发明与传播对人类文明的进程产生了巨大影响，它虽然不像瓦特的蒸汽机那样曾引起工业革命，但它对人类文化的贡献却是无法估量的。特别是在欧洲，纸的出现与大量应用，不仅增强了文化信息的储存能力，而且加速了它的传递过程，从而缩短了欧洲近代化的时间。从这一意义上说，西方一些史学家以为，“没有从中国传入的纸，也不会有文艺复兴”①，“纸对后来四方文明整个进程的影响无论怎样估计都不会过分”②。

印刷术的发明也是中国对人类文明的巨大贡献。杜甫在其《李潮八分小篆歌中》已提到雕碑于木板的事：“峄山之碑野火烧，枣木传刻肥失真”。这种“枣木传刻”实际上即是一种雕版印刷，此诗约作于唐代宗大历二年（公元767年）。穆宗长庆四年（公元824年），元稹在其所作的《白氏长庆集序》中，也提到民间刻书的事。可见，在公元八世纪前后，中国的雕版印刷已普遍流行。现在中国最早的印刷

① 威尔斯：《历史大纲》第三十四章，转引自方豪：《中西交通史》，岳麓书社1987年版。

② 德克·卜德：《中国物品西传考》，孙西译，载《中国文化研究集刊》第二辑，复旦大学出版社1985年版。

品是在敦煌发现的《金刚经》。它是唐懿宗咸通九年（公元868年）由王玠造刻的，现藏于伦敦不列颠博物院。雕版印刷流行了二百余年后，毕昇于宋仁宗庆历年间（公元1041—1048年）又发明了活版印刷术。从此印刷事业得到突飞猛进的发展。据估计，到十九世纪末为止，中国印的书超过了世界其他地区印书的总和。[①]这种印刷术一直沿用到现在。雕版印刷术与活版印刷术几乎同时传入欧洲。德国人戈登堡在1454年，初次以活版印成《圣经》，它距离欧洲最早用雕版印刷标明年代的1423年仅差二十几年。

对欧洲来说，印刷术的传入与纸的传入具有同等的重要意义，它在文化上无疑加速了欧洲近代化的过程，使之成为促进欧洲文艺复兴的两把利剑。

中国火药的发明大概是在道教兴起以后。道教讲求炼丹之术，三国时人郑思远《真元妙道要略》中“有以硫黄、雄黄合硝石并密烧之，焰起，烧手面及烬屋舍者”的记载。《抱朴子·内篇·金丹》中亦有用之不慑，“乃可起火”的说法。可见，硫黄、硝石（又称“火硝”）、雄黄这三种矿物，在魏晋时期中国人对它们就有所认识，并且成为道士炼丹的必备材料。利用这些矿物制造火药当是在唐代时期，用于军事则在唐末。唐哀帝时，郑瑶攻打豫章，曾“发机飞火烧龙沙门”。但中国制造火药多用在爆竹、烟火上，很少用于战争。

火药传入欧洲，当在公元十三至十四世纪，由阿拉伯人传入。欧

① 德克·卜德：《中国物品西传考》，孙西译，载《中国文化研究集》第二辑，复旦大学出版社1985年版。

洲各国第一次记载火药的年代，法国是在1338年，荷兰和比利时是在1339年，英国在1340年，而实际制造和使用要比明确记载略早。火药传入欧洲，便很快地用于军事。十九世纪初，随着欧洲工业和科技的发展，火枪、火炮得到普遍的应用。它与西方的殖民主义相结合，于1840年打回它的老家，而它老家的人民却仍然用大刀长矛，颇有“刮目相看”之感。

指南针是中国的四大发明之一，它是与磁学知识紧密相关的。磁石古称“慈石”，早在《吕氏春秋》的时期，就有了“慈石召铁”的记载；汉代王充的《论衡》也有“司南之杓，置之于地，其柄指南”的说法。直接用指南针以指导航海，则在宋代。宋徽宗宣和元年（公元1119年），朱彧著《萍洲可谈》卷二载：“舟师识地理，夜则观星，昼则观日，阴晦则观指南针。”所以中国使用罗盘航海最迟应在十二世纪初叶。

至于指南针何时传到欧洲，目前还缺乏明确的考证。一般有两种说法，一说由阿拉伯人传入，一说由印度人传入。但根据阿拉伯人所处的地理位置及其在古代陆路与海路贸易中所扮演的重要角色看来，罗盘针很可能是由他们传入欧洲的。欧洲文献关于罗盘针的记载比中国的记载晚一个世纪左右。欧洲首次提到指南针是在1190年法国诗人普罗文的一首诗中。

指南针传入欧洲，同火药传入欧洲一样，很快得到实际的应用。近代欧洲航海事业的发达和地理大发现必定离不开指南针的引导。如果说，纸与印刷术曾帮助了欧洲的文艺复兴，中国的学术思想特别是儒家哲学帮助了欧洲的启蒙运动（详见本章第三部分），那么火药与指南针则帮助了欧洲的殖民扩张和海上霸权。装满火药的洋枪洋炮加上指南针导航的坚船巨舰打开了中国的大门，火药和指南针经过“渡海留洋”之后，1840年又回到了自己的故乡。这段往事令人“回味无穷”。

上面所列举的仅仅是一些具有代表性的中国发明，在西传的物质文化中，当然还有许多其他物品，如药品、矿物、真漆、茶叶、食品以及各种奇花、异草、树木，甚至中国的壁纸、雨伞、风筝、轿子、纸牌等等，都随着东西方的贸易往来而传到欧洲。

（二）中国艺术文化的西传及影响

在物质文化逐次传入欧洲后，中国的绘画、园林以及诗歌文学等艺术文化也传入欧洲。

中国的绘画首先是通过带有各种图案的丝绸、陶瓷、漆器等日用品、工艺品而传入欧洲的。因此，中国的丝绸、陶瓷、漆器对当时欧洲人来说，不仅是实用物品，而且是具有观赏价值的艺术品。在十六世纪，意大利的佛罗伦萨城已有人仿造中国瓷器，白底上施以深蓝色的图案。而达·芬奇耗费五年时间所作成的“蒙娜丽莎”这幅名画，显然是受了中国绘画的影响，其背景正是采用了中国画所擅长的自然山水作点缀。这种影响至十七世纪末、十八世纪初在欧洲所出现的“罗柯柯”运动而愈趋明显。文艺复兴以前的欧洲绘画，一是缺乏景物，一是缺乏线条，再一个就是缺乏奇幻飘逸。他们强调画法上的客观规则，如远近法、明暗法、比例法等等。甚至主张画法上的“艺用解剖学”。画家要同几何学者或测量师一样实际地研究角度；同生理学家或医生一样实际地研究筋肉；同物理学家或摄影师一样实际地研究光线。因此他们的画逼“真”，而中国画与西洋画相比，却如“梦”似“幻”。“罗柯柯”运动正是针对上述欧洲画法的机械性，而开始注重装饰点缀之美，常用奇幻飘逸的曲线和椭圆形细致的花纹，同时亦出现以画山水为主的风景画家。如法国的瓦托是受中国画法影响最大的欧洲画家，他的作品，山色淡雅，风景与云融为一体，颇具中国之风。后来就有人评论说：“凡是对于中国宋代的风景画研究有素者，一见瓦托此作，必讶其风景之相似。但彼亦不能以人力融合为一。其画中远山，犹保持作者生命；青山缥缈，即本人之目亦未尝见之，但甚类中国形式。”[①]

中国艺术文化对欧洲影响最大的是中国园林艺术。十八世纪初，在欧洲曾掀起园林中国化的热潮。在“罗柯柯”建筑中，已有佛塔和凉亭出现。英、法、德、荷、瑞士等国，都先后出现中国式建筑，其中包括钟楼、屋顶、假山、宝塔、门窗、栏杆及各种内部装饰。这股园林中国化热潮，多半来自传教士的影响。十八世纪中期，在北京的欧洲传教士把对圆明园的描写寄到欧洲，引起欧洲人的极大兴趣。1757年，曾两度游览中国的英国园艺家张伯斯在伦敦刊行《中国屋宇画图》，并发表《论东方园艺》的专著，大力提倡中国园林艺术。中国园林是中国艺术文化的瑰宝，它之所以引起欧洲人的浓厚兴趣和强烈好奇心，就在于中国园林艺术体现了中国文化的精神。它寓自然美于人力创造之中，既有变幻多姿的个体结构，又有和谐完美的整体布局。曲径幽深，回廊婉转，湖光塔影，虚实相涵。每一个园林都是一幅淡雅、含蓄的美丽图画。在传教士和园艺学家们的鼓吹下，中国的

---

① 转引自韦政通：《中国文化概论》附录，台湾水牛出版社1983年版。

园林艺术像丝绸和瓷器一样在欧洲传播开来。

1757年，张伯斯依据他从中国学到的园林模式，在英国为太子的孀妃建造了欧洲第一座中国式花园。其中的假山、瀑布、曲径、回廊、花草、丛林均以中国格局布置，并且还有一座九层宝塔。

在法国，舒瓦·塞尔公爵于1770年在他的采地桑蒂洛，用了两年多的时间造了一座中国式的七层宝塔，塔高三十九米。1782年法国海军高级军官鲍达尔在园艺师贝朗叶的协助下建筑了一座有中国凉亭、小桥和小船的园林宅第。

在德国，中国的园林艺术得到更多的仿效。1773年德国皇室专门选派园艺师到英国留学，向张伯斯学习研究中国园林建筑的方法。许多贵族都在自己的采地或住宅建造规模不等的中国式花园。其中以卡塞尔伯爵于1871年建造的中国村规模最大，它不仅采用了中国的园林风格，而且起了中国味道的名字——“木兰村”。村旁的小溪称“吴江”，村外又加种桑树，等等。

欧洲人不但仿造中国园林，而且做了理论上的研究。除了英国人张伯斯的《中国屋宇画图》和《论东方园艺》外，还有德国人恩则的《中国园林论》。他在书中盛称中国园林艺术的高超，足为世界的模范。此后，荷兰、瑞士、意大利、西班牙等国相继出现中国式园林。

文学方面，由于欧洲人多半出自好奇心，因而对中国文学及诗歌的成就没有太深的了解。但这一时期已有相当多的欧洲文学家对中国文学发生兴趣。如英国的哥尔德史密斯、法国的伏尔泰、德国的歌德以及英国诗人蒲伯等。哥尔德史密斯在1760年，根据法国耶稣会士杜哈德所著的《中国全志》，开始撰写中国通信，印成专著出版，书名为《世界公民》。这是一部运用中国材料所完成的一部文学作品。其中有一篇以中国文学中“庄子劈棺”的故事为素材，写成一部颇具讽刺意味的短篇小说。伏尔泰是法国启蒙运动的权威学者和作家，他对中国文学艺术乃至物质文化赞叹不已。在他的大量著作中，引用了相当多的中国材料。1755年，他将中国剧本《赵氏孤儿》改编成法文剧本，并在当时法国舞台上演出，借以宣扬中国的道德精神。他认为中国戏剧含有劝善戒恶的价值，完全可以和希腊的戏剧诗相比。在德国，著名文学家歌德也曾读了不少经过翻译的中国小说、诗歌、游记和戏曲。据说，他也曾改编过《赵氏孤儿》，或者他的剧本《爱尔皮诺》受《赵氏孤儿》的影响。歌德在晚年对中国文学发生了较浓厚的兴趣，在他的日记、信札中记载着他晚年所读过的中国文学作品，如元代戏曲《散家财天赐老生儿》和《赵氏孤儿大报仇》，小说《好逑传》《玉娇梨》《花笺记》以及诗歌《百美新咏》等。

（三）中国学术思想的西传及影响

文化作为物质文明及精神文明的总和，包含着十分宽泛的内容。从衣、食、住、行、生产技术、生产工具，到文学艺术、民俗风情、科学教育、社会组织、政治制度乃至宗教信仰、学术思想、伦理道德、文化心理等等莫不属于文化范畴。其中包括哲学、伦理、政治在内的学术思想往往是一个民族或国家文化的集中表现，在文化系统中起主导作用。因此，文化的移动和传播以及一个民族或国家的文化对他民族或国家发生影响，常常是物质文化在先而精神文化在后。思想的传播和接受，比器物、科学、艺术的流传和吸收要曲折得多，困难得多。生活器物与美术工艺品都不难由商人、水手、旅行家、外交人员为之传播，而思想学术的传播却非这些人所能为。它必须经过较长时间的了解并通过语言的转换，而了解与语言转换则需要具有较高文化水准的学者和知识分子来完成。

中国学术思想的西传，首先是靠传教士的努力。初期来华的天主教传教士如利玛窦，于明万历二十三年（公元1595年）在南昌刊行《天主实义》，其中很多地方已能引证《周易》《诗经》《尚书》《礼记》《中庸》等儒家典籍。可见他对中国学术，特别是儒家思想有较深的了解。其他如白晋、孙璋、艾儒略等许多初期来华的传教士，为了达到在中国传教的目的，都注意研究中国的古代经籍。

这种研究的风气推动了译书工作。从十六世纪末至十八世纪初的一百余年间，中国主要的学术著作，尤其儒家的重要典籍基本上都有译本，并传入欧洲。如1593年，利玛窦以拉丁文译《论语》《孟子》《大学》《中庸》，并寄回意大利；1626年金尼阁以拉丁文译《诗经》《尚书》《礼记》《周易》《春秋》等等。总之，儒家的重要经典多以拉丁文和法文翻译成多种版本流传欧洲，并同时出现具有学术性、研究性的专门著作和对儒家经典的注解。如汤尚贤的《易经注》、马若瑟的《书经以前之时代及中国神话》《中国经学研究导言略论》《经传议论》，钱德明著有法文的《孔子传》及《孔门弟子传略》等。其中马若瑟的《经传议论》曾进呈康熙皇帝御览，并自称他对于中国的“十三经、二十一史、先儒传集、百家杂书，无所不购，废食忘寝，通读不辍，已十余年矣”[①]。据一些中国学者统计，十七、十八世纪在华研究中国主要典籍的欧洲学者和传教士中，在中国侨居达二十年以上的有六人，有的甚达四十年之久。他们对中国学术思想在欧洲的传播做出了贡献。

和来华传教的耶稣会士的目的及愿望相反，儒家经典不但没有帮助他们把基督教思想灌注到中国文化的灵魂深处，反而却成为欧洲哲学家向教会宣战的武器。十八世纪是欧洲的“启蒙运动”兴起的时代，它在思想上的最大特点是主张“理性”，尊重“自由”，并由此产生了反对宗教神学的浪潮。而中国文化，特别是儒家思想中又恰恰具有丰富的道德理性和浓厚的人文精神，因此非常符合启蒙思想家们反对宗教神学的意识。从哲学上说，宋明理学所强调的“太极”“理”等观念对一些欧洲启蒙思想家来说，简直是纯粹的“唯物论”“无神论”“自然神论”和“革命的哲学”等等。真是“踏破铁鞋无觅处，得来全不费功夫”。启蒙思想家轻易地从传教士手中得到经过翻译的中国哲学作品，作为他们向教会斗争的武器。

十八世纪欧洲重要的思想家，几乎都接触过中国文化和中国哲学，其中受影响最大的是法国和德国的思想家。

在法国，著名的思想家如伏尔泰、卢梭、孟德斯鸠、狄德罗、霍尔巴赫（德国人，但一生寄居巴黎）、爱尔维修等都不同程度地受到中国学术思想的影响，其中伏尔泰所受影响最大。

伏尔泰，是法国启蒙运动的权威学者，他无条件地赞美中国文化，尤其崇拜孔子。因为在他看来，孔子的道德观与古罗马斯多葛派

① 转引自方豪：《中西交通史》（下），岳麓书社1987年版。

哲学家爱比克泰德的道德一样，严肃、纯正，充满了人道主义精神。他以中国儒家的道德理性做根据来攻击宗教的非理性狂热。他在自己的政治历史著作《风俗论》中说：“欧洲的王室和商人，只知在东方寻求财富，但哲学家却在那里发现了一个新的道德的与物质的世界。”这里的“物质世界”，显然指“不谈奇迹，不涉玄虚”的唯物主义世界观。他反对把唯物论与无神论纠缠在一起，“在我们西方，人们总是随心所欲地把那些与自己观点不同的人责之为无神论者，这种责难也同样被用来攻击过中国人”，“在中国确实有很多读书人是相信唯物论的，但他们的道德观却没有违背儒教。他们认为道德对人们来说是必不可少的，而就其本身来讲，也是很可爱的。因为按照道德规范行事，并非一定要信仰什么宗教不可”。伏尔泰还认为，“中国人有两个长处本是值得我们赞扬的：这就是他们不仅批判了异教徒的糊涂观念，也批判了我们基督教的道德观念。因为中国的儒教的教义从来就没有被那些无稽的寓言所亵渎、被激烈的争吵和残酷的内战所玷污过”。[①]尽管伏尔泰对中国文化的看法，有许多模糊之处，尤其常以启蒙运动者的眼光改铸中国哲学，但对中国文化的理性化与泛道德化特点，还是看得比较准确的。这也正是他喜欢中国文化的原因所在。因此他大声疾呼，欧洲人对于中国“应该赞美、应该惭愧，尤其应该效仿”。

以狄德罗、霍尔巴赫为代表的百科全书派，在哲学上比伏尔泰还要激进。他们把中国哲学几乎完全当作无神论和唯物论来读。由于他

① 洪汉鼎：《伏尔泰论中国宗教》，陈小同译，载《中国哲学》第十一辑，人民出版社1984年版，第498—501页。

们完全否认有一个全能的上帝，因此把中国哲学作为典范，认为孔子不谈奇迹，不谈启示，是纯粹的伦理道德哲学和政治学，孔子的根本观念就是“道德理性”，是与宗教对立的。狄德罗在《百科全书字典》中，承认中国民族具有许多欧洲人所不及的优点。霍尔巴赫也是如此，他所以接近并称赞中国哲学，即因中国哲学具有非宗教的特质。1773年他著《社会的体系》一书，极力主张政治与道德的统一关系，赞美中国是最好政治的典范。他在该书第二卷中得出一个结论：“欧洲政府非学中国不可。”

除上述几位思想家之外，还有一个受中国文化思想影响较深的人物，是法国重农学派的经济学家魁奈。他同狄德罗、霍尔巴赫以及爱尔维修、伏尔泰等人从中国思想中吸取无神论、唯物论和道德哲学不同，他是从政治经济学的角度取法中国的。重农学派本以“自然律”“自然秩序”为其学说的基础，以自然法代替上帝的功能。在他们看来，中国文化中的“天理”“天命”“天道”以及道家主张的自然主义，恰恰是他们提倡的自然律。再考察中国的经济原理，也与他们的重农主张相一致。而且中国的重农思想源远流长，从先秦一直延续到他们当时所了解的清代。同时由于传教士、旅行家们所介绍的中国康熙年间的安定局面，与当时动荡的欧洲形成鲜明对照。他们以为这完全是由于中国推行重农政策的结果。于是，他们不遗余力地倡导“中国化”运动，把中国作为他们思想中的标本。魁奈的经济学说以及亚当·斯密所著《原富》一书，都用了很多中国材料。1767年魁奈著《中国的专制》一文，盛称中国政治是“合法的专制政治”，因为中国文化制度一切以“自然律”为依据，就连皇帝也要受“天理”支配，遵守“自然律”之大法。

魁奈一生热爱中国文化，认为世界上只有中国是以“自然律”为基础而达到高度的道德理性化的国家。由于他特别尊崇孔子，而且以孔子事业的继承者自居，因此有“欧洲孔子”之称。

在中国哲学，特别是宋明理学的影响下，法国百科全书派的思想家把儒家学说当作无神论来接受；而儒家学说对德国的影响却与法国稍有不同。恩格斯曾说过，德国是世界上最爱好哲学的国家。从一般市民到高级知识分子都喜欢读哲学，这就使得中国文化在德国的传播和影响以及他们对中国文化的理解、吸收具有一定的理论深度。

十八世纪初期的德国哲学，是莱布尼兹的“单子”说的时代，因此德国人往往用“单子”说理解中国哲学。也正是出于这种理解，莱布尼兹对孔子和儒家哲学表示了特别的关注。按欧洲哲学史家的看法，莱氏研究孔子始于1676年。据他自己说，在1687年已读过《孔子传》，并发现中国哲学所讲的“理”“太极”等范畴，实际上就是基督教所讲的“神”。它们的不同之处只是“启示”与“自然”的区别。莱氏以为，中国哲学以“理”或“自然”为神，这正与他自己所主张的“理神论”或“自然神论”相一致。后来他所发表的代表作《单子论》，无疑是受了他所理解的中国“自然神论”的影响。因此起而为儒家和理学辩护。他匿名发表了一部《新中国》，在该书的绪论中主张沟通中西文化，以为中国在实践哲学方面比欧洲发达。1703年4月，他从耶稣会士白晋处得到邵康节的六十四卦方位图及六十四卦卦序图。他发现早在三千余年前中国发明的阴阳二爻的排列组合与他在1678年所发明的“二进位”制完全相合。他十分惊叹中国人的智慧。现在德国汉诺威图书馆还保存着他与白晋讨论《易经》的几封信和上述六十四卦的中国木板图，并附有他亲自加上的号数及说明。这些均可说明他受中国文化的重大影响。

莱布尼兹对中国哲学的偏好及他对宋代理学的诠释立场，对德国哲学家影响很大。其中以沃尔弗为代表足可证明这一事实。沃尔弗是莱布尼兹的学生，他曾受莱氏的推荐任哈雷大学的教授，并作为德国启蒙运动的代言人而闻名当世。由于受他老师的影响，他大力提倡中国思想，并把以孔子为代表的儒家哲学用德语介绍给大学和知识界。在他任哈雷大学教授期间，曾以"中国的实践哲学"为题在课堂上讲演，极力赞美儒家，并对基督教有微词，因此受到神学教授们的反对。普鲁士国王腓特烈一世解除了他的教授职务，他被迫离开哈雷大学。1741年腓特烈二世又把沃尔弗请回哈雷大学并任校长，他的哲学思想遂被普鲁士各大学所采用。他在学术上的贡献，在于把英、法启蒙时期以及莱布尼兹和笛卡儿的合理思想应用于阐述自己的哲学体系。他所提倡的理性论哲学无疑也是受到儒家实践理性的影响。他的这种理性论实在是德国古典哲学观念论的理论来源之一。

在德国古典哲学中，康德（沃尔弗的再传弟子）以神为道德的存在，费希特以神为普遍的自我，谢林以神为自然与理性的合一，黑格尔则以神为构成世界的统一的绝对观念。"这种以'哲学的宗教'代替正宗的宗教，均不能不说是受中国哲学的影响。"[①]这种说法，虽然有夸张之嫌，但就其德国古典哲学的大背景来看，不能说没有一点关系。海涅在其《德国宗教及哲学的历史》中即多少透露了此中消

① 转引自朱谦之：《宋儒理学传入欧洲之影响》，原载《更生评论》1937年一卷二期，后收入《中国思想对于欧洲文化之影响》，浙江出版社1985年版。

息。他说："当革命的波涛在巴黎，在这个人类的大洋中汹涌沸腾的时候，那时莱因河那边的德国人的心脏也吼动了。……但他们太孤立着，他们站在中国制造的佛像之下，这佛像对着全无感觉的瓷器、茶器、咖啡壶和任何的东西，都像无所不知似地点着头。"[①]海涅用形象的语言暗示了中国文化可能对当时孤立的德国哲学的理解，海涅的话绝不是偶然的。

德国古典哲学到黑格尔达到高峰。尽管黑格尔读过《通鉴纲目》《论语》《老子》《玉娇梨》并收集了中国文献的各种译本，但他对中国哲学却极其蔑视，甚至认为中国没有真正的哲学。可见，中国哲学在欧洲的影响，到了黑格尔时期便宣告结束了。这不仅因黑格尔的思维方式纯是西方式的，也因为欧洲经过启蒙运动的洗礼，完全踏上了近代的历程，中国古代哲学及其文化作出了自己的贡献后，便被西方人逐渐遗忘并从此受到更严峻的挑战。

四、中国文化在俄国的传播及影响

中俄两国的交往始于何时，中国古代文献语焉不详，似乎晚于上述地区。但地下文物和考古发掘证明，中俄两国的交往关系也有相当

① 转引自来谦之：《宋儒理学传入欧洲之影响》，原载《更生评论》1937年一卷二期，后收入《中国思想对于欧洲文化之影响》，浙江出版社1985年版。

悠久的历史。

1940—1941年，在克托斯诺雅尔斯克边区的叶尼塞河中游，考古工作者发现了具有汉代建筑风格的中国庭院遗址；后来又在里海的西北沿海地区、高加索和撒马尔罕等地发现了我国汉代的弓箭和铜镜。

俄国文学史上的第一部英雄史诗《伊戈尔远征记》（联合国教科文组织认为该书已有八百年历史）中曾几次提到一个叫作“ХИНОВЫ”的国家或民族。苏联科学院士利哈乔夫认为，这个词或者是对东方诸民族及游牧民族的统称，或者是对我们所不知的某一东方民族的称呼。苏联作家契维利欣认为，因为在许多语言中对中国的称呼都近似于“ХИНОВЫ”一词，所以这个词指的很可能就是中国（参见《记忆·长篇小说短评》）。

从伊凡雷帝时代起，俄国人就开始寻找往中国的路径。17世纪时，俄国的第一批使者佩特林、拜科夫、斯帕法里等人来到北京。他们回国后都写报告，介绍了对中国的印象。

彼得大帝也致力于同中国建立稳固的关系。十八世纪初，他发动组织了第一个俄国东正教使团，并派往中国。这一使团的到来，成了中国文化向俄国传播的起点。

第一个俄国东正教使团于1711年来到北京，使团的多数成员都学习了汉、满、藏、蒙四种语言。他们把中国的书籍翻译成俄语，回国后都担任了这四种语言的教师。把用汉、满两种文学写成的中国历史书籍大量译成俄语的是罗索欣和列昂捷夫。列昂捷夫的译本在十八世纪下半叶的俄国社会广为流传。他翻译了儒家“四书”中的《大学》和《中庸》以及《易经》的一部分。他还向俄国读者介绍了中国的茶叶和丝绸的制作方法，并把中国的象棋介绍到俄国。

随俄国东正教使团来华的还有医生。1715年，彼得大帝应清政府的要求派来了一名彼得堡医院的英国籍外科医生托马斯·哈文，并给康熙皇帝检查了身体，后于1717年回国。1719年，又有一名英籍医生约翰·贝尔随使团来到北京。由于这些医生的到来，中国的医学传入俄国。1758年，《享乐短文与评述》杂志九月号刊登了题为《论中国人种痘》一文。其文说："种痘在中国应用已久，看来这个民族的各门科学都抢在我们的前面。"实际上，这种免疫学技术，早在十一世纪时中国就开始应用了，直到十八世纪末才传到欧洲。除免疫学技术外，他们还对中医史、中医原理、中医诊断、中药、外科麻醉技术等各方面进行研究和介绍。他们认为："在中医中，可以看到一些重大原理的惊人的融合，后来欧洲一些引以为自豪的发现，几个世纪前在中国已为人所知。"（《俄国医生协会文集》，1852年）"非常重要的是，尽管在理论上和欧洲医学不同，但我可以大胆地说：中国医生能够做到的，欧洲医生并不都能做到，如果不总是这样的活，也常常是这样的。"（塔塔里诺夫：《中国医学和中国医生》，1851年）

中国的庭院建筑及园林艺术也同样传入俄国。十八世纪中期在彼得堡附近的奥兰宁包姆建立了专供贵族享用的中国宫殿，稍晚，又在沙皇村修建了具有中国建筑风格的剧院、凉亭、阁楼等。

对传播中国文化做出重要贡献的是俄国杰出的汉学家、俄国汉学研究的奠基人毕丘林。毕丘林于1807年率领俄国东正教使团来到中国，1822年回俄。他在中国生活了近十五年。在华期间，他对中国进行了全面的研究。他精通汉语之后，把中国大量的文化、历史、地理和哲学等方面的著作译成俄语。他写了一百多部研究中国的专著。如《社会状态和道德状态中的中国》《对中华帝国的统计描述》《汉语语音学》等，至今仍有重要价值。他撰写的《汉语法》（1835年出版）是俄国第一部详尽研究中国语言的学术著作，对俄国人学习汉语起了重大作用。毕丘林在向俄国介绍中国的历史、地理、哲学和文化的同时，还批驳了风行西欧的所谓“中国文明来源于古埃及和古巴比伦”的理论，以及所谓中国人“野蛮”“无知”“不如基督教民族”等形形色色的种族偏见和“欧洲中心”论。他的这些活动和著作对当时俄国文化界产生很大影响。

其中，俄国著名诗人普希金就是受毕丘林影响的一位文学家。普希金从小就听母亲讲中国的事情，加上当时俄国贵族都以拥有中国的家具、茶具、花瓶、古画为荣，这使他对中国文化，尤其对中国文学产生了浓厚兴趣。在他的私人藏书中可以见到许多中国历史、中国哲学方面的书籍。据我国俄苏文学专家戈宝权先生的研究发现，普希金《叶甫盖尼·奥涅金》第一章的手稿中曾有这样的诗句：

> 中国的圣人
> 孔夫子
> 教育我们莫虚度青春。

普希金与毕丘林很熟悉，他们经常在奥多耶夫斯基的沙龙里会面。毕丘林曾把自己的一些关于中国文化的译著和专著给普希金看。他给普希金讲述的中国故事也使普希金向往，以至于普希金打算前往中国，认为中国的一切都会增加他作诗的灵感。1830年1月，普希金向沙皇政府提交了前往中国的申请，但没有获准。尽管如此，他后来并没有对中国失去兴趣，而是大量阅读有关中国方面的书刊、档案以及俄中关系方面的材料。

毕丘林大量的专著和译著拓宽了俄国人对中国历史和文化的视野，促进了当时俄国文学中“中国题材”的出现。如俄国作家奥多耶夫斯基的长篇幻想小说《公元4338年》（幻想在四十四世纪时俄国和中国将成为世界文化的中心）就是在毕丘林著作的影响下写成的。

毕丘林为中国文化在俄国的传播作出了巨大贡献，但有理想化的倾向。别林斯基看到这一点后，在全面肯定毕丘林所作贡献的前提下，指出他的著作一般都缺乏对事实进行分析的态度，因而有时把中国某些方面的现实过于理想化了。

别林斯基也高度评价中国在世界历史进程中所占的地位。他在对洛林茨《通史入门》一书所写的评论中，批评了作者把中国和印度排除于世界历史之外的企图，强调了中国和印度在社会关系和文化发展上所作出的巨大贡献。他说“中国和印度是历史程度最高的国家”，“中国是一个伟大的现象”（《别林斯基全集》）。

另一位俄国近代民主主义思想家车尔尼雪夫斯基对中国也作了高度评价。他认为中国“是一个具有伟大思想家、并做出了伟大的技术发现的民族”。他批驳了殖民主义者所采取的种族主义观点，并不同意所谓“中国的生活方式和中国的观念是停止不前的”看法。他认为这种看法只反映了“中国的不真实的特点”，而真实的情况是“中国历史有着同任何一个民族在这种环境下的历史所具有的相同的特征”（《车尔尼雪夫斯基全集》）。

俄国戏剧家格里鲍耶多夫在其名著《聪明误》（又译作《智慧的痛苦》，1833年出版）中为批驳当时俄国上流社会对外国人顶礼膜拜的现象，借喜剧主人公恰茨基的口说道：

啊！如果我们生出来就该学会一切，
那么最好是多向中国人学习，
圣贤的中国人从不把外国人放在眼里。

果戈理、杜勃罗留波夫、冈察洛夫、谢甫琴柯等人，对当时处于战争状态下的中国都表示过深切的同情。尤其是托尔斯泰，当时清政府在受到来自英国方面的压力和威胁时，曾向俄国邀请军事专家来培训自己的军队。年轻的托尔斯泰此时正在塞瓦斯托波尔防线服役。作为一个有经验的炮兵军官，他也收到了邀请信，虽然最后没有去成，但他同情中国人民，对外国侵略者在中国的行径感到愤怒，这种思想反映在他的短篇小说《琉森》中。

托尔斯泰热爱中国。他努力地通过本国和西欧的文献去了解中国，对中国古典文学的翻译也很感兴趣。据他同时代的人说，他曾学过汉语。他承认，中国的哲学家孔子和孟子给了他“很大的影响”，但“影响最大的”是老子。他对译成俄、英、德、法四种语言的中国古典哲学著作都进行过深入细致的研究，并写了一些关于中国古代思想家的专题论文。他在自己的作品中多次引用过这些思想家的话，还出版过他们的名言佳句集。托尔斯泰对中国文学、特别是对民间创作也很感兴趣。他在创作之初就用过中国的传说、民谣及谚语。直到晚年，他还不断向俄国读者介绍中国的古诗和民间文学。

元素周期表的创造者、伟大的俄国化学家门捷列夫对中国的兴趣也很浓厚。他对古代和近代中国的研究先后达五十年之久。1854年，当时还是俄国师范总学院学生的门捷列夫就以“中国的学校教育”为题讲过实习课。1856年，他正式申请到设在北京的俄国磁测气象站工作，后因准备硕士论文答辩而未能成行。十九世纪六十年代，他在自己的园子里，将中国的苜蓿和小麦成功地试种为俄国北方地区的田间农作物。他在《对俄国认识的补充》中说："中国将迅速发展，可以相信，中国将在它自己新的教育方向所取得的成果上打上特别的、新颖的、明智的和太平的烙印。"（《门捷列夫文集》）当他读完俄国汉学家瓦西里耶夫的著作《东方的宗教：儒教、佛教、道教》后，对其中的儒教最感兴趣。他在书的边白上写道："就我们听见到的儒家的学说，无非只是社会政治学而已。当看到关于《论语》的介绍之后，真为孔子的某些观点的深度和活力而惊叹。"（叶基莫夫：《门捷列夫论中国》，1958年）

在介绍中国文化方面作出巨大贡献的还有以瓦西里耶夫和卡法罗夫为代表的俄国十九世纪的汉学家们。瓦西里耶夫在研究中国历史和文化的同时，还编写了汉语和中国文学教科书。他在《中国的发现》一书中说："可以肯定地说，中国已具备一切条件去达到智力、工业以及政治进步的最高点。"他还在研究中发现，中国文化中有许多保守、教条的成分，尤其是儒家思想具有盲目尊崇古代圣贤的传统，这种崇古思想包含着不少守旧的意识，"当研究的对象成为崇拜和盲从的对象时，最优秀的东西也会变成有害的东西"（《亚洲的现状·中国的进步》）。

另一位汉学家卡法罗夫就中国的历史、地理和文化方面写过很多著作。尤其是在去世后，由波波夫整理，于1888年出版的两卷本科学院《汉俄词典》为他带来了世界性的声誉。这本词典对俄苏几代汉学家都提供了重要帮助。同时这本具有百科性质的词典对研究古代中国也具有重要的史料价值和科学价值。

以上简要地勾画了中俄之间的联系及中国文化在俄国的传播情况。中俄两国是毗邻国家，自十八世纪以来，沙皇俄国与西方殖民主义者对中国都怀着贪婪的企图和领土野心，造成近代中俄关系史上的许多阴影。由于这种国际政治上的矛盾斗争，俄国及西方对中国的研究，其中包括对中国文化的研究，就带有浓厚的政治色彩和战略目的。这一问题还有待做进一步的专门探讨。

中国文化所以能够在世界广泛传播，重要之点在于受容国的态度。中国并没有派出自己的“传教士”，他的文化总是在自己的国家里雍容稳缓地发展与承传。中国的智慧早在欧洲的希腊时代以前，就已发展出一套生态的宇宙观，把自然与人类、宗教与国家、道德与政治、人群与社会以及过去、现在、将来的一切东西统摄起来。无论是经济、政治、伦理、文化，都是一个自给自足、安于本位的有机系统。而西方文化，是“游荡式”的，它具有“浮士德的心灵”，永不满足地追求天下的东西，因此，“在它的疆界之内一直不安于位，惶惶然地向四面八方派出侦探，看看能猎取什么回来”（李约瑟语）。这种文化心理，决定了对外来文化的新奇感，他们对中国文化的吸收即是以这种态度进行的。至于中国文化在亚洲国家的传播，除了当时中国文化具有优势外，主要与地理、种族、政治等各种因素有关。在以往的文化交往中，中国文化对人类作出了巨大贡献，同时也从别的民族文化中吸取了不少东西。

第六章 中国文化对外来文化的受容与排拒

在上一章中，我们概括地叙述了中国文化的传播及对外部世界的冲击和影响。本章则重点探讨中国文化对外来文化的受容与排拒。

由于文化具有流动的功能，因此一种文化体系所包含的各种文化要素，既可向外传播，又可向内吸收。但由于各个民族所处的时代、环境的不同，特别是由于各民族在经济、政治等方面发展的不平衡，使其对外来文化的吸收与排拒呈现出极其复杂的过程。

中国自古以来，始终是以先进大国的姿态傲居于世界，并没有受到过多的外来文化的冲击。它所接受的外来文化，往往是物质形态的文化。例如，早在秦汉以前，外国的葡萄、苜蓿、芝麻、黄瓜、大蒜、蚕豆、石榴、核桃以及生活用具、工艺品等等，都通过商人、旅行家源源不断地输入中国，成为中国物质文明的一部分。秦汉以后，特别是魏晋南北朝至隋唐时期，随着物质形态的文化输入，属于观念形态的宗教文化也开始大量涌入中国，如佛教、祆教、景教、摩尼教、回教等等。同时，介于物质文化与宗教文化之间的外来的艺术文化，至隋唐时期，对中国艺术产生巨大影响，如歌舞、绘画、雕塑等等，都被中国文化所吸收，成为中国艺术文化的一部分。

至近代，形势大变。由于中国失去了国力上的优势，文化也失去魅力。西方的科学技术、文学艺术、政治制度、意识形态等等，对中国文化产生巨大冲击。如果说，中国古代文化在与外来文化的接触中，曾以雍容消纳的态度吸收外来文化，并满怀自信地把它变为自己文化的一部分，这是因为当时中国确实保持着自身强大的态势，外来文化不足以打破它本身的稳定与平衡；而在近代却全然不同了。首先是西方的物质文明使中国人惊叹，火车、火轮、洋枪、洋炮、电报、矿业等等，这些新奇的事物，尤其是它所显示的巨大功用，使中国相应的物质器用黯然失色。中国人首先从先进的器用文化意识到自己的落后，于是出现了至今未息的中西文化之争。

中国是具有悠久历史文化的国家，她的悠久历史和灿烂文化一方面说明她过去确实有过先进的历史，同时却也使人背上了沉重的历史包袱。从器用文化方面说，有许多东西是中国人首先发明的，如火枪、火炮等，但传至欧洲后，很快得到改进。而中国的火枪、火炮从其发明时起，几乎没有任何改进。中国是最早发明用犁耕地的国家，但当拖拉机传入之前，犁铧仍与其发明初期不相上下。中国人得一法，往往死守不变，重道德，轻技艺，社会亦以为尚。对于发明者也绝少奖励鼓舞，对新技术缺乏推广的热情，常常是任其自生自灭，故发明人死后，其术即绝，别人也无法改良。

对器用文化尚且如此，对与政治道德大有关系的精神文化更是如此。由于中国早在春秋战国之际，就形成了一个人文道德早熟的庞大文化系统。这个庞大的文化系统把其他各种文化形态如哲学、历史、教育、文学、艺术等都纳入其中，并形成自己的独特品格和特征，使以后各个时代的思想家都以这个文化系统为基础，不断地演绎、增补，形成一种傲居世界的文化心理，对外来文化亦产生一种鄙薄、轻视甚至排斥的态度。

因此，中国文化与外来文化的关系，在中国历史上经历了极其复杂的过程。有受容，也有排拒；有主动吸收，也有被动吸收。这种对外来文化的受容与排拒几乎贯穿整个中国历史，而形成一系列的文化论战。因此回顾这一历史，对我们今天的文化讨论会有一定的启发。

一、夷夏之辨的民族心理意识

中国文化中的夷夏（或华夷）观念来源甚早。最初它是与民族的混合有密切关系的。我们在第一章中已经说到，中华民族的形成与发展，实际是多种民族融合的结果。自公元前二十一世纪至公元前八世纪的一千三百多年间，以黄河流域为中心的中原地区，先后出现由不同民族汇合而成的夏、商、周三个王朝。它们与周围的民族相互往来，并逐渐扩展到自己周围的不同土著集团，经过十几个世纪的融合与同化，终于形成具有独立文化形态的华夏民族。它们对异族自感文化上的优越，视华夏文明为一整体，自称“诸夏”，而对那些与自己的信仰、礼俗、服饰等不同的民族则称“夷”“蛮”或“戎”“狄”。

古时，在黄河流域以外的地区，皆被称为“蛮夷”，有“九夷、八狄、七戎、六蛮”之称。这些不同民族所居之地又被称为“四海”。“九夷”在东，“八狄”在北，“七戎”在西，“六蛮”在南。诸夏的范围相当狭小，仅限于黄流河域。直到春秋时期，秦、楚、吴、越等国还被诸夏国家视为异类。即使在诸夏地区之内，并且与诸夏种姓相同，但由于文化上的差异，也往往被排斥于诸夏之外。如周代的羌戎与周王室母系的姜姓同族，骊戎与周室同姓，但仍被称为“戎”。

《春秋》载，僖公三十三年，秦于殽函败绩于晋，《穀梁传》说：“不言战而言败，何也？狄秦也。其狄之何也？秦越千里之险，入虚国，进不能守，退败其师徒，乱人子女之教，无男女之别，秦之为狄，自殽之战始也。”

又据《公羊传》载，僖公二十一年，“宋公与楚子期以乘车之会”，宋公子谏之曰：“楚，夷国也，强而无义，请君以兵车之会往。”宋公不听，“楚人果伏兵车，执宋公以伐宋”。《公羊传》说：“孰执之？楚子执之。曷为不言楚子执之？不与夷狄之执中国也。”

哀公十三年，“公会晋侯及吴子于黄池”。《穀梁传》说：“黄池之会，吴子进乎哉！遂子矣。吴，夷狄之国也，祝发文身，欲因鲁之礼，因晋之权，而请冠端而袭，其藉于成周以尊天王，吴进矣。吴，东方之大国也，累累致小国以会诸侯，以合乎中国，吴能为之，则不臣乎？吴进矣。”《穀梁传》盛称本是夷狄的吴国，就是因为吴能“因鲁之礼”，“请冠端而袭”，以及“藉于成周以尊天王”等，在《穀梁传》的作者看来，这都是进步的表现。

《诗经·鲁颂·閟宫》记载鲁国曾以盛大的兵力和丰富的殷周文化传统，统一和同化夷狄的事迹。其诗说：“保有凫绎，遂荒徐宅，至于海邦，淮夷蛮貊，及彼南夷，莫不率从，莫敢不诺，鲁侯是若。”鲁国是周王朝的封国，是保存和发扬殷周文化最得力的国家。

春秋时期，诸侯国都以鲁国为传统文化的象征，它征服与同化周围蛮夷的过程，往往被看作是诸夏文化同化蛮夷文化的过程，所谓“戎狄是膺，荆舒是惩，则莫我敢承”，成为后世夷夏之辨的根据。在《诗经》的其他篇章中也有很多类似的记载。

《尚书》更是如此，在许多篇中都记载了诸夏武功和文化对周围蛮夷的征讨和同化，即所谓“四夷左衽，罔不咸赖”，“华夏蛮貊，罔不率俾，恭天成命”，“遂通道于九夷八蛮”，“蛮夷率服”，等等。

可见，春秋时期，“内其国而外诸夏，内诸夏而外夷狄”，正如《公羊传》所载：“夷狄也，而亟病中国，南夷与北夷交，中国不绝若线。”因此，“夷夏之辨”或“夷夏之防”成为春秋时期军事、政治、经济乃至文化的重要课题。管仲相齐桓公，九合诸侯，一匡天下，成为后世儒家一再称颂的对象。孔子称“微管仲，吾其披发左衽矣”；《公羊传》称“桓公救中国而攘夷狄，卒帖荆，以此为王者之事也”。这些都是从夷夏之辨的立场而发出的赞颂之辞。

《礼记·王制》说：“中国戎夷五方之民，皆有性也，不可推移。东方曰夷，被发文身，有不火食者矣。南方曰蛮，雕题交趾，有不火食者矣。西方曰戎，被发衣皮，有不粒食者矣。北方曰狄，衣羽毛穴居，有不粒食者矣。中国、夷、蛮、戎、狄，皆有安居、和味、宜服、利用、备器。五方之民，言语不通，嗜欲不同。……司徒修六礼以节民性，明七教以兴民德。齐八政以防淫，一道德以同俗，养耆老以致孝，恤孤独以逮不足，上贤以崇德，简不肖以绌恶。”这里说的很明确，“中国”与其他“四方之民”的关系，因“皆有其性”，故“不可推移”。即不能用夷变夏，而只能用夏变夷。因为诸夏文化已进至农业和城邦阶段，和周围“四方之民”比较，确实先进。“修六礼”“明七教”“齐八政”“一道德”“恤孤独”“尚贤崇德”“简不肖以绌恶”等，皆是用夏变夷的具体表现。这些都是随着政治、经济上的统一而带来的礼义、道德、文化上的同化趋势。

由上述材料可见，在《诗经》《尚书》《礼记》及《春秋》纪传等儒家典籍中，夷夏观念不仅包含着地域、种性的内容，而更主要的是它所包含的文化内容。在中国古代，诸夏与夷狄之别，主要是礼义、服饰、饮食、风俗等文化上的分野。在古人看来，夷狄的主要内涵是没有道德礼义。《白虎通·礼乐》说：“何以名为夷狄？夷者，僔夷无礼义……狄者，易也，辟易无别也。”如前引《礼记》及《春秋》纪传所言“乱人子女之教，无男女之别”“强而无义”“祝发文身”“被发衣皮”“不粒食”“不火食”等，皆视为夷狄的特征。这里虽然不免有华夏优越的正统观念，从而对夷狄的落后面有夸大之嫌，但夷夏文化上的差异确实是明显的。

正因为有这种文化上的差异，至战国时代，内地戎狄大多被诸夏国家征服或同化，使诸夏内部的种族日趋单纯。而边陲国家如秦、楚、吴、越等也因长期吸收诸夏文化，逐渐进入诸夏集团，遂使诸夏的范围扩大，为秦统一中国奠定了民族的、经济的、政治的乃至文化的基础。

由《诗经》《尚书》《春秋》等先秦典籍所奠定的夷夏观念，被后来的儒家所继承。孔子向以恢复周礼为已任，并以毕生的精力整理殷周以来的典章文物，意在弘扬中国的传统文化。他所处的春秋时代，中国还没有统一，因此在他的思想中，仍然存有夷夏观念。他说：“夷狄之有君，不如诸夏之亡也。”（《论语·八佾》）刘宝楠

《论语正义》引诸家之说，认为孔子的这句话是针对鲁哀公十三年的“黄池之会”而言的，吴以夷狄之强会诸侯，主盟中夏，孔子恶诸侯背诸夏而君夷狄。因为在孔子看来，楚、吴虽迭主盟中夏，然暴强逾制，宣耀武力，不能遵循周礼，由此可能导致礼崩乐坏，故发出上述议论。可见，孔子夷夏观念的主旨，在于保存周代传下来的道德礼义。如果诸夏不注意继承和发扬自己的文化传统，尊夷狄为君，就有道德礼义沦丧的危险。孔子的这一苦心，还可从《论语》的另外几条记载中看出。

子欲居九夷。或曰：“陋，如之何？”子曰：“君子居之，何陋之有？”（《论语·子罕》）

樊迟问仁。子曰：“居处恭，执事敬，与人忠，虽之夷狄，不可弃也。”（《论语·子路》）

这两条材料，虽然都没有直接涉及夷夏之辨的问题，但其含义很清楚。正因夷狄之处无礼义，故或曰“陋”。但孔子似乎大有传播礼义、推道训俗的信心，因此在回答樊迟问仁时，乃强调恭、敬、忠等道德条目在夷狄之邦也要保持的主要意义，其中含有用夏变夷的因素。

以辟异端著称的孟子，则完全继承了中国传统的夷夏观念。他依据儒家的道德学说，不仅尖锐地批评了杨朱、墨子、告子等，而且与当时提倡君民并耕的许行学派展开了辩论。其中涉及夷夏之辨的问题，据《孟子·滕文公上》载：

> 有神农之言者许行，自楚之滕，踵门而告文公曰：“远方之人闻君行仁政，愿受一廛而为氓。”文公与之处。其徒数十人，皆衣褐，捆屦、织席以为食。陈良之徒陈相与其弟辛，负耒耜而自宋之滕……见许行而大悦，尽弃其学而学焉。陈相见孟子，道许行之言曰：“……贤者与民并耕而食，饔飧而治，今也滕有仓廪府库，则是厉民而以自养也，恶得贤？”孟子曰……

由孟子曰以下，二人展开了辩论。孟子认为，许行所提出的君民并耕、饔飧而治的主张，是托于太古而非圣王之道，不务仁义，而伤害道德。“从许子之道，相率而为伪者也，恶能治国家？”孟子不仅从儒家的道德立场批评许行及其弟子陈相，而且搬出夷夏之辨的传统观念，揭露许行的观点不合正统。他说：

> 吾闻用夏变夷者，未闻变于夷者也。……今也南蛮鴃舌之人，非先王之道，子倍子之师而学之，亦异于曾子矣。吾闻出于幽谷迁于乔木者，未闻下乔木而入于幽谷者。《鲁颂》曰：“戎狄是膺，荆舒是惩。”周公方且膺之，子是之学，亦为不善变矣。

孟子的这段话未免有些偏激，不是从学术上，而是从夷夏观念上，指责陈相不应背其师而向荆夷许行学其道（因许行是楚人）。在孟子看来，陈相背其师而学许行，即是学夷而变夏。因此他说：“吾闻用夏变夷者，未闻变于夷者也。”而陈相原来的老师陈良，即是“用夏变夷”者，虽然陈良也是楚人，但却肯背夷而用夏，因此孟子称赞他是“豪杰之士”。他说：“陈良，楚产也，悦周公仲尼之道，北学于中国。北方之学者，未能或之先也，彼所谓豪杰之士也。子之兄弟，事之数十年，师死而遂倍之。”这里孟子又提出南北之学的问题。

总之，自殷周至春秋时期，中国文化显然已形成了一个强大的传统。特别是由于西周承袭了发轫于中原地区的殷代文化，一切制度，其中包括封建、宗法、官制、兵制、法制、礼制、考选制度、学校制度等等，均已确立雏形并日趋完善，与之相适应的思想、学术、道德等意识形态也经孔子的整理与传授，形成了以《诗经》《尚书》《礼记》《乐经》《周易》《春秋》为核心的重要经典文献和知识分子必修的教材。到孟子时，这种正统观念进一步得到强化，凡不合上述六典思想的，一概当作异端而遭到排斥。所有这些，都与以黄河流域为中心的文化基础有密切关系。这些正统观念无不打上诸夏的烙印。因为在春秋以前，长江以南的广大地区其文化尚未进入中原文化的范围，这些地区虽然也有相当程度的文化发展，但往往被诸夏视为野蛮未开化之地。因此，其文化也被印上“夷”的痕迹。一直到战国以后，随着诸子百家的蜂起，道家、墨家、法家等向儒家提出尖锐的挑战，中国文化才逐渐形成复杂的多元式的发展。

秦汉以后，虽然汉武帝采纳了董仲舒提出的“罢黜百家，独尊儒术”的主张，但战国时的百家之学对儒家所发生的影响并没有消失。汉代的新儒学实际上吸收了先秦初期儒学以外的许多东西，特别是在文化、艺术、科技等方面已无法再作夷夏的区别。这一现象正表明，所谓诸夏文化已越出了中原地区并打破了自己的局限，把原属蛮夷之邦的秦、楚、吴、越等优势的地方文化吸收到自己的文化范围之内，形成丰富多彩的中国文化。

秦汉的大一统，是诸夏或中国民族和外族在种族和文化上融合的结果。汉朝疆域扩大，各民族的往来更加密切。汉武帝开拓边疆，塞外民族亦多被同化。东汉以后，匈奴、鲜卑、乌桓、氐、羌等都相继内迁，与汉人杂处，双方都采取了民族开放政策。西晋以后，由于王朝腐败，晋室被迫南迁，中原士族相率南移，造成中国历史上对南部中国的经济、文化的大开发；黄河流域则成为许多民族混合的场所。勇武强悍的鲜卑、拓跋、突厥等都相继接受了中原文化，建立了他们的朝代，成为北朝的十六国。

两晋南北朝至隋唐时代，是民族大融合、文化大交流的时代。在宗教方面，除佛教外，祆教、景教、摩尼教、回教等外来宗教传入中国。以这些宗教为媒介，天文、历法、医学、绘画、歌舞、建筑等也都自西方（西域、天竺）传入中国。同时，由于少数民族长期经营北方，许多少数民族的风俗也给汉人带来影响。如勇武精神、骑射技术、犷悍作风、功利思想、男女地位等，都是以往儒家社会中所罕见的。从文化历史发展的角度说，这都为文弱的儒家传统增补了新鲜、活泼的文化因素，使中国文化产生了新的活力。特别是在思想上摆脱了儒学独尊的束缚而得到解放，同时又吸收了外族的勇武进取精神，为隋唐盛世奠定了基础。

大量吸收外来文化的李唐皇室，起源于北朝胡化的汉人，对传统的夷夏观念，甚为薄弱。唐太宗推行儒、释、道三教合一的文化政策，即是这种夷夏观念薄弱的表现。他曾说：“自古皆贵中华，贱夷狄，朕独爱之如一。”唐朝初期，曾多次征伐外族，但到异族一旦降服，便亲如一国，华夷一家，不加猜疑，甚至委以重任，让他们在朝廷做官。贞观初，平东突厥，其酋长任职中央，官位在五品以上者达万人之多。此外如朝鲜、日本等国家的人士也有很多在唐任职。外族定居中国者以百万计。有的与中国人通婚，其文化也随之传入，并在中国境内自由发展。窄衣短袖的胡服曾一度成为唐初士女的时髦装束；外域的歌舞、技艺、食品等也都成为一般贵族的爱好。这种华夷一家，中外文化自由交通的盛况一直延续到中唐时期。

中唐以后，科举制度的发达，使人民产生中国文化至上的观念，遂逐渐重文轻武，趋科举以取名利。同时由于佛教大兴，带来了一系列经济文化的冲突与矛盾，特别是“安史之乱”所带来的外族叛乱对国人的精神刺激。诸如此类的因素，使宽松的文化环境骤然紧张，对异族文化重新产生怀疑、歧视和排斥的浪潮，夷夏观点复萌。韩愈“道统”观的建立及其所领导的古文运动，是唐朝中期夷夏之辨的高潮。

韩愈的“道统”观，从实质上说，乃在于恢复儒学的权威。他所提倡的古文运动，其归宿在于强化“文以载道”的儒家传统。他所针对的是自魏晋南北朝以来近五百年的佛老影响。这五百年期间，从文化史的角度看，正是中国文化从容消纳和融汇自身所包含的多种文化因素，从而建立起阳儒阴法和儒道互补的文化模式时期；同时也是对外来文化受容、吸收与消化的时期。中国文化经过这五百年的融汇、交流、吸收，作为其主干的儒家文化已经改变了不少原来的面貌，而韩愈的“道统”观及其夷夏之辨，即是企图剔除已渗透到儒家内部的佛、老、玄等思想成分，从而达到纯化儒学的目的。他为儒家文化所续的道统，上起尧舜，下至周孔，至孟轲而道统中绝。其后虽有荀子、扬雄等对儒学间或有所阐发，但皆“择焉而不精，语焉而不详”，终于导致佛老并兴，道德杂糅。“其言道德仁义者，不入于扬则入于墨，不入于老则入于佛。”（《昌黎先生集·原道》）韩愈的这一看法，正表明他对从魏晋南北朝至隋唐五六百年间的文化发展持一种怀疑和否定的态度，起码他对汉唐间经数百年的激荡揉塑而形成的新文化形态缺乏历史感，他是站在儒家道统的继承者和捍卫者的立场上，以严格的夷夏观念对待和批评外来文化的。他说：

> 古之欲明明德于天下者，先治其国，欲治其国者，先齐其家……然则古之所谓正心而诚意者，将以有为也。今也欲治其心而外天下国家，灭其天常。子焉而不父其父，臣焉而不君其君，民焉而不事其事。孔子之作春秋也，诸侯用夷礼则夷之，进于中国则中国之。经曰：夷狄之有君，不如诸夏之亡。诗曰：戎狄是膺，荆舒是惩。今也举夷狄之法而加之先王之教之上，几何其不胥而为夷也？（《昌黎先生集·原道》）

韩愈的“道统”说及其夷夏观念，并没有遏制住外来文化的传播。因此，在当时没有发挥多大作用。但他这些思想却对后世，特别是宋代及近代发生巨大影响。他们阐发的儒学的权威性与正统性在宋代得到理学家们的发扬。至南宋，朱熹再倡道统说，亲定《论语》《孟子》《大学》《中庸》为“四书”，配合“五经”而成士大夫科举取士的必修经典，并作集注与章句，大力阐发儒家思想。

宋代是一个积弊较多的朝代。与汉唐相比，无论在经济、政治，还是在文化上都显魄力不足。再加上边患日紧，契丹、女真等外族对它造成较大威胁，最后终于南渡，维持半壁江山。国力的衰微，心性内向的提倡，使宋代对外来文化始终处于守势，夷夏观念尤其强烈，因此对异族文化持有戒心。一般士大夫都具有较强的民族自尊心和民族意识，而儒家传统最有利于培养这种精神。孔子的“三军可以夺帅，匹夫不可夺志”，孟子的“浩然之气”及“威武不能屈，贫贱不能移，富贵不能淫”的大丈夫精神，在宋代都大有发扬。在这种国情下，民族本位文化也就日益强固，其排拒外来文化的成见也就日益加深。宋代在外交上没有汉唐的和亲政策；文化上没有汉唐的雍容胸怀。在理学的浸润下，逐渐养成死板的教条主义，连寡妇改嫁都失去了通融的余地。宋代对外交通甚为发达，但其思想、学术均未脱离中国本位文化的范围，其对外来文化的排拒，远远超过对外来文化的受容。这种儒学僵化的结果，对外来文化的吸收几乎处于停滞状态，并且一直延续到清末。其间虽有明清两朝与西洋的频繁接触，但对西方文化的吸收也仅限于器用方面。

总之，经过长期的民族融合，中国文化也由分裂趋于统一。但积淀在民族心理意识中的夷夏观念，却始终没有消失。其中以儒家为正统的学术观点、道德原则、价值观念以及宋代以后逐渐形成的中国文化本位的思想，不能说与上述夷夏之辨没有关系。这种在长期历史发展中所形成的夷夏观念，一遇到特殊的历史环境，都会以不同的形式出现。一方面，当外族入侵，民族文化受到挑战，国家和民族陷于危亡，或当社会陷于混乱，人心涣散而失去文化自信时，夷夏观念会起到对自己的民族文化护根固柢的作用。另一方面，当国家经济发展困难，需要开拓新领域、开创新局面，特别是需要调整自己的政治、经济、文化结构，以进取开放的姿态吸收外来文化，以促进中国适应世界潮流的时候，这种夷夏观念又会成为文化更新与经济跃进的阻力。

二、儒佛之争的文化立场

作为外来文化一部分的佛教，自东汉传入中国，中经魏晋南北朝的传播与发展，至隋唐蔚为大观。我们在第四章中已经说过，由于中国文化具有非宗教性的特点和浓厚的人文主义传统，因此出世的宗教思想自古就不发达。东汉以后所形成的中国本土宗教——道教，在它发展的初期，本身也缺乏系统的理论，其方术又时有所穷。因此，无论儒家还是道家，无论中国固有的鬼神崇拜还是后来兴起的道教，在精神信仰上和在理论思辨上，显然都不如佛教丰富。再加上东汉以后，中国社会日趋混乱，人民生活痛苦，灾难丛生。在精神上和心理上逐渐失去平衡，进而追求宗教以填补空缺。因此，从宗教意义上说，由于佛教含义丰富，教义精微，其灵魂不灭、三世轮回、因果报应等宗教神学理论首尾相贯，正能起到儒家、道家以至道教所起不到的作用。从文化意义上说，佛教自汉代传入中国，至隋唐而达鼎盛，其中译经的风气，前后持续长达六百余年。外来文化凭借着这些翻译的佛经在中国得到广泛传播。中国人的哲学思想、文学艺术以及日常的语言、生活风俗，无不因之而发生巨大变化。单就译经而创造的新字和成语就达数万之多；唐代以后的诗歌、散文、小说也多受佛教语言及思想的影响。至于宋明理学则是儒学与禅学的结晶。可以说，佛教对中国文化有巨大贡献。

但中国文化对佛教文化的受容却经历了十分曲折的过程。从两晋南北朝起，一直到唐末宋初，其间贯穿着无数的论争。受容者无不论其是；而排拒者莫不论其非。是非莫衷一是，争论了将近一千年。本部分内容所述“儒佛之争”无意再论是非。仅就所引证的史料，试图探究当一种外来文化与中国文化接触时，所必然发生的受容与排拒现象，以及这些现象与中国传统文化的关系。

儒佛之争从广义上说，就是中国文化与外来文化的论争。因为佛教是中国历史上首次外来文化的大规模传入。在此之前以及与此同时，虽然也不断地有外来文化进入中国，但一般都只限于通过商人或旅行家所带进的物质形态的文化，这些物质形态的文化乃至佛教以外的其他宗教文化对中国社会并未造成冲击，它们传入中国后，很快淹没在具有强大传统的中国文化中，其影响也随着时间的流逝而渐趋平淡。唯有佛教不然，它在中国民间和上层社会的影响历久不衰，对中国的政治、经济、思想均造成巨大影响，这不能不引起中国传统文化的回应。回应的方式尽管多种多样，但最终不离受容与排拒两种态度。中国文化对佛教的受容是不言自明的，而对佛教的排拒，却很少有人做深入的研究。

儒佛之争，起于东汉末的牟子《理惑论》，炽于东晋南北朝，至唐代韩愈遂达高峰。

牟子在《理惑论》中以问答的方式，阐述儒、道、佛的异同。从其设问者所提出的问题，即可反映中国传统文化对佛教思想的看法。如。

1.问曰：“孔子以五经为道教，可拱而诵，履而行。今子说道，虚无恍惚，不见其意，不指其事，何与圣人言异乎？”

2.问曰：“佛道至尊至大，尧舜周孔曷不修之乎？七经之中不见其辞。子既耽诗书，悦礼乐，奚为复好佛道，喜异术！岂能逾经传、美圣业哉！”

3.问曰：“孝经言，身体发肤受之父母，不敢毁伤。曾子临没，启予手，启予足。今沙门剃头，何其违圣人之语，不合孝子之道也？”

4.问曰：“夫福莫逾于继嗣；不孝莫过于无后。沙门弃妻子，捐财货，或终身不娶，何其违福孝之行也？”

5.问曰：“黄帝垂衣裳，制服饰；箕子陈洪范，貌为五事首；孔子作孝经，服为三德始。……今沙门剃头发，披赤布，见人无跪起之礼，威仪无盘旋之容止，何其违貌服之制，乖缙绅之饰也？”

6.问曰：“孔子云，未能事人，焉能事鬼？未知生，焉知死？此圣人之所纪也。今佛家辄说生死之事，鬼神之务，此殆非圣喆之语也。夫履道者，当虚无淡泊，归志质朴，何为乃道生死以乱志，说鬼神之余事乎？”

7.问曰：“孔子曰，夷狄之有君，不如诸夏之亡也。孟子讥陈相更学许行之术，曰：吾闻用夏变夷，未闻用夷变夏者也。吾子弱冠学尧舜周孔之道，而今舍之更学夷狄之术，不已惑乎？”

以上所引七条材料，只是《理惑论》中设问者站在儒家立场向佛教提出的一部分问难。其他还有许多从道家立场提出的问题。牟融站在佛教立场对这些问题都一一做了回答。可以说，这是佛教传入中国后，儒家、道家第一次从理论上和现实生活上对佛教所做出的回应。从这些材料中可以看出，儒家反对佛教所使用的武器，基本上是以孔孟的思想言论为标准，从尧舜周孔的礼乐孝悌之教和中国传统人文思想出发，最后归结为夷夏之辨。《理惑论》中所揭示的儒（包括道家）佛异同，为后世的儒佛之争创立了基本的思想模式。

儒佛之争，至东西两晋时开始公开化，尤其在南北朝时更趋激烈。

站在儒家立场排佛的著名人物有孙盛、戴逵、何承天、周朗、郭祖深、荀济等。站在道家或道教的立场排佛的有王浮、顾欢、张融等。同时在北朝也出现一批反佛人物，如高道让、张善惠、杨衍、樊逊、邢邵等。他们先后掀起几次辩论高潮。如东晋戴逵著《释疑论》与慧远、周道祖等辩论福祸报应等问题；接着便是晋宋间孙盛与罗含就《更生论》展开的辩论；继之则有南朝刘宋时期何承天、慧琳与宗炳、颜延之、刘少府等人就《白黑论》展开辩论；后又有刘宋周朗、梁朝郭祖深和荀济的上疏排佛；以及刘孝标著《辨命论》、朱世卿著《法性自然论》反对佛教的报应说。在道教方面，有刘宋时期道士顾欢著《夷夏论》、张融著《三破论》等排斥佛教。佛教方面则著《笑道论》《二教论》等予以反驳。

上述这些人物的排佛，虽然观点不尽相同，有的援引儒家，有的援引道家或道教，但其共同点都是站在夷夏之辨的立场上，从经济、政治、种族、风俗、礼仪、服装、地域、思想、学术等方面进行辩论的。

（一）从经济方面排佛

在儒佛之争中，从经济上着眼排斥佛教的言论最多。如《三破论》的作者从三个方面批评佛教："入国而破国，诳言说伪，兴造无费，苦尅百姓，使国空民穷，不助国，生人减损。况人不蚕而衣，不田而食，国灭人绝，由此为失。日用损费，无纤毫之益。五灾之害，不复过此。”（《弘明集·灭惑论》）又如元嘉十二年（公元435年），丹阳尹肖摩之在排佛疏中说：“佛化被于中国，已历四代，形像塔寺，所在千数，近可以系心，退足以招劝。而自顷以来，情敬浮末，不以精诚为至，更以奢竞为重。旧宇颓驰，曾莫之修，而各务造新，以自姱尚。……材竹铜彩，靡损无极。……不为之防，流遁未息。”（《宋书·天竺传》）郭祖深在其上封事疏中也说：“都下佛寺五百余所，穷极宏丽，僧尼十余万，资产丰沃，所在郡县不可胜言。道人又有白徒（佛寺中杂役），尼则皆畜养女，皆不贯人籍，天下户口几亡其半。”（《南史·郭祖深传》）因此他主张检汰沙门，限制佛教的发展，否则将会造成“处处成寺，家家剃落，尺土一人，非复国有”（《宋书·天竺传》）。从经济上排佛者，看到佛教寺院经济的发展，有损于国家的财政收入，因此援引儒家“农为急务”“农为民本”的经济观以抵制佛教经济。如郭祖深说：“臣闻人为国本，食为人命，故礼曰国无六年之储，谓非其国也。推此而言，农为急务。而郡县……行吟坐咏，诵声溢境。比来慕法，普天信向，家家斋戒，人人忏礼，不务桑农，空谈彼岸……岂可堕本勤末置迩赊也。”（《南史·郭祖深传》）

（二）从政治方面排佛

佛教大盛以后，许多佛教徒奔走宫门，结交权贵，有的甚至参与谋反。“诸寺尼出入宫掖，交关妃后”，《宋书·武王传》说，刘义宣“多畜嫔媵，后房千余，尼僧数百”。王国寺尼法净出入彭城王义康家中，与沙门法略协助孔熙谋反。著《白黑论》的著名僧人慧琳，“元嘉中遂参权要，朝廷大事皆与议焉。宾客辐辏，门车常有数十辆，四方赠略相系，权倾一时”（《南史·夷貊传》），时有“黑衣宰相”之称。僧尼出入宫禁，参与权要，引起许多士大夫的不满，孔觊称这种现象为“冠履失所”，周朗在给宋世祖的排佛疏中指出，僧尼参与政治“乃外刑之所不容戮，内教之所不悔罪，而横天地之间，莫之纠察。人不得然，岂其鬼欤”（《宋书·周朗传》）。他坚决反对僧尼干政，主张把佛教徒的活动严格限制在寺院之内，否则将酿成大祸。

（三）从种族方面排佛

以种族不同而排斥佛教者，多认为佛教乃夷种人之教，华种人不应信奉。如《三破论》说：“道以气为宗，名为得一。寻中原人士莫不奉道。今中国有奉佛者，必是羌胡之种，若言非邪，何以奉佛？”（《弘明集·灭惑论》引）又说：“泥洹是死，未见学死而得长生，此灭种之化也。”（《弘明集·释三破论》）种族不同，必带来民族性的不同，因此排佛者认为中国人性善，而夷人性恶。《三破论》说：“佛旧经本云浮屠，罗什改为佛徒，知其源恶故也。……胡人无二，刚强无礼，不异禽兽。”（《弘明集·释三破论》引）何承天说：“华戎自有不同，何者？中国之人，禀气清和，含仁抱义，故周孔明性习之教，外国之徒，受性刚强，贪欲念戾，故释氏严五戒之科。”（《弘明集·答宗居士》）这些都是以种族及民族性的不同为根据，论证佛教不适于中国。

（四）从服饰、礼教方面排佛

佛教的服饰、礼仪及风俗与中国不同，故排佛者以此为理由驳斥佛教。刘宋时期道士顾欢著有《夷夏论》，认为佛是外国传来的东西，而道是华夏本土之教，外国与中国习俗不同："端委缙绅，诸华之容；剪发旷衣，群夷之服。擎跽罄折，侯甸之恭；狐蹲狗踞，荒流之肃。棺殡椁葬，中夏之风；火焚水沉，西戎之俗。……夫蹲夷之仪，娄罗之辩，各出彼俗，自相聆解。犹虫跃鸟聒，何足述效？"（《南史·顾欢传》）顾欢从华夷在服饰、姿态、葬仪、语言等方面的不同，贬斥佛教，并认为中国风俗变恶，全是由佛教传播的结果，"今华风既变，恶同戎狄，佛来破之，良有以矣。……今诸华士女，氏族弗革，而露首偏踞，滥用夷礼，又若观风流教，其道必异。佛非东华之道，道非西夷之法，鱼鸟异川，永不相关。"（《南史·顾欢传》）这就是说，华夏之民不能效法"西戎"之法，指责佛教不合乎华夏国情。

（五）从道德教化方面排佛

排佛者从维护我国传统的儒家礼教出发批评佛教，这种言论最多，也最激烈。其中最有代表性的是《三破论》。其第二破说：佛教"入家而破家。使父子殊事，兄弟异法。遗弃二亲，孝道顿绝。忧娱各异，歌哭不同。骨血生仇，服属永弃。悖化犯顺，无昊天之报。五逆不孝，不复过此”。其第三破说：“入身而破身。人生之体，一有毁伤之疾，二有髡头之苦，三有不孝之逆，四有绝种之罪，五有亡体从诫，唯学不孝。何故言哉！诫令不跪父母，便竟从之。儿先作沙弥，其母后作阿尼，则跪其儿。不礼之教，中国绝之，何可得从？”认为佛教主张出家，严重破坏了中国传统的家庭伦常关系，破坏了父子、兄弟间的亲亲原则，为忤逆不孝，是名教罪人。这里特别是从儒家孝道思想出发，认为佛家剃发是违背“身体发肤受之父母，不得毁伤”的孝亲原则；而佛家捐妻弃子又违背了“不孝有三，无后为大”的血缘承续的原则；至于儿子不跪父母，反而“其母作阿尼则跪其儿”，更是黑白颠倒，乱伦败俗的“不礼之教”。因此对于佛教“何可得从？”北齐反佛人物李公绪、仇子陀，北魏的李玚以及南朝梁荀济等，皆以佛教“不妻不夫，奸荡奢侈”“脱略父母，遗弃帝王”“胡妖乱华，背君弃父”等罪名，在道德教化方面进行了猛烈的抨击。

（六）从思想理论方面排佛

在思想、学术、理论方面，由于佛教经卷繁多，中土人士往往不得其要。因此排佛者多从经济、政治和伦理道德等方面对佛教展开批判。一直到南朝范缜《神灭论》的出现，才标志中土人士在理论上具备了与佛教抗衡的条件。这期间对佛教理论上的批评，主要集中在佛教的三世轮回、因果报应和神不灭论这三个方面。在范缜以前，中国的理论家在论证形神关系时，所使用的武器，都没有超出中国古代精气说的水平。佛教传入中国后，由于注意吸取中国固有的哲学成果，把魏晋玄学所创造的本体论哲学与佛教神不灭论结合起来，从而提高了佛教的理论思维水平和思辨能力。范缜的《神灭论》也是吸收了本体论思想，提出“形神相即”“形质神用”“人之质，质有知”等命题，把与佛教的辩论从围绕儒家名教的圈子扩展到有神论与无神论的斗争，从而深化了这场辩论的水平。

但范缜与佛教就形神问题所展开的辩论，从实质上说，仍未脱离中国传统文化的影响。他所以集中在形神问题上，显然是中国文化传统中的人文思想的表现。中国文化对佛教的排斥莫过于此。中国文化的非宗教性传统和浓厚的人文精神，导致中国文化的泛道德主义倾向，因此在排佛过程中，一个最明显的特点，即是认为佛教违背中国的传统伦常，其中尤以违背孝亲、敬祖、忠君、弃政为甚。收集在《弘明集》和《广弘明集》中的反佛言论，大都集中在这点上。

唐代最著名的反佛人物，有初唐的傅奕和中唐的韩愈。他们排佛的理由和言论，基本上未超出南北朝时期的范围，且在理论上无新的进展。只是在原来夷夏之辨的基础上，更加强调中国文化与佛教在民族、伦理、文化上的差异。如韩愈在《论佛骨表》中说，“佛本夷狄之人，与中国言语不通，衣服殊制，口不言先王之法言，身不服先王之法服，不知君臣之义，父子之情”，因此，“若不即加禁遏，更历诸寺，必有断臂脔身以为供养者，伤风败俗，传笑四方，非细事也”（《昌黎先生集》卷三十九）。韩愈在排佛中，特别强调佛徒出家，乃是违背了臣民对君主的义务。他说：

君者，出令者也；臣者，行君之令而致之民者也；民者，出粟米麻丝，作器皿，通货财以事其上者也。君不出令则失其所以为君，臣不行君之令而致之民，民不出粟米麻丝，作器皿，通货财以事其上则诛。今其法曰：弃而君臣，去而父子，禁而相生养之道，以求其所谓清净寂灭者。呜呼！其亦幸而出于三代之后，不见黜于禹、汤、文、武、周公、孔子也；其亦不幸而不出于三代之前，不见正于禹、汤、文、武、周公、孔子也。（《昌黎先生集·原道》）

可见韩愈排佛，其立足点是放在力图恢复并保持以儒家为主干的中国传统文化上，认为传统文化的核心乃是君臣父子与仁义道德，而佛教的扩散，破坏了这种文化传统，因此急于建立儒家道统以恢复先王之教。他说，“吾所谓道也，非向所谓老与佛之道也”，而是“博爱之谓仁，行而宜之之谓义，由是而之焉之谓道，足乎己无待于外之谓德，其文诗、书、易、春秋，其法礼、乐、刑政，其民士、农、工、贾，其位君、臣、父子、师友、宾主、昆弟、夫妇，其服麻丝，其居宫室，其食粟米、果蔬、鱼肉。其为道易明，而其为教易行也”（《昌黎先生集·原道》）。韩愈这段话，重新明确了儒家传统文化所包含的内容。从食物、居处、服饰，一直到伦常、礼法、道德，都与“佛老之道”划明界限。为使儒家文化恢复权威，以与佛老抗衡，他以承续周孔道统为己任，坚决排斥异端，他对佛教及儒家以外的文化，甚至主张“人其人，火其书，庐其居，明先王之道以道之”（《昌黎先生集·原道》）。唐以后，佛教式微，其原因虽有多种并十分复杂，但与中土人士的排斥亦有关系。

综观历代对佛教的排斥以及佛教在中国传播的历史，实可谓历尽沧桑。如果我们暂时抛开佛教的功过和佛教在中国受容的一面，仅就一种外来文化在中国传播时所遭到的排拒来看，这一曲折复杂的过程可以给我们一点启发。本章第一部分谈到，自魏晋南北朝至隋唐五六百年间，由于玄学的兴起和外域文化的传入，基本上打破了儒家独尊的局面，致使中国文化糅合了不少新文化的成分，在哲学、文学、艺术、宗教、民俗、服饰、礼仪等各方面都增加了活泼气氛并呈现出多元化的倾向。其中佛教文化起了很大作用。但外来文化的传入，不免泥沙俱下，鱼龙混杂。甚至有许多糟粕和不健康的因素，对传统社会起着分化瓦解的作用。在中国历史上的许多排佛人物中，有些不失为颇有见地的有识之士，如何承天、范缜等人即是其中代表。他们能以冷静的态度，专攻佛教之弊，并在理论上有所建树，这与那些单从宗教信仰上盲目吸收佛教的士大夫不可同日而语。因此，对于他们排佛的行为是不能否定的。

但是，任何文化都带有一定的综合性，优点、缺点往往缠绕夹杂在一起，一时很难分出泾渭；同时，由于价值观念、价值取向的不同，对什么是缺点，什么是优点，也很难找出一个绝对的标准。它往往因时间、空间的变化而具有相对性。如佛教“沙门不敬王者”的礼仪，现代人绝不会再去责难它有悖中国传统，相反却会从中得到有关人格平等的观念。但在当时却成为一个辩论的主题。再如佛教的服饰、居坐的姿态、所用的语言，现代人也不会再去挑剔、指责它违背传统的儒教，但在当时却成为排佛者的充分理由。这就是说，在中国的传统价值观中，向来把儒家思想作为正统。当一种外来文化传入时，就会自觉不自觉地用传统价值观作为标准，对外来文化评头品足。因此，现在虽然不会再有人去指责佛教的服饰，但存留在思想深处的传统价值观，却会指责现在的牛仔裤、爵士乐、迪斯科；不会再有人去指责佛教的蹲踞姿态，却会指责拥抱、接吻不合中国传统等等。

总之，佛教文化对中国文化的发展曾产生强大的刺激和影响，其中有好的方面，也有不好的方面。但由于狭隘的夷夏观念的影响，有些人往往一味地从本民族的文化立场出发，过多地强调自己文化的特殊性、优越性，只看到外来文化的缺点，从而对外来文化一概加以排斥。这样做的结果，既经不起时间的考验，也等于封闭了自己的视野，使自己的文化蒙受损失，甚至永远在原地踏步，难于求得更新与发展。

三、明清禁教与西学的早期输入

中国文化，从明朝万历之后，逐渐走向低潮并趋于衰落。其原因虽然很多，而且也十分复杂，但政治上绝对君主专制制度的建立与文化上闭锁政策的推行，显然是主要原因之一。

明代科举制度继宋代而得到强化，尤其经过对程朱理学的大力提倡，“四书五经”成为科举考试的主要内容，并逐渐形成僵化的八股形式。这种科举考试的内容和形式，也完全为清代所继承。一些读书人，在科举制度的培植下，把读书作为求取功名利禄的荣身之路，逐渐丧失了独立思考的能力。很多人都一心想望得手于科场，从而青云直上，爬上权力的舞台去串演人间的闹剧。吴敬梓的《儒林外史》即是对明清两代科举制度的深刻揭露。因为科举制度形式呆滞，内容陈腐，读书人既不能冲破八股的藩篱而另辟蹊径，也不能违背“四书五经”而阐发个人的思想见解。它对中国本位文化的建立起到一种强固与凝聚作用，不仅对外来文化的吸收造成隔阂，而且对中国文化的自身发展也形成巨大的阻碍。

在政治体制上，明清两代更趋向绝对的君主专制制度。自明洪武十三年（公元1380年），因宰相胡惟庸谋反事发，此后便取消了由汉唐以来所一直奉行的宰相制度。一切大权，完全集中到皇帝一人手中。其内阁成了一个空架子，甚至内阁大学士都很难见到皇帝的面。一切政事，必须经过太监才能与执掌最高权力的皇帝沟通。因此，有明一代，除皇帝专权外，最大的特点就是阉党干政，出现了像刘瑾、魏忠贤等有名的奸宦。故黄宗羲说：“有明之无善治，自高皇帝罢宰相始也。”（《明夷待访录·置相》）绝对君主专制制度的建立与以“四书五经”为内容的科举制度的教条与僵化，使民族的智慧、个人的才能都受到遏制，文化视野也随之缩小甚至枯竭。因此，明清两代，对外来文化的排斥更甚于以往，夷夏之防也日益严格。

以明代的关禁、海禁为例，《大明会典》卷一六七《关津》中载有详细的禁令。对中国与外国的人员往来采取了闭锁政策。如《私越冒渡关津》条明文规定：凡无文引，私渡关津者杖八十，因而出外境者绞。守把之人，知而共纵者同罪。其《私出外境及违禁下海》条规定，凡将马牛、军需、铁货、铜钱、缎疋、绢、丝绵，私出外境货卖及下海者，杖一百；若将人口、军器出境及下海者绞；因而走泄事情者斩。在唐代以前的律令中，甚至在关禁日紧的宋代律令中，均未建立中国人到外国去的禁制。特别是唐代，中国人去外国及外国人来中国，都采取了灵活宽松的政策，毫无猜防之心。因此，外族入居中国者及中国人移居外域者数目极多。其中入居中国者，以数十万计。这说明唐宋以前，中国与外国的商品贸易及人员的往来是相当开放的。

清代继承了明代的关海政策，对关禁海禁更加严格。《大清会典》中有详细规定，如：近边各国，不得越境渔探，及私辟田庐、隐匿捕逃；内地人民不得私渡沿边关塞、交通外境，及以海上贸易渔探为名，贩卖违禁货物；贡使及夷商等，不得收买兵器、史书、统志、地理图及焰硝、牛角、绸缎、锦绢、丝斤等物，以及携带内地人口，潜运造船大木钉、铁、油、麻、米、谷出境；伴送人员，亦不得将倒禁之物，私相贸易；各国贡使入境，水陆俱遵定制，不得越行别道；等等。明清两代，以法律的形式，对中国与外界的交通做了严格的控制，由唐宋以前的对外开放政策转而施行对外关闭政策。其中尤以“贡使、夷商不得收买史书、统志、地理图”等，最能表明其在文化上的闭锁心态。

由于上述原因，明清两朝，虽然中国与西方文化的接触机会较唐宋以前要多，但对西方文化的受容与吸收，却远不如唐宋时代的宽广胸怀和雍容态度，反而常常是以疑忌的心态加以排拒，因此其吸收外来文化的程度与进展是表面的、迟缓的、消极的、被动的。

近代早期西方文化输入我国，是伴随海上贸易和耶稣会教士的传教活动而发其端的。十五世纪末，葡萄牙人发现了绕非洲经好望角的欧亚直接航路，使中西关系出现一个新纪元，从此中国开始了“数千年来未有之变局”。东方新航路的发现，欧洲的商人、传教士大量东来。嘉靖时即有一些天主教徒来中国传教，至万历年间，人数逐渐增加。其中以利玛窦最为著名。

利玛窦是明朝沟通中西文化的第一人。他出生于意大利，后加入耶稣会。于明万历九年（公元1582年）赴澳门，研究华语。次年他抵广东肇庆。万历二十九年（公元1601年）他到北京建立天主教堂。数年间，信徒达二百余人，明廷大臣如徐光启、李之藻等人都深受其影响。

自利玛窦入华，至乾嘉厉行禁教止，中西文化交流一时蔚为巨观。因利氏学识渊博，又比较了解当时中国士大夫的心理，认为要达到在中国传教的目的，必须与中国传统文化相协调。因此他初入广东之时，居僧寺，穿僧服，后经徐光启等人的指点，又改穿儒服。在传教中亦多行儒家宗法敬祖之礼，以迎合中国士大夫的心理。他居中国三十年，大力介绍西方自然科学，对沟通中西文化，传播西学作出了重要贡献。在中西宗教信仰方面，他也采取了比较简捷、灵活的态度。尤其对孔孟儒学持有一定的尊重态度，他认为孔孟儒家的著作中所谓的“天”或“帝”，与西方的“上帝”没有太大的区别，同时不排斥中国人祭祀祖先的传统。

由于利玛窦非常注重传教的策略，在尽量与中国文化保持协调的同时，又对中国文化持有一定的尊重，故受到中国士大夫阶层的欢迎。利氏传教的另一特点，是以新颖的学术吸引中国知识分子的兴趣。因此他在传教的同时，用相当多的时间讲授西方的天文、历算、地理及艺术。除口头讲授之外，还翻译和编纂了大量介绍西方文化的著作，如《几何原本》《同文算指》《西国纪法》《坤舆万国全图》《浑盖图说》《乾坤体义》《圜容较义》《勾股义》《二十五言》《交友论》《天主实义》等等。其中大部分著作是有关天文、数学和历法的知识。在利玛窦和徐光启翻译的《几何原本》中详细介绍了几何与天文测算、地理测量、地图绘制、天文地理仪器和钟表机械制造以及与水利、建筑、运输、起重等之间的关系。

在利玛窦的影响下，明清之际来华的传教士，多习西方自然科学知识。在传教之余，翻译和撰写了大量有关西学的书籍，对西学首传中国作出了巨大的贡献。据有关文献的记载，此时由传教士翻译和撰写的西学著作，除上述利玛窦的十几种外，尚有孟三德（葡萄牙人）的《长历补注解惑》《进呈书像浑天仪说》；庞迪我（西班牙人）的四大洲地图；熊三拔（意大利人）的《泰西水法》《表度说》《简平仪说》；龙华民（意大利人）的《地震解》《急救事宜》；穆尼阁（波兰人）的《天步真原》《天学会通》；艾儒略（意大利人）的《职方外纪》《几何要法》；罗雅各（意大利人）的《测量全义》《比例规解》《五纬表》；傅泛际（葡萄牙人）与李之藻合译的亚里士多德的《名理探》；汤若望（德国人）集耶稣会士所传入的西方数学之大成，译有天文、地理、数学等著作多种，并协助修订崇祯历书、定新法算书等。

总之，此时输入的西学，除宗教外，多属自然科学方面的知识。虽然受宗教的影响，传教士在许多方面没有把欧洲最新的自然科学成果介绍进来，有些介绍又明显地存在着差异，如天文学中托勒密系统和哥白尼系统混淆不清等等，但其中大部分知识仍属西方近代科学的产物。这些西方著作的传入，大大开拓了中国人的眼界，不仅启发了中国学术开始慢慢走向近代化的历程，而且也促进了中国器用文化的发展和物质方面的建设，如：

第一，军事器械。火药自中国传入欧洲，特别是火炮制造术也起源于中国。欧洲人得其术虽远在中国之后，但其改造发达则速于中国。明万历末，葡萄牙人已在澳门建有铸炮厂。天启二年（公元1622年），明廷遣使至澳门，命耶稣会士罗如望、龙华民等制造铳炮。次年又召艾儒略、毕方济等加以协助。其中包括许多寓居澳门的外国人，帮助明廷按西法制造火器军械。清室入主中国后，传教士又协助清廷铸造铳炮。康熙十二年（公元1673年）比利时教士南怀仁用两三年时间铸大小铁炮一百二十门，由清廷分置南方各省，以镇压反清势力。康熙二十年（公元1681年）又铸欧式神武炮三百多门，并编《神武图说》一书，介绍制造方法及其使用说明。西洋铳炮之威力已远非中国军械所比，但中国似乎只求用于一时，而不知掌握、改良。从天启二年至鸦片战争，其间二百余年的时间，火炮等西方军械在中国未得发展。当权者只起内讧，夺权争利，一旦洋人侧目，便完全失之笼统，不得不重操大刀长枪以抗外侮，失败是必然的。

第二，历法改良。中国历法可推之上古，传说羲和曾主司历象。但几千年下来，不但甚少变化，而且其间掺杂着许多谶纬迷信和天人感应的成分。中国也有不少杰出人士指出过中国历法的积弊，如南朝何承天认为："夫历数之术若心所不达者，虽复通人前识，无救其为弊也。是以多历年岁，犹未能定，四分于天，出三百年而盈一日，积世不悟，徒云建立之本，必先立元，假言谶纬，遂关治乱，此之为弊，亦已甚矣。"（《全宋文·新历叙》）。因此他主张改革历法，"数微多差……宜当随时迁革"。元朝时，西域"回历"输入中国，其法较中国为密。明太祖时修"大统历"，即多参用"回历"。及明末万历三十九年（公元1611年），因钦天监据"回历"推算日食有误，明廷乃下诏，命李之藻参与历事。李遂推荐在华耶稣会士并奏上西洋历法。崇祯二年（公元1629年），设西局修历，由徐光启负责主理，龙华民、汤若望等耶稣会士参加，译纂历书，制造仪器，邓玉函、汤若望二人皆任钦天监监正。自此以后，钦天监修历成为耶稣会士在华的一项重要工作。通过此项工作，传教士得以与中国高级官吏乃至君主交接往来，以方便其传教事业。由于修改历法的需要，推动了西方自然科学，如数学、几何、物理及测量、仪器制造等应用科学在中国的传播。辛亥革命以后，遂改西历（格里高里历）纪年。

第三，地图测绘。中国古代地理学发源甚早，《禹贡》《山海经》《水经注》《寰宇记》及历代史志中的《地理志》等均是中国古代地理名著。因此山川舆图，亦古已有之。西晋初年，地理学家裴秀曾绘制《禹贡地域图》十八篇，其序说："图书之设，由来尚矣。自古立象垂制而赖其用，三代置其官，国史掌厥职。暨汉屠咸阳，丞相萧何尽收秦之图籍。今秘书既无古之地图，又无萧何所得，唯有汉氏舆地及括地诸杂图。各不设分率，又不考证准望，亦不备载名山大川。虽有粗形，皆不精审，不可依据。或荒外迂诞之言，不合事实，于义无取。"（《晋书·裴秀传》）。由此可知，中国虽历代皆有图志，但或者失传，或者失真，所存者，皆类形象图画，极不精审。虽历经几千年，但改进不多。因此中国对世界地理的认识，是模糊含混的大致轮廓。直到明万历二十九年（公元1601年），利玛窦至北京献《万国舆图》，中国才了解五大洲及世界各国的准确地理位置。此后耶稣会士艾儒略著《职方外纪》，西方地理始传入中国。康熙四十七年（公元1708年），乃命测绘全国地图。由耶稣会士白晋、雷孝思、杜美德等前后三十余人，分别绘制华北、东北、东南、西南等地各省地图。历经十余年时间，最后由白晋汇成总图，康熙命名为《皇舆全览图》。这是中国第一张用西洋三角纲法绘制的全国地图，它成为中国以后各种地图的母本。

第四，西医西药。明清之际，随着各种自然科学知识的输入，生物学、心理学及医药、解剖等知识亦传入中国。邓玉函著《人身概说》，即西洋人体解剖学传入中国之始；熊三拔著《药露说》，介绍了西洋制药的各种方法。此外如西方从中国学得的免疫法、种痘法等，经欧洲人的改进，也于明清之际传回中国。再如麻醉剂、灭菌药、X光透视、外科手术等均传入中国。中国医学自先秦以来虽有悠久的历史，但其理论基础一直徘徊在古老的阴阳观念和五行克生的框架中，几千年来未曾有较大的更改和发展。因理论上没有突破，在医疗实践中，往往因循旧说。再加之中医的综合性、整体性较强，对病理的把握全靠累世临床经验的积累，很难在短期内以明畅的语言表达出来，因此具有一定的神秘色彩。中医的这一特性，往往使医药医术以家传秘方的形式在民间流传，不易普及和提高。几千年来固然有许多名医出现，但冒牌的庸医和骗子也不少。尤其垄断秘方、拘囿祖法、泥古不变的结果，使中医的发展处于停滞状态。西方医学的传入，使中医在比较之下不断吸收西医的优点，开始剔除糟粕，走上近代化道路。

除上述器用文化外，西方的建筑、绘画、音乐及西洋乐器等艺术文化亦于此时传入中国。西方文化的输入，引起国人的戒虑，于是反对之声四起。他们视西洋器物为雕虫小技，有损于“尧舜以来中国相传纲维统纪”，是“暗伤王化”等等。如《圣朝破邪集》中，收集了当时大量的反西化言论，其中有一位李士粲说：

> （利玛窦）近复举其伎俩一二，如星文律器，称为中土之未见未闻，窜图订用，包藏祸萌。不思此技艺，原在吾儒复载之。上古结绳而治、不曰缺文，中古礼乐代兴，不无因革，诚以治教之大源在人心，而不在此焉故也。是诸子百家，虽间有及于性命，尚

以立论不醇，学术偏杂，不能入吾夫子门墙。而况外夷小技，窃淆正言，欲举吾儒性命之权，倒首而听其转向，斯不亦妖孽治乱之极，而圣天子斧钺之所必加乎？（《圣朝破邪集》）

对于利玛窦等人所绘制的世界地图，则更引起国人的不满，因为在图中的中国既非最大，又非居天下之中央，完全违背传统观念，故举而辟之曰：

近利玛窦，以其邪说惑众。……所著舆地全图，及洸洋窅渺，直欺人以其目之所不能见，足之所不能至，无可按验耳。真所谓画工之画鬼魅也。毋论其他，且如中国于全图之中，居稍偏西而近于北。试于夜分仰观，北极枢星乃在子分，则中国当居正中；而图置稍西，全属无谓。……鸣銮（中国之北），交趾（中国之南），所见相远，以至于此，焉得谓中国如此蕞尔，而居于图之近北？其肆谈无忌若此！……此其诞妄，又甚于衍（邹衍）矣。（《圣朝破邪集》卷三）

西洋的天文、历算也被认为是旁门小道，远不及中国精微，如阮元说：

天文、算术之学，吾中土讲明而切究者代不乏人。……学者苟能综二千年来相传之步算诸书，一一取而研究之，则知吾中土之法之精微深妙，有非西人所能及者。彼不读古书，谬云西法胜于中法，是盖但只西法而已，安知所谓古法哉？（《畴人传·利玛窦传论》）。

夫第假象以明算理，亦何所不可。然其为说至于上下易位，动静倒置，则离经背道，不可为训，古未有若是其甚者也。自是而后，必更有于此数端而外，呈其私知，创为悠谬之论者，吾不知伊于胡底也。（《畴人传·蒋友仁传论》）

明清之际，托勒密的地心说与哥白尼的日心说都已传入中国。但阮元引经据典，认为西方天文学中的日心地动之说，是“上下易位，动静倒置”的“悠谬之论”。因此认为徐光启、李之藻等人相信西洋的天文学，乃是“离经背道”，“不可为训”。这足以说明，当时士大夫中的保守分子对西方近代科学几乎毫无认识。不仅对科学如此无知，就是对西洋伦理、政治也抱着“是可忍，孰不可忍”的态度。如《圣朝破邪集》卷四载许大受《圣朝佐辟》说：

君臣、父子、夫妇、昆弟、朋友，虽是总属人伦，而主教、主恩、主别、主序、主信，其间各有取义，非可以夷天等地，推亲作疏，阳反从阴，手顾奉足，背公以植党，去野而于宗也。夷辈乃曰，彼国之君臣，皆以友道处之。又曰：彼国至今传贤而不传子。审从其说，幸则为楚人之并耕，不幸则为子哙，子之人覆辙，忍言乎，不忍言乎！

可见，当时的保守分子对西方近代的政治、伦理也毫无认识，而完全是从卫道的立场，维护中国的封建君主专制制度。

由于西学传入是伴随天主教耶稣会士的传教事业附带进行的，因此自十六世纪至十七世纪末，西学的传入是以宗教文化为主。一般说来，器用文化对一种传统文化的冲击，远不如宗教来得明显。因此，中国本位文化对西方宗教具有一种本能的戒惧和排拒作用。当明代中期，耶稣会士初来中国时，就引起中国士大夫的排斥。徐如珂首议驱逐耶稣会士，沈漼、晏文辉、余懈孳等人继之，认为耶稣会士左道惑众，并且攻击其私习天文，乃违反大明律令。在这些人的推动下，明万历十四年（公元1586年），政府下令严禁耶稣教，在华的耶稣会士均被驱往澳门，而其附带介绍的西学事业亦随之终止。后因利玛窦等人对中国文化采取了亲近的方针和灵活变通的态度，再加上后来康熙皇帝的提倡，才使西学的介绍与传播得以继续，并在清初盛极一时。从利玛窦1601年到北京开始，西学在中国的传播延续了一个世纪之久。

中国文化对外来文化并非一概排斥，只有当外来文化对中国传统表现出非礼或挑战姿态时，本能的排拒便成为主流。也就是说，当外来文化触及中国的观念形态或礼义道德时，中国的第一反应便是保持传统，至于科学、器用则宁可放弃。这种脱胎于夷夏之辨的本末观念或体用观念，在康熙四十三年（公元1704年）以后的排拒西学与耶教的过程中，便完全显现出来了。

利玛窦死后，教会内部因在华传教方针和如何对待教徒祭祀祖先、礼拜圣人等问题上发生分歧，即所谓的“礼仪之争”。其中一方认为，中国儒家思想与耶教“上帝”观念有矛盾，尤其指斥中国人的“祭祖”“祀孔”是违背耶教的一神论精神。因此排斥中国尊孔的固有传统，并对中国文化作恶意批评。另一方则继承利玛窦的方针，对中国传统文化持尊敬态度。这一争论，初期只限于在华教士，后来纷纷致函欧洲，遂引起西方学者研究中国的热潮（见第五章第三部分）。两派的争论相持几十年，最后由罗马教廷裁决，耶稣会失败。康熙四十三年（公元1704年），教皇遣使携密旨来华，禁革耶稣会传教方式，并与清圣祖讨论传教事宜，意见不合。康熙四十六年（公元1707年），使者公布教皇密令，并对圣祖神学意见有所指斥。圣祖大怒，囚使者于澳门。康熙五十八年（公元1719年），罗马教廷发表教宗训谕，更激起清廷不满。康熙皇帝连颁谕旨斥责。其中于康熙五十九年（公元1720年）十二月二十日的谕旨中说："览此告示，只可说西洋人等小人，如何言得中国之大理？况西洋人等，无一人通汉书者，言说议论，令人可笑者多。今见来臣告示，竟与和尚道士异端小教相同。比比乱言者，莫过于此。以后不必西洋人在中国行教，禁止可也，免得多事。"自此以后，清代历朝皆严厉禁教。雍正元年（公元1723年），闽浙总督满宝奏请禁绝天主教，同时严禁辖区内建立天主堂。其在奏疏中说："西洋人杂处内地，在各省起天主堂，邪教偏行、闻见渐请，人心渐被煽惑，请将各省西洋人，除送京效力人员外，余俱安置澳门；其天主堂改为公廨；误入其教者，严行禁饬。"雍正五年（公元1727年）四月八日亦上谕说："中国有中国人之教，西洋有西洋人之教，不必行于中国；亦如中国之教，岂能行于西洋？"自雍正以后，禁教日严。如嘉庆时的一次上谕说："……嗣后着管理西洋堂务大臣留心稽查，如有西洋人私刊书籍，即行查出销毁，并随时谕知在京西洋人等，务当安分学艺，不得与内地人往来交结；仍着提督衙门，五城，顺天府，将坊肆私刻书籍，一体查销，但不得任听胥役藉端滋扰。"

总之，由康熙晚年的禁教，发展为雍正以后的闭关锁国，中间经历了雍、乾、嘉、道一百多年的时间，西学的早期输入则完全终止。

直至1840年鸦片战争，西方列强以武力打开中国大门，西方文化及其宗教才重新向中国传播。

综观中国对西学早期输入的反应，我们仍可看到中国本位文化对外来文化的强烈抵拒。这一时期是中国历史上首次与西方直接接触和相互认识的时期。因耶稣会士对中国文化，特别是对儒家思想采取比附迎合的方针和灵活变通的态度，使开明士大夫亦愿意接近西方文明，对西方的科技知识抱有兴趣，并产生一种粗浅的认识。但当教会反目，变慕华为蔑华时，便采行闭关政策，严厉执行夷夏之防。这种态度妨碍了中国对西方的认识。在西方，是由初期的倾慕，进一步将中国理想化，随后认识加深，洞瞩中国的政治腐败、思想保守、文化偏固，遂产生欺凌之心；在中国，则由容忍、被动地加以受纳，粗浅认识西方科技，进而转变为完全排拒，乃至于对西方整体毫无认识，盲目自豪于本身的文化，以为闭关则足以自保，不求创新与发展。在这比较关键的历史时期，中国在政治、经济、思想、文化等诸方面与西方迅速地拉大了距离。中国的国势由盛而衰，有如一潭死水，没有流动的势能；西方却像决口的江河，奔腾直泻，贪婪地要吞噬整个世界，古老的中国面临着行将到来的狂风骤雨。

四、晚清的传统与西化之争

自雍正元年（1723年）至道光二十年（1840年），闭关锁国的政策并未遏制住西潮对中国的冲击，它有如雷电交加的暴风雨，夹带着殖民主义者的刀光剑影和大炮的隆隆声滚滚而来。1840年的鸦片战争，揭开了中国近代史的第一页。西方列强不再满足于传教士们的喋喋说教，而直接把坚船利炮推上了第一线，用暴力轰开了中国封闭的大门。紧接着又发生第二次鸦片战争。广州被占，天津失守，北京沦陷，圆明园被毁，皇帝逃亡，号称“劲旅”的僧格林沁大军全军覆没……这强大的震撼，对于沉睡在礼仪之邦的天朝上国，就像晴天的闷雷，感到仓皇失措；它所遭受的耻辱，亦不啻一个在光天化日之下被暴徒强奸的少女，而无地自容。

面对雄悍的西方列强，中国向何处去？是继续采用传统的办法用夏变夷，还是自强维新，学夷之长？这是晚清时期传统与西化之争的主题。随着与西方在军事、经济、政治上的不断接触，认识也不断加深。因此晚清时期传统与西化的争论，随着国内外局势的变化，表现出不同的内容和特点。

（一）围绕西方器物文化的争论

两次鸦片战争的失败，使中国在奇耻大辱中认识了一个基本事实，即大刀长矛敌不过西洋的坚船利炮。首先喊出向西方学习以富国强兵的是中国近代的伟大思想家魏源。他反对封建顽固派所采取的闭关自守的保守立场，主张打开眼界，认识西方，了解世界。因此，他在鸦片战争后的第二年即编写了《海国图志》一书，向国人介绍世界各国的政治、经济、文化，号召人们学习西方国家的“船坚炮利”和先进的生产技术，提出“师夷之长技以制夷”的主张。他认为西洋强于中国的，主要是船炮、火器、养兵练兵之法及有益于民用的器物。

此后，容闳、王韬、郑观应、李鸿章、郭嵩焘、冯桂芬、薛福成等又极力倡言铁路、开矿等事宜。其中以郑观应、郭嵩焘提倡最力。郑观应列举修筑铁路的十大利益，并针对当时的反对者的意见，一一予以驳斥。他在自己所著的《盛世危言》中，提出西洋长技在格致，其中包括兵法、造船、铁路、制器以及农业、渔业、矿业诸洋务。出使英国五年之久的郭嵩焘"实见火车之利便，三四百里，往返仅及半日，其地士绅，力以中国宜修造，相就劝勉，且谓英国富强实基于此"。他在出使英国期间，曾报告李鸿章，让前往英国学习军事兵法的留学生，改习各种实业技艺，其中包括铁路、机械、矿务等。他说："西洋开矿，常至四五千人，必藉机器以济人力之穷，其用无他，用以吸水，用以转运而已；开矿出土，皆人力也；是以机器有利无弊。用机器愈精，则资人力愈多。"（《养知书屋文集·与友人论仿西法》）

倡导西化的人，除了主张学习西洋上述长技外，还有纺织、邮政、电报、银行、报馆及农、工、商等各项实业。总之，1840年的鸦片战争，特别是咸丰十年（1860年）的英法联军之役，对中国产生了极大的刺激。此后三十余年间，士大夫中的开明人士及蒿目时艰的内外大臣，因而展开了"师夷之长技以制夷"的自强运动。

尽管洋务运动的领袖及其理论家们，在向西方学习的过程中，存在着不可克服的历史局限（在后面论及），但他们毕竟在民族生死存亡的关头，敢于承认自己有不如人的地方，并且迈出了兴办洋务这一步。然而，就是这有限的一步，也遭到来自传统的无情攻击。一些封建顽固派从传统的价值观念和圣人之学中推衍出评价西学的尺度，他们甚至可以不顾事实，一厢情愿地自我虚骄、自我陶醉、诋毁办理洋务的人“用夷变夏”“沉迷夷俗”“变而从夷”。我们从前几部分内容中可以看出，中国历史上的夷夏之辨，虽然由来久远，日趋严厉，但对一般外来的物质器用文化尚能容纳和吸收，而在清末却在排斥之列。如王闿运说：“火轮者，至拙之船也，洋炮者，至蠢之器也。”（《湘绮楼文集·陈夷务疏》）在他看来，这些笨重的东西对于中国并没有什么用处，根本不需要向西方学习。因为中国固有的科学技术早已“广大悉备”，“非西方之可比”。如候选直隶州杨廷熙在其奏折中，盛称中国科技的优越远胜西方，他说：

> 中国自羲、轩、尧、舜、禹、汤、文、武、周公、孔、孟，以及先儒曩哲，或仰观俯察，开天明道，或继承缵述，继天立极，使一元之理，二五之精，三极之道，旁通四达，体之为天人性命参赞化育之经，用之为帝典王谟圣功贤学之准，广大悉备，幽明可通。所以历代之言天文者中国为精，言数学者中国为最，言方技艺术者中国为备。……恐西学轮船、机器，未必有如此幽深玄妙矣！……（《同治朝筹办夷务始末》卷四十九）

杨廷熙的这一番议论，完全是一种盲目的虚骄和无知。这一番近于热昏的胡说，根本不知西方科技为何物。足见当时正统士大夫对传统的拘守到了何种可悲可怜又可笑的程度。

保守人士对学习西方器物充满疑虑，他们从儒家传统中拣拾各种观点，随意发挥，反对器用的西化。如湖南巡抚王文韶即以儒家的重农思想为标尺，反对使用机器，他说：

四民之中，农居大半，男耕女织，各职其业，治安之本，不外乎此。若概以机器行之，彼兼并之家，富连阡陌，用力少而工程多，诚美利也。此外另无恒产，全赖雇值以自赡者，往往十居八九。机器渐行，则失业者渐重，胥天下为游民，其害不胜言矣，推之工匠，亦莫不然。（《同治朝筹办夷务始末》卷一百）

王文韶认为，使用机器的结果，将破坏传统农业社会的均衡，使社会两极分化，贫富不均。这是中国儒家对社会平均的关切。但他们似乎对当时社会及国际形势无深切认识，企图永久保持中国几千年的农业社会传统，从而维持中国人的贫穷。在他们看来，“先王之治天下，使民终岁勤勤，而仅能温饱其身”，这是最理想的状态，因为人民为求温饱，则必勤劳，“劳则思，思则善心生”；一旦物产增加，生活水平提高，人民将因生活安逸而趋腐化堕落，精神生活、道德水准也大成问题，“今举耕织煤铁之事，皆以机器代人力，是率天下之民，习为骄惰而坐拥厚资，其有不日趋于淫侈者乎？”（《瀛海论》（中），载葛士濬辑《皇朝经世文续编》卷一〇二）这一议论与两千多年前庄子的“有机事者必有机心，有机心则纯白不备，纯白不备则道之不载”如出一辙。这种宁使民穷，不使民富的传统思想直到二十世纪在中国尚有表现。

更有甚者，保守人士用中国传统的风俗迷信反对学习西方的器用文化。如当时有一个叫陈彝的人，反对铺设电线，因为：

铜线之害，不可枚举……华洋风俗不同，天为之也。洋人知有天主耶稣，不知有祖先，故凡入其教者，必先自毁其家之木主。中国则事死如生，千万年来，未之有改，而体魄所藏尤重。电线之设，深入地底，横冲直贯，四通八达，地脉既绝，风浸水灌，势所必至。为子孙者，心何以安？传曰：求忠臣必于孝子之门。藉使中国之民肯不顾祖宗丘墓，听其设立铜线，尚安望尊君亲上乎？（《海防档·电线》）

中国历史上第一任驻柏林公使刘锡鸿，其外交生活经历并没有使他原来的国粹立场有任何变化，他极力反对建设铁路，在他所列举的二十余条理由中，有一条说：

西洋专奉天主、耶稣，不知山川之神。每造铁路而阻于山，则以火药焚石而裂之，洞穿山腹如城阙，或数里，或数十里，不以陵阜变迁、鬼神呵谴为虞。阻于江海，则凿底而熔巨铁其中，如磐石形，以为铁桥基址，亦不信有龙王之宫，河伯之宅者。我中国名山大川，历古沿为祀典，明禋既久，神斯凭焉。倘骤加焚凿，恐惊耳骇目，群视为不祥，山川之神不安，即旱潦之灾易召。（《缕陈中西情况不同，火车铁路势不可行疏》，载《皇朝经世文续编》卷一〇三）

上述陈、刘二氏为反对西洋器用文化，把中国早已陈腐的封建迷信搬上辩论的舞台。可见其思想愚昧到何种程度？但就其本人而言，“绝不是在明知故犯地玩弄诡辩术，他认真地、虔诚地以使传统士大夫千百年来惯用的方法来思考西洋事物”，“用国粹主义的种种现成的规范、信条与价值尺度，对西洋文明评头品足”。[①]这些浸淫于经史的保守士大夫，对于传统文化的内容及思维方式，驾轻就熟，随时都可信手拈来，给主张西化的人扣上各种罪名。其中普遍常用的还是祖传的夷夏观念和儒家的仁义道德。他们认为学西洋科技，非立国之本，其要“不在区区器械机巧之末”，而在“正人心行仁政”。大学士倭仁提出：“立国之道，尚礼义不尚权谋；根本之图，在人心不在技艺。”（《同治朝筹办夷务始末》卷四十七）光绪中，内阁学士文治上奏反对修筑铁路，也强调“中国所恃以为治者，人心之正，风俗之厚，贤才蔚起，政事修明也”。倭仁在同治间一折奏议中便以夷夏之辨为理由反对创建京师同文馆，他认为：“读书之人，讲明礼义，或可维持人心，今复举聪明隽秀、国家所培养而储以有用者，变而从夷，正气为之不伸，邪气因而弥炽，数年之后，不尽驱中国之众咸归夷不止。”（《同治朝筹办夷务始末》卷四十七）很明显，在中国面对西方的严峻挑战之时，保守的士大夫想不出别的办法，只能采用传统的用夏变夷的陈腔旧调来应付时局的变化，甚至完全错估形势，新旧颠倒，顽固地否定和排斥西方近代的科学技术和物质文明，例如朱克敬说：

> 近日学西方者，多糟粕程朱，秕糠孔孟，赞美夷人，以为事事胜于中国，用夷变夏，即可自强，此大误也。……今我方舍旧谋新，而彼乃广购经史，教其国人诵习，我专学彼之短，彼尽

① 参见萧功秦：《儒家文化的困境》第三章，四川人民出版社1986年版。

得我之长。则强弱之势愈悬，猾夏之祸愈烈，不数十年，衣冠礼义之邦，将成兽蹄鸟迹之区，此鄙人所大惧也。（《柔远新书·谬戒》）

总之，在两次鸦片战争以后的三十年间，以办洋务为主的自强运动，受到来自传统势力的巨大干扰，使那些以模仿西法而建立起来的各项新事业，遇到重重困难。如光绪初，由英国吴淞公司修筑的第一条铁路（由上海至吴淞）刚刚通车，便遭官兵反对和阻挠，又刚好轧死一个华人，便激起众怒。清廷与英人交涉，以二十八万两白银买下，于光绪三年（公元1877年）九月拆毁。[①]由此可见，传统势力，不仅可以从思想上而且可以从行动上，扼杀哪怕任何一点微小的改革。

从上面的材料中，我们可以看到，当时的保守势力，抗拒一切来自西方的事物，其主要目的在于维护中国的传统与秩序，其根源在于有一种盲目的华夏优越感。试看他们“舍我其谁”的气概：“尧、舜、孔、孟之教，为天地立心，为生民立命，乃乾坤所以不弊者也”，“尧、舜、孔、孟之教应遍行于天地所覆载之区，特自今日为始”，“尧、舜、孔、孟之教，盖渐推渐远，初无一息之停也，今泰西诸国，其必将用夏变夷，而不变于夷也决矣”（《万国政治艺学全书·答友书》）；“环球全辟，声教遂通，孔、孟之书，译行遐壤，此圣教西渐之期运也”（《虚受堂文集·西被考略序》）；“现在泰西入学者，必习中国语言文字，所有五经四书，概行刊刷，先刻华

① 参见刘锦藻编：《清朝续文献通考》卷四，上海商务印书馆1936年版，第362页。

文，而以西文注释之，日日讽诵，其景从之心，较之中国人之入彼教者为更切。……将来渐渐推广，风气日升，圣教盛行，率薄海食味、辨色别声之人，而皆不敢出于尧、舜、禹、汤、文、武、周公、孔子之教之外，天主云乎哉！”（《瀛海卮言》）“夫圣人之心，天心也，圣人之道，天道也。唯我孔圣人之教，与人无患，与世无争，奄有众长，而不移沦为空寂。得之则治，失之则乱，并包万善。……天而不欲万国之民永生并育，长治久安，则亦已而，苟天地好生，人心思治，则舍我中国之圣教无由也。”（《庸书外篇·圣道》）这种盲目的自我膨胀，完全是鬼迷心窍，以至长短不分，强弱倒置。并且认为，这种“并包万善”的孔孟之教所培植的中国旧有的传统与秩序也是“万世无弊”的，它是天下最先进、最合理、最优秀的完整自足的体系，它不仅不需要任何外来的东西，而且它自身的完整性、纯洁性更不允许任何污染，它的体、用、本、末不可分割，一旦本末倒置，或有体而无用，或有用而无体，都会瓦解这个体系。因此，必须严格保持“中体中用”。对外来的东西，无论是器物，还是精神，一概拒绝，一概排斥，尽管中国门户被强行打开，但在思想观念上却可以严守着每一道防线。

主张吸收西方器用文化的人，之所以比他们高明一些，在于他们认识到此时不与西方接触已经是办不到的事情了。但他们对西方文化只是局部的吸收，就其最终目的来说，与上述保守人士的目的是一致的。他们对西方器物的接受，只是一种权宜之计，是在形势逼迫之下所作的一种局部改革。正因为如此，洋务运动一出现，就已经注定其最终失败的命运。当形势再向前发展，他们的思想便落伍了，最后与保守之士站到一起，成为中国固有传统与秩序的辩护者与卫道士。

以办洋务为主的自强运动，对西方事物的接受是有选择、有限度的。也就是说，当时中国的有识之士对西方的认识只停留在西方的物质文化上，承认西方军备、器用的优势，而对中国的礼乐政治、文物制度仍持有相当程度的优越感。以为中国的政教、文物、风俗等等，无一不优于它国。极力推行洋务运动的李鸿章即是一个典型代表。在他的心目中，洋人所长于中国的，完全在器物技艺方面，而且主要在船炮枪械方面。他在同治四年八月所上的奏折中说："中国文物制度，迥异外洋獉狉之俗，所以郅治保邦，固丕基于勿坏者，固自有在。必要转危为安、转弱为强之道，全由于仿习机器，臣亦不存此方隅之见。顾经国之略有全体，有偏端，有本有末。如病方亟，不得不治标，非谓培补修之方即在是也。"在李氏看来，中国固有的礼乐制度是本，因此治本之法自当求于中国固有的文物制度，但有时为了救急，又不得不讲求洋务。不仅李鸿章持这种看法，就是当时对西方认识较深的郭嵩焘、王韬等人亦有此等看法。郭嵩焘认为，自强有本有末，而本为中国所固有，不待取法西洋；末则需采西人高强之法，建铁路、造轮船、开矿山、制机器等等。王韬曾应聘赴英翻译西书，留英三年，回国后极力倡导洋务。他认为中国自强有两个方面：治中与驭外，二者又以治中为要。而治中有本末，其治本之法，乃在于强化国人的道德教化，如此而后，"风俗厚，人心正，可以制梃以挞秦楚之坚甲利兵矣"（《弢园文录·外编》卷二）。

可见，洋务运动时期，大体上是以学习西方器用文化为主，器用以外的如制度、政体、思想、文化等方面，只停留在泛泛议论阶段，没有正式提出改革的要求。这说明洋务派对西方的认识，往往是从救急出发，很少从长远和全局的角度去考虑问题。梁启超批评李鸿章时说："李鸿章实不知国务之人也，不知国家为何物，不知国家与政府有若何关系，不知政府与人民有若何权限，不知大臣当尽之责任，其于国之所以富强之原，茫乎未有闻焉。以为吾中国之政教文物风俗，无一不优于他国，所不及者惟枪耳！炮耳！铁路耳！机器耳。"[①]梁氏对李鸿章的批评，指出了洋务派在吸收西学所存在的致命弱点。当时清廷积弊甚深，仅靠西方的器物是无法挽救颓局的。1894年的中日甲午之战便是一条证明。此后，传统与西化之争进入了另一新的阶段。

（二）围绕政治、体制及制度方面的争论

中国学习西方器物，学了几十年，有许多西方事物如轮船、火炮、火枪、开矿等业已开始在中国施行。但中日甲午一战，一败涂地，割地赔款，丧权辱国。尤其令人沮丧的是，竟败在昔日曾对中国毕恭毕敬的日本手里。这种辱窘交加的困境，引起人们对鸦片战争以后学习西方器用文化的检讨。

日本在近代与西方国家的关系，最早是通过与俄国的接触，而体认到西方势力的强大。接着于日纪安正元年（公元1854年）即中国第二次鸦片战争（英法联军之役）的前两年，被迫与美国签订神奈川条约，接着又与英国签订长崎条约等一系列不平等条约。这就是说，中国与日本几乎同时受到西方力量的强烈冲击。虽然所受的冲击力日本远远不如中国，但从中所产生的反应以及应变的速度和能力，则中国

① 梁启超：《李鸿章传》，中华书局2012年版。

远不如日本。从道光二十年（公元1840年）鸦片战争的爆发，至咸丰十年（1860年）北京条约的缔结，其间二十年的光阴，中国处在理论上激烈论辩、行动上缓慢爬行的阶段。在此期间，虽然有大量的关于西方民主政治的思想言论传入中国，但清廷无意效法，而是在礼教与传统的层层束缚下，作茧自缚、逡巡不前。而此时的日本却果断地采取全面模仿西方的政策，他们在明治维新一开始，便共同认识到日本不仅需要在器物技艺层次上实行变革，而且需要在政治体制、经济组织、社会结构、教育制度、财政制度以及思想文化等层次上做全面改革。在明治天皇于1868年宣布“破除旧来陋习”“求知识于世界”等大政方针的指导下，日本推行了一系列改革措施。一面大批仿造西方器物，一面废除传统的封建制度。废藩置县，创立大学，颁布近代兵役法，改革币制，起草宪法，设置议会。于1886年，基本完成了立宪政府的体制，初步具备了西方政治形式的内阁制度，在近代化的道路上起码超越中国三十年。很明显，日本的明治维新具有全面性、全局性的特点。在西化过程中，并无先器物、后制度、再思想文化的层次顺序，而是采取三个层次齐头并进的方针，充分显示了日本近代化的责任感和紧迫感。最后终于跻身于列强之中，并瞄准了他身边羸弱不堪的猎物，首先向中国发难，于1894年发动了甲午战争。

日本的变化，更加引起中国有识之士的深思，其中最直接的启发，乃在于日本不仅学习西洋船炮，也模仿了西洋的立宪政治，而中国不仅固守封建传统与体制，就是西洋船炮也没有真正学到手。因此，中国要想真正摆脱贫弱，与西方国家并驾齐驱，应抓住根本，在学习西方器物技艺的同时，必须致力于制度的改革。梁启超、唐才常、谭嗣同、何启、胡翼南、康有为等，此时都大声疾呼中国应变法图强：

前此之言变者，非真能变也，即吾向者所谓补苴罅漏，弥缝蚁穴，漂摇一至，同归死亡，而于去陈用新，改弦更张之道，未始有合也。昔同治初年，德毕士麻克语人曰：三十年后，日本其兴，中国其弱乎！日人之游欧者，讨论学业，讲求官制，归而行之；中国之游欧者，询某厂船炮之利，某厂价值之廉，购而用之。强弱之原，其在此乎！（《饮冰室文集·论变法不知本原之害》）

足下所谓洋务，第就所见之轮船而已，于法度政令之美备，曾未梦见。……凡此皆洋务之枝叶，非其根本。（《谭浏阳全集·报见元微书》）

其中，尤以康有为言词最激。他指陈洋务运动的种种弊端。由于体制陈陋，弊害百生，一些办洋务的人，对于西洋器物缺乏了解，一味地贪其廉价，而不顾效果，甚至饱受私囊，营私舞弊，屡屡上当，“闻近来所购者，多暹罗废器，香港以二两八钱购得：而中国以十二两购之”（康有为光绪二十一年四月《上清帝第二书》），以多出十余倍的价格买回过时废器，中国何能富强？此时的弊端在以后的历史中屡屡重演，又说明什么？康有为说：

然凡上所陈（指器物西化），皆权宜应敌之谋，非立国自强之策也。伏念国朝法度，因沿明制数百年矣。物久则废，器久则

> 坏，法久则弊，官制则冗，散漫数甚，且鬻及监司，教之无本，选之无择，故营私交赂，欺饰成风……空疏愚陋，谬种相传……其它凡百积弊，难以遍举……方今当数十国之觊觎，值四千年之变局，盛暑已至，而不释重裘，病症已变，而犹用旧方，未有不暍死而重危者也。（康有为光绪二十一年四月《上清帝第二书》）

由此康有为认为，“方今之病，在笃旧法而不知变”，“观大地诸国，皆以变法而强，守旧而亡”（《戊戌奏稿·应诏统筹全局析》）。康、梁等这些鼓吹变法维新的有识之士，多以日本为借鉴，认为中国所以屡遭挫败，就是因为不能及时改弦更张，不仅错过许多时机，而且没有抓住根本。在他们看来，变法之本原，在于政治体制的改革和各项制度的更新。虽然每个人的主张各有不同，但其重点都由原来主张器物西化转移到制度西化上来。以康有为为代表，他一连七次上疏，语诚言切，向光绪皇帝陈述变法维新的主张，在近代史上第一次正式向清廷提出实行君主立宪制，制定宪法，成立国会等制度西化的主张。与此同时或前后，梁启超、谭嗣同、汪康年、何启、胡礼坦、黄遵宪等一大批着意于制度西化的知识分子，分别就民权、民主、立宪、司法、教育、工业、商务、财政等问题，提出全面改革的方案。

制度的西化，比器物技术的西化更违背中国传统，这对于那些顽固排拒西方物质文明的保守人士，无疑具有更大的刺激作用。他们斥责康、梁倡导的民权、平等、立宪等说为“无父无君之行”，“不知其置皇上于何地”，并咒骂主张变法的人士“心术不正”，“学问不通”，“乃午文诬圣，聚众行邪，假行权数”。当时湖南士大夫反应最烈，拟《湘省学约》以抵制变法革新思想。他们在其《学约》中，最首要的学规便是“尊圣教”“辟异端”。他们还专门翻刻书籍，聚徒讲学，力图扑灭改革思潮。成书于光绪二十四年的《翼教丛编》便可作为保守士大夫的代表作。其中以叶德辉、王先谦、梁鼎芬等为其头面人物，并载有当时守旧迂谬的朝廷命官弹劾康、梁的奏折。如文悌参奏康有为说：

> （康有为）专主西学，欲将中国数千年相承之大经大法，一扫刮绝，事事时时以师法日本为长策。……如迩来时务知新等报所论尊侠力，伸民权，兴党会，改制度；甚则欲去跪拜之礼仪，废汉满之文字，平君臣之尊卑，改男女之外内；似只须中国一变而为外洋政教风俗，即可立致富强，而不知其势……幸勿徒欲保中国四万万人，而置我大清国于度外。（《翼教丛编·文侍御悌严劾康有为折》）

上面所引文悌的言论，足以代表当时反改革的思想逆流。他们视西方的民权制度如洪水猛兽，认为这些制度的推行，不但不能改变中国的积弱，反而会使中国加速灭亡。在他们看来，天无二日，国无二君，实行民权、民主和议会制度，无疑等于取消“君臣之义”，“则人人有自主之权，将人人各以其心为心，是我亿万人无统纪也”。这就是说，中国只适合君主专制，“忠君为孔教特立之义，西教不及知也”（《翼教丛编·与俞恪士观察书》）。因此，如果照西法所行，“吾人舍名教纲常，则无立足之地。今康、梁所用以惑世者，民权耳，平等耳，试问权既下移，国谁与治？民可自主，君亦何为？是率天下而乱也”（《翼教丛编·宾凤阳等上王益吾院长书编》）。以上均以中国传统的“君权至上”观念反对制度的西化。

（三）用传统的“人治”观念反对制度西化

如曾廉认为“后世人不知治天下不可无精义，而但求之于法度”，“治天下而徒言法，不足以治天下”（《䲨菴集·论保甲》）。在他们看来，当时中国的问题与制度、体制毫无关系，关键在人而不在制。如李秉衡说：“自强全在得人，法制未可轻变，有治法，无治人，虽得泰西之法而效之，亦徒使其关利营私计耳。”（光绪二十一年九月十六日《奏陈管见折》）这就是说，法治与人治比较，人治更重要，因此不能变更传统的制度。他们认为，中国的传统制度是好的，而且优越于西洋，问题出在人心的败坏与道德的堕落，因此当务之急是遏制不正之风，纠正人心之患，决不需要改制度。如朱一新说：“其人存则其政举，其人亡则其政息。政之敝坏乃行法者之失，非立法者之失也。……今人心日伪，机巧日出，风气既开，人心陷溺于功利，行法者借吾法以逞其私。而立一法，适增一敝，故治国之道，必以正人心，厚风俗为先，法制之明备抑其次也。”（《翼教丛编·朱侍御一新答康有为第四书》）

晚清的传统与西化之争，从文化史的角度看，就是对外来文化的吸收或排拒。如果说，明清之际是中国文化与西方文化相互接触、相互认识的阶段。在这个阶段中，由于对西方文化的排拒，造成中西在政治、经济、思想等各方面拉大了距离，那么晚清的传统与西化之争，则进一步强化了双方的认识，造成中西文化的长期对峙，使中国在近代的落伍成为定势。也就是说，中国在其近代阶段没有完成自己近代化的任务，它带着各种创伤，以屈辱、积弱和文化上的矛盾走上现代舞台，在它的各个方面，都不可避免地带有浓厚的封建文化色彩和封建思想因素，因此它不得不一再重复着中国近代所出现的文化现象。

五、东西文化论战和马克思主义在中国的传播

洋务运动的破产，戊戌变法的夭折，辛亥革命后复辟思潮的卷土重来等一系列改革实践的失败，迫使"五四"时期的先进知识分子把注意力由器物、政治体制的改革转移到思想文化上来。由一系列激烈的文化论战掀开了中国现代史的第一页。

（一）"五四"前后的东西文化论战

从鸦片战争开始，中国人便发愤学习西方器物，但一个甲午战争，洋务派的辛苦努力和富国强兵的幻想随着屈辱条约的签订，很快就像肥皂泡一样破灭了。甲午战争的惨败，进一步启发了中国的先进知识分子，提出政治、制度的改革方案，主张君主立宪。但此方案只实行了一百天，便被封建保守势力轻而易举地摧垮了。之后又

来了一次辛亥革命，称为“民主共和”，但人们很快就发现，“今之所谓共和，所谓立宪者，乃少数政党之主张，多数国民不见有若何切身利害之感而有所取舍也。……立宪政治而不出于多数国民之自觉、多数国民之自动，唯曰仰望善良政府、贤人政治、其卑屈陋劣，与奴隶之希冀主恩，小人之希冀圣君贤相施行仁政，无以异也。”（陈独秀：《吾人最后之觉悟》，《新青年》一卷六号）由此看来，中国人由于缺乏普及性的启蒙教育，从上到下，不知民主为何物。西洋的制度搬过来了，但不会用，人们习惯于用中国的方式去理解，使民主变形，成为军阀政客手中的玩偶。因此，此时的“民主共和”只是招牌而已，实际上既无民主，也无共和。另一方面，“民国三、四年的时候，复古主义披靡一世，什么忠孝节义，什么八德的建议案，连篇累牍地披露出来，到后来便有帝制的结果。可见这种顽旧的思想，与恶浊的政治往往相因而至”①。中国仍然陷于困境之中。

至此，中国用了六七十年的时间向西方学习，在器物和制度两个层次上都没有成功，于是着手思想文化层次的改革。它的锋芒指向即是中国传统文化，这一改革的浪潮可谓汹涌澎湃，势不可挡。其中以陈独秀、胡适、鲁迅、李大钊、吴虞、钱玄同、刘半农、易白沙、陈序经、丁文江、林语堂、周作人以及吴稚晖、傅斯年、罗家伦等一大批青年知识分子为主体，开始了新的改革。陈独秀是当时最突出的代表。他认为，当时中国最首要的问题，是唤起民众的觉悟，因为民主、自由等并不是别人恩赐的，而是觉悟后由自己来争取的。那么，如何“觉悟”呢？陈独秀说：

① 毋忘：《最近新旧思潮冲突之杂感》，《五四运动文选》三联书店1959年版，第233页。

儒者三纲之说，为吾伦理政治之大原……此东西文化一大分水岭也……此而不能觉悟，则前之所谓觉悟者，非彻底之觉悟，盖犹在徜徉迷离之境。吾敢断言曰，伦理之觉悟，为最后觉悟之觉悟。（《吾人之最后觉悟》，《新青年》一卷六号）

这就是说，以前的变法、革命都搞得不好，因为那只是器物、制度的变化，没有达到人的最后觉悟。在陈独秀看来，前者的变化只是徒具形式，不可能真变。此即梁启超在主张制度改革时针对器物西化所说："前此之言变者，非真能变也。"陈独秀又进一步针对制度改革的主张，提出"前之所谓觉悟者，非彻底之觉悟"。由此可以看出，中国近代向西方学习所明显分出的三个层次，与日本明治维新的三个层次并举形成巨大差异。

陈独秀等人认为，政治制度等只是枝叶，因为中国不如西方的不只是政治制度，而是整个文化，这是最根本的。因而只采用西方的政治制度是决不会成功的，必须从经济到思想，从制度到文化来一个"全盘西化"。从近代到现代，中国向西方学习所遇到的阻力，远非日本明治维新所比，封建保守势力步步为营，使得改革者亦不断提高进攻的目标，因此，"全盘西化"这个"怪物"，实际上是保守势力逼出来的。

"五四"时期的所谓"全盘西化"，从根本上说，主要是强调吸收西方的民主与科学。为了接受民主与科学，就必须反对中国的旧伦理、旧政治、旧宗教、旧文学等等。陈独秀说：

> 要拥护那德先生，便不得不反对孔教、贞节、伦理、旧政治；要拥护那赛先生，便不得不反对旧艺术、旧宗教；要拥护德先生又要拥护赛先生，便不得不反对国粹和旧文学。（《本志罪案之答辩书》，《新青年》六卷一号）
>
> 倘吾人以中国之法，孔子之道，足以组织吾之国家，支配吾之社会，使适于今日世界之生存，则凡十余年之变法维新，流血革命，设国会，改法律，以及一切新政治新教育，无一非多事，应悉废罢。万一欲建新国家，新社会，则对此新国家新社会不可相容之孔教，不可不有彻底之觉悟，勇猛之决心，否则不塞不流，不止不行。（《宪法与孔教》，《新青年》二卷三号）

很显然，陈独秀所攻击的目标，最后集中到封建伦理和以孔子为代表的“孔教”思想体系上。“不塞不流，不止不行”本来是韩愈在反对佛老异端时所说的话，陈独秀反其道而行之，认为旧传统、旧文化不铲除，新文化就无法确立，因此改革者的首要任务，就是对传统进行扫荡。这与洋务运动、戊戌维新以及辛亥革命所使用的方法与所要达到的目的有着根本的不同。它是从改造民族文化的立场出发，通过对旧传统的彻底摧毁，达到“欧美文明进化之根本”目的。

此时陈独秀还不是马克思主义者，他眼中的“欧美文明”，无非是“法律上之平等人权，伦理上之独立人格，学术上之破除迷信、思想自由”等等，这些都是“欧美文明进化之根本原因”（《宪法与孔教》，《新青年》二卷三号）。因此，这时的先进知识分子所追求的目标都带有西方资本主义文化的色彩，向往个人主义、自由主义等等。“举凡一切伦理、道德、政治、法律、社会之所向往，国家之所祈求，拥护个人自由、权利与幸福而已。思想言论之自由，谋个性之发展也；法律之前，个人平等也。个人之自由权利，载诸宪章，国法不得而剥夺之，所谓人权是也。……此纯粹个人主义大精神也。”（《东西民族根本思想差异》，《新青年》一卷四号）这种带有资产阶级性质的文化启蒙思想，其矛头直指代表传统社会的孔孟之道和儒家的纲常伦理。在陈独秀等人的影响下，一场全面批判中国文化传统的运动，铺天盖地，几乎席卷整个中国。

鲁迅写《狂人日记》，把中国传统文化比作“人肉筵席”，“翻开历史一查，每个字缝里都写着‘吃人’二字”；易白沙作《孔子平议》，认为孔子尊君、反民主，其思想不合时代需要，应予排除；吴虞在《新青年》上发表《吃人与礼教》，痛斥中国传统道德，“一面吃人，一面又能够讲礼教”，“越自命忠义的人，吃人的胆子越大”；胡适大力提倡白话文，主张打破那些束缚精神的枷锁镣铐，用新形式容纳新内容；钱玄同甚至主张废除汉字，以拼音化字母取而代之。

“五四”时期，强烈的反传统精神，“就这样延续地表现为对自己民族文化、心理的追询和鞭挞”，表现为对某种科学主义、自由主义的追求。即要求或企图把西方的近代科学和自由、平等、人权等作为一种基本精神、基本态度、基本方法，来改造中国文化，改造中国人，并注入中国民族的文化心理中。[①]

这种以西方文化为目标的反传统精神，在“五四”前后汇成了滔滔巨流，锐不可当，传统派已显得软弱无力。当时传统派的重要人物

① 参见李泽厚：《中国现代思想史论》，东方出版社1987年版，第51页。

如康有为、严复、辜鸿铭、陈汉章、夏曾佑、林琴南、张东荪等人，虽然大力攻击新派人物的新道德、新思想、新文化，且对君主制度、科举、八股、礼教、伦常等旧传统颇有留恋，但他们其中稍有旧学基础的人，毕竟属于过去的一代，其余的人，“思想内容异常空乏，并不曾认识了旧文化的根本精神所在”，一经陈仲甫等人锋利逼问，“只问的旧派先生张口结舌——实在说不上来”，“而陈先生自然就横扫直摧，所向无敌了”。[①]梁漱溟先生谈到当年北大的情形时说：“前年北京大学学生出版一种《新潮》，一种《国故》，仿佛代表新旧两派；那《新潮》却能表出西方精神；而那《国故》只堆积一些陈旧古董而已。……那些死板板烂货也配和人家对垒吗？”[②]这话出自梁先生之口，其可靠性是不容怀疑的。因为梁先生是当时著名的东方文化派。可见传统派在新思潮的冲击下，几乎失去反击的能力，不改变形式与策略，已不足以与新思潮相抗衡。

第一次世界大战给欧洲带来的浩劫，使思想、文化的发展出现一个新的转机。大战结束后，西方的许多学者开始对西方的科学、文学、思想、文化作新的评估。再加上罗素、杜威、泰戈尔等著名学者先后来中国讲学，对中国文化表现出称赞之情，认为中国文化的优点可以补救西方文化的弊病。以此为转机，东西文化之争又出现新的格局。先是梁启超于1920年三月在上海《时事新报》发表《欧游心影录》，给中国人带来了新的信息。梁氏在文章中说：“我们自到欧洲以来，这种悲观的论调着实听得洋洋盈耳。”有一位著名记者对他

① 梁漱溟：《东西文化及其哲学》，商务印书馆2010年版。

② 同上。

说："唉，可怜西洋文明已经破产了。我回到美国后，就关起大门老等，等你们把中国文明输进来救拔我们。"梁听后，"还当他有心奚落我，后来到处听惯了，才知道他们许多先觉之士，着实怀抱无限忧虑。总觉得他们那些物质文明是制造社会险象的种子，倒不如这世外桃源的中国还有办法。"在巴黎，梁启超听到一段更令人鼓舞的话，"大哲学家蒲陀罗（柏格森之师）告诉我说，'一个国民最要紧的是把本国文化发挥光大，好像子孙袭了祖父遗产，就要保住他而且叫他发生功用。就算很浅薄的文化，发挥出来都是好的，因为他总有他的特质……你们中国着实可爱可敬，我们祖宗裹块鹿皮，拿石刀在野林里打猎的时候，你们已不知出了几多哲人了。我近来读些译本的中国哲学书，总觉得他精深博大，可惜老了，不能学中国文，我望中国人总不要失掉这份家当才好。'"

正当新思潮蓬勃发展、传统文化走投无路之时，梁启超把他在欧洲听到的信息，添油加醋地介绍给国人，这对于那些反对新思潮的人来说，好似打了一针强心剂，顿时又活跃起来，保护"祖父留下的遗产"，不要失掉这份"家当"，成了他们的历史使命，"我听着他这番话，觉得顿时有几百斤的担子加在我肩上"。梁启超说：

> 我们人数居全世界人口四分之一。我们对于人类全体的幸福该负四分之一的责任，不尽这责任就是对不起祖宗。对不起同时的人类，其实是对不起自己。我们可爱的青年啊！——立正！——开步走！——大海对岸那边有好几万万人愁着物质文明破产，哀哀欲绝地喊救命，等着你们来超拔他哩！（《欧游心影录》）

梁启超虽然一再声明“不因此菲薄科学”，“我绝不承认科学破产，不过也不承认科学万能罢了”。但他的报道及他自己的看法，用当时胡适的话说，确实“替反科学的势力助长了不少的威风”①。

《欧游心影录》发表的第二年，梁漱溟先生在北京大学作了《东西文化及其哲学》的讲演，1922年出版该书。他书中的观点也颇受上述思潮的影响，由折中、彷徨转化到倾向传统。他在《东西文化及其哲学》的自序中说；

> 我又看着西洋人可怜，他们当此物质的疲敝，要想得精神的恢复。而他们所谓精神，又不过是希伯来那点东西。左冲右突，不出此圈，真是所谓未闻大道。我不应当导他们于孔子路上来吗！我又看见中国人蹈袭西方的浅薄……东觅西求，都可见其人生的无着落。我不应当导他们于至好至美的孔子路上来吗！无论西洋人从来生活的猥琐狭劣，东方人的荒谬糊涂，都一言以蔽之，可以说他们都未曾尝过人生的真味。我不应把我当看到的孔子人生贡献给他们吗！然而西洋人无从寻得孔子，是不必论的；乃至今天的中国，西学有人提倡，佛学有人提倡，只有谈到孔子，羞涩不能出口，也是一样无从为人晓得孔子之真，若非我出头倡导，可有哪个出头？这是迫不得我自己来做孔家生活的缘故。

梁漱溟抛开明清之际至清末以来保守人士利用儒家思想所鼓吹的

① 上海亚东图书馆编：《科学与人生观》序言，1923年版。

纲常名教，他之恢复孔子，乃是选取了孔子的人生态度和所谓刚健的文化传统，沿着心学，特别是沿着“其人多能赤手以搏龙蛇”的“泰州王氏一路”下来，“以孔颜的人生”来“昭苏中国人的人生态度”。“‘刚’就是里面力气极充实的一种活动”，“提倡一种奋往向前的风气，而同时排斥那向外逐物的颓流”。梁氏认为，“只有昭苏了中国人的人生态度，才能把生机剥尽，死气沉沉的中国人复活过来，从里面发出动作，才是真动。中国不复活则已，中国而复活，只能于此得之，这是唯一无二的路”。[①]梁漱溟生命哲学的出现，标志传统派内容的深化和策略的改变，它不仅向“五四”以来的新思潮提出了挑战，而且为当代新儒家开出了一条重新建设中国文化的路径。《东西文化及其哲学》在中国现代新儒家的发展史上占有重要地位。它以新的形式展开了向中国传统的复归。

稍后于此的“科玄之争”，其中的“玄学派”即是深受梁漱溟的影响。

“五四”时期的东西文化论战，从1915年开始，到1927年告一段落。在短短的十余年时间里，它向中国人展示了不同国家、不同民族所具有的不同文化在走向近代化的过程中所遭遇的不同命运，它从文化的视角开阔了中国人的眼界。同时它也表明，中国从近代走向现代，必然伴随着剧烈的文化躁动，以调节一个民族在跨越时代巨变时所带来的历史与文化的巨大反差。这是必然的，是不以人们的意愿为转移的。迈出第一步，才有可能迈出第二步，因此，“五四”时期的东西文化论战，作为一种必然的历史现象，对于它以后的历史发展依

① 梁漱溟：《东西文化及其哲学》，商务印书馆2010年版。

然有着现实的借鉴意义，甚至今天的文化讨论在某种程度上也可以说是它在新时期的继续。

（二）马克思主义在中国的传播

从现代历史的角度，回顾“五四”前后东西文化论战，并没有得出肯定的结果。它似乎不分胜负，从而为以后埋下了复发的种子。然而，正当双方唇枪舌剑地激烈辩论之时，“代表新式工业的无产阶级思想”——从西化观念中脱颖而出。原来积极主张“全盘西化”的陈独秀、李大钊等人从马克思主义的理论中吸取了新的营养，开始和新文化运动的同伴胡适等人分道扬镳，西化派发生分裂。这一重大事件，可以说改变了东西文化论战的性质，由原来资产阶级与封建主义的论战，逐渐演变为资产阶级与无产阶级的论战。它甚至影响了中国现代史的整个进程。

马克思主义在中国的传播，可以追溯到“五四”以前。1905年，朱执信在《民报》上发表《德意志革命家小传》，介绍马克思、恩格斯的生平及《共产党宣言》的要点和“十条纲领”，并对《资本论》作了评述。1912年，孙中山在上海发表演说，其中谈到马克思及《资本论》，称赞马克思“研究资本问题垂三十年之久，著为《资本论》一书，阐发真理，不遗余力，而无条理之学说遂成为有系统之学理。研究社会主义者，咸知所本，不复专迎合一般粗浅激烈之言论矣”（上海《民主报》，1912年10月15日）。除朱执信、孙中山介绍之外，还有许多人偶然提到马克思主义，但它只是作为西方文化中的一种学说传入中国，而且材料都是一些零散的片段，对当时中国没有发生重大影响。

一次大战对欧洲产生刺激，西方人自感自己的文化发生危机，有所谓“科学破产”之说，梁启超的《欧游心影录》即向国人传达了这一信息。从文化的角度看，东方文化派的复苏便是对这一信息的直接反应。当梁启超、张君劢等人对西方的科学大加怀疑的时候，李大钊、陈独秀等人对欧美的民主政治也产生了怀疑。如陈独秀说：

> 睁开眼睛看看我们有产阶级的政治家政客的腐败而且无能和代议制度的信用，民主政治及议会政策在中国比在欧美更格外破产了。（《社会主义批评》，《新青年》九卷三号）
>
> 我敢说，若不经过阶级战争，若不经过劳动阶级占领权力，阶级地位的时代，德谟克拉西必然是资产阶级的专有物，也就是资产阶级永远把持政权抵制劳动阶级的机器。（《谈政治》，《新青年》八卷一号）

民主政治和议会制度在中国的破产，使李大钊、陈独秀等人告别了他们过去崇奉的“德谟克拉西”，开始寻找一条解决中国问题的新道路。这就是“阶级战争”和“劳动阶级占领权力阶级地位”，也就是现在常说的“阶级斗争”与“无产阶级夺取政权”。

俄国十月革命正是通过阶级斗争和无产阶级夺取政权的方法而取得成功。它的辉煌胜利，使全世界对马克思主义刮目相看，因而在十月革命后，它在中国得到迅速而广泛的传播。

1918年，李大钊发表《法俄革命比较观》《庶民的胜利》《布尔什维主义的胜利》等文章，基本上运用了马克思主义的观点和方法分析中国和世界问题，由此开始了马克思主义的传播。1919年他又连续发表了《大亚细主义和新亚细主义》《战后之妇女问题》《我的马克思主义观》等一系列文章，开始大量介绍和宣传马克思主义。

此外还有杨匏安、李达、李汉俊等人于此时也翻译了大量有关马克思主义的著作和文章。1920年，第一个中文全译本《共产党宣言》在上海出版，同时马克思、恩格斯和列宁的有关著作也开始广泛流行。按着李大钊、陈独秀等人早期所介绍和宣传的马克思主义，有一个基本倾向，即非常强调唯物史观和阶级斗争的理论。如李大钊在《我的马克思主义观》一文中全面介绍了马克思主义理论的三个重要部分：一是关于过去的理论，即所谓的历史观，也称社会组织进化论；二是关于现在的理论，就是马克思主义的经济论，也称资本主义的经济论；三是关于将来的理论，就是马克思主义的政策论，也称社会主义运动论。这个理论部分，即后来被规范地译为唯物史观、政治经济学和科学社会主义。这三个部分，“都有不可分的关系，而阶级竞争说恰如一条金线，把这三大原理从根本上联络起来”①。

马克思主义关于阶级斗争和无产阶级专政的理论，成为当时中国马克思主义者宣传的主要内容。在李大钊《我的马克思主义观》发表之前，《每周评论》便在其“名著”栏内刊登了《共产党宣言》的部分译文，也一再宣传阶级斗争和无产阶级专政的思想，这部分译文说：

① 参见彭明：《五四运动史》，人民出版社1998年版，第199页。

劳工革命的第一步，我们所最希望的，就是把无产阶级高举起来，放他们在统治的地位，以图Democracy的战争的胜利。这些无产阶级的贫民，将行使他们政治上的特权，打破一切的阶级，没收中产阶级的资本，把一切的生产机关都收归政府掌管，由这些人去组织一个统治的机关……

无产阶级在和中产阶级争战，因为情势所迫，不能不自行组织一种阶级。若是取革命手段，他们便自居于统治地位，把一切的旧生产情形，都要废除；并且要把一切阶级的反抗都消灭了；到后来，连他们自己那一阶级的特权，都一并废除。（《每周评论》十六号，1919年4月6日）

由此可以看出，“马克思主义在中国，主要是以其唯物史观（历史唯物论）中的阶级斗争学说而被接受、理解和奉行的”，这一点，“数十年来对中国的革命知识分子来说，具有关键性的意义”。[①]阶级斗争不仅具有理论品格，更重要的是具有直接现实性的品格，中国早期的马克思主义者对此认识十分清楚，如李大钊说：

马克思的《资本论》也是首尾一贯的根据那“在今日社会组织下的资产阶级与工人阶级，被放在不得不仇视，不得不冲突的关系上”的思想立论。关于实际运动的手段，他也是主张除了诉于最后的阶级竞争，没有第二个再好的方法。[②]

① 李泽厚：《试谈马克思主义在中国》，载《中国现代思想史论》，东方出版社1987年版，第151—152页。

② 《我的马克思主义观》，《李大钊选集》，人民出版社1978年版，第177页。

通过阶级斗争夺取政权，然后再对社会进行改造，以逐步达到社会主义，这便是“五四”前后，中国的马克思主义者“实际运动的手段”和改造中国的方案。“之所以如此，首先是近现代救亡主题的急迫现实要求所造成，同时也是中国传统的实用理性的展现，即要求有一种理性的信仰来作为行动的指针。马克思主义的基本理论和十月革命的实践效果，使这种潜在的可能变为现实。”①

这种文化斗争与政治斗争相结合的社会改革方案，吓坏了当时正在与封建旧文化论战的中国资产阶级知识分子，他们决不愿意看到“无产阶级的贫民，将行使他们政治上的特权，打破一切阶级，没收中产阶级资本”，并“由这些人去组织一个统治机关”。因此，他们便不断挑起和马克思主义者论战：如胡适与李大钊关于“问题和主义”之争，梁启超、张东荪、吴稚晖等人与李大钊、陈独秀、蔡和森等人关于“社会主义”的辩论，以及1920年关于“无政府主义”的辩论，等等。这一系列辩论改变了原来东西文化论战的性质，由原来围绕“法兰西文明”的论战演变为围绕“俄罗斯文明”的论战；由原来新文化与旧文化的论战演变为马克思主义与反马克思主义的论战。虽然其中仍含有东西文化论战的内容，但在本质上、队伍的组合上都发生了巨大变化。在反马克思主义问题上，张东荪、吴稚晖等东方文化派与胡适、丁文江等西方文化派携起手来，结果降低了反对封建旧文化的战斗力。同时，由于陈独秀、李大钊等人对马克思主义及“俄罗斯文明”的热心向往，在他们以后的战斗中，把主要斗争矛头对准了

① 李泽厚：《中国现代思想史论》，东方出版社1987年版，第145页。

中国官僚买办资产阶级和帝国主义列强，而批判封建旧文化的任务则相对减弱。这种近现代文化的多重变奏，“封”“资”“无”三种势力的交相混合与角斗，结束了备受帝国主义列强欺凌的中国近代血泪史，迎来了中国现代史的开端。

马克思主义在中国的传播，所引起的直接后果，是马克思主义政党——中国共产党的成立。而中国共产党一经成立，便以马克思主义的唯物史观、阶级斗争和无产阶级夺取政权的理论为指导，变书斋中的文化讨论为一场翻天覆地的社会政治革命。

第七章 中国文化的现代反思

自鸦片战争以来的近代中国，受尽了屈辱与折磨，外有西方列强的侵凌，内有封建军阀的混战。吸毒、娼妓、赌博、纳妾、贪污、腐化等各种污泥浊水侵蚀着奄奄待毙、贫弱不堪的中国。“十月革命一声炮响，给我们送来了马克思列宁主义。”[①]“五四”以后，经过中国共产党人艰苦卓绝的努力，团结各方面力量，根除外患，消除内乱，用了整整三十年的时间，建立起一个不受帝国主义列强欺压的中华人民共和国。百年来，志士仁人为之奋斗的“救亡图存”的总课题终于解决了。凡有良心的中国人，都不会抹杀中国共产党对中华民族所做出的贡献。

1949年的革命胜利带来了社会平等、空前统一的新中国。“地主、官僚被彻底打倒，工农劳动阶级扬眉吐气，经济收入、财产分配、社会地位、政治待遇甚至在称呼、礼节等各方面，广大人民空前地相对平等。这些都标志着二十世纪五十年代初‘解放’一词带来的社会含义：经济恢复，政治清明，秩序稳定，人民团结，社会风尚和道德水平显著提高。这是充满了理想和希望的开国时期，这是马克思主义经由一场荡涤旧社会，打倒剥削者的革命之后带来的新鲜气象的

① 《毛泽东选集》（合订本），人民出版社1967年版，第1360页。

胜利时期。”[①]

从新中国成立至粉碎“四人帮”，大约又经历了三十年的时间。1957年的反右斗争，1958年的“大跃进”，1959年的反右倾，1959—1961年的三年困难时期，1964年的城乡社教运动，1965年的农村“四清”，1966年的“文化大革命”，因此，可以说中国从1957年起，便逐渐偏离了经济建设的轨道，进入了以“阶级斗争”和“意识形态领域内的无产阶级专政”为主线的“两个阶级、两条路线、两条道路生死搏斗的时期”。这“年年讲、月月讲、天天讲”的“阶级斗争”和“意识形态领域的无产阶级专政”，把发展经济、提高生产力、提高国民的物质生活水平等等，放到无足轻重、可有可无的卑微地位，这种唯意志论的思潮形成了强大的传统，至“文化大革命”达到顶峰，一直延续到“四人帮”垮台。

在1957—1976年这二十年的时间里，中国沉醉在闭关自守，为后代创立百年之基、千年大计的“反修防修”的精神意识革命之中，西方、日本及所谓东亚“四小龙”却抓紧时间，紧张地向现代化目标迈进。中国贻误了整整二十年的可贵光阴，不但没有跟上突飞猛进的世界物质文化发展的潮流，反而是南辕北辙，与现代化的目标背道而驰。在思想文化领域的严重后果，则是造成中国与外部世界的隔绝，甚至出现了洋务运动时期那种盲目排外，自命“天朝上国”的文化自尊现象。

粉碎“四人帮”以后，对外开放政策重新打开了中国人的眼界，外部事物也一股脑儿地涌进中国。此时，中国人发现，世界已进入信

① 李泽厚：《中国现代思想史论》，东方出版社1987年版，第181—182页。

息时代，中国远远地落后了。昔日用大炮刺刀凌辱中国的日本，现在变成了经济大国；二十世纪初就对现代社会抗议呼喊的西方，并没有因科学破坏自然而停止发展科学；社会主义的中国并非幻想的天堂，“既然人还得活着，于是今天就得挤公共汽车，就希望能有更大一点空间的住房和搞点电气化……为这点追求，也仍然耸立着巨大的怪物（官僚主义、关系学、落后体制……）的严重阻挡……”[①]所有这一切，自然使人联想到近代中国的积弱，联想到早已被打断了的东西文化之争，联想到“中体西用”、“全盘西化”、“本位文化”、资本主义、社会主义、封建主义以及“德谟克拉西”、“赛因斯”、过去、现在、未来等等。这些联想的具体表现，即二十世纪八十年代中期在中国出现的“文化热”。

一、二十世纪八十年代“文化热”的起因与特点

二十世纪八十年代中期，中国出现了一股强劲的“文化热潮”，这是谁也不能否认的。在这股“文化热”的推动下，从北京到上海，从政府到民间，大学生、研究生、学者都很活跃，各种讲习班、研讨会此起彼落。

文化问题竟有如此广泛的社会反响，引起社会各阶层的关心和注

① 李泽厚：《中国现代思想史论》，东方出版社1987年版，第262页。

意，这在中国历史上是罕见的。此后，不到半年，上海、北京等地政府部门纷纷召集座谈会、讨论会，制定“文化发展战略”；各地方也掀起区域文化研究和编纂地方志的热潮。一时间，所谓“荆楚文化”“吴越文化”“巴蜀文化”“燕赵文化”“关东文化”“岭南文化”“齐鲁文化”“海派文化”“京派文化”“少数民族文化”以及各种各样的名词后面都殿以“文化”二字，呈现出五光十色的文化场景。

如何解释这一现象呢？它能给我们什么启示？它是突如其来的吗？有些人把这种现象称为“文化的觉醒”，还有一些人称它为“追逐时髦”，更有一些自命为饱学之士的旁观者对它冷嘲热讽，称它为“浅薄的文化游戏”“‘五四’时期文化讨论的简单重复”，甚至还有一些始终坚持“阶级分析”的人，竟然洞察出“文化热”的背后有一股“反马克思主义的逆流”，等等。正因为这样，我们认为很有必要把问题继续讨论下去。那么，二十世纪八十年代“文化热”的起因究竟是什么呢？有如下几点可提供参考。

（一）对中国现代化的渴望

自五四运动至二十世纪八十年代，“现代化”的口号已提出了半个多世纪，但在中国未能完全实现。虽然“五四”以来“救亡图存”的课题解决了，但历史好像有些相似之处。人类在有限的地球空间中，经过近百年来的发展，其空间比以前显得更加狭窄。在“歌舞升平”的岁月里，随着光阴的流逝，鸦片战争以来的沉痛教训也似乎有些淡漠了。现代的社会，商品竞争代替了洋枪洋炮，先进的工业产品比往日的坚船利炮更有效地打破了重重关税壁垒，商业大国矛盾重重，为夺取市场而明争暗斗，商品市场代替了往日用武力保护的势力范围。在这种新的格局下，二十世纪八十年代以前中国的出口商品基本上是沿袭了过去的传统：茶叶、丝绸、瓷器、皮毛、鱼虾、水果等农副土特产品仍在出口商品中占有重要比重，而换回来的进口商品，又多是汽车、电器、精密仪器等纯工业产品。中国基本上没有改变传统的商品进出口结构和农业国的地位。欧洲的豪华汽车、日本的冰箱彩电充斥着中国市场。这种情况假若长期得不到改变，“救亡图存”的课题迟早会被重新提出。这绝不是耸人听闻，现代化的世界，空间相对缩小，时间相对加快。新式武器、兵强马壮固然是救亡图存的必要条件，但敌不过现代化的商品渗透和现代生活方式的引诱。只有自身实现现代化，像孙悟空在太上老君的八卦炉里练就一身钢筋铁骨和火眼金睛，才能真正地降服妖魔，往来自由。现在连新加坡尚且“存而不忘亡，安而不忘危”，兢兢业业地巩固其现代化成果，千方百计地加快其现代化步伐，时时刻刻准备应对各种突然事件的发生。偌大的中国，难道可以高枕无忧吗？鸦片战争以后，中国所以一误再误，其中最根本的一条原因，是当权者对当时世界缺乏明晰的认识，得过且过，把精力全消耗在内部的权力之争上，因此列强一旦打来，束手无策，甘受屈辱。这段令人心碎的历史是决不能再重演了。

为避免历史重演，最根本的办法是发展生产，振兴国力，尽快实现现代化，以追上世界发达国家的步伐。这一点，凡是有民族自尊心的中国人，包括散布在五洲四海的炎黄后裔都有同感。有这一点共同认识，其他均可求同存异了。

但回顾我们走过的历史途程，中国为什么行动迟缓？为什么现代化的进程一次又一次被打断？原因一定很多，而且很复杂，但文化问题是不是其中一个重要原因呢？从二十世纪八十年代“文化热”所发表的文章看，多数人都认为其中有文化问题，即现代化不能只限于科学技术层面，更重要的是应该有文化深层的现代化相配合，其中包括价值观念、思维方式以及对我国传统文化的历史反思等等。“1949年中国革命胜利时，毛泽东曾总结过近代中国‘向西方学习’的历史。今天所谓的‘文化热’，却是在惊醒了‘最高最活的马克思主义’、中国是‘世界人民的革命灯塔’的迷梦之后，重新痛感落后而再次掀起‘向西方学习’的现实条件下产生的。”①

以上这些看法，可以说代表了当时绝大多数人的意见。也正是在这种历史背景下，人们才投入到中国的现代化建设上来；由于同样的理由，中国传统文化的重新评估、中西文化的比较研究以及中国文化如何发展、如何现代化等一系列文化问题，便也被人们提了出来。

（二）对科学和民主的追求

科学与民主是现代化所必然包含的内容。无论是西方式的、日本式的，还是社会主义的现代化，离开了科学与民主，都不可能走上真正的现代化道路。科学所包含的内容，除了指现代大工业生产及现代生产技术、技能以外，还包括科学的思维方式和方法，是与一切迷信、愚昧相对立的；而民主则是一种制度或生活方式，是与任何形式

---

① 李泽厚：《漫说“西体中用”》，《中国现代思想史论》，东方出版社1987年版，第312页。

的独裁、专制相对立的。

自“五四”以来，科学与民主一直成为先进的中国人不断追寻的目标。但由于当时封建势力的顽固抵抗，人民教育水准的低落，特别是帝国主义的武装入侵和国内军阀的连年混战，“救亡图存”的任务压倒一切，使中国极度缺乏科学与民主生长的条件。另一方面，自“五四”以来，国人对科学与民主所产生的不同理解，致使科学与民主的观念很难在中国扎根。

“五四”之后发生的“科玄论战”，就表明了当时各派（包括陈独秀等马克思主义者）对“科学”的看法。虽然各自的看法不同，但其共同点是都没有在现代意义上对科学加以认识，因此往往忽略了对科学评价、科学方法的研究和探讨，更谈不上运用这些方法于实践当中。当时他们的注意力都放在应该建立何种意识形态的观念或信仰问题的争论上。“玄学派”与“科学派”且不必说，作为马克思主义者的陈独秀等人在这场辩论中，对“科学”的理解也只局限在“物质原因可以变动社会，可以解释历史，可以支配人生观”的马克思主义唯物史观上，[①]而对一般的科学精神、态度、方法、素养，特别是对自然科学指导下的现代生产力、大工业生产等都缺乏明确的认识，从而把科学与哲学，事实判断与价值判断完全混在一起，为以后哲学代替科学、生产关系代替生产力、精神意志代替物质生产等一系列偏离开了先河。

对“民主”问题亦是如此，由于李大钊、陈独秀等马克思主义前

① 陈独秀：《科学与人生观》序言，上海亚东图书馆1923年编印。同时参阅李泽厚：《漫说“西体中用”》，《中国现代思想史论》，东方出版社1987年版，第312页。

辈对“法兰西文明”逐渐产生怀疑，转而狂热追求新出现的“俄罗斯文明”，其结果，忽略了对现代民主制度的探讨。这从陈独秀后来的“省悟”可以看出此间的曲折。陈独秀晚年针对斯大林肃反扩大化曾说了一段由衷的话，他说：

> 苏联实行无产阶级专政，专政到反动派，我举双手赞成。但专政到人民，甚至专政到党内，难道是马克思、列宁始料所及吗？此无他，贱视民主故也。[①]

不幸的是，“文化大革命”对人民、对老干部、对知识分子的专政比之斯大林的肃反扩大化有过之而无不及。陈独秀如果活到今天，一定更加痛悔他当年对“俄罗斯文明”的追求。“文化大革命”践踏民主到了草菅人命的地步。“阶级斗争”和“无产阶级专政”成了高悬在人们头上的斯托克利斯剑；“最高指示”成了人人必须遵守的圣旨。稍有不恭不顺，不是克之以“阶级斗争新动向”，便是讨之以“无产阶级专政的铁拳”，连生命都难得保障，还何言民主？

粉碎“四人帮”后，人民痛定思痛，深刻反省到：“文化大革命”的产生并不是孤立的，随意践踏民主更非偶然，这是长期的个人迷信和缺乏民主的必然结果，中国不彻底实行民主制度，就根本谈不上避免“文化大革命”悲剧的重演。其实“文化大革命”之前的“反右斗争”“反右倾运动”在某种程度上都是“文化大革命”的缩影和

① 转引自《试论陈独秀与托派的关系》，《历史研究》1981年第6期。

预演。李泽厚在总结了粉碎“四人帮”后文艺界出现的情况时说：

> 十亿神州从“文革”噩耗中惊醒之后，知识分子特别是青年一代的心声就如同不可阻挡的洪流，倾泻而出。……一切都令人想起“五四”时代。人的启蒙，人的觉醒，人道主义，人性复归……都围绕着感性血肉的个体从作为理性异化的神的践踏蹂躏下要求解放出来的主题旋转。“人啊，人”的呐喊遍及了各个领域各个方面。这是什么意识呢？相当朦胧，但有一点又异常清楚明白：一个造神造英雄来统治自己的时代过去了，回到了“五四”时期的伤感、憧憬、迷茫、叹惜和欢乐。但这已是经历了六十年惨痛之后的复归。

这一段对八十年代文艺界思想的概括，基本上也适合当时文化界的情况，只是文化界不像文艺界表达的那样朦胧、伤感和迷茫，而是用含蓄的语言表达一种憧憬、信心和理想：即用极大的热情渴望科学与民主的到来。这样，“五四”时期呐喊呼唤的科学、民主便成为八十年代“文化热”讨论的主题。因为它对我们今天仍然是有意义的，我们要引进科学技术，同时也要加强民主观念和民主制度的建设，这样才能不致重蹈洋务运动的覆辙。

（三）对“全球意识”与“寻根”意识的反应

以上两方面是八十年代“文化热”的主因，是基于当代民族复兴的要求和国内原因而提出来的。此外尚有国际原因。

八十年代初，出版了不少类似《大趋势》《第三次浪潮》《迎接新的技术革命》等未来学方面的书。它向人们报道了这样一个信息：工业革命把人类历史带进了一个新的阶段，它经过近三百年的充分发展，目前在地球上已接近尾声。这就是说，西方先进国家不仅已经完成了现代化过程，而且开始走向“后现代化”阶段。在这两个阶段交替的过程中，各个国家和各个民族都不可避免地出现了一系列文化撞击和文化反差现象。在人与自然的关系方面，工业发展所造成的环境污染和生态平衡的破坏向人们提出挑战；电子技术的突飞猛进，使个人显得更加渺小，甚至有被电脑、机器人代替的可能；个人主义的过分伸张，离婚、随意同居、乱交司空见惯，甚至导致家庭结构的解体；过分的商业化和金钱的力量，使人与人的关系冷却到最低点，使人成为大海中孤苦伶仃的一叶浮萍；不可遏制的科技发展导致超级大国从地球上的竞争转向太空，能源的日益枯竭，造成波斯湾地区疯狂的军事冒险和武装冲突……这一幅幅活生生的现代世界画图，使人们忧心忡忡。在这种心理骚动、精神不宁的文化环境中，儒家的“大同理想”，老子的“小国寡民”，中国文化中的“天人合一”，宋明理学的“心性修养”，等等，伴随着一曲曲浪漫的怀旧之情油然而生，这是完全可以理解的。

所谓的“全球意识”和“寻根意识”，就是在这种世界性的现实经验和文化背景下产生的。西方一些工业大国所遇到的问题，有没有普遍性？对于那些尚未走上现代化的不发达国家来说，要不要吸取西方所获得的经验教训？这几乎是一个全局性的问题，非一个国家的环保局、婚姻介绍所、某一所名牌大学或几个名流学者、圣贤显贵所能解决的问题。也就是说，由于世界成了一个关系非常密切的有机整体，全世界要解决的重要问题有很多是共同的。如苏联诺尔和贝利核电站污染的外泄，世界核裁军的进展与实现，波斯湾的危机以及日本商品在全世界范围内的进军等，远非一个国家、一个地区所能解决的。特别是当代世界，知识和信息的迅速传递，新学说、新思想、新理论在极短的时间内便可到处传布，无法用封闭的手段遏制其传播，因此对“文化”的发展再也不能停止在一个有限的局部范围内，必须有一个“全球意识”，从而放眼世界，随时了解各种新思潮、新观念、新理论、新学说。思想文化的流动、碰撞、比较、交流成为不可避免的世界性潮流。我们如果没有这种所谓“全球意识”，在各种“文化”面前就会眼花缭乱，心无所主，就不能正确反映时代所提出的各种各样的问题，从而落在时代的后面，贻误我们民族复兴的契机。

所谓“寻根意识”，一方面是相对于“全球意识”提出来的，同时也是针对八十年代西方科技发展引起的精神危机所作出的一种反应。它既有“民族意识”的成分，又有“忆旧复古”的色彩。现代人既然逐渐失去了对自然的亲和感，逐渐失去了维系一个社会的家庭重心，社会自然感到自己很容易成为“四面挂搭不上的异乡人”，成为“在无边的大海中漂泊不定的一叶孤舟”。于是产生向中国文化和东方文化复归的倾向。希望从东方文化中得到某种补救，以便使他们的文化更好地发展。“如英国历程神学大师查理斯·霍桑教授认为，以基督教为代表的西方文化，必须向东方学习，学习其‘德性实践’方面的精神，他特别欣赏中国哲学像孟子那样没有把心脑打成两片，认为思想和感情是不可分的，无论科学技术如何发展，但总有限制，计算机不能感（没有感情）也不能思（不能独立思维），它的动作不能与活生生的人类行为混为一谈。”[①]还有一些西方自然科学家对中国的《易经》、八卦系统、中医、中药理论以及道教的养生学等产生浓厚的兴趣。在这种情况下，甚至有的学者严峻地提出：“现代人走向‘现代以后’，对于传统反而有了较多的肯定，这是晚近对于传统态度的根本改变。不想我们东方倒还有许多人拘泥于启蒙进步思想，根本不知道这已经是过了时的思想。”[②]

由上述情况来看，八十年代中期，人们相当普遍地认识到，中国文化似乎又处在一个非常时期，在“全球意识”和“寻根意识”交叉汇集的形势下，中国文化向何处去？它应该如何发展？如何自处？究竟是以十八世纪启蒙进步思想为模仿和追赶的目标，还是回过头来，向西方学者所倡导的那样以东方文化为依归？“寻根意识”对我们有何启发？当代新儒家究竟有无可取之处？中国传统文化与马克思主义关系究竟如何？等等。诸如此类的文化问题，像一个不可解的连环，困扰着八十年代每一位关心祖国前途命运的有识之士。每一个关心民族命运和国家前途而又肯动脑思索的人，决不会把它看作是“浅薄的文化游戏”，更不会拘泥某种教条，用最省力的办法“以不变应万变”。

上面只是概括地描述了二十世纪八十年代“文化热”的起因，它当然不能完全覆盖所有的原因，一种文化现象的出现往往是政治、经济、思想、观念、国内、国际多种因素的综合反映，尤其不能把这一

① 汤一介：《对发展中国文化的设想》，载《中国文化书院学报》第一期。

② 香港中文大学教授刘述先在新加坡东亚研究所1986年“儒家伦理讨论会”上的发言，这篇发言已由该所印成单行本发行，题目是：《东方传统在现代社会应可扮演的角色——儒家伦理在现代社会的意义》。

点过分夸大或孤立起来。因此，八十年代出现的“文化热”，从总体上说，是我国粉碎“四人帮”以后思想解放和对外开放的结果。它之所以迅速兴起，正是反映了时代前进的要求，反映了亿万中国人民尤其是知识分子渴望祖国兴旺发达的迫切愿望。它虽然与“五四”时期的文化论战有极大的相似之处，但也并不像有些人所指出的那样，“完全是‘五四’时期文化讨论的重复”。与“五四”时期的文化论战相比较，八十年代的文化讨论具有以下特点：

第一，“五四”时期，国家分裂，帝国主义列强争相瓜分中国，国内军阀互相倾轧，政客买办豪夺于上，土豪劣绅横行于下，搞得中国贫弱不堪，因此在这种寝卧不安的环境下，参加文化讨论的人往往带有偏激的情绪和急功近利的心理，多半强调文化的政治功能。当时党派林立，“主义”繁多，参加文化讨论的人不得不受其影响。因其各有不同的文化、政治背景，这往往影响了文化讨论的客观性和充分论证的可能。八十年代的文化讨论，完全是在和平一统的环境下，没有“五四”时期那样沉重的心理负担和党派纠纷。因此虽然也十分强调文化的政治功能，但又能广征博引，从人类文化学、现代伦理学、社会心理学、社会学以及科学学、自然科学史、现代文化方法论等许多新兴学科、边缘学科下手，对中西文化进行客观地比较研究，这种研究的深度和广度以及所取得的成果，是“五四”时期的文化论战不能比拟的。

第二，“五四”时期，“救亡图存”是当时时代的主题。把帝国主义列强赶出中国是当时最紧迫的任务。因此，当时的先进知识分子多半忙于组团建党，从事实际的政治斗争，很难整日伏案于书斋从事纯粹理论、文化的探讨和构思，这不仅在一定程度上削弱了文化讨论的深度，也影响了对传统文化做全面的分析。尽管陈独秀、李大钊、鲁迅、胡适等人，对旧文化的批判表现出某种深刻性并充满使命感和时代激情，但绝大多数人对西方文化缺乏全面的了解，对旧文化的批判也往往失之笼统和偏颇。八十年代的文化讨论虽然也不能避免上述缺点，但从总体上看，则有很大改进。尤其对西方文化的了解，要比我们的前辈清晰得多；自七十年代末、八十年代初，对西方当代名著的翻译、出国留学生对西方的亲身了解、西方物质文明和思想文化的输入等等，都远非"五四"时代之可比。这些都为当时东西文化的比较和对传统文化的分析研究提供了直接有利的条件。

第三，"五四"时期社会改革所遇到的思想、文化方面的阻力，主要来自保守的传统势力和传统观念。一般说来，他们并不掩饰，往往是赤裸裸地表现出来，如当时的辜鸿铭、陈汉章、林琴南都是直截了当地反对改革，反对新文化。因此，对于改革者来说，比较容易识别。二十世纪八十年代则不同，尽管旧文化、旧观念在改革中仍然起着巨大的阻碍作用，但其表现形式却比"五四"时期复杂得多，曲折得多。它们往往改头换面，从他们的现实利益和小生产心理出发曲解马克思主义，这对改革者造成极大困扰。因此八十年代的文化讨论也不像"五四"时期表达得那样直接，而是通过多种形式，在不同层次上对传统和现代化加以研究。如对社会主义体制本身的探讨，对传统文化与马克思主义关系的探讨，对人治与法治的基本理论及其实质的探讨，对经济、政治体制改革与传统观念的探讨，以及对近代以来儒家文化的表现形式、传统文化与科学的关系、传统文化与未来等等方面的探讨。这些在不同层次、不同角度和不同学科上对中国文化的研究，无疑是"五四"时期所不曾具有的，只是这方面的研究在当时来说也还是刚刚起步，有待进一步深化而已。

第四，“五四”时期的文化论战，由于参加者各有不同的政治、文化背景，因此对中西文化的看法带有强烈的党派性，形成极鲜明的对立倾向，并且对文化价值的评估，多从其政治功能方面着眼，很少从文化学本身的基本理论出发，因此在方法上都不免带有形式主义和独断论的倾向，往往攻其一点，不及其余，带有绝对化倾向。如“全盘西化”派对传统文化持彻底否定的态度；而传统派或“国粹”派则对传统文化持完全肯定的态度。夹在中间的折中派或调和派，由于在方法上与前二者没有什么基本不同，因此其观点和主张也多是机械性的拼凑，表现为似是而非的特点。既不完全拥护传统，也不赞成“全盘西化”，如后来出现的“本位文化”派所谓“存其所当存，去其所当去”“吸收其所当吸收”等含混笼统的说法，无不带有似是而非的特点。八十年代的文化讨论，没有形成明显的对立派别，尤其在不同观点的背后，没有“五四”时期那种强烈的党派性。在方法上也尽量避免了绝对化、简单化和公式化的错误。特别是能够注意利用当代文化学、心理学、社会学、伦理学等新成果，从理论上探讨东西文化的关系，并对传统文化作深刻反思，并不急于肯定或否定，这些都为文化讨论的深入创造了条件。

第五，“五四”时期及其以后的文化论战，其发展与归宿被民族救亡的实践斗争所取代，所以除了少数人外，“社会主义”成了当时的时代潮流和东西文化论战的共同结论。也就是说，文化问题的讨论，是以政治的形式作了结论，这是“五四”时期强调文化的政治功能所得出的必然结果。八十年代的文化讨论，是在社会主义和马克思主义已经在中国实践了三十年的社会条件下进行的，因此它不再具有

“五四”时期那种强烈的政治倾向，尤其是对社会主义和马克思主义有了较深刻的体会和了解。另一方面，半个世纪以来，世界资本主义的发展也同“五四”时期有了明显的不同。所有这些，使得人们的文化视野比“五四”时期广阔得多，文化的内涵也深刻得多，人们对文化问题的思考也复杂得多。因此对东西文化比较及中国文化的研究有了更广阔的背景，呈现出多元化、多层次的发展倾向。尤其当时发展起来的比较文学、比较史学、比较哲学、比较美学、比较伦理学、比较宗教学等“比较”范围的无限扩大，都为传统文化及中西文化的比较研究，创造了与“五四”时期不可同日而语的文化及学术条件。

第六，八十年代“文化热”的再一个显明的特点，是关心文化的人越来越多。“五四”时期，文化讨论仅限于知识界，而八十年代的文化讨论，仅从各地召开的关于文化问题的讨论会和举办的各类文化讲习班看来，参加讨论的人数起码数以十万计。以其成分来说，他们来自教育界、出版界、新闻界、科技界、文艺界、工商界、学界、军界等社会各界各阶层。这是“五四”时期文化讨论所不能比拟的。

以上仅就二十世纪八十年代“文化热”的起因与特点，做了一个简要的概括，以便使我们加深对八十年代“文化热”的全面了解。这里着重指出了与“五四”时期文化论战的不同特点，当然也还有许多相同或类似的地方，这在许多文章中都有论及，此处不再赘述。

二、对“中体西用”与“西体中用”的再思考

自鸦片战争以来，中国文化一直面临着近代化问题，“五四”以后又面临着现代化问题。二十世纪八十年代“文化热”所迫切关心的也还是这个现代化问题。

由于近代化和现代化首先是从西方开始的，在中国文化近代化或现代化的过程中，始终无法摆脱“中国化”与“西方化”关系的困扰。为了解决这一关系问题，历史上出现过各种各样的文化口号，近代有“中体西用”，八十年代又提出“西体中用”，国外的一些华裔学者还提出“中西互为体用”。总之，近百年来，为了更好地解决中西文化的关系和回应西方世界对中国的挑战，“中”“西”“体”“用”四个字，几乎经过几次排列组合（国粹派可称“中体中用”，“全盘西化”可称“西体西用”），但直到现在它仍然困扰着我们。因此有必要重新检讨“体用论”在文化讨论中的地位、作用和影响。

“体”“用”本来是中国传统文化中的一对古老的哲学范畴，它的使用至少可以追溯到老子时代。到魏晋南北朝以后，这对范畴才具有普遍的哲学意义。一般说来，“体”的含义多指本体、本源、本根或根据；“用”的含义多指表现、功能、作用。在二者的关系上，往往认为“体”决定“用”，“用”表现“体”。因此它们又具有哲学上的本质与现象的意义。在中国哲学中，一般在强调体用统一的同时，往往重视“体”的作用，因此体用范畴又常常与本末、道器、形上形下、母子等概念紧密相关，有“崇本举末”“守母存子”等说法。

把“体”“用”范畴应用在中外文化的关系上，始于中国近代。它是由中国古代文化的“夷夏论”和封建文化内部的“明体达用”“明经致用”论脱胎和演变而来的。

（一）“中体西用”论的提出

“以旧学为体，新学为用”（后来概括为“中体西用”）的口号，是张之洞于甲午战争之后提出来的。但作为一种思想或观念，则早在洋务运动时期就已产生。如冯桂芬说：“如以中国之伦常名教为本原，辅以诸国富强之术，不更善之善者哉？”（《校邠庐抗议·采西学议》）王韬说：“形而上者中国也，以道胜；形而下者西人也，以器胜。如徒颂西人，而贬己所守，未窥为治之本源也。”（《弢园尺牍·与周弢甫征君》）郑观应也有“中学其本、西学其末”的说法。由此可见，洋务运动时期，比较先进的知识分子在主张器物西化的同时，都自觉或不自觉地要保留中国的传统制度和传统文化，而把先进的器物作为西方文化的代表，这些思想都是“中体西用”说的先导。

甲午战争以后，康有为、谭嗣同等人主张变法，尤其主张效法西洋君主立宪的政治制度，引起保守士大夫的强烈反对，出现了中学、西学或旧学、新学之争。他们互相訾謷，互相攻讦，于是张之洞著《劝学》出来调和，认为应该以“中学为内学，西学为外学；中学治身心，西学应世事”（《劝学·外篇·会通》），中国欲图富强，需“内外相养”，“中西兼学”。这里，张之洞虽然提出“中西兼学”的问题，但又把二者强分为内外。在他看来，内以治身，外以应世，其要点在于强调中国传统的政治体制和伦理道德是不可变的。他说：

“夫不可变者伦纪也，非法制也；圣道也，非器械也；心术也，非工艺也。……法者，所以适变也，不可尽同；道者，所以立本也，不可不一。”（《劝学·外篇·变法》）张之洞的这些看法，与保守派的“中体中用”（排斥西方的一切，甚至器物）相比较，尽管有开明之处，如强调法制、器械、工艺等具体事物的可变性，但完全排斥“伦纪”“圣道”“道本”的可变性，而他所谓的“道本”，则又完全是儒家的“三纲”之说，“夫所谓道本者，三纲四维是也”《劝学·外篇·变法》，“亲亲也、尊尊也、长长也、男女有别，此其不可得与民变革者也”《劝学·外篇·明纲》。

不可变者为体，可变者为用，此即是张之洞等人“中体西用”说的精义所在。他说：“今欲强中国，存中学，则不得不讲西学。然不以中学固其根柢，端其识趣，则强者为乱首，弱者为人奴，其学更烈于不通西学者矣。”（《劝学·内篇·循序》）这即是说，若不以中学为体，中国则将失去治国的根本，它所带来的祸患将比不通西学，闭关锁国带来的祸患严重得多，因此要免除祸患，沟通西学，必须以中国的伦纪、圣道、三纲、传统体制为其根本，若将体用颠倒，弃其“根柢”，还不如不要西学。这实际上是以调和折中的形式，包裹反对制度西化的内容，即在不触动封建制度之“体”的前提下，容纳对封建之“体”有利的西学之“用”。很明显，作为本体或“根柢”的“中学”，指的是以封建制度、纲常名教为核心的中国旧文化，作为对本体有用的“西学”，指的是西方的生产技术、工业产品及与其相应的商务、教育等功利性课目。

除了张之洞之外，在《劝学》问世前后，还有许多人持“中体西用”的主张。如梁启超在代拟京师大学堂章程时说：“夫中学体也，西学用也，二者相需，缺一不可。体用不备，安能成才。”（《皇朝蓄艾文编》卷十五）参与筹建京师大学堂事宜的孙家鼐也说：“应以中学为主，西学为辅；中学为体，西学为用。中学有未备者，以西学补之；中学有失传者，以西学还之。”（《议复开办京师大学堂折》）江苏学会立会宗旨中亦有这样的说法，即“中学为体，西学为用……以中学包罗西学，不能以西学凌驾中学”（《苏学会简明章程》）。湖南同学会问答中也有“兼讲西学以补中学，可也；尽弃中学，专用西学，不可也”等说法。这都反映了当时在中学与西学关系上，知识分子所持的普遍看法。

总之，“中体西用”论是十九世纪末中西文化激烈冲突的产物，它所以被当时多数人所接受并传诵一时，就在于它既主张保持中国原有的价值与体制，又主张采取某些西法，这在相当程度上比改良派的维新变法更能维持一般人的文化心理平衡。应该承认，在中国极度封闭僵化的历史文化背景下，“中体西用”论毕竟超越了当时国粹派们更加保守顽固的文化立场，在严密的传统文化所设定的范围内，做一点技艺西化的努力，这应该算是认识上的深化和行动上的一个进步。因此，“中体西用”论是中国近代向西方学习的一种形式和方法。它相对于保守派来说，具有一定的历史进步作用；相对于主张民权、民主，实行议会立宪的改良派来说，则又起到一些消极作用，因为从古代向近现代过渡，制度的改变是基本前提。

（二）“西体中用”的提出

“西体中用”论是在二十世纪八十年代“文化热”中提出的新话

题，它是继“中体西用”论、“全盘西化”论之后产生的第三个具有一定代表性的新文化口号。

我们在本章第一部分中已经谈到，自“五四”开始，现代化的口号提出了半个多世纪，但在中国仍未能完全实现。现代化为何姗姗来迟？这个问题引起了八十年代知识分子的热切关注。现代中国的落后，使人们自然联想起早已被打断了的东西文化之争，联想起“五四”时期“德先生”“赛先生”“中体西用”“全盘西化”等脍炙人口的一系列名词、口号、思想和方案。人们力图在新的历史条件下，对“五四”时期的文化论战及整个传统文化作深刻的反省，以便找出实现包括文化在内的现代化的必由之路。

“西体中用”论即是在这样的背景下产生的，可以说它是八十年代“文化热”的直接产物。首先提出这个文化口号的是李泽厚先生。据李泽厚先生自己说，他提出“西体中用”的目的，是为了同历史上的传统说法，特别是同“中体西用”的说法鲜明地对立起来，造成一种语言上的刺激，以便促进人们的思考。因为在他看来，在八十年代的现实生活及文化讨论中，从上到下弥漫着一股浓厚的“中体西用”或变相的“中体西用”思想，这当然是一种历史的或传统的惰性反映，是在中国实现现代化的思想障碍。“于是我把‘中体西用’倒过来说，变成‘西体中用’。”①

“西体中用”一经李泽厚先生提出，确实达到了他所预想的目的，更有力地促进了人们对中西文化矛盾冲突的思考。实际上，它的

① 本书作者与李泽厚在新加坡东亚哲学研究所的一次谈话。在此次谈话前后，李泽厚先生已有专论“西体中用”的文章。

作用远非止此，这种把“中体西用”倒过来的说法，并不是作者的一时冲动，随便在头脑中构想出来的，而是基于对现实的观察、历史的反省和深刻的理论思考，然后提出来并逐渐使之深化的。李泽厚说：

> 正因为是以早熟型的系统论为具体架构，中国实用理性不仅善于接收、吸取外来事物，而且同时也乐于和易于改换、变易、同化它们，让一切外来的事物、思想逐渐变成为自己的一部分，把它们安放在自己原有体系的特定部位上，模糊和销蚀掉那些与本系统绝对不能相容的部分、成分、因素，从而使之丧失原意。……就近现代中西文化说，这倒是最值得注意的。“中体西用”的演化，即“西学”被吸收进来，加以同化，成为“中学”的从属部分，结果“中学”的核心和系统倒并无根本变化。[①]

李泽厚先生觉察出中国实用理性的传统对“西学”有一种“阉割”“变型”“同化”的功能。他以太平天国的理论和实践为例，证明由于中国有一个长久的小生产的社会经济基础和与之相应的意识形态的传统，又由于实用理性系统的上述功能，使得“中学”不断吃掉“西学”，使“中体”岿然不动，“‘中体西用’便确乎具有极为强大的现实保守力量，它甚至可以把‘西学为体，中学为用’也同化掉”[②]。在这种理论背景下，为冲破“现实保守力量”，李泽厚才反其道而行之，提出与“中体西用”截然相反的“西体中

---

① 李泽厚：《漫说“西体中用”》，《中国现代思想史论》，东方出版社1987年版，第323页。

② 同上书，第331页。

用”论。

那么，李泽厚先生的“西体中用”的具体内容是什么呢？它与“中体西用”及“全盘西化”有何重要区别？它在八十年代的文化讨论中有何理论意义和现实意义呢？

我们看他对所谓“体”的规定：“我用的‘体’一词与别人不同。它包括了物质生产和精神生产。”[①]所谓“物质生产”，是指社会生产方式和日常生活，即整个社会存在。“我一再强调社会存在是社会本体”，“社会存在是社会生产方式和日常生活”。而生产方式和日常生活中最重要的角色又是科学技术，“它是社会本体存在的基石”。所谓“精神生产”，指的是“心理本体”或“本体意识”的理论形态，其中包括上层建筑、意识形态、马克思主义的思想体系及西方的科技工艺理论、政经管理理论、心理理论等等，即不包括“中学”在内的近现代的“西学”。[②]

由以上可知，“体”所包含的内容实在是太多了，但若简化一下看，“西体”的内容不过是西方近现代的物质文明与精神文明这两大部类。这实际上与“五四”时期陈独秀、李大钊、胡适等人所谓的“西学”，并没有根本的区别。

但我们要注意到，李泽厚先生对“西体”的内容做了具体规定后，还有进一步的说明。西学中的“物质文明”是不容易被篡改、被阉割的，因为它是有形的物质存在，具有最高现实性的品格，例如计算机就是计算机，再保守顽固的人也很难把计算机说成是中国的算

① 李泽厚：《漫说“西体中用”》，《中国现代思想史论》，东方出版社1987年版，第331页。

② 同上书，第336页。

盘；但“西学”中的“精神文明”，例如政治体制、马克思主义理论体系等等，就不同了。“中学”可以通过系统架构和强大的同化功能，把“西学”中那些与本系统不相容的内容销蚀掉，使之丧失原意而保留其外壳。这一教训，在中国近现代历史上是屡见不鲜的。洋务运动、太平天国、辛亥革命，一直到“文化大革命”，都不同程度地表现出上述特征。“洪秀全搬来的西方基督教，在它的‘中国化’中合规律的变成了‘封建化’”[①]；“辛亥革命一阵风，带来的只是‘共和’的表面招牌，骨子里则一切都是旧的”。这些事实，都同样表现在“中国化”过程中，“中学”吃掉“西学”，从而使“中学”岿然不动的特征，严重地阻碍了中国现代化的历史过程。

鉴于这种历史和思想史上的教训，李泽厚先生认为：“有人说以马列为体，这也不对，马列主义是学而不是体。”[②]他又说：

> 总之，“学”——不管是“中学”“西学”，不管是孔夫子的“中学”还是马克思的“西学”，如果追根究底，便都不是“体”，都不能作为最后的“体”。严格说来，“体”应该是社会存在的本体，即现实的日常生活。这才是根本、基础和出发点。忽视或脱离开这个根本来谈体用、中西，都是危险的。就中国来说，如果不改变这个社会存在的本体，则一切“学”，不管是何等先进的“西学”，包括马克思主义，都有被中国原有的社

① 李泽厚：《漫说“西体中用”》，《中国现代思想史论》，东方出版社1987年版，第331页。

② 李泽厚：《论西体中用》，《团结报》1986年9月27日。

会存在的“体”——即封建小生产经济基础及其文化心理结构上的种种“中学”所吞食掉的可能。[①]

在李泽厚先生“西体中用”的理论体系中，实际上包含着一种不可克服的内在的逻辑矛盾。即一面说包括马克思主义在内的“精神生产”“本体意识”是“体”的一部分，主张“要用现代化的‘西体’——从科技、生产力、经营管理制度到本体意识，包括马克思主义和各种其他主要思想、理论、学说、观念来努力改进‘中学’，转换中国传统的文化心理结构，有意识地改变这个积淀”。[②]也就是说，“精神生产”“本体意识”等观念形态的东西，其中包括马克思主义都是“体”，起码是“体”的一部分。一面又说，“马列主义是‘学’而不是‘体’”，“不管是孔夫子的‘中学’，还是马克思的‘西学’，如果追根究底，便都不是‘体’”。刚说了马克思主义是“体”，这里又说“便都不是体”。这不是明显的自相矛盾吗？这一内在矛盾，反映了“西体中用”的不彻底性，也反映了它作为一种文化口号，并不能解决复杂的现实问题，它同“中体西用”等口号一样，都有把复杂问题简单化的倾向。

尽管“西体中用”存在着理论上逻辑上的矛盾，但并不影响它在八十年代的文化讨论中所扮演的重要角色。它的重要性在于：

第一，它与传统的“中体西用”论划清了界限，在对外开放的国际环境中，有利于抵制保守思想的束缚，有利于启发人们的思想解

① 李泽厚：《漫说“西体中用”》，《中国现代思想史论》，东方出版社1987年版，第332—333页。

② 同上书，第337页。

放，它与那些似乎没有逻辑矛盾的固有传统制度不变论相比，有更大的涵盖性和包容性。

第二，“西体中用”论并不绝对排斥“中学”，这可以从它对“中用”的解释中看出。“这个‘中用’既包括‘西体’运用于中国，又包括中国传统文化和‘中学’应作为实现‘西体’（现代化）的途径和方式”[①]，“西体”与“中体”的关系成为目的与手段的关系，是以实现“西体”（现代化）为目的，而不是以保存中国传统为目的。在实现这一目的的过程中，“中用”，如“中国文化所积累起来的处理人际关系中的丰富经验和习俗”、中国语言与文学的功能等都能发挥巨大作用。这些说法不仅与“中体西用”有本质的不同，也与“全盘西化”有重要区别。

第三，它亦未排斥马克思主义，但也不完全归结为马克思主义，而是把马克思主义作为“西学”的一部分内容。因为在李泽厚先生看来，“西学”中还有许多马克思主义所不能代替的东西，如西方现代的政治经济管理理论、文化理论、心理理论等等。这样的提法，能够防止把马克思主义教条化，防止用马克思主义代替具体学术思想及其他文化理论。

第四，虽然“西体中用”论把社会存在、生产方式、日常生活及“心理本体”或“本体意识”全都容纳在“体”中，有浑沦不清之处和内在逻辑矛盾，但二者不是平列的。“本体意识”或“心理本体”等理论形态，作为一种思想体系，从本质上说，是由社会存在和生产方式决定的，因而不是根本的“体”，因此“西体中用”论最后强调

---

① 李泽厚：《漫说“西体中用”》，《中国现代思想史论》，东方出版社1987年版，第338页。

的是“科学技术是社会本体存在的基石”。也正是从这个定义上说，“不管是孔夫子的‘中学’还是马克思的‘西学’，如果追根究底，便都不是‘体’，都不能作为最后的‘体’”。

总之，李泽厚的“西体中用”论，虽然借用了古老的“体”“用”范畴，但是思想理论上并没有受这对范畴的局限。在这里，引用一段海外学者对此论的评价，是极有参考价值的。“若从同情的角度来看，李先生这个貌似怪论的主张，其背后是隐藏着企图脱离一种形上学的动机。当他宣称以社会存在为体时，他是要反对以一形上实体来安立世界的作法。用他自己的话来诠释，他是主张要回到日常生活中去。基本上，这种立场不但接近晚期维特根斯坦的观点，而且很类似现象学所提倡的‘回到生活经验’的思想。因此，李先生所理解的马克思主义与现象学的马克思主义颇多雷同之处。”①

三、对“中国本位文化”与“全盘西化”的历史考察

如果说，始终坚持“夷夏之防”的文化保守派全面排斥西方文化是一种“中体中用”的话，那么“全盘西化”论者则与此相反，主张彻头彻尾地全面吸收西方文化。因此，若从文化体用论的角度看，这种“全盘西化”的主张又可称作“西体西用”论。无论文化保守派还

① 陈荣灼：《双龙出海——与李泽厚和汤一介对谈之后》，香港《明报月刊》1987年10月号。

是全盘西化派，尽管都没有用“体”“用”范畴说明他们的文化立场，但他们对中西文化的不同态度和主张，作为对中西文化矛盾冲突的回应方式，又不能与当时盛行的文化体用论，特别是“中体西用”论完全分开，而是在互相刺激下产生的。

“中国本位文化”的提法出现较晚，但作为一种思想却出现较早，它与洋务运动后期所提出的“中体西用”有某些类似之处。张之洞时代，为了反对制度的西化，把中国传统的封建政治体制和纲常名教作为“体”，认为器物技艺尽可以西化，但封建政治之“体”却不能变。到了二十世纪三十年代，主张“中国本位文化”的人又把孙中山的“三民主义”及中国传统中的一部分道德伦理，作为中国的文化本位，认为对西方文化必须采取“吸收其所当吸收”的灵活可变的态度，但作为本位文化的“三民主义”、传统的伦理道德等却不能抛弃。这样，“中体”的说法遂演变为“中国文化本位”的说法，即以纲常名教治国演变为以“三民主义”治国，于是成为为“王道”政治的现实合理性作辩护的工具。因此，“中国本位文化”是从“中体西用”中脱胎出来的保守思潮。

“全盘西化”一词，据说是由胡适在1929年为《中国基督教年鉴》所写的一篇英文短文中正式提出来的。他在《充分世界化与全盘西化》一文中曾提道：“那部年鉴出版后，潘光旦先生在《中国评论周报》里写一篇英文书评，差不多全文是讨论我那篇短文的。他指出，我在那短文里用了两个意义不全同的字，一个是wholesale westernization，可译为‘全盘西化’；一个是wholehearted modernization，可译为‘一心一意的现代化’，或‘全力的现代化’，或‘充分的现代化’。潘先生说，他可以完全赞成后面那个字，而不能接受前面那个字。这就是说，他可以赞成‘全力现代化’，而不赞成‘全盘西化’。”（《大公报》1935年6月3日）此后，著名的“全盘西化”论者陈序经于1932年出版了《中国文化的出路》一书，系统全面地提出“全盘西化”的主张。这本书虽然比胡适所写的英文短文晚三年，但从其思想发展说，书中的“全盘西化”一词，很可能比胡适提出的更早。

一个概念、名词的出现，往往晚于这个概念、名词所反映的思想。实际上，“全盘西化”的思想早在“五四”之前就已产生。陈独秀、易白沙、鲁迅、胡适、钱玄同等人，都不同程度地表现了“全盘西化”的思想，并用它痛斥中国的封建旧文化。如陈独秀在其《今日中国之政治》一文中说：

> 无论政治学术道德文章，西洋的法子和中国的法子，绝对是两样，断断不可调和迁就的。……或是仍旧用中国的老法子，或是改用西洋的新法子，这个国是，不可不首先决定。若是决计守旧，一切都应采用中国的老法子，不必自费金钱派什么留学生，办什么学校，来研究西洋学问。若是决计革新，一切都应该采用西洋的新法子，好像水火冰炭，断然不能相容，要想两样并行，必至弄得非牛非马，一样不成。……我敢说，守旧或革新的国是，倘不早早决定，政治上、社会上的矛盾、紊乱、退化，终久不可挽回。

在陈独秀等人看来，“中学”与“西学”或“中法”与“西法”，“绝对两样”。因此，“断断不可调和迁就”。这种“水火冰炭”的矛盾，只有一方取代另一方，而不能“并行”或“相容”。这种与旧文化势不两立的态度及其反调和的立场，实际上即是一种“全盘西化”的主张。此外如钱玄同主张废除汉字、废除阴历纪年，鲁迅主张“要少看或者竟不看中国书”等，都是“全盘西化”思想的反映。

“五四”前后，“全盘西化”思想的出现并不是偶然的。它是在变法维新失败、辛亥革命一阵风，带来的只是“共和”招牌，而骨子里一切都是旧的，封建旧势力卷土重来，社会上不仅“充满道德的鬼话”，甚至“罩满了妖气”（鲁迅语）等等社会背景下产生的。因此对它决不能简单地加以否定。它在当时有“矫枉必须过正”的方法论意义。正如鲁迅先生所说：“中国人的性情是总喜欢调和折中的，譬如你说这屋子太暗须在这里开一个窗，大家一定不允许的。如果你主张拆掉屋顶，他们就会来调和，愿意开窗了。没有激烈的主张，他们总连平和的改革也不肯，那时白话文之得以通行，就因为有废掉中国字而用罗马字母的议论的缘故。”①

当然，“全盘西化”作为一种理论，是经不起推敲的，不仅在逻辑上有许多矛盾，而且在实践上也没有充分的根据。这是一种权宜的口号，是在当时国粹派步步紧逼，折中调和的论调高涨的情况下所得出的过激主张。正因如此，陈独秀、李大钊等人很快由“全盘西化”的立场转变到马克思主义立场上来。因此，我们应该承认，当时这一思想确实起过重要的历史进步作用，特别是在反对封建保守势力，加速包括马克思主义、社会主义在内的西方思想文化在中国的传播等方

① 鲁迅：《无声的中国》，《鲁迅全集》第四卷，人民文学出版社1981年版，第12页。

面起过重要作用。当时以及后来的许多马克思主义者包括李大钊、陈独秀、邓中夏、毛泽东等人都是从西化派中分化出来的。

二十世纪三十年代中期，由王新命、何炳松、陶希圣、萨孟武等上海十教授发表了《中国本位的文化建设宣言》（以下简称《宣言》）。《宣言》在《文化建设月刊》一发表，便引起了一场关于“中国本位文化”与“全盘西化”的大辩论。这场辩论，可以说是“五四”时期东西文化论战在新的历史条件下的继续。由于“五四”以后，新文化运动分裂为二。原来代表西化派的胡适成为“欧美文化”的追随者；李大钊、陈独秀等人成为苏俄马克思主义的追随者。历史进入二十世纪三十年代，上述分野更加明显，马克思主义、唯物史观、社会主义不仅成为当时社会的一大思潮，而且付诸实践。这样，在保守的“中国本位文化”派的眼中，“全盘西化”的含义，既包含资本主义文化又包含社会主义文化。如十教授《宣言》中说：“我们决不能赞成完全模仿英美。除去主张模仿英美以外，还有两派：一派主张模仿苏俄；一派主张模仿意德。但其错误和主张同模仿英美的人完全相同，都是轻视了中国空间时间的特殊性。”（《文化建设月刊》一卷四期，1935年1月10日）

“本位文化”派从总体上强调中国的特殊性，因此既不赞成中国走欧美的道路，也不赞成走苏俄的道路，以便使中国“从两种国际思潮的逆流湍急中，航向民族复兴的彼岸”（《中国到哪里去？》，上海《时事新报》1935年1月14日）。尽管十教授《宣言》中一再声明“不守旧”“不复古”，但由于“中国本位文化”的提倡，实际上却出现了“守旧”“复古”的倾向。有人提出要恢复“以‘礼义廉耻’为基础的中华民族固有的德行”；有人认为“阐明‘中庸’‘诚’‘明’‘变’‘化’之理是中国本位文化建设的需要”；甚至有人主张“还是要以半部《论语》治天下”；等等。

当时胡适就认为：“抗拒西化在今日已成过去，没有人主张了。但所谓‘选择折中’的议论，看上去非常有理，其实骨子里只是一种变相的保守论。所以我主张全盘的西化，一心一意地走上世界化的路。”（《充分世界化与全盘西化》，《大公报》1935年6月23日）为了反对保守思潮与折中调和，胡适完全有意地走上极端。他认为：“现在的人说‘折中’，说‘中国本位’，都是空谈。此时没有别的路可走，只有努力全盘接受这个新世界的新文明。……古人说：‘取法乎上，仅得其中；取法乎中，斯风下矣。’这是最可玩味的真理。我们不妨拼命走极端，文化的惰性自然会把我们拖向折中调和上去的。”（《独立评论》142号，1935年3月17日）胡适等人的“全盘西化”论，在当时就受到许多人的批评和指责。为了得到“同情”和“赞助”，不久他就修改了自己的说法。他说：“严格说来‘全盘’含有百分之百的意义，而百分之九十九还算不得‘全盘’。”又说：“我们不能不承认，数量上的严格‘全盘西化’是不容易立的。文化只是人们生活的方式，处处都不能不受人们的经济状况和历史习惯的限制，这就是我以前说过的文化惰性。……况且西洋文化确有不少的历史因袭的成分，我们不但理智上不愿采取，事实上也绝不会全盘吸取。”（《充分世界化与全盘西化》，《大公报》1935年6月23日）于是他把“全盘西化”的提法改为“充分世界化”。

在二十世纪三十年代复杂的社会背景下，尽管提倡“中国本位文化建设”的人成分不一，观点也不尽相同，但从总体上看，仍然属于一种保守思潮，是站在狭隘的民族主义立场，反对在中国建立社会主义制度或资本主义制度。另一方面，提倡“全盘西化”的人虽然在成分与观点上也不完全相同，但对于冲击保守思潮，仍不失其一定的积极意义。尤其值得注意的是，当时的马克思主义者并没有参加这场辩论，但从一大批进步作家所发表的《我们对于文化运动的意见》（《新生周刊》二卷二十一期，1933年6月15日，后文简称《意见》）中可以看到，当时马克思主义者对这场“中国本位文化”与“全盘西化”的论战所持的态度。在这篇有艾思奇、老舍、向达、李公朴、吴组湘、周建人、姚雪垠、柳亚子、胡绳、张天翼、叶圣陶、郑振铎等一百四十八名进步作家和太白社、译文社、读书生活社等进步学术团体签名的“文化宣言”中，也是把批判矛头对准了封建复古派的。尽管在今天看来，这篇宣言有许多遗漏甚至避讳，但反封建的旗帜却是极为鲜明的。例如，《意见》说：

> 我们相信复古运动是不会有前途的。假如读经可以救国，那末，“戊戌维新”“辛亥革命”全是多事了；假如“中学为体西学为用”的主张可以救国，那么，李鸿章和张之洞早已成了大功了。时势已推衍到这个地步，而突然有这种反动现象发生，我们虽然明白其原因并不简单，但不能不对这种庸妄的呼号，指出问题的症结所在而促其反省。

这篇《意见》是在上海十教授《宣言》发表后五个月问世的。经过五个月的深思熟虑，进步作家对“中国本位文化”所挑起的“复古运动”，称为“庸妄的呼号”和“反动现象”。虽然没有明确点出“中国本位文化”的名，但其倾向性是一看便知的。他们揭露了复古派的愚妄，认为民族自信心的建立、民族解放运动的成功以及挣脱帝国主义、殖民主义的奴役等等，“这一切，并不是憧憬于过去的光荣就可以成功的。一切破落户捧着废址上的残砖废瓦，以为这就可以重建楼台，谁都知道只是一个愚妄的梦想！”

这批左翼进步作家，其中包括艾思奇、胡绳、柳湜、夏征农、张仲实等，都已是当时公认的马克思主义者或革命理论家了，他们所发表的宣言虽以个人身份签名，但可以反映当时马克思主义和共产党人对这场“本位文化”与“全盘西化”论战的基本看法。他们对当时中国社会中借民族自救、建立民族自信心而掀起的封建复古思潮和“变相的保守论”是有警戒的，头脑也是清醒的。如他们在《意见》中说：

> 近世的伦理是进步的很快的。奉二千多年前的伦理观念为金科玉律，恐怕只有退化的人群才会这样办。我们相信民族的自救，贵乎知新而不贵乎温故；我们知道我们的传统的弱点，我们必须勇敢地去补救。

如何补救呢？“我们以为民族的自救，除了向‘维新’的路上走去，再没有别的办法了。”那种“不愿受外来影响”，一听到“西化”便神经过敏的人，企图用“提倡读经的办法”和“两千多年前的道德教训，范围现代人”，“他们虽然未必是‘王道’政治论者的同群，而其结果却是一致的”。因此《意见》奉告那些守旧的人士不要害怕外来的影响：

> 凡伟大的民族，差不多都吸收外来的文化。罗马帝国是全盘的承受了希腊文明的。中国的文化到底有几分之几是纯粹的“国粹”，也大是疑问。

到此，《意见》才接触到论战的另一方：“全盘西化”派。进步作家们的《意见》虽然没有明确提出同意胡适等人的“全盘西化”主张，正像他们谨慎地没有点“中国本位文化”的名一样，但起码在宣言中没有反对“全盘西化”论。而且从上面所引的一段话可知，他们提出历史做证明：全盘吸收外来文化的例子是有的——“罗马帝国是全盘的承受了希腊文明的”。在这里，他们没有像有些人那样，喜欢咬文嚼字，没有顾忌“全盘”二字。因为在他们看来，“全盘西化”与“本位文化”比较起来，提倡“本位文化”会给当时的中国带来更大的危害，他们是站在高处看中国。如果真的咬文嚼字，“罗马帝国是全盘的承受了希腊文明的”这一判断不论就逻辑上说，还是就实际历史情况说，都是很难成立的。这一全称判断本身即是对“全盘西化”论的赞成。事实也正是如此。《意见》发表以后，立即引起“本位文化”派及一些保守人士的不满，他们本能地意识到，“从这一节宣言看来，可知他们是主张全盘西化的”。保守人士认为，这个宣言的根本错误在于，“根本否定中国固有道德的价值”，“从考据上证明中国有许多东西是故物”，“并不能拿来作为全盘西化论上的根据”（徐北辰：《主张西化的又一群》，《晨报》1935年6月24日）。

由此可见，在“五四”时期与三十年代的东西文化辩论中，马克思主义者并不是全盘否定“全盘西化”论的。尽管“全盘西化”论在理论上、逻辑上乃至实践上有其不可克服的致命弱点，但在反对封建旧文化和反对顽固保守势力的斗争中，它一直是马克思主义及社会主义思潮在中国传播和发展的媒介之一。正如许多早期马克思主义者相信无政府主义一样，它们都是西化思想这一席卷整个中国大潮中的一个支流。在流动过程中，有的干枯了，有的流错了方向。还有的被涨潮的封建主义汪洋大海吞噬和同化了。只有马克思主义、社会主义思潮冲破了一道道拦在它前面的阻力和障碍，沿着中国共产党人所开凿的河道滚滚向前。

如果做一个简单的比喻，西方文化就像一个蓄满水的水库，如何引进这水库之水，在中国成为一个长期争论不休的问题。封建保守势力一直想通过封闭总闸门的办法，防止“西水”流入中国；而“全盘西化”论则企图把总闸全部启开，让各种潮流都进来，包括无政府主义、拜金主义、马克思主义、资本主义、社会主义、“德先生”、“赛先生”等等。如“全盘西化”的得力鼓吹者陈序经在其《中国文化的出路》一书中所说：

> 假使我们以为军国主义和金力主义产生不少罪恶来，所以要反对，那赛先生和德先生也造出不少的罪恶来，那么我们也不要德赛两先生了。结果我们只好再提倡孔子之教吧。其实要是我们觉得中国文化是不适时需，西洋文明是合用了。孔子之道是不好了，赛先生是好了，那么要享受赛先生的利益，应当要接受赛先生发脾气时所给我们的亏。[①]

① 陈序经：《中国文化的出路》，台湾牧童出版社1966年版，第89页。

这是“全盘西化”论者最极端的说法，意思是说，西方文化也是精华糟粕、优点缺点掺杂在一起的，不要因为害怕引进糟粕和缺点，从而把精华和优点也排斥了；同时认为，吸收西方文化不能贪便宜，必须付出一定的代价，这是不以人们的主观好恶决定的，“无论我们喜欢不喜欢，她是世界潮流的趋势”，“军团主义”“金力主义”虽然给人们带来不少罪恶，但为了适应“世界潮流”和“现代文化的趋势”我们不得不暂时忍受这些“罪恶”，“要享受赛先生的利益”同时也要“接受赛先生发脾气时所给我们的亏”。陈序经的这些说法，完全排斥了人们在接受某种文化时所应具有的能动的选择性，这也是“全盘西化”的形而上学机械论的表现。但在当时的社会条件下，马克思主义和社会主义思想还处于弱小阶段，封建主义和官僚资本主义结成联盟，时刻想扑灭和扼杀新生的革命星火，“本位文化”的鼓吹者，就是企图通过关闭闸门的办法，遏制马克思主义和社会主义在中国的发展。而“全盘西化”论者如胡适、陈序经等人虽然主观上也反对马克思主义，向往欧美的资本主义，但由于主张“全盘西化”，把水库的总闸全部启开，让欧美资本主义文化顺利流进中国，同时也就造成马克思主义、社会主义在中国发展的客观可能性。这虽然不是胡适等人甘心情愿的事，但客观上“全盘西化”不得不同时容纳马克思主义和社会主义，这也是当时艾思奇、胡绳、张仲实、夏征农等马克思主义者及一大批左翼进步作家发表《意见》，谴责和揭露复古读经逆流的深刻文化背景和政治背景。

“中国本位文化”无论在主观上还是客观上都排斥马克思主义；“全盘西化”论虽然主观上向往欧美资本主义，但在客观上可以容纳马克思主义。从这一意义上说，“全盘西化”论在近现代中国吸收西方文化的历史上，占有一席之地。它的产生、发展及影响，有其客观历史条件，并不能依主观好恶来加以评述。

历史发展到了今天，马克思主义在中国取得了支配地位，建设有中国特色的社会主义成为当代思想文化的主流，“全盘西化”论也从此失去了它的历史作用，谁再来鼓吹“全盘西化”，就有排斥马克思主义和社会主义的危险。因此“全盘西化”只能作为历史研究的题材，它可以作为历史的一面镜子来观照近现代中国对西方文化所采取的各种不同态度，以便从中吸取经验和教训。回顾二十世纪上半叶所出现的中西文化论战，以及“本位文化”与“全盘西化”的争论，实际上都走了极端。他们在思想方法上都未能走出二元对立的思维方式，而“全盘西化”的幽灵也未能全部消散。他们不过是改换了服装和道具，潜藏在历史的尘埃中罢了。

四、中国文化与当代新儒家

在二十世纪八十年代“文化热”中，许多人都非常关心中国文化的现代化问题，许多学者也从不同层次上对这个问题作了一些分析和展望。前面所讲到的“西体中用”论，即关于中国文化现代化的一个大致方案。还有一些学者从“马克思主义中国化”与“当代新儒家”等方面探讨中国文化现代化的问题。

当时所以提出“中国文化现代化”的问题，说明中国文化还处在一个非现代化的阶段。那么如何使之现代化呢？这是一个非常复杂的问题，到目前为止，虽然许多学者发表了许多不同意见，提出了许多新的看法，但基本上都是一些原则性、宏观性的讨论，因为它自身受到包括经济、政治和认识等在内的各种主客观条件的限制，不可能得到更具体、更细致、更清晰、更深刻的描述。在目前阶段，这种现象是正常的。因此本部分的讨论，只能在八十年代文化讨论中所提出的一系列问题的基础上，做一些归纳，也还不能超出原则性、宏观性的特点，而且就问题的本质说，它也只能是原则性、宏观性的考察。从这一认识水平出发，这里只能就中国文化的现代化所面临的一些重大问题，发表一些粗浅的看法。

儒家思想是中国传统文化的主流，它与中国现代化，特别是文化的现代化有着密切的关系。因此，任何谈论中国现代化的人，往往都离不开对儒家思想的评价。特别是进入八十年代以来，台湾及海外出现了一股复兴儒学的文化思潮，一般称之为“现代新儒家”或“当代新儒家”，有时亦称“第三期儒学”或“儒学的第三期发展”。

当代新儒家以强烈的民族使命感，把中国的现代化与复兴儒学联系起来，认为“复兴儒学是中国文化现代化的根本途径”，“儒家思想的复兴，适足以导致一种新的思想方法，这种新的思想方法，将是中国现代化过程中的基础”。①

当代新儒家思想的复苏，有其深厚的政治、经济和文化背景。首先，就经济背景看，七十年代以后经过短短的二十多年时间，东亚及

① 张君劢：《中国现代化与儒家思想复兴》，载《中国文化的危机与展望——当代研究与趋向》，台湾时报文化出版事业有限公司1981年版。

东南亚地区，其中包括日本、新加坡、韩国以及我国的香港、台湾地区出现经济和技术的腾飞。这些国家和地区的经济发展，引起国内外学者对儒家思想的重视，认为有一种区别于西方现代化模式的所谓"东方企业精神"。上述国家和地区的经济发展正是在这种"东方企业精神"支配下所产生的结果，而"东方企业精神"的核心，则是被中国冷落多年的儒家思想。如美国的弗兰克·吉伯尼在其《设计的奇迹》一书中，就以日本为例，说明古老的儒家劳动道德传统是日本成功的决定性因素，并且提出了"儒家资本主义"的概念，以区别西方的现代化模式。不仅美国学者如此认为，日本学者森岛道雄教授还专门就"儒家资本主义的集体主义特性"发表评论，认为"儒家学说不鼓励个人主义。它在性质上是理智合乎理性的，它摒弃其他宗教所共有的那种神秘主义和妖术咒语。日本人在明治维新之后非常迅速地消化西方技术和科学的能力，至少应部分地归功于儒家学说的教育"①。据说，日本企业家涩泽荣一还经常把孔子的《论语》带在身边，认为一个企业不仅要强调效率、利润，同时也要强调这个企业中人与人的相互协调的关系，而发扬儒家思想是可以胜任这一任务的。因此他的目标是"把现代化企业建立在算盘和《论语》的基础上"。

新加坡更是一个典型的例子。八十年代他们的经济突飞猛进，人民生活水平不断提高。为配合这种经济上的发展，新加坡政府一再提倡儒家伦理，提倡华语的普及。他们的报纸、电台、电视台经常有关于儒家思想的宣传报道，非常重视人际关系的协调。

在这种经济背景下，欧美的一些青年学者特别是华裔学者，继牟

---

① 转引自李书有：《新儒学思潮与我们的儒学伦理研究》，《南京大学学报》1987年第1期。

宗三、唐君毅、徐复观等这些新儒家的积极鼓吹者，开始探求亚洲经济发展背后的文化原因，认为这是儒家传统在东方社会里积极活跃的表现，这其中正体现了儒家传统文化的生命价值和儒家伦理精神的永恒意义。

新儒家思想的复苏，确实有着与“五四”时期不同的历史背景。实际上“五四”以来，如梁漱溟、冯友兰、熊十力等人也孜孜不倦地试图从中国传统儒家的思想源泉中寻找适应现实生活的新形式，只是由于中国革命及马克思主义的实践打断了他们的构思，再加上当时亚洲的经济刚刚经过二次世界大战的浩劫，没有恢复元气，空谈儒家思想只能引起人们的厌恶。这样遂使儒家思想向现代的“转换”工作被牟宗三、唐君毅、徐复观等离开大陆的一些学者所接替。自五十年代以来，他们发表了大量著作，在台湾、香港及海外有巨大影响。进入八十年代以来，随着亚洲经济的发展，所谓“亚洲四小龙”特别是日本的经济腾飞，新儒家在海外的信奉者日众，并涌现出一批在学术上博通中西、在政治上开明豁达的海外华裔年青学者。他们继承了牟宗三、唐君毅、徐复观等老年学者强烈的民族自尊感，又抛弃了他们强烈的政治歧见，特别是他们亲身经历体验了西方高度物质文明所包藏的弊害和潜伏的危机，能够以比较客观的态度和超党派的立场，对中国文化的现代化作出种种预测和努力，我们对他们这种具有建设性的意见应抱着一种了解之同情的态度。

但是，我们也必须看到，首先，中国同日本、新加坡等亚洲发达国家处在不同的历史发展时期，可以说日本、新加坡都已进入现代化阶段，而中国仍停留在“前现代化”社会。如果说儒家思想有助于调理现代化所造成的一系列不平衡的话，那么，中国还没有发展到这一时期，努力实现现代化是中国当前的主要目标。因此，那些对于已经走入现代化或正在走向“现代化以后”的国家来说过时的启蒙进步思想，却正是中国追求的目标。特别是以科学、民主、人权、自由、法制为特征的现代文化，对中国实现现代化是不可缺少的环节。它不可能超越这一环而直接跳到“现代化以后”的阶段。这种现实决定了文化的现代化不能走当代新儒家所设计的道路。

其次，就当代新儒家对传统儒家所做的“创造性转换”来看，还不能令人信服地从“五四”以来所得到的教训中解脱出来。也就是说，近百年来，拖中国现代化后腿的主要是传统的保守思想，而传统的保守思想又多半是以中国儒家思想为盾牌的，而且这种保守思想又往往包裹着改革开放的外衣大行其道。所以批判封建文化及其意识，仍是中国现阶段文化建设不可忽视的任务。而当代新儒家所谓的“三统开出”“创造性转换”等，又主要集中在“确立道德主体”以开出“新的外王”。这些说法若应用到目前的中国，只能进一步助长消极保守的泛滥。

再次，对日本及所谓“亚洲四小龙”的经济发展，国际上的学者有不同看法，有些看法甚至与当时新儒家的看法正好相反。如在海外广泛流行的《日本第一：美国的教训》一书，就与森岛道雄等人的看法不同。这本书在研究日本成功的原因时说：“我越来越相信日本的成功，主要导因于特定的组织结构、政策方案与意识计划，而不是传统的特质。”“没有一个国家能依赖传统的特质去完成它的现代化。”[①]而对韩国、新加坡和台湾地区的经济繁荣，许多人都认为与

① 转引自韦政通：《伦理思想的突破》，台北水牛图书出版事业有限公司1986年出版。

儒家文化无关，它只是植根于英国或日本式管理制度和讲求效率的结果。[①]这就是说，是否真正存在一个有效的“东方企业精神”，在学术界还是一个有争议的问题。因此在目前还不能完全肯定儒家思想对现代企业的指导能力。

五、中国文化与马克思主义

如何对待马克思主义，是中国文化现代化所遇到的重大的理论问题和实践问题。二十世纪八十年代以来，许多马克思主义理论的专家学者提出了一个非常惹人注目的问题，即马克思主义有没有现代化的问题？这一问题实际上就是我们常说的发展马克思主义。

马克思主义产生于十九世纪四十年代，到二十世纪八十年代整整度过了一百五十个春秋。在这一百五十年的历史中，世界发生了巨大变化。首先是科学技术的发展，远远超出了恩格斯在《自然辩证法》中所概括的自然科学的面貌。电子计算机、人工智能、宇宙飞船、弹道导弹、试管婴儿等新技术的发展，向传统的科学观、道德观提出了挑战。现代的物理学、生物学、宇宙论等把人们又带进一个新的领域。以物理学为例，以前牛顿力学在原子以下的部分无能为力，所以

① 参见陈荣灼：《双龙出海——与李泽厚和汤一介对谈之后》，香港《明报月刊》1987年10月。

出现了量子力学，以解释和说明微观世界。后来又出现了量子力学解决不了的问题，发现了比微观还小的新物理现象，叫作“渺观”。从大的方面看，宏观到银河系时，牛顿力学被相对论所代替，科学家称之为“宇观”。后来“宇观”的范围也扩大了，一些科学家通过在人造卫星上用陀螺自转的实验，对爱因斯坦的相对论提出怀疑，由此相应地产生比“宇观”更大范围的宏观世界。在短短的几十年中，由于物理基础科学、宇宙学、基本粒子的研究，不断地为人类的认识开拓新的领域。

其次是经济和政治的发展。二十世纪五十年代以后，无论是欧美还是亚洲，随着科学技术的进步，经济、政治都有了新的发展，出现了全局性的突破。一些资本主义国家的经济也摆脱了经济危机的困扰，出现了复苏与持续增长的形势。特别是日本及一些亚洲国家在经济上的崛起，日益改变着东西方之间长期存在的巨大差别。据一些经济材料的显示，太平洋两岸的贸易总值，自1984年便超过了大西洋两岸，而且之后几年的经济状况基本上都维持着这种对比，十分平稳。[①]在这些东西方经济发达的国家中，人民的生活水准普遍提高，更多的人拥有自己的住房、汽车、股票、电话、电器设备等私人资产。

另一方面，二十世纪五十年代前后，法国、意大利、日本等国家的共产党人十分活跃，而进入七八十年代后，他们在国会中的选票都出现剧烈的下跌。

上述科学、经济、政治几个方面出现的新形势、新格局，向马克

① 新加坡亚洲研究学会：《亚洲文化》第九期，1987年4月，第109页。

思主义提出了严峻的挑战。马克思主义只有不断地充实与发展自己，不断地修正自己那些不适用的原则和结论，才能继续保持自己的生命力，以适应现代社会的发展。也就是说，在继承和发展马克思主义的意义上，马克思主义同样面临着一个现代化的问题。

中国是以马克思主义为指导的国家，因此，中国文化的现代化首先是马克思主义的现代化。而马克思主义要实现现代化，首先要对当今世界有清醒的认识。

第一，对信息社会所出现的科学技术成果能够做出新的概括，如人工智能、电子计算机的模拟作用，试管婴儿所启发的人造生命、人工授精所造成的道德价值的转变及以新的宇宙论所呈现的认识论革命等，而不能只是停留在原有对十九世纪科学成果的概括上。这一挑战所直接面对的是马克思主义方法论的补充和更新。在黑格尔的合理内核基础上发展起来的马克思主义辩证法理论，是针对十七世纪盛行的形而上学机械论提出来的，它是对古希腊世界整体观念在更高阶段上的“重复”，因此具有辩证的模糊性特点，善于把握整体和全局，而对日益精密的科技发展及定量定性的分析显然应加以研究。以对立统一为核心的辩证法三大规律已不能完全满足当前理论与实践发展的需要。西方的语义学、结构主义以及“三论”等理论的出现，已为发展马克思主义的辩证法提供了一些素材，对此应加以吸收消化。

第二，马克思主义的经济理论是建立在剩余价值理论上的重大发现，它对资本主义的剥削本质的揭露和批判是其他任何理论所不能代替的。但资本主义发展到今天，正是在一定程度上吸收了马克思主义关于劳资对立的警告。另一方面，越来越多的工人以购买股票的形式加入当代合资企业中。在这种情况下，马克思主义的经济理论越来越需要吸收现代经济发展所提出的新规律、新原则。就是在社会主义条件下，也出现市场经济取代计划经济的趋势，中国的“企业破产法”“股份制改造”“租赁制”“个体私营经济”的发展等等都不同程度地表现出原有经济理论所不能完全涵盖和说明的新内容、新特点。所有这些实践能不能看作是马克思主义的开放性或对马克思主义的新发展呢?

第三，在政治层次上，民主制度和法制的建立与健全，是马克思主义现代化的最重要的课题。无产阶级民主是人民自身的权利。马克思主义能不能在理论上和实践上实行开放式的民主和建立健全民主基础上的法制，是马克思主义能不能现代化、能不能受到人民拥护和信仰的关键所在。

第四，实现马克思主义现代化，很重要的问题是改变目前马克思主义研究的现状。现在，对马克思主义采取生吞活剥、肢解分割的方法。在一些大学教授的讲稿中，仍然是条条成堆，有使马克思主义变成经院哲学的危险。

从上述情况看来，我们可以简要地作出结论：

一是尽快实现马克思主义现代化，其中包括马克思主义哲学体系、经济理论体系、社会革命理论体系等等。这是当前中国的马克思主义哲学家、经济学家、理论家的任务。

二是尽力发掘和发展马克思主义理论体系中那些没有被我们真正重视的内容，如马克思主义的人道主义、巴黎公社的普选原则、民主与法制精神、群众政党领袖的关系以及重视生产力的发展等理论。

三是以开放的胸怀吸收现代世界的科技成果，容纳不断出现的新事物、新理论、新观点、新学说，不断地从现代社会中吸收营养来发展壮大自己。马克思主义本身就是在吸收和改造费尔巴哈的唯物论、黑格尔的辩证法和英国古典经济学的基础上产生的，它产生后即宣布自己不是“最后的绝对体系”，如恩格斯说：“在黑格尔以后，体系说不可能再有了。十分明显，世界构成一个统一的体系，即有联系的整体，但是对这个体系的认识是以对整个自然界和历史的认识为前提，而这一点是人们永远也达不到的。因而，谁要建立体系，谁就要用自己的虚构来填补无数的空白，即是说进行不合理的幻想，而成为一个观念论者”（《反杜林论》草稿片段）。由此可见，马克思、恩格斯并没有让他们的后代用赞扬和崇拜的态度杜绝自己的门户。

六、中国文化与传统价值观的创造性转化和创新性发展

在二十世纪八十年代的文化讨论中，许多人都认为中国文化的现代化实际上就是马克思主义的中国化或中国化的马克思主义。其实，更重要的是要改造和更新作为中国文化基本核心的价值观系统。在中国文化几千年的发展演变中，有许多适合中国社会发展的价值观，也有不适合发展的价值观。适合中国社会发展的价值观，我们就要继承，不适合的就要扬弃。中国文化是多元一体或多元统一的文化，其中也有矛盾和冲突。但近现代以来的文化冲突，与过去文化内部的冲

突以及中印文化接触而产生的冲突，其特点与本质都不大相同。传统文化的内部冲突往往表现在三个方面：其一是儒道之争、儒法之争、儒墨之争。在这些争论中，儒、道、法、墨虽然都轮流成为显学，但最终道、法、墨都逐渐被儒学所取代。道、法、墨等残留的思想又被儒学中的非正统派吸收，成为抗击正统儒学的异端力量，历史上如王充、李贽等人都是如此。其二是儒学内部的分化，如汉代的今古经文之争、宋代的朱陆之争、明代以后的理学与心学之争、清代的汉学与宋学之争等等。这两个方面的冲突有时又互相重叠、交叉，最后形成以汉学与宋学为不同特征的内部冲突，也走向融合。其三是印度佛教进入中国，产生了长达七八百年的长期争论，在与佛教的冲突中，原来的内部矛盾又化解或转化为与佛教的矛盾，形成中国文化中正统与异端之争，但最后也走向“三教合一”。

无论是汉学与宋学之争，还是正统与异端之争，它们的共同特点都是在中国社会内部进行的，它们的某一方并不代表新兴的生产力和生产方式，因此其间虽然也有价值观念的冲突，但其目标不在价值观念的取代或更新，而是要求在一定条件下的共存共荣，最后达到价值观的调和，此即唐宋以后出现的“三教合一”的局面。因此中国近代以前的文化冲突，从本质上说，不反映价值观的冲突，也就不会影响三教的权威，因此政治体制、社会结构和传统价值观念也不会发生剧烈的变化，中国文化也就自然而然地停留在现代化以前的阶段。

价值观念是人类在其文化创建过程中，为保持自身与外部世界达到一种均衡而产生的文化心理模式，如中国的“不患寡而患不均”的平均主义观念，它所以成为中国文化价值系统的一部分，就是为了使人们的心理意识保持与当时匮乏农业经济相适合相协调的平衡状态。如果没有这种价值观念的平衡作用，人们就会有非分之想，而社会经济又不能担负起人们过多的物质追求，于是才产生这种与经济力量相适应的价值观念，以作为社会生产与需求之间的调节器。这种观念一旦产生，一旦积淀为固定的文化心理模式，反过来就会起到限制生产发展的消极作用，以为解决社会矛盾的出路，就在于这种均平，认为增加物质财富反而会破坏这种均平。由此又演化出一系列经济观念如重农抑商、抑制消费、限制个体经济的发展等。再如中国文化价值系统中的道德价值观，无限推广道德的功用，致使道德观念取代了法治观念，道德成为人们政治生活、经济生活中头等重要的观念，一切以道德为尺度，由此演化出人治主义、德治主义、圣君贤相观念、清官观念、权威观念等等。我们在第三章中所列举的自然价值观、经济价值观、道德价值观、知识价值观、人生价值观以及审美价值观等核心部分，演化出无数与中国古代社会相适应的价值观念，汇成巨大的传统力量。一旦社会需要迈向新的阶段时，这种传统价值观便与新的价值观发生激烈的冲突。在冲突中，传统价值观将成为各种保守思想的最后庇护所。因此价值观念的改造与更新，将是中国文化完成现代化过程中最后一场决战，更新速度的快慢、程度的深浅，会直接影响现代化的进程。

当然，延续五千年的中华民族，其主流当是积极、乐观、向上，是在所谓“下学上达”和“天人合一”总体价值系统指导下的社会与文化的发展，其形成的文化资源不仅在昨天乃至在今天、明天的人类文明发展中仍有宝贵的价值。如“生生”“日新”“刚健”“趋时”“适度”“革故鼎新”以及“和而不同”“自强不息”“厚德载物”“民贵”“民本”等等思想观念，这些都是需要发展继承的。实际上，从近代以来，由于西方文化的冲击和马克思主义在中国的传播与影响，中国的传统价值观中部分过时的东西已有了部分改造，增加了不少新的成分，但距离当代社会的要求还有差距，还需要创造性转化和创新性发展，任重而道远。

第八章 中国文化的基本精神及现代意义

中国文化积累了几千年，其经典可谓汗牛充栋，其思想内容亦有如汪洋大海，因此它的核心价值及基本精神，也同样具有多重性、多元性和选择性。也就是说中国文化的基本精神有很多内容、很多方面。因此对它的总结和概括亦可以有很多角度。同时它又与研究者自身的学术立场、方法乃至学术眼光、学术涵养有密切关系。所以在简述本章内容之前，首先应确立一个选择的标准，古人亦称“言必立仪”。那么要确立什么样的标准呢？笔者认为起码应该有以下四条：（一）在中国文化的重要经典中具有普遍性的讨论和基本共识；（二）能够与当今及未来人类文明发展相契合的思想理论原则；（三）这些理论原则或基本精神，应具有时空超越性和普适性；（四）中国文化的基本精神可以有多方面、多角度的概括，本章所述，只是基本的概括。

一、“文明以止”的人文精神

中国文化最突出的核心价值或理论价值，是它独具特色的人文精神。其具体表现为始终彻底地从一种伦理化的人文世界观立场看待世界和人生，追求“人”“仁”同格的道德实践和道德理想，并把这种理想推广到人伦之中，体现了一种强烈的入世情怀和人文实践精神。

中国文化中人文精神的发生、成长及其发展，经历了艰苦漫长的历程。其初期的萌芽实孕育在早期宗教中。其产生以后，又经历了很长的历史发展，并始终与宗教纠缠在一起。夏商周三代统治权力的更迭，促进了思想文化的嬗变。这一点，我们仅凭《尚书》中的《甘誓》《汤誓》和《牧誓》三篇极其简短的战争誓词中，即可看出上帝、天命的信仰逐渐衰落，而人的因素开始增强。《甘誓》是夏代君王为讨伐不服从者而发动的一场战争的誓词，其讨伐的理由是“有扈氏威侮五行，怠弃三政，天用剿绝其命，今予惟恭行天之罚。”《汤誓》是汤伐夏桀时的军队誓词，其伐桀的理由仍是：“有夏多罪，天命殛之”，“夏氏有罪，予畏上帝，不敢不正”。《牧誓》是武王伐纣时的誓词，其伐纣的理由是：“今商王受，惟妇言是用，昏弃厥肆祀，弗答；昏弃厥遗王父母弟，不迪。乃惟四方之多罪逋逃，是崇是长，是信是使，是以为大夫卿士；俾暴虐于百姓，以奸宄于商邑。”三个誓词，已显出重大差别。《甘誓》《汤誓》多言“天命”“天罚”和“上帝”；而《牧誓》中却多言人事，几乎不言“天命”“天罚”。

从上述简单的比较中，可见从夏商至周，上帝、天命的权威在减弱，而人却成为政权转移的重要因素。周人吸取了殷王的教训，只靠天命上帝的护佑，还不足以保住政权，只有在信奉天命、上帝的同时，提升君王的品德，倾听百姓的心声，才能保住政权。于是便又提出“以德配天”“唯德是辅”“天命靡常”和“敬德保民”等新命题。这些命题及其所体现的思想逻辑，实际上是把“人德”提升到与天命、上帝平行的地位。

随着西周政权的式微，历史进入春秋时代。这是一个历史大变动的时代，其表现在思想文化领域，则是出现了一股强大的人文思潮，其特点是对三代文化所依托的上帝、天命、鬼神产生怀疑。在这一思潮推动下，在思维逻辑上，人的地位继续上升，在《诗经》《左传》《国语》等文献中记载了大量的关于人神关系的论述（详见本书第四章第三部分）。此前的“人德”“天命”的平衡，又一次被打破，出现了“民为神之主”“吉凶由人”“神依人行”等一系列比周初“以德配天”的人神平衡论更进一步的“先人后神”的人神先后论。这些思想的出现，已明显标志人类文明的第一个轴心时代的来临。

按着亚斯贝斯和马克思·韦伯这两位西方学者关于“轴心时代”和“哲学突破”的说法。其标志是处在那个时代的圣人、智者，对构成人类处境的宇宙（应包括社会及构成社会主体的人）的本质产生了一种理性的飞跃，从而对宇宙、社会和人生的本质产生一种新的理解。这种说法在中国的表现，恰与孔子、老子的思想相符合。孔子对天命鬼神的看法，虽然保留了三代文明的“遗迹”，但却以“仁”“礼”的理性内涵，完全淡化了天命、鬼神的地位和作用，提出“务民之义，敬鬼神而远之，可谓知矣”。这里的“知”可读作“智”，并可理解为“理智”“理性”。即是说要以理性的态度对待鬼神。孔子虽然没有否定鬼神，就如他没有否定天命、上帝一样，但强调的却是理性。这一“远神近人”的命题，可看作是孔子人文思想的标配，也体现了他温和改良的文化立场，同时也代表了儒家对待宗教的中庸态度，由此为中国文化的人文精神种下了儒学的基因。

老子对待天命鬼神的态度，要比孔子激进的多。在整个五千言的《老子》中，没有“天命”的概念，他以自然天道取代天命。“帝”字仅一见，且从源头上提出“道”是天地万物的根源和本体，如果真有“帝”，那也是由“道”所派生，完全排除了天命、鬼神和上帝的地位。如果说孔子以“仁”“礼”淡化了上帝的权威，把“仁”作为最高的理想，在把“人”“仁”同格的同时高扬了人的主体性；那么老子则是以“道”直接置换了上帝，同时高扬了人的自然性和独立性，把人提升到“域中四大”之一的位置，建立起道家的自然主义人学。

以孔子和老子为代表的儒、道两家，分别从“仁学”和“道论”两个方面对上帝和天命鬼神采取了“淡化”和“置换”的方式，从而推进和奠定了中国文化的人文方向。孔老之后，中国历史进入战国时代，人文主义和人文精神得到了充分的发挥，其具有标志性的重要表现是“人文”概念的确立和人文精神的具体化和普遍化。

“人文”一词在春秋时期还没有被提出来，至战国时期出现在解释《易经》的《易传》一书。《易传》在解释贲卦的卦义时说：“刚柔交错，天文也。文明以止，人文也。观乎天文，以察时变。观乎人文，以化成天下。”（《周易·贲·彖》）这里，“文明”和“人文”这两个词一起出现，并且可能也是中国思想史上的最早出处。

“文明以止，人文也”，王弼《周易注》解释说：“止物不以威武，而以文明，人之文也。”王弼以“治”释“止”，以“文明”释“人文”。意谓治理人、物、社会乃至国家，不能以威武，而要用“文明”，这就是“人文”。这里，王弼强调的是“不以威武”，似以“威武”或“暴力”对“人文”。威武、暴力、残虐确是人文精神所要反对的，但还不是“人文”的全部。《程氏易传》说，“止于文明者，人之文也。止谓处于文明也。……天文，天之理也；人文，人之道也。”程颐以“居”“处”释“止”，以“人道”释“人文”。这一解释虽然也把“文明”和“人文”二者等同，但却提示了人文的内涵乃是“人道”，即“文明”与“人文”皆为“人道”。

上面贲卦《彖》辞的这段话大意是说，阴阳二气交互作用，产生自然界的“天文”现象，而去除黑暗，居于文明，乃是人类特有的“人文”现象。根据天文，可以察知自然界阴阳寒暑、四季更迭、昼夜更替以及风霜雨雪等天时的变化；根据人文，可以改变人性气质、风俗环境等社会条件，而使整个社会趋于良善。《易传》作者以“文明以止”解析“人文”，更加明确了“人文”的内涵。

“文明以止”即“止以文明”。这里的“止”同于《大学》“止于至善”之“止”，按朱熹的解释：“止者，必至于是而不迁之意。”（《四书章句集注》）贲卦的上体为艮。艮为山，为止。贲卦的下体为离。离为火，为文明。因此“文明以止”，即坚守文明而不移。在现代，“文明”一词的含义主要是与“野蛮”“愚昧”相对。人类脱离动物越远，文明进化的程度也就越高。人类社会由野蛮状态进化到文明状态，是与人类的生产活动以及与此相关的精神活动的发展分不开的。可见，中国文化很早既已提出“文明”概念，且与“人文”相联系。在《易传》作者看来，人类文明的发展进步，其中包括物质生产和精神活动，都不能漫无方向，都必须以“人”为最终目的。因此要知其所止，并坚守其止，这样才能实现人类“至善”的目标，最终达到“观乎人文以化成天下”。

天文、地文，乃至虎豹之文，在古人看来，皆属自然界表现出来的文采，而“人文”乃专属人类社会的活动所创造出来的精神、文化、理念及其所具有的价值内涵。这些有指导意义的人文精神和价值内涵，不同于自然物，也不同于草木鸟兽，用荀子的话说，“水火有气而无生，草木有生而无知，禽兽有知而无义，人有气有生有知亦且有义，故最为天下贵”（《荀子·王制》）。这里，“亦且有义”四字，可以概括出中国文化对人文价值的追求，它不仅与天文、物文不同，也与人类所特有的文化所产生出来的“神文”“鬼文”“权文”“钱文”等形形色色的社会之文不同。可以说，以儒家为主干的中国文化的人文关怀，主要体现为人之所以为人的价值体认和同时具有此岸性、普遍性的实践理性和道德关怀。

在《论语》中，有一段子路问孔子，如何才算全人？子曰：“若臧武仲之知，公绰之不欲，卞庄子之勇，冉求之艺，文之以礼乐，亦可以为成人矣。”这是说，只有智、廉、勇、艺等品德还不是成人的最高标准，故须再节之以礼，和之以乐，就可以算是一个全人了。但在朱熹看来，以礼乐“文”之还不够，“若论其至，则惟圣人之尽人道”，才算是真正的全人。这一看法，恰与程颐“人文，人之道也”相合。

因此，我们不能把儒家的人文关怀仅仅限制在伦理或政治领域，其更重要的意义，乃是对“人”的发现，对人的本质的认识，对人的主体性揭示，也是对人作本体存在的价值体认。所谓“主体性”或“本体存在”，应主要指“人性”的自觉，强调人性与“神性”“兽性”乃至“物性”的区别。

从孔子的“未知生，焉知死”“未能事人，焉能事鬼”及“务民之义，敬鬼神而远之”等“远神近人”的思想，即是强调“人性”与

“神性”的区别。孔子虽然没有否定鬼神的存在，但其思想的核心乃在于揭示人的主体性和本体存在的意义，强调人的道德自觉和人生的此岸性。在孟子看来，道德自觉，亦即人性的自觉。《大学》所谓的“明明德”、《尧典》所谓的“克明俊德”，皆有此义。此即是证明在“人文”的内涵中，不应有上帝鬼神的地位。孟子继承了孔子“远神近人”的思想，在“人性”与“兽性”的关系上，实现了“人禽之辩”的人性与兽性的分离。孟子所强调的“人之异于禽兽者几希”，以及与告子的辩论，目的均在于揭示人的本质应是仁义礼智等道德意识本存于人的内心，且生来具有。这种“我欲仁斯仁至矣”及仁义礼智“非由外铄”等等，都是在区分人禽在性质上的差别，从而避免“人性”异化为“兽性”。这些都是儒家人文精神的重要表现。

儒家的人文主义和人文精神，其核心内容是道德的、伦理的，以及由此推出的社会关怀和政治文明。其主要表现是反对不正义的战争，主张仁政、恒产；反对暴政、虐杀和统治者“率兽而食人”的经济盘剥和压迫。

如果说，儒家的人文精神和人文主义皆以“正言”立义，突出道德教化、社会关怀和人的责任等人道内容，而以老庄为代表的道家则是以自然主义的角度，以“正言若反”的方式，展开关于人性、人文的辩论。因此讨论中国文化的人文精神，就不能忽视道家的自然主义语境下所含有的人文意蕴和人文关怀。

以老子、庄子为代表的道家建立了以“道”为最高范畴的道论形上学，实现了以道代上帝的“哲学突破”，对儒家的人文主义给予了理论上的支撑。儒家的人文主义主要表现在伦理道德方面，而对形上学的建构关注不够，因此在对待上帝鬼神的态度上，为有神论留下了空隙，造成了自身体系的内在矛盾，因此受到墨家的批判，在一定程度上影响了其人文主义的全面性和彻底性。

道家有强烈的社会批判精神，老子有“民不畏死，奈何以死惧之”（《老子》七十四章）的铿锵之言；有“民之饥，以其上食税之多，是以饥”和“民之轻死，以其上求生之厚，是以轻死”（《老子》七十五章）的政治揭露；有“朝甚除，田甚芜，仓甚虚，服文采，带利剑，厌饮食，财货有余，是谓盗夸”（《老子》五十三章）的对腐败政治的尖锐批判；有“无狎其所居，无厌其所生”（《老子》七十二章）的为民请命；等等。这些都可归纳为道家人文精神的内容。上述引文的意义，也就是王弼“止物不以威武，而以文明，人之文也”的人文解说。

老子的批判精神，传给了他的后学，庄子集其大成。庄子的批判精神，由老子的社会政治批判，转向了对已有文明和文化的批判。在庄子看来，人类所有的知识智慧，其中包括各种发明创造，乃至圣智礼法，最终都为窃贼所盗。在庄子笔下，大盗小贼窃用圣智礼法，社会倾轧、杀戮、争夺，欺骗乃至殊死相枕，桁杨相推，刑戮相望。大盗以仁义窃国，小贼以诗礼发冢，致使整个社会喜怒相疑，智愚相欺，善恶相非，诞信相讥，“于是乎斤锯制焉，绳墨杀焉，椎凿决焉，天下脊脊大乱”（《庄子・在宥》）。不仅社会如此，自然天地亦遭到破坏，以至“上悖日月之明，下烁山川之精，中堕四时之施；惴耎之虫，肖翘之物，莫不失其性”（《庄子・胠箧》）。大道消隐，社会支离，人生苦难，不仅生民不得休息，就连软弱的动物，微小的爬虫也不能幸免，天下竟混乱到如此地步。在庄子看来，由于文明和文化的过度发展，使已有的、人类自己创造的文明和文化发生变异，天地自然的物质世界遭到破坏，个体生命的价值目标和价值意义在人世争攘中走向失落，而金钱拜物教和权力拜物教却大行其道。

庄子的这种批判，在一定意义上说，即是老子所谓的“正言若反”。真正的“文明”应包含对现有文明的反思和对文明变异以及人性异化的揭露和批判，这是道家人文精神的深刻之处。

总之，中国文化的人文精神，是以儒道互补的形式呈现的。他们所关注并坚守的正是以人本身为目的和对人的生存发展的终极关怀。始终保持人之所以为人的人性向善和人性的自然之真。因此，中国文化的人文精神之宗旨和归宿，不是一般的认识问题，更不是构筑功利和权力之网的工具理性，而是一个在更广阔的心灵和精神的世界中，在理想和现实、此岸和彼岸、庙堂和山林的对立统一中，追求并实现对藐视人性的“神性”、非人性的“物性”和反人性的“兽性”的全面超越。

二、“天人合一”的思维方式

天人关系是中国传统文化最为关心的重要课题。中国传统学问一直以“究天人之际”为要务，它是贯通中国思想学术和文化的一条主脉，渗透到中国文化的各个领域。

所谓“天人之际”，用现代语言表述，即人与自然的关系。在中国传统文化的重要经典和哲学体系中，无论儒家还是道家，都把“天人合一”作为重要的思维方式和对自然与社会，乃至人生的思考原则。

中国文化的思维方式，其最基本的特征，用简单一句话来概括，即我们常说的“天人合一”的整体思维。它是中国文化，其中包括儒、道两家的思维方式的源头。

在儒家方面，孔子对天人关系的认识还不够明晰，《论语》中甚至还没有提出“天道”和“人道”的概念，故子贡说：“夫子之言性与天道，不可得而闻也。”（《论语·公冶长》）孔子虽然罕言或未言天道，但却在其对“天命”的论述中，涉及天道的内容。孔子在《论语》中仅有两处讲到“天命”：“五十而知天命”（《论语·为政》）；“君子有三畏：畏天命……小人不知天命而不畏也”（《论语·季氏》）。朱熹对孔子这两段话中所言之“天命”的解释是：“天命，即天道之流行而赋于物者，乃事物所以当然之故也。”又说：“天命者，天所赋之正理也。”（《四书章句集注》）朱熹对天命的解释，已接近理学家所讲的“天道”“天理”等概念，虽然不完全符合孔子的原意，但从中也可以看到孔子的天命概念，已与孔子前的传统天命概念的内涵产生较大差异，实已接近“天道”概念的内涵。孔子罕言天道，但却大谈“人道”，《论语》中的伦理思想皆属人道内容。可见在天与人的关系上，孔子更重视“人”的因素。

孟子继承孔子且集大成，在天人关系方面，他提出“尽其心也，知其性也。知其性，则知天矣。存其心，养其性，所以事天也”

（《孟子·尽心上》）。这里，孟子把心、性、天合为一体，正如程颐所言：“心也、性也、天也、一理也。”（《四书章句集注》）这种“尽心知性知天”和“存心养性事天”的思想，即是对孔子尽人事听天命思想的继承和发展，体现儒家“天人合一”思想中重人的特点。

道家的“天人合一”思想，与儒家略有差异。儒家更重视“人”，而道家更重视“天”。老子提出“四大”，说：“道大，天大，地大，人亦大。域中有四大，而人居其一焉。人法地，地法天，天法道，道法自然。”（《老子》二十五章）老子把人提升到与天、地同等的地位，排除了神设、神谕在天人关系中的主宰性，明确地肯定了人在宇宙中的位置；其次强调了天、地、人、道都应以自然为法。而“自然”不是在天地人之外的物质实体，它只是对“道”的性质界定。因此，道与自然是一体的，故可称为自然天道观，用以取代殷周以来的天命论。因此，在老子这里，“道”是对天道、地道、人道的总抽象，在排除了上帝鬼神的基础上，“道”便可还原出它所抽象的天地人的实体性和客观性，并从中离析出宇宙间实存的天与人这两大基本要素。

至庄子，“天”的内涵也逐渐明晰化，在庄子或郭象那里，“天”的含义一是指“万物之总名”，即整个自然界；二是指整个自然界的存在是自为、自在的，即所谓“自然”或“天然”。在庄子的思想中，天人之间的关系，已具有相对性，如能做到“知天之所为，知人之所为”，就是达到洞察事理的极境了。在《庄子·秋水》中，庄子为“天”和“人”做了一个简单的界定，他说：“牛马四足，是谓天；落马首，穿牛鼻，是谓人。”这是庄子对“天人之辨”

最直白的表达，认为“天”是万物之自然如此，而“人”是对自然之物的加工和改造。“人”即“人为”，“天”即“天然”。因此在二者的关系上，庄子强调“无以人灭天，无以故灭命，无以得殉名。谨守而勿失，是谓反其真”（《庄子·秋水》）。这里的“三无”，都是强调对自然本性的维护和回归，反对人为和主观造作对天地自然的破坏。在庄子看来，天和人本来就是合一的，他在《庄子·山木》中借孔子的话说：“无受天损易，无受人益难。无始而非卒也，人与天一也。”意思是说，作为一个人，不受自然的损害是很容易的，因为他能与天保持一致；但不受社会的损害却是困难的，因为他接受人的好处，贪图爵位利禄，不能与天保持一致。天地自然及人类社会千变万化，不了解这些变化的道理，就不能保全自然的本性，因此也就一定受到损害。所以一定要“人与天一”。“人与天一”，即“天人合一”。

庄子认为，“天人合一”是不以人的主观意志为转移的客观规律，“故其好之也一，其弗好之也一。其一也一，其不一也一。其一与天为徒，其不一与人为徒。天与人不相胜也，是之谓真人”（《庄子·大宗师》）。这是说，天和人是合一的，不管人们喜好和不喜好，都是合一的。不管人认为合一还是不合一，它们也都是合一的。认为天和人是合一的，就会与自然为友，与天保持一致；认为天和人不合一的，就会以天为可离而专务人为。因此只有不把天与人看作是对立的，才可能不与天争胜，不以人灭天，始终保全自然的性分，成为“人与天一”的“真人”。

如果说，早期的儒、道两家的“天人合一”思想尚不够完备的话，待战国中期出现的《易传》，则进一步发挥了早期儒、道两家的天人之辩，使“天人合一”思想趋于成熟，从而开启并推动了中国文化的思维方式之建立。

所谓思维方式，主要是指人类在长期的生产、生活实践中所形成的认知世界（包括主观世界和客观世界）的思维活动形式。它是哲学或文化的深层结构，内在地决定一种文化传统面貌、风格及其发展趋势。它如同生命机体的遗传机制一样，成为文化传递的真正基因。因此要对一种哲学或文化进行反思，只有深入到该文化系统的内在深层结构，即进行思维方式的反思，才能真正理解和把握该文化的基本特质和运作机制。

可以说，以《周易》为代表的中国易学传统的思维方式，较多地体现为一种有机整体的思维方式，是一种有机的自然整体的自然主义哲学。用中国传统哲学的概念来概括，即大家常说的“天人合一”。《周易》完整地提出了“天人合一”思想，较为全面地体现了中国古代天人之学的基本特点与思维方式。

首先，《周易》把天、地、人看作一个不可分割的整体，提出“三才之道”说。《系辞下》称：“易之为书也，广大悉备。有天道焉，有人道焉，有地道焉，兼三才而两之，故六。六者非它，三才之道也。”《说卦》也说：“昔者圣人之作《易》也，将以顺性命之理。是以立天之道曰阴与阳，立地之道曰柔与刚，立人之道曰仁与义。兼三才而两之，故易六画而成卦。分阴分阳，迭用柔刚，是故易六位而成章。” 这两段材料，其义理基本相同。是说圣人通过仰观俯察，发现宇宙虽然广大浩渺，但最基本的构成只有天、地、人三项。且天、地、人又各有其道：天道的内涵是阴阳并建，二气交感；地道的内涵是分阴分阳，刚柔迭用；人道的内涵是施行仁义。天道之阴阳发用，产生万物。万物又呈现出或刚或柔的不同形态，以成立地之道，此即“在天成象，在地成形”。万物资始于天，成形于地。天地既立，人生其间，秉持其赖以生存的自然条件，以爱惠之仁，割断之义，立为人类的行为准则，从而构成一个完整有序的大家庭。

《说卦》还为天、地、人三才所构成的大家庭作出具体描述：“乾，天也，故称乎父；坤，地也，故称乎母；震一索而得男，故谓之长男；巽一索而得女，故谓之长女；坎再索而得男，故谓之中男。离再索而得女，故谓之中女；艮三索而得男，故谓之少男；兑三索而得女，故谓之少女。”天地父母生出三男三女代表人类。此即宇宙间作为“三才”之一的人道之演化，这也是对上述两条材料的具体解释和发挥。《序卦》对“三才之道”又做了纵向的描述：“有天地，然后有万物；有万物，然后有男女；有男女，然后有夫妇；有夫妇，然后有父子；有父子，然后有君臣；有君臣，然后有上下；有上下，然后礼义有所错。”人类的产生，乃至人类上下尊卑秩序和人类礼义伦理道德的出现，都是天地自然演化的结果。这种纵向的追溯，为人类的产生，最终找到这一根本性的源头。人类是自然的一部分，是自然界发展到一定阶段的产物，人类的一切都与产生它的那个天地始终有必然联系。因此，若没有天地自然，也就无从谈起人类。

周易的“三才之道”和“乾坤（天地）父母”说，对中国哲学和中国文化的思维方式产生重大影响。出现在汉代的中国第一部道教经典《太平经》，即强调天地自然是人类父母的说法，认为“天者，乃父也；地者，乃母也”，“天者养人命，地者养人形，人则愚且暗，不知尊敬其父母”，“人命乃在天地，天地有亏，则不得竟吾年”，“故欲安者，乃当先安天地，然后可得长安也”（《太平经·起土出书诀》）。宋代大儒张载，即据《周易》作《西铭》，同样把天、地、人看作是一个和睦的大家庭：“乾称父，坤称母；予兹藐焉，乃混然中处。故天地之塞，吾其体；天地之帅，吾其性。民吾同胞；物吾与也。”（《张载集·正蒙·乾称》）天地是人类的父母，人类在天地之间是非常藐小的，因此应以谦卑和敬畏的态度对待世界上的每一个人和每一件物。因为天、地、人是一个有机整体，不容任何歧视、破坏和宰割，要像对待自己的家庭成员那样“仁民爱物”，要“善述其事”“善继其志”“体其受而归全”。这里的“其”字是指天地父母。《礼记·祭义》：“曾子问诸夫子曰：‘父母全而生之，子全而归之，可谓孝矣；不亏其体，不辱其亲，可谓全矣’。”在古人看来，对待天地要像对待父母一样，天地自然给予人类完整的生命，人类就要把这个完整的生命保持下来，因为他是天地自然的一部分，不损坏自己的生命，就是保全自然的生命；人类要始终对得起生己养己的天地父母，不亏其体，不辱其亲，可谓全矣。这里所谓“全”，是指包括人类自身在内的天地自然的“无亏”，亦即天、地、人完整有序的和谐，也就是人类社会的和谐和宇宙万物的和谐。这是中国文化和哲学中“天人合一”的最高境界，冯友兰称其为“天地境界”。因为它超越了“功利境界”的计虑和“道德境界”的修为，把目光和胸怀投向整个宇宙，它所关注的不仅仅是以人为中心的人类社会，而更关注的是人类社会赖以生存的天地自然，地球及地球以外的整个宇宙。

“三才之道”和“乾坤父母”说，是对“天人合一”整体之学的深刻表述，它构成了中国文化和中国哲学在以后历史发展中的整体架构和基本的思维方式。其中主要体现为天道与人道或天地自然与社会人生两大要素，也是构成易道最具核心意义的基本内容。《周易》（指《易传》）“天人合一”的完整性和普遍性，涵盖了儒、道两家的天人观。即是力求把儒家的人文主义与道家的自然主义，在易道的基础上统一起来，以避免“蔽于天而不知人”或“蔽于人而不知天”的两种偏颇。这有如现代以来，“人类中心主义”与“生态整体主义”的偏颇需要整合一样，是一种比较合理的“天人合一”理论。这种理论要求人类活动既遵循自然运行的规律，同时也要根据自然运行的法则，规划人类自身的行为，以使“天道”与“人道”、自然与人类相互统一与协调。

《周易》所强调的天道与人道，自然与人文的统一，是《周易》“天人合一”或“天人和德”思维方式的基础。它反对割裂天人所导致的“天人相背”或“天人二分”所造成的自然生态或社会生态的失衡。故《系辞上》说：“与天地相似，故不违；知周乎万物而道济天下，故不过；旁行而不流，乐天知命，故不忧。”孔疏解释说：“不违”，“不违于天地，能与天地合也”；“不过”，“所为皆得其宜，不有愆过使物失分也”；“不忧”，“顺天道之常数，知性命之终始，任自然之理也”（《周易正义·系辞上》）。这里的“不违”“不过”“不忧”的“三不”主义，皆要求以天为指标，强调天的客观性与普遍性。人对天不能违背，不能失分，不能妄为。这也是老庄道家所强调的。但与道家不同，《周易》的“天人合一”，并非一味地强调“以人随天”，它还有另一面的意义，即人在天面前，还有人的能动性，此即《周易》的“四合”思想：

夫大人者，与天地合其德，与日月合其明，与四时合其序，与鬼神合其吉凶。先天而天弗违，后天而奉天时。（《周易·乾卦·文言》）

上述四个“合”字，表明《周易》对天人关系的全面理解。广言之，人与万物相感，应无所不合。细言之，人类社会也要合于天地之德，能使社会中的每一个人皆安其生，皆得其养，从而体现人类社会之德。人类社会也要像日月之明一样，驱除黑暗，光明普照。人类社会也要像四季的有序，使尊卑长幼、人伦道德、政令风教等井然条理，有规有序。人类社会也应像鬼神之福善祸淫一样，赏善罚恶，是非分明，各得其所。

“先天而天弗违”，孔疏：“若在天时之后行事，天乃在后不违，是天合大人也。”“后天而奉天时”，孔疏：“若在天时之后行事，能奉顺上天，是大人合天也。”（《周易正义·乾卦·文言》）这就是说，人类所要达到的“天人合一”，应经得起实践的考验，它并不是人类凭主观意志和想象强加给自然的价值，而是自然本有的价值。人类倘若能与天地自然全面合一，人类也就具有了自然本有的价值，并由此升华和发展为人类自身的生存价值。人类有了这种从自然学得并得到人文护养的价值后，其行为便可得到自由，甚至具有超前的预见和行动能力，此即所谓的“先天而天弗违”。这样，无论是“天合人”，还是“人合天”，都是天人真正的融合为一。至此，《周易》实现了在“天人合一”方面的儒道互补，为中国哲学“天人合一”的思维方式奠定了基础，同时也为我们今天讨论和认识人与自然的关系提供了哲学解读的可能。

“天人合一”的思维方式，是把包括人类在内的整个自然宇宙，看作是一个有机、有序、不可分割的整体，是一个动态的、模糊的和充满生机的大化流行。用英国人李约瑟的话说，当印度人和西方发现原子论的时候，中国人则发现了一个整体有机的宇宙观。“天人合一”即是对这一有机整体的宇宙观最清晰和简要的表述。它至少有两点重要意义在今天仍有启示作用：

一是“天人合一”的思维方式及其价值理念，在中国文化中得到普遍的推广并获得最基本的认识论意义，它与西方哲学的“天人二分”“主客二分”相反，认为主体与客体、思维和存在、精神世界和物质世界不是简单的二元对立。儒、释、道三家都在不同领域提出“主客合一”“情景合一”“形神相即”“知行合一”“六相圆融”“理事无碍”“事事无碍”等命题，它们都是“天人合一”这一主命题在中国文化中合乎逻辑的推衍与渗透，它们强调的是“合和”而不是“斗争”。

二是“天人合一”体现了生命哲学的特点，它强调天地自然是人类的父母，人类的生命是天地自然给予的。人与自然是一个有机的生命共同体，因此不能把自然界当作是与人类对立的客体对象，从而肆意地向它索取、敲剥和破坏。恰恰相反，人类必须对自然保持深切的同情和敬畏，同时要爱护自然，保护自然，因为自然界一旦遭到破坏，人类将失去赖以生存的家园，一旦离开构成人类处境的自然环境，人类将无以得生，亦无以得存。

三、“和而不同”的共生哲学

中国是一个有五千年文化传统的国家，中华民族自古以来就是一个崇尚“和谐”的民族。可以说，中国的哲学智慧，集中体现在一个“和”字上。它不仅是中华民族的基本精神和基本特质，也是中国哲学和中国文化的最高价值标准。

在中国历史上，《诗经》《尚书》《礼记》《周易》《春秋》，再加上已经失传的《乐经》（《乐经》失传，但“乐论”还在），这六部经典最能反映中华民族早期的价值理念，其中“和”或“和谐”的理念便贯穿于“六经”之中。可以说，在中国哲学的道、德、理、气、阴阳、五行等诸范畴中，“和”的范畴无论是就其时间性还是就其普遍性来说，都应早于其他范畴。因此，“和谐理念”或“和”的哲学，便成为中华民族集体智慧最先思考的问题，且比其他哲学范畴更具有现实性和实践性品格。

任何民族的物质生产和精神活动，都是在特定的自然环境和人文环境下形成和发展的。一种文化类型的塑造，要受多种因素的决定和影响。“和”这一价值理念的产生和发展，自然也是多种因素和力量相互作用的结果。

第一，就自然环境来说，中国整体的地理环境格局，与海洋民族有着极大的区别。中国具有外部相对封闭，而内部又具有多样性的地理环境。其外部，一面临海，三面陆路交通极不便利，而其内部却有广袤的疆土、山河漫布，平原毗邻，气候多样。中国地理环境本身即体现了一种多样性的统一。这种外部相对隔绝的地理环境，限制和影响了国家统治者向外拓展的野心。而其内部地理环境的多样性，又养成了下层百姓的广泛交流、妥协和宽容精神。

第二，上述地理环境的特点，又决定了中华民族以农业立国的发展方向。从新石器中期起，一直到夏、商、周三代，统治者都高度重视农业发展，由此决定了中国早期文明有别于游牧草原文化和海洋商业文化的基本特点。这种自给自足的农业生产方式，产生了“安时处顺”“安土重迁”“重农抑商”“重死而不远徙”“天人合一”等观念。这些观念，一方面促进了天人哲学的产生与发展，把天地自然的整体和谐与人间秩序相统一作为精英文化的最高目标追求；同时在民间也形成了固守田园、相忍相安、守望相助和睦邻友好的生活信条。这些传统，通过士阶层思维的折射，和谐与秩序的观念也就找到了自己发展的文化动因。

第三，小农经济的生产方式，又决定了中国古代“以家庭为本位”的社会类型。由于生产的需要，人们必须保持族居的形式和家庭的合力，才能应付农业生产带来的挑战。在海洋商业文明中，一个人可以带上金钱或信用，较长时间地出外经商。而在农业文明中，凭一个人的力量却难以胜任一年四季的农业生产。因此，在中国古代，通过农业生产和自然经济，把家族和宗法血缘关系牢固地联系在一起，借以克服由单独个体所不能应对的困难。

这种宗法血缘关系，成为中国古代社会人际联系的坚韧纽带，由此也产生了以道德伦理为价值尺度的实践理性。父子有亲、君臣有义、夫妇有别、长幼有序、朋友有信等一系列人际关系的整体意识，便成为古代“和谐”理念产生和发展的强大动力。

第四，中国自古以来就是一个自然灾害多发和内部战争频仍的国家。如果说，大禹治水的经验和教训，成为夏、商、周三代君臣及先秦诸子共同关注的话题；那么中华民族对待战争的态度，则更倾注了一种理性的审视和思考。孔、孟、老、庄或儒、释、道，皆有强烈的反对战争的思想，甚至我们的祖先，在创造文字时即已认识到战争和暴力的残虐。《说文》的“止戈为武”，《左传》的“夫武，禁暴戢兵也”，即是从和平、寝兵的角度创造和解释“武”字的。

在中国古代汉语及古文字史中，“和”字出现较早，已见于甲骨文和金文。《说文》：“和，相应也，从口禾声。”在早期甲骨文中，“和”作“龢”。《说文》：“龢，调也，读与和同”。朱骏声《通训定声》：“《一切经音义》六引《说文》：‘音乐和调也。’《国语》：‘声相应保曰龢。’《东都赋》：‘龢銮玲珑’。经传多以和为之。”按朱说，“和”字的字源可以追溯到“龢”字，二者在古代经传中通用。因此，“和”即“龢”也。又《篇海类编·器用类·部》：“《左传》：‘如乐之。’又徒吹曰，今作和，又谐也，合也。”可见，“和”字源于“龢”。而“龢”又从“龠”从“禾”。《说文》：“龠，乐之竹管，三孔，以和众声也。”龠是中国古代竹制的吹奏乐器，最初可能只有一孔、二孔、三孔，后来发展为多孔，即今所谓排箫之类。“龢”以左旁的“龠”表形，以右旁的“禾”表音，表示吹奏时，从长短不齐的竹管发出的“和和”乐音以调和众声。

“和”源于“龢”，又源于“龠”。因此“和”字的产生乃源于上古的乐器，并由乐器的合奏合鸣，引申出“和调”“唱和”“合和”“和谐”等含义。

从上述对“和”字字源的考察，可以清楚看到，“和”是从古代乐器及其演奏的音乐中发源的。这一点亦可从中国古代的音乐理论和儒家的“乐教”中看出端倪。

中国古人通过音乐提炼出“和”的理念，而音乐又源于“天地自然之和”。这样，音乐就成为沟通“天人之和”的桥梁。《乐记》在解释《诗·周颂·有瞽》中“肃雍和鸣，先祖是听”这两句诗时，尤其揭示了“音乐之和”的重要意义：“夫肃，肃敬也；雍，雍和也。夫敬以和，何事不行？”（《礼记·乐记》）只要做到诚正雍和，还有什么事情不能实行呢？所以，好的音乐能起到陶冶性情的作用，使人的性情归于“和”。通过音乐，使人“反情而和其志，比类而成其行”，故“君子之听音，非听其铿锵而已也，彼亦有所和之也”（《礼记·乐记》）。

不仅如此，“音乐之和”还可以超越语言、种族和国界的限制，成为人类的共同语言。《礼记·乐记》说：“大乐与天地同和，大礼与天地同节。和，故百物不失；节，故祀天祭地。……如此，则四海之内合敬同爱矣。礼者，殊事合敬者也。乐者，异文合爱者也。礼乐之情同，故明王以相沿也。”“沿”，沿也。“相沿”，相继承、相延续。这是说，最好的音乐，能与天地自然保持和谐；最好的制度，能与天地自然保持相同的节度。和谐，才能使万物各得其生、各得其所；保持相同的节度，才能使人类的活动，其中包括人与自然、人与社会、人与人保持平衡和统一。如此，天下万国才能相敬相爱。这些都应是英明的君主相继承、相延续的。

从上述这段话中我们可以看到：从“大乐与天地同和”“和，故百物不失”，到“如此则四海之内合敬同爱”，最后得出“乐者，异文和爱者也”的结论。足见，儒家推崇礼乐的目的，不是为了称王称霸，更不是掠夺、虐杀与征伐，而是为了实现“四海之内合敬同爱”的天下大同。因此，所谓“乐”，就是通过“异文”的交流，达到“合爱”的目的。这里，“异文”虽然本指各种不同的乐曲形式，但其引申的含义及其所包含的逻辑，则完全与“和”的字源相呼应。

以上的材料和思想多取于“六经”中的《礼记》与《诗经》，除此之外，《周易》和《尚书》这两部“六经”中最早的经典，同样贯穿着和谐理念。如《周易》提出“保合太和”的命题，《尚书》提出“协和万邦”的理想，它们都充分肯定和谐理念所具有的普遍价值。

《周易》曰：“乾道变化，各正性命，保合太和，乃利贞。首出庶物，万国咸宁。”（《周易·乾·彖》）这是说，自然天道的变化，使包括人类在内的天地万物得到稳定的生命和本质。人类若能保持与配合自然天道的变化，达至自然界和人类社会的最高和谐，从而普利万物的生存发展，此乃天地自然的正常规律，它是产生万物的首要条件，同时也是天下国家稳定安宁的首要条件。

《尚书》曰：“克明俊德，以亲九族。九族既睦，平章百姓。百姓昭明，协和万邦。黎民于变时雍。”这段材料出自《尚书》第一篇《尧典》，据说是对帝尧的赞美称颂之词，意思是说要充分发挥人的聪明才智和美好的德性，从而使社会上的每一个家族都亲密和睦。在家族和睦的基础上，还要辨明各级官员的职守和善恶。全体官员的职守和善恶都已辨明，天下各国（指各诸侯国）便可协调和睦，天下的民众也都变得和谐、和善了。

以上材料说明，和谐理念是中华民族集体智慧最优先思考的问题。其中的“保合太和”“首出庶物”“万国咸宁”“协和万邦”“和，故百物不失”“夫敬以和，何事不行”等等，成为中华民族始终追求的价值理念和中国文化的基本精神。

至春秋战国，经过诸子之学的继承和发展，“和”的理念逐渐趋于成熟并理论化，其具体表现在两个方面：一是“和”与“同”两个范畴的对举；二是“和实生物”与“和而不同”这两个命题的提出。

“和”与“同”两个概念的对举及“和实生物”的命题，都是由西周末年的史官史伯提出来的。据《国语·郑语》和《史记·郑世家》的记载，在西周灭亡的前三年（幽王八年，公元前774年），当时在幽王手下任司徒的郑桓公，与当时任周朝史官的史伯有一段对话。郑桓公问史伯：“周其弊乎？”史伯回答说：“恐怕要必然走向衰败。”而衰败的主要原因，是周的统治者“去和而取同”，即一味追求和他意见相同的人，而抛弃与他意见不同的人。史伯说：

> 今王弃高明昭显，而好谗慝暗昧；恶角犀丰盈，而近顽童穷固。去和而取同。夫和实生物，同则不继。以他平他谓之和，故能丰长而物归之；若以同裨同，尽乃弃矣。故先王以土与金、木、水、火杂，以成百物。（《国语·郑语·史伯为桓公论兴衰》）

在史伯看来，“和”与“同”是内涵不同的两个概念。“和”是“以他平他”，即不同的东西加上不同的东西所形成的多元共同体；而“同”则是“以同裨同”，即相同的东西再加上相同的东西，无论加多少，最后还是绝对的单一体，故加到最后变成没用的东西，只得丢弃。史伯还认为，多样性的统一，能够使这个共同体“丰长而物归之”，即丰富、发展并生成新的东西。而绝对单一性的简单同一，则只能是“同则不继”。《说文》：“继者，续也，从𢇍从系。”古文“继”写作“𢇍”。与此相反则为绝，古文“绝”写作“㡭”。故“不继”则为“绝”，即不能产生任何新东西，从而使单一的“同一体”最后走向衰亡和灭绝。

史伯认为，这样的道理随处可见：如“声一无听，物一无文，味一不果，物一不讲。”一种声音构不成动听的音乐，一种颜色构不成美丽的图画，一种味道构不成美味佳肴，同一种事物无从比较。意思是说所谓“和谐”，一定是由多样性或多元性构成。

可见“和”与“同”是既有联系又有区别的一对范畴，只有在两者对举的情况下，才能更好地理解“和”的内涵，这体现了中国哲学的和谐理念所包含的辩证思维逻辑。“和”是万物生成和发展的基本前提和根据，也是万物发展的内在动力，它在一定意义上体现的是事物多元共生、共存的原则，这也就是史伯提出的“和实生物，同则不继”这一命题的确切含义。

春秋时期的思想家晏婴，发挥了史伯提出的“和实生物，同则不继”思想，进一步扩展和深化了“和同之辨”的内容。据《左传·昭公二十年》载，晏婴与齐侯也有一场类似上述郑桓公与史伯的对话：

> 齐侯至自田，晏子侍于遄台。子犹驰而造焉。公曰：“唯据与我和夫。”晏子对曰：“据亦同也，焉得为和？”公曰：“和与同异乎？”对曰：“异。”和如羹焉，水火醯醢盐梅以烹鱼肉，燀之以薪。宰夫和之，齐之以味，济其不及，以泄其过。君子食之，以平其心。君臣亦然，君所谓可而有否焉，臣献其否以成其可。君所谓否而有可焉，臣献其可以去其否，是以政平而不

干，民无争心。……今据不然，君所谓可，据亦曰可。君所谓否，据亦曰否。若以水济水，谁能食之？若琴瑟之专一，谁能听之？同之不可也如是。”

晏婴在与齐侯的这段对话中，其主旨可概括为两点。一是从哲学理论上辨别和与同的关系，特别强调了和与同是两个不同的概念，因此不能混淆。“和”好比做羹汤或弹奏音乐，只有“济其不及，以泄其过”，方能成为美味佳羹或动听的乐曲。如果一味地“以水济水，谁能食之？”也如琴瑟，如果老弹一个音调，谁又能听它呢？由此得出一个结论：“同之不可也如是”。二是把和与同的理论原则推广到社会政治或君臣关系，即强调国君要容纳不同意见，听取不同声音；大臣要有原则，不能唯君是从。即国君所谓可行而其中有不可行的，大臣就应该指出其不行的部分而使可行的更加完备；国君认为不可行而其中有可行的，大臣就要指出它可行的部分而否定它不可行的部分，这样政事才能平稳进行而不致相互争斗，矛盾百出。可见，晏婴在和与同的问题上，完全继承了史伯“和实生物”的观点，并把它运用到政治领域和君臣关系上。晏婴的君臣和同论在今天仍有重要意义。

春秋末期，处于社会急剧分化、急剧变动中的孔子，继史伯、晏婴等思想家的“和同之辨”，更明确提出“君子和而不同，小人同而不和”，即后来所称的“和而不同”的哲学命题，把殷周以来蕴涵在“六经”之中丰富的“和”的思想文化资源，引进到儒家的思想体系当中，进一步启发和推动了先秦诸子对“和”的深入讨论，遂使“和”或“和谐理念”成为中国文化的公共话语，并成为中华民族共同的价值取向。

从“六经”中“和”的思想对中国文化的全方位辐射，到史伯“和实生物，同则不继”及孔子“和而不同”的哲学定位，再到先秦诸子对“和”的多角度、多层次的全面拓展和开发，作为中华文化根源性智慧集中体现的“和”，已成为中国哲学的思想精髓和核心价值。同时，它经过长期的历史积淀和发展，逐渐形成了一种求同存异、多元统一的文化模式。这种建立在辩证思维基础上的文化模式，有别于西方强调矛盾和斗争，强调非此即彼、非黑即白的二元对立的文化模式。

这两种不同的文化模式，决定了解决矛盾的方式和手段的不同。二元对立的文化模式，由于强调矛盾的对立和冲突，认为只有通过你死我活的斗争，一方吃掉一方，才是解决矛盾最优先的选择，于是产生斗争哲学。而多元统一的文化模式，由于强调此中有彼，彼中有此，因此只有通过沟通、协调的方式，才能达到共生共存的目的，于是和解、共生成为最优先的选择，由此产生和谐哲学。宋代大儒张载所提出的“有象斯有对，有必反其为；有反斯有仇，仇必和而解”的二十字箴言，是对中国文化多元统一思维模式的最精辟概括。

从这一概括中，我们可以发现，中国哲学并不否认矛盾的普遍性，它只是强调，只有通过“和”的方法，才能化解矛盾和对立，从而达到共生、共存和共赢的目的。在这里，解决矛盾的手段和目的是统一的。而二元对立思维模式之所以陷入困境，主要是手段与目的的二元分裂。

《庄子·天道》说：“夫明白于天地之德者，此之谓大本大宗，与天和者也；所以均调天下，与人和者也。与人和者，谓之人乐；与天和者，谓之天乐。”中国哲学把“与天和”“与人和”看作是最大的快乐，正是因为其所追求的目的，乃是建立在和谐基础上的“天人合一”和“天人之乐”。

因此，尽管和谐有多层含义，如个人身心的和谐，父子、兄弟、夫妇间的家庭和谐，群体间的社会和谐，国家间的世界和谐及天人间的宇宙和谐，等等，但最终可归结为庄子所说的“与天和”“与人和”这两大和谐范畴。

“与人和”，即人与人之间的关系，其中包括人自身灵与肉之间，家庭、群体、社会及国与国之间这些属于人道方面的内容。“与天和”，即人与自然的关系。这些关系如果处理不好，就会造成三大危机，这也是当今人类所面对的最大挑战。这三大危机或三大困境是：人性异化导致的道德危机；贫富分化导致的社会危机；对自然的破坏所造成的生态危机。

中华民族“和”的理念或和谐哲学，对当今人类化解和匡正上述三大危机具有重要的理论价值和实践意义。

四、“趋时适变”的生存智慧

中国文化的基本精神有多种表现。其中，“适变趋时”的生存智慧，在中国古人的生存发展中占有重要地位。中国古代思想家对于宇宙万物及社会、人生的认识，多是从事物运动、变化的角度开始的。在中国古人看来，宇宙中不存在任何绝对停滞不变的东西，一切皆流，一切皆变，整个宇宙包括社会和人生，皆在大化流转之中，永不止步，永不停歇。面对无时而不动、无时而不移的浩瀚宇宙，人类应如何应对？古人有许多回答，简要地归结起来，可用一句话来表达，即“趋时适变”。不能适应变化就不能生存，不能与时迁移就不能发展。

古人对事物运动变化的认识，往往是从直观开始的，但在其“直观”的背后，却隐含着深刻的思考。《论语·子罕》说：“子在川上，曰：‘逝者如斯夫！不舍昼夜。’”朱熹解释说：“天地之化，往者过，来者续，无一息之停，乃道体之本然也。然其可指而易见者，莫如川流。”朱熹还引程子曰：“天运而不已，日往则月来，寒往则暑来，水流而不息，物生而不穷，皆与道为体，运乎昼夜，未尝已也。是以君子法之，自强不息。及其至也，纯亦不已焉。”又曰：“自汉以来，儒者皆不识此义。此见圣人之心，纯亦不已也。纯亦不已，乃天德也。”（《四书章句集注》）这里，朱熹、程颐的解释，只能看作是程、朱二人对事物运动变化的解释，但亦不违孔子的原意。孔子只是对眼前的河水不舍昼夜的奔流，所发出的“一去不复回”的感叹而已。但在这一感叹中，却蕴藏着如程、朱所说的“道体之本然”和“天德”对事物运动变化的义理反映。

孔子见河水奔流而言“逝”，恰老子亦谈“逝”。老子说：“大曰逝，逝曰远，远曰反。”（《老子》二十五章）这里的“大”，是老子形容道的广大无际，无所不包；“逝”，是指道的运行周流不息。周流不息则伸展遥远，伸展遥远又返回本原。在老子看来，“宇宙乃是逝逝不已的无穷历程”（张岱年语）。

继孔老之后，庄子亦多言变。在庄子看来，不仅宇宙万物变化无穷，就人的形体说，也是千变万化的。“若人之形者，万化而未始有极也。”（《庄子·大宗师》）“人生天地之间，若白驹之过郤，忽然而已。注然勃然，莫不出焉；油然漻然，莫不入焉。已化而生，又化而死，生物哀之，人类悲之。解其天弢，堕其天帙，纷乎宛乎，魂魄将往，乃身从之，乃大归乎！”（《庄子·知北游》）人生天地之间，就像阳光掠过空隙，既短暂，又忽然。万物蓬勃生长，又变化衰萎。已经变化而生，又变化而死。这对于那些有生命的东西来说，是悲哀的，但从道的角度看，这也都是自然的。他说：

物有死生，不恃其成；一虚一盈，不位乎其形。年不可举，时不可止；消息盈虚，终则有始。是以语大义之方，论万物之理也。物之生也，若骤者驰，无动而不变，无时而不移。何为乎，何不为乎？夫固将自化。（《庄子·秋水》）

庄子认为，包括人类在内的天地万物，都不可避免地有生死的变化，因此不能以一时之所成而为可持。万物时而空虚，时而盈满，没有固定不变的形态。年岁不能存留，时光不可遏止。消灭、生长、充实、空虚，终结了又开始，开始了再终结。此即大道运行的方向，也即万物变化的道理。在庄子的眼里，万物的生长就好像骏马的奔驰，没有一个动作不在变化，没有一点时间不在迁移。但无论是怎样变化迁移，这皆是万物自身所固有的、人的主观意志改变不了的自然的变化。

先秦诸子之言变化，以成书于战国时代的《易传》为代表，比较全面地揭示了客观世界的变化与人类活动的关系。从思维方式的角度说，《易传》提出了“适变”与“趋时”的概念，表达了人类的思维和行为都必须认识和适应客观世界的变化，才能生存的道理。而这些道理，都是通过对《周易》古经的解释而展开的。[①]《易传》将《周易》的基本原理概括为“阴阳变易”。《系辞》反复说明圣人之作易也，“立天之道曰阴与阳”“分阴分阳，迭用柔刚”“阴阳合德而刚柔有体”“一阴一阳之谓道”等等。

在《易经》六十四卦的文字系统中，本无“阴阳”概念，春秋时人解易，亦未提出“阴阳”范畴，而至《易传》，则不仅提出“阴阳”概念，且阴与阳对称，以说明乾、坤两卦的性质，乾为纯阳，坤为纯阴，乾坤合和而生六十二卦，以此反映阴阳为天地万物产生的最基本要素，故《系辞下》引孔子的话说：“乾坤，其易之门户邪？乾，阳物也；坤，阴物也。阴阳合德而刚柔有体，以体天地之撰，以通神明之德。”《系辞》以阴阳说明乾坤的性质，并以此为《周易》“门户”（基础），进而对乾坤两卦的性质作具体的阐释，以说明乾坤（即阴阳）在《周易》中的地位。

到此，《易传》对《周易》基本原理的阐述并未停止，除“阴阳”之外，还须引出“变易”的内容。《系辞上》说：“是故阖户谓

① 《周易》是由《易经》和《易传》两部分组成。《易经》又分为符号系统和文字系统，即六十四卦的卦爻象和卦爻辞。《易经》有较为久远的历史，其符号系统可追溯到上古，文字系统约完成于殷周之际，其性质本为卜筮之书，但却含有哲理的素材，有如一座金矿，有待开发。《易传》正是对《易经》的开发。它通过对《易经》的解释，创立了《易传》的哲学系统，成为继《老子》之后，中国哲学史中的重要哲学著作。本书所引《周易》的材料，多属《易传》，但以《周易》称之。

之坤，辟户谓之乾。一阖一辟谓之变，往来不穷谓之通。”由此，“变易”成为《易传》讨论的主要课题。

> 在天成象，在地成形，变化见矣。
>
> 刚柔相推，而生变化。
>
> 变化者，进退之象也。
>
> 知变化之道者，其知神之所为乎。
>
> 参伍以变，错综其数，通其变，遂成天地之文。
>
> 天地变化，圣人效之。
>
> 化而裁之谓之变，推而行之谓之通。（《周易·系辞上》）
>
> 天地细缊，万物化醇；男女构精，万物化生。（《周易·系辞下》）

如果说，上述材料还体现在一般的叙述上，或以具体象征来说明“阴阳变易”原理的话，下面这条材料，可谓较为抽象的概括：

> 乾坤，其易之蕴邪？乾坤成列，而易立乎其中矣。乾坤毁，则无以见易；易不可见，则乾坤或几乎息矣。是故形而上者谓之道，形而下者谓之器，化而裁之谓之变，推而行之谓之通，举而错之天下之民谓之事业。（《周易·系辞上》）

上述这段材料，对于我们探讨《周易》的“阴阳变易”原理十分紧要。因为历代学者，其中包括当代的一些易学研究者，对这段材料的理解，基本上都停留在文字表面。倘不知《周易》本为卜筮之书，故保留了原有的筮法语言，后来易学的义理学派借用或沿用了这些语言，故可谓用的是一套语言，而表达的却是两种思想。我们应该明确，在这段材料中，“乾坤”与“易”皆是双关语，乾坤既是卦名，又指代天地，同时也指代阴阳。“易”既是《周易》书名的简称，又是“变易”的意思。据此，我们可以把上一段文字作如下理解：

阴阳（亦乾坤，亦天地），是天地万物变易的基础。阴阳存在，而变化即在其中。如果没有阴阳，变化也就失去了根基；如果没有变易，则阴阳也就不能存在。所以居于形体之上的叫作“道”，居于形体以下的叫作“器”。两者的作用，导致了事物交感化育而又互相裁节叫作“变”，根据变化推广行动叫作“通”，把这些道理交给百姓去运用叫作“事业”。

在《易传》作者看来，如果没有阴阳，则无法体现变易；如果没有变易，也就无所谓阴阳。也就是说，天下没有无变易的阴阳；反过来说也没有无阴阳的变易。变易，是阴阳的变易；阴阳，是变易的阴阳。这一阴阳变易的原理，即体现为形而上的道和形而下的器。这实际上即是现代哲学所谓的“物质与运动”的关系。宋代张载《太和》中说：“两不立则一不可见，一不可见则两之用息。……感而后有通，不有两则无一。故圣人以刚柔立本，乾坤息则无以见易。”张载此论，盖脱胎于易。

总之，“阴阳变易”原理，是《周易》的核心内容，其对形而上、形而下的道器之分，也主要是通过对乾坤两卦的解释而得，以阴阳互动说明六十四卦的形成，以阴阳变易说明卦爻变化，并且把阴阳互动法则称为形而上的“道”，进而把这一原理概括为“一阴一阳之谓道”。

> 一阴一阳之谓道。继之者善也，成之者性也。仁者见之谓之仁，智者见之谓之智，百姓日用而不知，故君子之道鲜矣。（《周易·系辞上》）

“一阴一阳”即又阴又阳，有阴有阳。天地万物莫不受一阴一阳的支配，因此它是贯通天地万物的总原理、总规律。凡是继承这一法则原理的，便是完善的，凡是具备一阴一阳的，就具备或完成了自己的本性。可是一般人总是看不到阴阳变易的两个方面，往往割裂阴阳与变易的关系，因此不能完整地认识和运用这一基本原理，此即张载所谓“语道者知此，谓之知道；学易者见此，谓之见易。不如是，虽周公才美，其智不足称也”（《张载集·正蒙·太和》）。总之，将《周易》的基本原理概括为“一阴一阳之谓道”及其所包含的“阴阳变易”原理，对《周易》乃至中国文化有多重意义：

就《周易》的整个体系及筮法来说，找到了一个能够贯通始终的理论说明，甚至使《周易》的筮法乃至象数也具有了一定的说服力。这使《周易》所特有的符号系统和文字系统始终结合在一起，没有因为文字系统的发展而丢掉符号系统，也没有因为符号系统的过于灵活而废弃文字系统，从而使《周易》这部古老的经典文献，不仅完整地保存到现在，而且随着历史的演进，不断焕发出新的生命力。因为就《周易》本身的卦画说，奇偶二数、阴阳二爻、乾坤两卦，都是一阴一阳（又阴又阳，有阴有阳）。就乾坤两卦以外的各卦说，皆离不开阴阳两爻，离开阴阳两爻则不能成卦。就六子卦说，震、坎、艮为阳卦，巽、离、兑为阴卦，相互对应，也是一阴一阳。就六十四卦说，由三十二个对立卦构成，两两对应，皆由阴阳对应而起，形成有机有序的整体结构。就卦爻变化说，老阴老阳互变，本卦与之卦互变。在一卦中，刚柔、上下、贞悔、内外，都体现为一阴一阳。因此，离开阴阳变易原理，就不会有六十四卦的结构，没有六十四卦的结构，《周易》也就不能成立。对此，《说卦》概括为“观变于阴阳而立卦，发挥于刚柔而生爻”；“分阴分阳，迭用刚柔，故《易》六位而成章”，此之谓也。

“一阴一阳之谓道”或“阴阳变易”原理，十分推崇“变易”，认为“变易”是包括人类社会在内的宇宙万物的基本法则。《易传》作者对这一法则，作了多方面的论述，十翼各篇几乎都涉及这一问题，其内容涉及筮法、自然现象和人类生活的各个方面。其中，“刚柔相推，变在其中”，乃对立中产生的变；“易有圣人之道四焉，以言者尚其辞，以动者尚其变”，乃行动中产生的变；“法象莫大乎天地，变通莫大乎四时。……天地变化，圣人效之”，此是自然现象中的变；“爻者，言乎变者也”，“爻也者，效天下之动者也”，这是《周易》筮法中的变。总之，在《周易》作者看来，变是绝对的，而不变是相对的。

就理论思维说，《周易》的“阴阳变易”原理，是中国古代哲学在战国时代发展的高峰，其理论思维水平甚至超过老子，其意义是将西周末年的阴阳说，从对具体事物的论证，如自然界中寒暖二气的变化、太阳和月亮的中昃盈亏、万物的盈缩消长以及社会人事的吉凶、祸福等等，抽象为表述事物对应性范畴，并把这种对应性的相互依存和转化，概括为“阴阳变易”或“一阴一阳之谓道”，以此作为事物的本性及其变化的规律，对后世中国哲学及文化产生深远影响，历代学者都把《周易》看作是讲“变易”的学问。

魏晋时期的阮籍称：“《易》者何也？乃昔之玄真，往古之变经也。”（《通易论》），唐代孔颖达在其《周易正义序》中说：“夫《易》者，变化之总名，改换之殊称也。”宋代程颐也认为：“易，变易也，随时变易以从道也。”（《二程集·程氏易传序》）南宋的杨万里，在他的《诚斋集·易传序》中亦称：“易者何也？易之书为言变也。易者圣人通变之书也。何谓变？盖阴阳太极之变也；五行，阴阳之变也；人与万物，五行之变也；万事与人，万物之变也。古初以至于今，万事之变未已也。其作也，一得一失；而其究也，一治一乱。圣人忧焉，幽观其变，湛思其通而逆绌其图，易之所以作也。”

可见周易是一部专言“变化”的经典，以启迪人们对事物的变化有适应的能力，这样才能趋吉避凶。因此，《周易》对宇宙、社会、人生充满变化的揭示，即为人们认识、理解和应对变化提供理论和行动的指导。由此提出“适变”与“趋时”两个重要概念。《系辞下》说：

> 《易》之为书也不可远，其为道也屡迁。变动不居，周流六虚，上下无常，刚柔相易，不可为典要，唯变所适。

这里，《周易》作者提出了一个非常重要的问题：尽管易道是对客观世界的正确反映（“易与天地准”），但客观世界的变化异常复杂，因此易道对它的反应也是屡屡的推变，以使主观符合客观。因此人们对易道的遵行也应采取灵活态度。这里所谓“典要”，当为典常纲要，是指经典的原则性、确定性。“不可为典要”即有“不可为教条”之义。因为事物的变化，可能随时随地的发生，故要因地、因时而制宜，“唯变所适”，即因变制宜，要根据随时发生的变化，采取应变的措施，这有如儒家所谓的常与变、经与权的关系。因为易道不断迁变流转，并不固定在某一处所、某一点上，这就是常中有变，变中有常，要全面把握二者的关系，做到常以处变，变不失常。“不可为典要，唯变所适”的“适变”哲学是中华易学的精髓和灵魂，也是中国人最能适应变化的生存智慧。

除“唯变所适”这一重要观念外，《易传》还提出“趋时”的概念，以及由此发展出“与时偕行”的重要命题。

“趋时”的概念和“与时偕行”的命题，都是在《周易》筮法的占筮体例中产生的。《易传》认为，卦爻象、卦爻辞之吉凶，因所处时机不同而表现出差异。如某一卦、某一爻，既居中位，又为相应，同时又得位，又承乘相顺（居中、相应、得位，承乘相顺，是《周易》占筮体例中四项得吉的标准），却不一定得吉，反之也不一定得凶，这里便有一个更重要的条件，即“时”的问题。

按着《易传》的看法，人类对“变”的理解和应对，有一个内在的逻辑顺序或发展过程：“阖户谓之坤，辟户谓之乾。一阖一辟谓之变，往来不穷谓之通。”（《周易·系辞上》）《易传》认为，事物发展到穷尽的时候，必然会发生变化。因此“变通”的前提是“穷”，即“易，穷则变，变则通，通则久”（《周易·系辞下》）。故“变通”，既是客观事物本身发展的趋势，也是反映到人的头脑中并可付诸于实际行动"变通"。[①] 但变通不是人主观随意的变通，因客观事物本身的"变"和"通"并不是没有条件的，这个条件便是"时"。即《系辞下》所谓的"变通者，趋时者也"。王弼即认为"卦以存时，爻以示变"（《周易略例·明爻通变》），"夫卦者，时也；爻者适时之变者也"，"吉凶有时，不可犯也；动静有适，不可过也。犯时之忌，罪不在大；失其所适，过不在深"（《周易略则·明卦适变通爻》）。意谓只要犯时，失宜，就要遭到凶咎，而并不在于罪过之深之大。

《周易》中"时"的观念，对中国哲学发生极为深远的影响。根据"趋时"说，《周易》六十四卦的筮法体例，没有绝对的休与咎、吉与凶、是与非，一切都以时间、条件为转移，此即所谓"变动以利言，吉凶以情迁"（《系辞下》）。《周易》的六十四卦、三百八十四爻，可谓一卦一时，一爻一时，没有超越时间、条件、绝对凝固不变的东西。其主旨即是要求人们要按时而动，所谓"成天而时行"（《周易·坤·文言》）、"君子以治历明时"（《周易·革·象》）等等。由此，《易传》提出"与时偕行"的命题："损刚益柔有时，损益盈虚，与时偕行"（《周易·损·象》）。离开对经文的具体解释，可以更好的理解"与时偕行"的抽象意义。可以说，这一个具有普遍性意义的命题，其正解，当在《周易·艮·象》："时止则止，时行则行，动静不失其时，其道光

① 实际上，"通变"与"变通"是有差别的。"通变"是人类对客观事物"变通"的认识。如"神农氏没，黄帝尧舜氏作，通其变，使民不倦"，这里的"通其变"即"通变"，是客观事物的"变通"反映到人们头脑中得到的正确认识，然后通过这种认识，去指导对客观事物"变通"的应对措施，此为"通变"而非"变通"。

明。”这是说，人的行为不能离开“时”，无论是行止、出处、动静等等皆不能失时。得时则吉，失时则凶，故须“与时偕行”，前面的道路就会一片光明。

李白诗曰：“长风破浪会有时，直挂云帆济沧海。”西晋玄学家郭象亦言：“承百代之流而会乎当今之变。”此皆有“适变趋时”之义。在当今世界，人类面对几千年未有之大变局，我们更需要发挥“适变趋时”的生存智慧，在世变之急中立定脚跟“与时偕行”，去寻求更大的发展。

五、“生生日新”的维新理念

“生生”和“日新”，是中国文化中两个重要概念，它们的内涵虽然可以有多种解释，但其最核心的内涵，是包括人类在内的整个宇宙的生命展现及其连续性和可持续性以及实现这种连续性和可持续性的手段和方法。在中国传统文化看来，“生生”与“日新”是天地自然的根本属性。“生生”即生而再生，连续不断，生生不息；“日新”是自然界有机生命体的不断变化，不断更新，新新不已。

如前文所述，“一阴一阳之谓道”，是指宇宙间事物生成、发展之道。其流行于天地之间，可谓川流不息，无一刻暂停。“生”是天地自然的根本属性，此即《系辞下》之“天地之大德曰生”。

《系辞上》说："夫易，广矣大矣，以言乎远则不御，以言乎迩则静而正，以言乎天地之间则备矣。夫乾，其静也专，其动也直，是以大生焉。夫坤，其静也翕，其动也辟，是以广生焉。……子曰：'易其至矣乎！夫易，圣人所以崇德而广业也'。"易道广大，无所不包，穷极远近幽深，遍满宇宙之内。天地之德或天地之本为"大生""广生"。"同一道也，在未继以前为天道，既成而后为人道。天道无择而人道有辨。"（《船山全书·周易内传·系辞上》）故人类须尽人道以"崇德广业"。

这里所谓"崇德广业"，乃指人类通过"天人合德"的原理，对天道之"大生""广生""生生不息"进行"继善成性"的效法，从而完善人类社会及人类自身的生存和发展。此即"天道生生"与"人道生生"在天人合德基础上的融合与统一。故《系辞上》又说："富有之谓大业，日新之谓盛德，生生之谓易。"孔疏对这几句话的解释是"广大悉备，万事富有，所以谓之大业。圣人以能变通体化，合变其德，日日增新，是德之盛极，故谓之盛德也"；他又解释"生生"说："生生，不绝之辞。阴阳变转，后生次于前生，是万物恒生，谓之易也。"（《周易正义·系辞上》）这是说，"大业"谓天道，体现为生生不息；"盛德"为人道，体现对生生不息的宇宙大化，能"合变其德"，并且日日增新。这里的"合变"，即人类的行为要符合和配合天地自然的"恒生之德"，并通过人类的"日新"活动，不断调整其所为，从而使自己的行为与生生不息的天地自然相协调，从而使人类社会也像天地自然那样，生生不息，持续发展。此即"生生者，有其体，显诸仁，效其用"。

可见，"生生之谓易"，这一命题及其所蕴涵的思想原理都是对我们今天所谓的“可持续发展”理论的古代表述形式，它可以成为当今人类可持续发展的哲学原理或一种支持。这种理论表述或基本原理，在天人二分的西方哲学传统中很难找到。

“生生之谓易”所蕴涵的万物生成发展之道，其内在动力在于“交感”。在《周易》的生命哲学看来，包括人类在内的宇宙万物，有交感，方有变化；有变化，才能通畅；有通畅，方能恒久。我们可以把事物的“交感—变化—通畅—恒久”的发展观概括为“交变通久”。它是自然、社会乃至人类社会的每一个体，保持生存和发展的内在动力。

在《周易》看来，“交”是宇宙万物生成、变化和发展的前提和基础。这一思想贯穿《周易》全书，为易道之管辖和关键。据前文所述，《周易》以“一阴一阳”为事物存在的方式，大到宇宙，小到沙尘，无不含有浮沉、升降、动静、相感之性。事物的存在发展即在于这些相反相成的矛盾因素之间的相互接触、相互作用，此之谓“交”。《周易·泰·彖》：“天地交而万物通也，上下交而其志同也。”孔疏谓：“天地气交而生养万物，物得大通，故云‘泰’。‘上下交而其志同’者，此以人事象天地之交。”故泰卦的《象》辞又说：“天地交，泰。后以财成天地之道，辅相天地之宜，以左右民。”否卦则与泰卦相反，否之《彖》辞曰：“则是天地不交，而万物不通也；上下不交，而天下无邦也。内阴而外阳，内柔而外刚，内小人而外君子，小人道长，君子道消也。”故该卦《象》辞又说：“天地不交，否。君子以俭德辟难，不可荣以禄。”

以上是以《周易》的泰、否两卦为例，说明《周易》对阴阳交感的重视。自然界存在阴阳交感，并通过阴阳交感而生养万物，使“物得大通”。如果阴阳不交，则天地不通。天地不通，则万物不生。泰、否二卦，以阴阳异位以相应，故“为天气下施，地气上应。……天以清刚之气，为生物之神，而妙其变化，下入地中，以鼓动地之形质上蒸。而品物流形，无不畅遂。若否，则神气不流行于形质，而质且槁矣”（《船山全书・周易内传・泰卦》）。“质且槁”，则为无物明矣。把自然界的阴阳交感原理用于人事，则表现在三个方面：其一，人不能违背自然界阴阳交感的原理，应采取“财成天地之道”“辅相地之宜”的做法，赞天地之化育，使天地自然的生物之功，得以延续，从而使自然与社会都能保持可持续发展而不中途夭折。其二，人类自身也应遵循阴阳交感之理，在《易传》看来，泰卦之所以为“泰”，就其社会一面说，即在于“上下交而其志同也”。相反，否卦之所以为“否”，即在于“上下不交”。上下不交，不仅“其志不同”，甚且导致“天下无邦”的后果。其三，《易传》的阴阳交感原理，揭示了“交感”的普遍性。自然界与人类社会，其中包括人与人、家与家、国与国，凡存在者，均有“交感”。就当今人类来说，不同的个人、不同家庭、不同国家、不同民族、不同地区、不同宗教、不同文化之间，难道不需要通过交流、对话等“交感”形式而达到“相得以安”吗？不能相得以安，谈何生生不息和可持续发展？“二气交通，清宁不失，故吉；由是而施化于万物，则亨。”（船山全书・周易内传・泰卦）一吉一亨，乃是人类追求的亨通之道和生生之理。而《周易》之泰、否二卦的阴阳交感原理，正是实现生生不已和可持续发展的亨通之道。故王夫之说，《象》于此二卦，至为深切，学《易》者当于此而审得失存亡之机，不可忽也。

上面所论“生生”之理多与今天所谓的“可持续发展”有密切关

系。可以说“生生”颇具生态伦理意义。但古人是把整个宇宙看成是一个有机的生命整体，所谓“生生之谓易”，实属宇宙论的范畴，后世学者又多有以“仁”释“生生”，于是使“生生”这一概念内涵又具有了伦理学的意义。周敦颐不剪窗前茂草，“以观天地之生意”；程颢以“生生之谓易，是天地所以为道也”。既以易的生生之道为宇宙万物的法则，同时又把它看作是人类社会道德原则的根源，这又多少带有生命本体论的倾向。总之，“生生”是中国哲学和中国文化具有根源性和统摄性概念，处于中国文化精神的核心地位。

把“生生”和“日新”联系在一起，源于《易传》。实际上在中国文化和中国哲学中，“日新”的概念比“生生”概念早出。且所谓“日新”之“新”，早在老子即有述及。《老子》十五章说：“保此道者，不欲盈。夫唯不盈，故能蔽（同敝）而新成。”老子又说：“曲则全，枉则直，窪则盈，敝则新，少则得，多则惑。”这里，老子不仅提出“新”的概念，且新敝对称，其内涵皆有去故更新之义。庄子谈“变”甚多，对“新”与“故”亦有所见，提出“吐故纳新”（《庄子·刻意》）的命题。而比老子稍晚的孔子、与庄子同时的孟子及战国末期的荀子，均未提出有关“新”与“旧”的命题，甚至很少言“新”。

最早提出“日新”概念的大概是《管子》一书，其言“敬慎无忒，日新其德，遍知天下，穷于四极，敬发其充，是谓内得”（《管子·内业》）。这里虽然重点在言精气，但明确提出“日新其德”，实乃圣人精气充沛之表现。

“日新”之说对后世影响最大者，一是《易传》，二是《大学》。《易传》中，“日新”两见：一是《大畜·象》之“刚健笃实辉光，日新其德”；二是《系辞上》的“日新之谓盛德”（已见前引）。《大学》在其三条教育纲领中的第二条即是“作新民”，其源于《尚书·康诰》“亦惟助王宅天命，作新民”。《大学》引“汤之《盘铭》曰：‘苟日新，日日新，又日新’。”又引“《诗》云：‘周虽旧邦，其命惟新。’”《大学》之“日新”概念皆称引《诗经》、引《尚书》，而《易传》直书“日新”而不言称引，起码说明《易传》之成书要早于《大学》。这就是说，“日新”思想的源头，仍在“六经”。

《易传》与《礼记》产生的时代大体相当，故“日新”的思想在两部经典的历代解释中，得到承传和发展。

汉代杨雄在其《法言》“为政日新”条目下，回答或问“敢问日新？”杨曰：“使之利其仁，乐其义，厉之以名，引之以美，使之陶陶然，谓之日新。”这里，杨雄是从政治和治理国家的角度，提出“为政日新”的思想。他认为“日新”就是日有所进，永不懈怠。门人问其具体表现，他认为“日新”体现在政治上，应该是让政府官员利施仁德，愿意推行合理合宜的治国方针和办法，并用名誉加以勉励，用善美加以引导，使每一位官员都身心快乐地工作，此之谓“为政日新”。

对“日新”观念解释和弘扬最力者，当在宋代和明清之际。

北宋张载在其《正蒙·大易》中解释《易传》的“富有”和“日新”时说：“富有，广大不御之盛与！日新，悠久无疆之道与！富有者，大而无外也；日新者，久而无穷也。”这是从宇宙观角度对“富有”和“日新”的理解，认为宇宙包含之广大，囊括一切，没有边际。而“日新”则指宇宙万物变化恒久而无尽头。“富有”，似指宇宙空间（太虚即气，由太虚有天之名）；“日新”，指宇宙万物的变化没有终结的时候，把“日新”上升到“悠久无疆之道”的高度（即“由气化有道之名”）。张载又说：“‘日新之谓盛德’，过而不有，凝滞于心，知之细也，非盛德日新。惟日新，是谓盛德。义理一贯，然后日新。”（《正蒙·大易》）这里的“知之细”和“凝滞于心”是对佛教的批评。他认为只有“日新”，才配得上“盛德”，且要“义理一贯”。这样的“日新”是指“人道”，即“天道日新”与“人道日新”的统一，才是对“日新”的全面理解。这是张载从《周易》出发讲“日新”。

南宋朱熹多从“人道”出发讲“日新”，其主要是通过对《礼记·大学》的解释来发挥“日新”思想。他解释《大学》“汤之《盘铭》曰：‘苟日新，日日新，又日新’”说：“苟，诚也。汤以人之洗濯其心以去恶，如沐浴其身以去垢。故铭其盘，言诚能一日有以濯其旧染之汙而自新，则当因其已新者，而日日新之，又日新之，不可略有间断也。”这里，朱熹认为“濯旧自新”不能间断，即是“日新”。

他在解释《大学》引《诗·大雅·文王》的“周虽旧邦，其命惟新”说：“言周国虽旧，至于文王，能新其德以及于民，而使受天命也。”在朱熹看来，商汤、周文王之所以能善治国家，一个很重要的条件，便是能够“日新其德”。一个国家虽然历史悠久，具有丰厚的民族文化传统，但也必须日新其德，不能守旧，才能通过“惟新”而保有天命，跟上时代的发展。这里所谓“天命”，按今天的理解，应该是不以人的主观意志为转移的自然与历史的必然性，或社会发展的必然性。因为“天道”有如天下大势或时代潮流，它们也在“日新”。因此，人道的“日新”，正是顺应天道的“日新”。在朱熹看来。天道的“日新”即“新命”。从历史的角度说，“自后稷以来，千有余年，至于文王圣德日新，而民亦丕变，故天命之，以有天下”（《四书或问》）。文王之所以得天下，即在于文王能够“日新”，而百姓从之。这大概是因为百姓往往只看君主治国的效果和君主的表率作用，而天之所闻所见及治国成效的判断，都通过百姓的反应表现出来。此谓“民之视效在君，而天之视听在民”（《四书或问》）。这也就是说，“君德既新，则民德必新；民德既新，则天命之新亦不施日矣”（《四书或问》）。这里，朱熹强调的是君主“自新”，而至于“新民”，再至于“天命日新”。按朱熹的看法，如果用一公式来表达，即“君德日新—民德日新—天命日新”，此之谓“旧邦新命”的逻辑程序。

在中国文化中，对“日新”的理解，至明清之际又有新的认识，以王夫之为代表对“日新”说作了全面的阐释。如果说，朱熹的“日新”说，更侧重从道德修养角度阐释“日新”，而王夫之则从《周易》和《大学》双重源头上立说，详细论证天道之“日新”和人道之“日新”的统一关系，对宋明理学和心学在“日新”问题上都有所辩证地厘定。

王夫之在学脉上更倾向于张载。对此他专门著《张子正蒙注》以继其学，“日新”说也如是。张载以“富有者，大无外也；日新者，久无穷也”解释《周易》的“日新之谓盛德”。王夫之继此解释为“阴阳一太极之实体，唯其富有充满于虚空，故变化日新”（《张子正蒙注·太和》）。此之谓“有而富有，有而日新”。王夫之认为，宇宙万物变化日新是自然界的普遍现象。他说：

> 天地之德不易，而天地之化日新。今日之风雷非昨日之风雷，是以知今日之日月非昨日之日月也。风同气，雷同声，月同魄，日同明，一也。抑以知今日之官骸非昨日之官骸，视、听同喻，触、觉同知耳，皆以其德之不易者，类聚而化相符也。……守其故物而不能日新，虽其未消，亦槁而死。不能待其消之已尽而已死，则未消者槁。故曰："日新之谓盛德。"（《船山全书·思问录内篇》）

自然界的万物都有日新之化的普遍性功能，不断地推陈出新，"推故而别致其新"。不仅自然界如此，人的身体也是如此。爪发肌肉皆"日生而旧者消"，人只见其外形不变，而不知其内质已迁，则疑今兹之肌肉为初生之肌肉，今兹之爪发为初生之爪发，"恶足以语日新之化哉！"（《船山全书·思问录内篇》）人的生命也是如此，二气之运，五行之实，始以胎孕，后以出生，形以日养，气以日滋，理以日成，"方生而受之，一日生而一日受之。受之者有所自授，岂非天哉？故天日命于人，而人日受命于天。故曰性者生也，日生而日成之也"（《船山全书·尚书引义·太甲二》）。人性是可变的，亦即是"日新"的。

王夫之的"日新"说综合并发展了《周易》与《大学》关于"日新"的理念，从自然界的"日新"，说到个体人的"日新"，再论及人性本质的"日新"。可以说王夫之建立起一套"日新"说的理论体系，是论证客观世界及人类社会"日新"的常则和规律性。特别是在社会政治方面，他强调"日新"是"王者出政敷治之所为"，故需王者首先要躬行“日新”，即“乃民不能新，非率之以新，未亦新也；民即欲新，非兴之以新，不即新也”（《船山全书·四书训义》）。所以要使民新，王者必先自新。这样才可以昭示臣民而为之作则。另外，“以其日新之盛德，移易天下之风俗”，使天下旧染之污，洗涤无余，使日新之流风，益加兴起，此王者自新之效也。故曰：

> 以立教之本言之，则汤之自新，所以为新民之原，未有上不躬行而下能效者也。自敷陈之道言之，则文之作新，遂至于新民之盛，未有教化不起而王道能兴者也。是故君子知民之治必原于己也，治民之至可通于天命也。……以国运兴废之原慎之于民之顺逆，其不容姑听百姓之为而遂于己明矣。姑自新之至，比如成汤与日无穷者而后教可成；新民之至，必如文王鼓舞不倦者，而后帝可配。（《船山全书·四书训义》）

由此可见，王夫之已看到整个社会之日新盛德之养成，一赖王者自新以率民新，二靠教化而起，达新民之盛。王夫之把“日新盛德”提升到“王道能兴”和“后帝可配”的高度，并把它看作是民心顺逆和国运兴衰的重要来源和根据，“日新”果有如此之弘力乎！

总之，中国文化如此重视“生生”和“日新”，其原因即在于：“生生”有生命延续不绝之义；“日新”有更化创新发展之德。“生生”是生命里旺盛和顽强的呈现；“日新”是创造力、创新力永不衰竭的源泉。“生生”是“日新”的基础，没有“生生”，“日新”将失去意义；“日新”是“生生”的动力，没有“日新”，“生生”将中途夭折。

六、“存而不忘亡”的忧患意识

忧患意识是中国文化的核心理念，也是中国文化的基本精神。几千年来，中华民族之所以能够挺立于世界，自强不息地生存发展，其内在的思想动力之一，即是有强烈的忧患意识。在古代先贤看来，一个缺失或没有忧患意识的民族，无论当时如何强大，总免不了最终走向衰败和灭亡。在中国几千年生存发展的历史进程中，天灾人祸、内忧外患、政权更迭及残酷的战争等，都会给社会及人民带来巨大的破坏和伤痛。痛定思痛，反思历史，直接刺激了中华民族忧患意识的产生。

在中国古代文化典籍中，《周易》和《尚书》，最早记录了中华民族的忧患史。

《周易·系辞下》说：“易之兴也，其于中古乎！作《易》者，其有忧患乎！”这是说，《周易》这部书，完全是因忧患而作，“若无忧患，何思何虑，不须营作。今既作《易》，故知有忧患也。身既患忧，须垂法以示于后，以防忧患之事，故系之以文辞，明其失得与吉凶也。”正因为忧患而作，“是故其辞危。危者使平，易者使倾；其道甚大，百物不废。惧以终始，其要无咎，此之谓《易》之道也。”这是说，为防止忧患之事发生，所以卦爻辞多有忧危之义，因为警惕自危，反可以使人平安。如果掉以轻心，就会导致倾复败亡。这个道理实在重要，任何事都不能例外。始终保持戒惕与警惧，其目的在于避免产生过错及由过错引起的灾咎，这就是《周易》给人们指示的道理。这里，《周易》作者把忧患意识作为易道的首要宗旨，把它列为“易之道”。可见，忧患意识是《周易》的核心理念之一，也是中国文化的核心理念之一。可以说，作为“六经”之首的《周易》一书，其所思考的主题之一或其产生的本身，即忧患的产物。而在其每一卦每一爻的卦爻辞中，都体现了一种深刻的戒惕或忧患精神。

乾卦九三爻辞说：“君子终日乾乾，夕惕若厉，无咎。”意思是说，君子不仅要从始至终保持勤勉努力，不能有丝毫懈怠，而且还要在思想上随时保持清醒和戒惕，以防范灾难的发生。有了这种忧患意识，即使灾难真的发生了，因为提前有了思想上的准备，就会在一定程度上化解灾咎，不至于酿成大祸，故该爻的占断辞曰“无咎”。乾卦的上九爻辞是“亢龙有悔”。意谓一条飞得很高的龙，当其飞得不能再高的时候，就会从高处跌落下来，即称“亢龙有悔”。实际上不仅是龙，在《周易》看来，任何事物都是如此，因此不能放松警惕，不能丧失忧患意识。如果认识不到“亢龙有悔”，就会遭到失败。

《易传》在解释“亢龙有悔”时说：“亢之言也，知进而不知退，知存而不知亡，知得而不知丧。”按着《易传》的这种解释，所谓“亢”就是只知前进而不知还有后退；只知道保存而不知道还有灭亡；只知道获得而不知道还有失去。进与退、存与亡、得与失等，在一定条件下都会发生转化。所以只看到事物的一面，而看不到另一面，那将是十分危险的。这种“物极必反”“穷高反下”“否极泰来”等对立双方可以发生转化的辩证思维，正是中国文化忧患意识的哲学基础。儒、道两家及佛教哲学对此都有清醒的认识。《老子》中甚至把这种对立转化思想上升为“道”的高度加以体认，称事物运动的总规律是向其相反的方向发展，即“反者道之动”。老子还说：“名与身孰亲？身与货孰多？得与亡孰病？甚爱必大费，多藏必厚亡。故知足不辱，知止不殆，可以长久。”（《老子》四十四章）这里的“知止”，即有《周易》“知进知退，知存知亡，知得知丧”的涵义，亦都有警示、戒惕和忧患意识的涵义。

履卦六三爻辞说：“眇能视，跛能履，履虎尾，咥人，凶。”眼神不好却要强看，腿脚不便却要强行，结果踩在老虎的尾巴上，遭遇凶险。而该卦的九四爻辞：“履虎尾，愬愬，终吉。”同样的“履虎尾”，结果却是一凶一吉，关键在“愬愬”。各家注释多释“愬愬”为恐惧、戒惧貌。谨慎、小心、戒惧，皆有忧患义。履卦九四“履虎尾”，因其谨慎、小心，有忧患防范意识，故终究未遇危险。

噬嗑卦上九爻辞说：“何校灭耳，凶。”何同荷，负荷、负担。校，古代刑具。《说文》：“校，木囚也。”即桎梏或枷锁。此爻是说，一个人由于恶积不改，终被严厉惩罚，以致肩负枷械，甚至被割掉耳朵（一说为耳朵被枷械所掩），此为大凶之爻。《系辞下》在阐发此爻义理时，引孔子曰：“善不积，不足以成名，恶不积，不足以灭身。小人以小善为无益而弗为也，以小恶为无伤而弗去也。故恶积而不可掩，罪大而不可解。”这就是说，所谓忧患意识，应包含一个人对善的追求和对恶的警惧。如果对恶无所戒惕，以为小恶无伤而不注意改弃，必积累大恶。一旦大恶积成，便无法解脱，必然受到大惩。对此，难道不应该警惕吗？

困卦六三爻辞："困于石，据于蒺藜，入于其宫，不见其妻，凶。"六三困于乱石之中，挣扎欲出，却一手抓在蒺藜上，忍痛归家，却见不到他的妻子，凶险至极。《系辞下》解释说："非所困而困焉，名必辱。非所据而据焉，身必危。既辱且危，死期将至，妻其可得见邪？"这是说六三困于不该受困的问题上（比如贪污受贿或权色交易之类），名誉必然会受到莫大的耻辱；不应该依靠的他却依靠了（比如犯事受困之后，依靠司机或秘书掩盖他的错误），使他陷入更大的危险。名声受到莫大耻辱，身体乃至生命遭到巨大危险，既辱且危，死期将至，怎么还能见到他的妻子呢？六三所以陷入丧生亡家的极端困境，完全是咎由自取。这说明六三平时积小恶而成大恶，从一开始就缺少忧患意识的培养和教育，最终走上败身亡家的道路。

否卦九五爻辞："休否，大人吉。其亡其亡，系于苞桑。"这几句话可直译为：停止或结束闭塞不通的局面，大人吉利。会灭亡吗？会灭亡吗？好像栓在桑树根上一样稳固。此爻意思是说，能行休美之政于否塞之时，唯大人乃能如此而得吉。"在道消（乱世）之世，居于君位而遏小人，必近危难，须恒自戒慎其意，常惧其危亡，言丁宁戒慎如此也。"（《周易正义》）《系辞下》解释此爻辞时说："危者，安其位者也。亡者，保其存者也。乱者，有其治者也。是故君子安而不忘危，存而不忘亡，治而不忘乱，是以身安而国家可保也。""其亡，其亡，系于苞桑"，应该成为中华民族忧患意识的座右铭。

以上仅举一些典型卦例，说明忧患意识乃是贯穿《周易》一书的基本理念。对于一个人、一个家庭、一个群体、一个国家乃至一个民族来说，善恶、是非、安危、存亡、福祸、治乱等等，随时都可能发生转化，如无戒惕之心和忧患意识，安定可能转化为危机，生存也可能转化为死亡，治世也会转化为乱世，可谓生死存亡常系于忧患，这是中华民族几千年来总结出来的生存智慧。

如果说，《周易》最早提出了“忧患”的概念，且从义理或哲学的角度，对“忧患”意识进行了理论的说明，那么《尚书》虽然还没有直接使用“忧患”概念，但却用事实记录了历史上的忧患故事。

据《虞夏书》载，夏启的儿子太康，继承王位后，因爱于田猎，荒废国政，不理民情，后羿率民拒太康返都，太康由此失去帝位。太康的五个弟弟作了五首歌（史称《五子之歌》），述祖禹之戒，表达对太康的失望和怨恨，其中充满了忧患意识，其一曰：

> 皇祖有训，民可近，不可下，民惟邦本，本固邦宁。予视天下愚夫愚妇一能胜予，一人三失，怨岂在明，不见是图。予临兆民，懔乎若朽索之驭六马，为人上者。奈何不敬？

这首诗可归纳三个方面的意义：一是“民为邦本”。统治者对待百姓，只可以亲近，不可卑下鄙视。因为只有百姓才是立国的根本，根本稳固了，国家才能安宁。二是“一人三失，怨岂在明，不见是图”。一个人可能会有许多失误、怨恨，要早加预防，不能等失误明显的时候才去考虑，那就晚了。也就是说，要有预见能力，即“不见是图”或谓“图不见”，是指细微难料的错误和过失要预先图谋。孔疏解释“不见是图”说：“一人之身，三度有失，大过皆由小事起，小事不预防，易致大过，故于不见细微时，当于是豫图谋之，使人不怨。”这也是《周易》之“君子见几”，应是忧患意识所应具有的能力。《系辞下》说：“知几其神乎！……几者动之微，吉凶之先见者也。……君子知微知彰，知柔知刚，万夫之望。”因此，所谓忧患意识，应包含忧患者的预见能力，能见小知大，见微知著。三是“预临兆民，奈何不敬？”敬，是指谨慎、小心、戒惧、敬畏。面对亿万人民，这种戒惧敬畏之心，就好象用腐朽的绳索驾着六匹马一样，时刻要小心谨慎，如临如履，防止索断马奔而使所驾之车翻覆崩毁。作为最高统治者为什么没有敬畏之心呢？

> 训有之；内作色荒，外作禽荒，甘酒嗜音，峻宇雕墙，有一于此，未或不亡。
>
> 惟彼陶唐，有此冀方。今失其道，乱其纪纲，乃厎灭亡。

以上是《五子之歌》的第二、三两首，其意义有二：一是统治者若纵情声色犬马，贪于享乐，国家必亡。诗中说，在内贪恋女色，在外沉迷游猎，嗜酒不知节制，嗜好歌舞不知满足，盘踞多处豪宅，彩饰雕梁画栋。这六项中，弃德悖法之官必有其一。哪怕只有一项，就没有什么人会不亡国的。二是“失其道，乱其纲纪”，最后导致灭亡。这里的所谓“道”和“纲纪”，一是指正确的道路和治国的方针、政策；二是指法制和规范。一个国家一旦走向错误的道路，失去正确的治国方针和政策，就会使社会没有正义和公正乃至失去正常秩序，最后导致国家崩溃。

> 明明我祖，万邦之君。有典有则，贻厥子孙。关石和钧，王

府则有。荒坠厥绪，覆宗绝祀。

呜呼曷归？予怀之悲。万姓仇予，予将畴依？郁陶乎予心，颜厚有忸怩。弗慎厥德，虽悔可追？

《五子之歌》的第四首、第五首，其所表现的忧患意识主要集中在“有典有则”“关石和钧”和“虽悔可追？”三个方面。“典”，谓先王之典，“可凭据而行之，故为经籍”（《尚书正义》）。所谓“经籍”，是指那些从实践中总结出来并对现实有指导意义的经验和教训，把这些经验和教训提升到理论高度，即所谓“经典”。而太康“坠其绪”。绪者，发端之言，指先王以前的教导及所总结的经验教训，都被太康抛落不顾。“有典有则”之“则”，意谓法则、规范或规矩。狭义指度量衡等经济规范，亦指太康抛弃了“关石和钧”[①]的经济政策，即如孔疏所言：“太康失其业，所以亡也。”

第五首诗可视为总结，“呜呼何归？予怀之悲”，“弗慎其德，虽悔可追？”至此，太康失国，对他的五个弟弟来说是最大的悲哀，人君行已不慎其德，以速灭败，虽欲改悔，还来得及补救吗？

《五子之歌》可称得上是中国历史上最早出现的忧患诗。在《尚书》中，虽属今文，著述年代不会早于春秋时代，但不能否认这是通过后世史官对夏代第二代君王失国的沉痛回顾，其中积淀着中华民族早期忧患意识的历史记忆，在今天仍有警世的作用。

---

① “关石和钧”，孔疏“关，通也”。“石”指金铁之重物。《汉书·律历志》：“二十四铢为两，十六两为斤，三十斤为钧，四钧为石。”石是最重的重量单位，因此，金铁称为石。这里指供人器用的金铁，也包括米粟、布帛等生产资料和生活必须品。“和钧”，即平均，交换平等，互通有无，民用不缺。

《尚书·伊训》还记载了一个历史故事，也具有忧患色彩。据该篇载，商朝的开国之君成汤去世后，他的孙子太甲继承了王位。汤之贤臣伊尹谆谆告诫太甲，吸取夏桀灭亡的教训，认为夏之所以灭亡，主要原因便是腐败，提出著名的“三风十愆”说。所谓“三风”，指三种败坏政治的风气：一为“巫风”，即巫觋之风，“恒舞于宫，酣歌于室”，装神弄鬼，背离先王之道；二为“淫风”，“殉于货色，恒于游畋”，不顾民生死活；三为“乱风”，“侮圣言，逆忠直，远耆德”，远贤近馋，荒乱悖理。“十愆”，即十种过错，指舞、歌、货、色、游、畋、侮、逆、远、比。“惟兹三风十愆，卿士有一于身，家必丧；邦君有一于身，国必亡。”（《尚书·伊训》）

据《尚书·太甲》载，太甲继位后，虽有贤臣伊尹反复告诫，却仍不改旧习，伊尹便把太甲放逐到桐宫（先王陵园）守丧反省。三年后，太甲省悟自新，对伊尹说：

> 予小子不明于德，自厎不类。欲败度，纵败礼，以速戾于厥躬。天作孽，犹可违；自作孽，不可逭。既往背师保之训，弗克于厥初，尚赖匡救之德，图惟厥终。

这里，太甲向伊尹做了深刻的检讨，认为自己不修品德，以至犯了大错。现在明白了放纵情欲就会败坏礼仪法度，给自身招来罪过。上天造成的灾祸，尚可避开；自己造成的灾祸，却无法逃脱。这都是由于违背了师保的教导，忘记初心，多亏师保的匡扶救助，使自己重新走上正路，争取有一个好的结局。

伊尹听了太甲的自我批评，进一步指出：“若升高，必自下，若陟遐，必自迩。无轻民事，惟艰；无安厥位，惟危。慎终于始。”这是说，修养自己的品德有如登高行远，不能一步到达，因此不要轻视民生，要想到百姓的艰难。也不要以为自己的天子之位很安全，要想到它的危险。要“於始虑终，於终思始”，始终如一地存有忧患意识。“无安厥位，惟危”，即《周易》“安而不忘危”，“危者，安其位者也”。

以上是以《周易》和《尚书》两部经典中引出的忧患意识。实际上，忧患意识始终贯穿在“六经”之中，成为中国文化的重要价值理念。这一理念至春秋战国时期，更为自觉和明确。据《左传·襄公十一年》载，晋悼公聚诸侯悉师伐郑，郑国为缓和危机，派人贿赂晋国大量财物、武器、兵车、乐师、乐器、乐队及能歌善舞的美女。晋悼公很高兴，决定把乐队的一半美女及乐器赐给出谋献策的大臣魏绛。魏绛辞谢并告诫晋侯说：“抑臣愿君安其乐而思其终也……《书》曰：‘居安思危’。思则有备，有备无患，敢以此规。”意思是说，君王既然安其乐，还要想到它的结果。正如《尚书》所说，“处于安乐要想到危险”，想到了就有防备，有了防备，才能免除祸患。

能够充分体现忧患意识的自觉，可以孔子和孟子为代表。他们有见于当时社会的政治混乱和道德的沉沦，曾发出由衷的感叹。《论语·述而》载孔子的话说：“德之不修，学之不讲，闻义不能徙，不善不能改，是吾忧也。”不努力培养自己的品德，不读书也不讲习学问，听到义在那里却不能以身赴之，自己有错误不能随时改正，这即君子所谓的“自暴自弃”。《孟子·离娄上》说：“自暴者，不可与有言也；自弃者，不可与有为也。言非礼义，谓之自暴也；吾身不能居仁由义，谓之自弃也。仁，人之安宅也；义，人之正路也。旷安宅而弗居，舍正路而不由，哀哉！”这里，孔子和孟子的一忧一哀，道出了他们内心的忧患。在孔子和孟子的心目中，一个人或一个国家，遇到重大的患害或走向衰亡的内在因素，根本在于失去仁心和人性。孟子说：

> 三代之得天下也以仁，其失天下也以不仁。国之所以兴废存亡者亦然。天子不仁，不保四海；诸侯不仁，不保社稷；卿大夫不仁，不保宗庙；士庶人不仁，不保四体。今恶死亡而乐不仁，是犹恶醉而强酒。（《孟子·离娄上》）

孟子认为，桀纣之所以失天下，其根本原因在于“失其民”，失其民则失其心。得天下亦有道，其道为“得其民，斯得其心矣”；得其心亦有道，其道为“所欲与之聚之，所恶勿施，尔也”。朱熹注曰：“民之所欲，皆为致之，如聚敛然。民之所恶，则勿施于民。晁错所谓‘人情莫不欲寿，三王生之而不伤；人情莫不欲富，三王厚之而不困；人情莫不欲安，三王扶之而不危；人情莫不欲逸，三王节其力而不尽’。此类之谓也。”（《四书章句集注》）由此，孟子引《尚书·太甲》“天作孽犹可违，自作孽不可活”的古训遗言，告诫如何避免“亡国败家”的后果。孟子说：

> 不仁者可与言哉？安其危而利其菑，乐其所以亡者。不仁而可与言，则何亡国败家之有？有孺子歌曰：“沧浪之水清兮，可以濯我缨；沧浪之水浊兮，可以濯我足。”孔子曰：“小子听

之！清斯濯缨，浊斯濯足矣。自取之也。”夫人必自侮，然后人侮之；家必自毁，而后人毁之；国必自伐，而后人伐之。（《孟子·离娄上》）

孟子这段话的意思是说，不仁的人很难有忧患意识，他们面对危亡不但无动于衷，反而变本加厉地利用国家的灾难去谋取暴利，甚至把荒淫暴虐和贪污腐败这些足以导致亡国败家的事情当作快乐来追求。不仁的人如果还可以同他谈忧患，那怎么会发生亡国败家的事情呢？从前有一个小儿歌唱道：“沧浪的水清啊，可以洗我的帽缨；沧浪的水浊啊，可以洗我的双脚。”孔子听了小儿的歌唱，感叹地说：“学生们听着，水清就洗帽缨，水浊就洗脚，这都是由水本身决定的。”这即是说，“人必有自取侮辱的行为，别人才去侮辱他；家必须有自取毁坏的因素，别人才毁坏他；国必先有自取讨伐的原因，别人才讨伐他”[①]。一个人或一个国家所以受欺侮，必有自身的原因。能够认识或检讨国家所以走向衰亡或受侮的自身原因，应该是忧患意识所应具有的思想内涵，同时也是一种担当精神。如老子所说，“受国之诟，是谓社稷主；受国不详，是谓天下王。”（《老子》七十八章）这里所谓“受”，即接受、承受和担当。不能成就归于自己，而错误、灾咎乃至失败归于别人。故孟子说：

故天将降大任于是人也，必先苦其心志，劳其筋骨，饿其体肤，空乏其身，行拂乱其所为，所以动心忍性，增益其所不能。

① 杨伯俊：《孟子译注·离娄上》译文，中华书局1960年版。

人恒过，然后能改；困于心，衡于虑，而后作；徵于色，发于声，而后喻。入则无法家拂士，出则无敌国外患者，国恒亡。然后知生于忧患而死于安乐也。（《孟子·告子下》）

这段话，可以说是孟子对忧患意识的总结和概括。其要点有四：第一，强调能够担当天下之大任者，必经艰苦的磨练，甚至承受人生的苦难。那些没有经过艰难困苦而一帆风顺地爬上高位的人，很难培育出宝贵的忧患意识。第二，一个人可能会犯错误，这是正常的。犯错误并不可怕，可怕的是有了错误不能及时改正，更可怕的是不承认错误，甚至以错为对，文过饰非。这种人是不足与其讨论忧患意识的。第三，一个国家，国内没有直颜敢谏、敢说真话和有法度的重臣以及足以为辅弼的贤能之士，这样的国家就会失去忧患意识。第四，就外部因素说，一个国家如果没有相与抗衡并有虎狼之心的强国威胁和外患的忧惧，也就不足以刺激和激发忧患意识的产生，因此也就经常容易被灭亡。孟子认为，有上述四项因素的存在，就可以知道忧愁患害足以使人生存，一味地贪图安逸享乐足以使人死亡的道理了。

从殷周到春秋战国，从“六经”到诸子百家，忧患意识一直是中国文化大流中，备受关注的课题，也是中华民族生存发展史上一项具有重要理论价值和实践意义的核心价值理念。它有如暴风骤雨中的惊雷，不断唤醒在“安乐”中沉睡的个人、家庭、集体和国家，乃至整个中华民族的生存意识，它是中华民族在自己的生存发展中不可须臾离开的警世之钟和预世之宝。

后记

笔者自二十世纪八十年代以来，一直对中国文化这一复杂的时代课题抱有浓厚兴趣。当时恰逢中国文化书院举办中外比较文化研究班，院长汤一介先生嘱我编写“中国文化概论”讲义，但刚开了个头，我便应邀赴新加坡东亚哲学研究所做访问研究一年。此书在新加坡得以完成，实赖该所及新加坡国立大学丰富的藏书及当时在该所做访问研究的台湾著名学者王叔岷、戴连璋两位教授，和在该所任研究员的李泽厚先生等同仁的热情支持。弹指之间距今已有三十二年。这三十二年，国家巨变，世界巨变，中国文化的发展及其现代转化更加引起人们的关注。本书所谈中国文化诸问题，虽几经探讨，反复研究，但由于中国文化历史悠久、思想精深、体系博大，在此课题面前总觉功力不足，故此书仅备一说而已，其阙失暗陋，有俟高明雅正。

近日，笔者对本书做了很大修改和增补，得到世界图书出版有限公司北京分公司的领导及相关人士的支持和帮助，特别是责任编辑王思惠女士，以极其认真负责的态度严格要求，多方帮助并不断催促跟踪我的写作，方使此书得以最终完成。在此书出版之际谨向出版社诸君和王思惠女士为此书的出版所付出的辛勤劳动表示诚挚的谢意！

李中华谨记于北京大学

二〇一九年十二月十日